La Réunion en 6 GEOREGIONS

★ Incontournable touristique

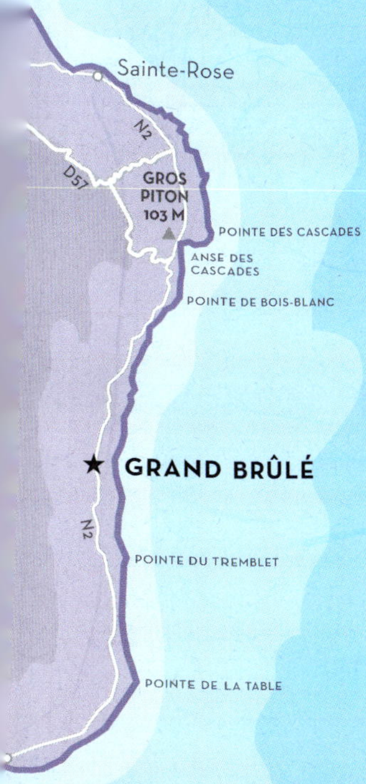

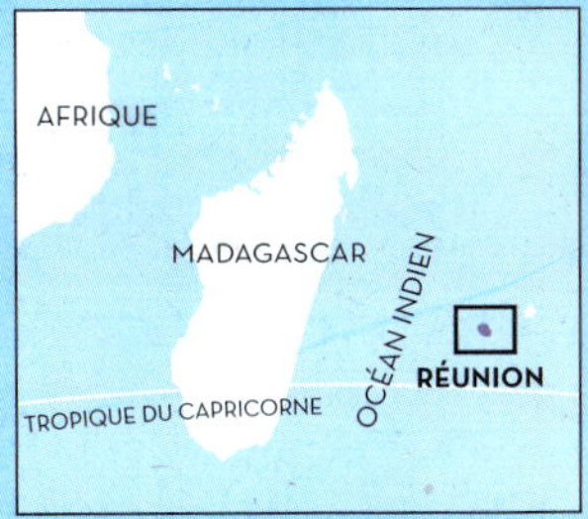

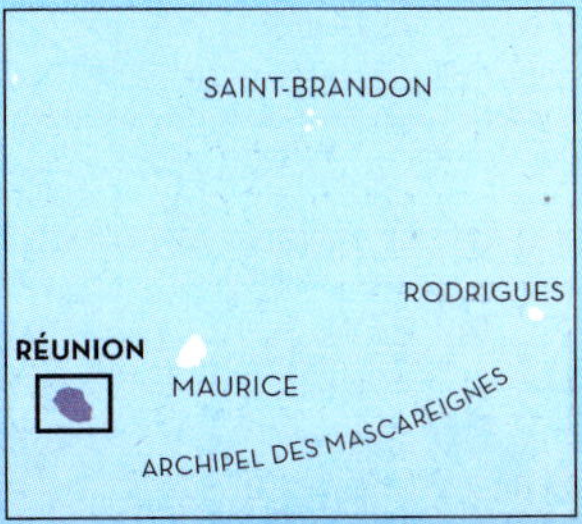

Avis aux GEOVoyageurs

Entre l'enquête faite sur le terrain et la parution du guide, les établissements proposés peuvent avoir disparu et certaines informations peuvent avoir été modifiées : n'hésitez pas à nous faire part de vos commentaires et de vos corrections !

Boîte aux lettres GEOGuide

5, rue Gaston-Gallimard 75328 Paris Cedex 07
www.geo-guide.fr contact@geo-guide.fr

GEOGUIDE

Réunion

Manuel Jardinaud

Ont également collaboré à cet ouvrage
Sabine Albertini, Stéphane Baret,
Alain Brondeau, Bernard Grollier, Arnaud Thomelin

RÉUNION

GEOPANORAMA

GEOPRATIQUE

GEOREGION

GEODOCS

RÉUNION

Front de mer de Saint-Denis (p.89), dit le Barachois.

Voyagez à la carte

GEOGuide a sélectionné pour vous des lieux de séjour, des sites à visiter, des adresses-plaisir et des activités multiples. Choisissez ce qui vous ressemble et goûtez pleinement votre voyage...

... au gré de vos envies

En amoureux

À la Réunion, île sportive mais aussi terriblement romantique, optez pour un gîte isolé de montagne et offrez-vous une longue promenade sur une plage de l'océan Indien.

Activités

Avec ses 1 000km de sentiers balisés et ses 200km de côtes, la Réunion comblera les aspirations des visiteurs les plus exigeants.

Hors des sentiers battus

Soyez curieux ! Par le biais du tourisme vert, chacun peut admirer la mise en valeur d'activités traditionnelles tout en participant au développement durable de l'île.

Art de vivre réunionnais

Appréhendez l'histoire de cette île plurielle à travers ses techniques et partagez les savoir-faire ancestraux directement chez les producteurs. Pour savoir où trouver de la vanille bourbon, se fournir en épices, en rhum, en broderie traditionnelle et même goûter à des lentilles cultivées à 1 200m d'altitude...

En famille

L'occasion d'initier vos bambins au surf et au canyoning et de leur faire découvrir crocodiles, dauphins et tortues marines.

... au fil de nos itinéraires

GEOPLUS Un jour

GEOPLUS Deux jours

RÉUNION

Cascade de Takamaka (p.247)

GEOPANORAMA

COMPRENDRE LA RÉUNION

Formation de l'île

D'une superficie de 2 512km², cette île volcanique, montagneuse et tourmentée de l'hémisphère Sud se situe à 880km à l'est de Madagascar et à environ 210km à l'ouest de l'île Maurice, en plein océan Indien. De forme vaguement elliptique, elle compte 207km de côtes, s'étend du nord au sud sur 72km et d'ouest en est sur 55km. On distingue généralement deux secteurs : le littoral au bord de l'océan Indien et les Hauts, régions juchées dans la montagne. En se rapprochant un peu, on discerne deux sommets – le piton de la Fournaise et le piton des Neiges – qui coiffent une forêt tropicale verdoyante veinée de rivières et de ravines, bordée à l'ouest par quelques rares plages de sable blanc. Les trois cirques, ces effondrements spectaculaires, forment une sorte de trèfle autour du piton des Neiges.

Un volcan surgi de l'océan

LA NAISSANCE D'UN VOLCAN Il y a trois millions d'années, rien n'affleurait à la surface de l'océan à l'emplacement actuel de l'île. Pourtant, un volcan avait déjà commencé à se former par 4 000m de fond. En effet, la zone se situe

La Fournaise, une actualité toujours brûlante

On ne dispose de données très précises sur les éruptions du piton de la Fournaise que depuis... 1980, lorsque l'Observatoire volcanologique, sous l'impulsion des célèbres volcanologues Maurice et Katia Krafft, fut mis en place. Cette implantation fut consécutive à l'éruption hors enclos de 1977, qui avait partiellement détruit le village de Piton-Sainte-Rose. Cette manifestation violente du Volcan est considérée comme l'une des plus importantes du XXe siècle : la lave avait encerclé l'église et contraint les autorités à évacuer l'ensemble de la population du bourg. Auparavant, seul l'œil des volcanologues permettait d'apprécier l'activité du Volcan. Si bien que, à défaut de relevés scientifiques, on considère encore aujourd'hui que le piton a sommeillé entre 1966 et 1972, année où il a déversé sa lave pendant près de douze mois. Après une période d'accalmie de 6 ans (1992-1998), on retrouve un semblable phénomène en 1998, puisque cette année-là, la Fournaise a craché ses premières langues incandescentes au mois de mars pour ne s'arrêter qu'à la fin septembre. Au total, le Volcan aura rugi 196 jours ! En 2004, il connaît une autre éruption exceptionnelle : en moins d'un mois trois cratères apparaissent au bord de l'océan sur un platier de 9ha. Du 30 août 2006 au 1er janvier 2007, à l'issue de 125 jours d'activité, le site voit la formation des pitons Wouandzani et Moinama. De 1998 à 2010, le volcan aura émis des coulées tous les ans. Son niveau d'activité reste faible depuis. *Pour suivre l'activité du volcan, consultez le site de l'institut de physique du globe de Paris (www.ipgp.fr)*

à la verticale d'un "point chaud". Il s'agit d'un phénomène géologique qui combine une activité volcanique sous-marine et une manifestation sismique due à la dérive des continents. Bientôt la Terre gronde, du magma s'échappe de la croûte terrestre. D'éruption en éruption, un gigantesque socle de 200km de diamètre finit par émerger dans un chaos de feu et de fumées toxiques. Ce bouillonnement initial intense donne enfin naissance à la silhouette primaire de la Réunion. Le piton des Neiges, le seul des quatre cratères originels qui ait subsisté, culmine aujourd'hui à 3 070,5m d'altitude au cœur de l'île. Endormi – et non éteint ! – depuis plus de 10 000 ans, le centre de gravité de la Réunion n'en demeure pas moins le principal et merveilleux vestige d'un des grands massifs volcaniques du globe. Il fut, dans ses derniers temps d'activité, un volcan explosif, propulsant d'énormes blocs de pierre et des nuages de scories éminemment dangereux.

UNE TERRE EN FORMATION La Réunion n'a pas encore achevé son modelage. Sur cette terre volcanique friable se sont formés au fil des siècles de nombreux cratères, qui ont modifié les paysages au gré des éruptions. La plus impressionnante évolution demeure le piton de la Fournaise, dit "le Volcan", glissement oriental du massif volcanique. Il domine la partie sud de l'île du haut de ses 2 632m. La Fournaise, volcan de type hawaïen non explosif (il n'émet pas de nuée ardente), est encore en activité. Il crache sa lave fluide quasiment tous les ans. En 1986, la coulée avait ainsi agrandi la superficie de l'île d'environ 25ha ! En 1992, la Fournaise entame une période de sommeil puis reprend de plus belle son activité en 1998, avec l'éruption la plus longue du siècle. C'est actuellement un des volcans les plus surveillés du monde. Au sein de son enclos, troisième caldeira (ou effondrement) dans laquelle s'écoule aujourd'hui la lave, des couches aux tons bruns nuancés et des stries successives forment un nappage éblouissant. Son principal cratère, le Dolomieu, date seulement de 1931. Ainsi le piton de la Fournaise continue-t-il de se "sculpter" au gré des éruptions et d'une activité sismique intense, laissant çà et là apparaître une nouvelle excavation ou comblant une dépression. Ou encore, comme en décembre 2002, formant un cratère d'effondrement responsable d'un glissement du Dolomieu, presque invisible pour un œil non exercé… après que 7 000 secousses telluriques eurent tout de même été enregistrées en moins de deux jours !

Carte d'identité

Situation géographique océan Indien, archipel des Mascareignes 880km à l'est de Madagascar, 200km à l'ouest de l'île Maurice
Superficie 2 512km^2 (207km de littoral)
Point culminant piton des Neiges (3 070,5m)
Statut DOM à partir de 1946, région en 1982, DROM (Département et Région d'Outre-mer) depuis 2003.
Préfecture Saint-Denis (144 200 habitants)
Population 839 000 habitants au 1er janvier 2011 (Insee)
Langues français (officielle), créole (usuelle)
Religions catholicisme, hindouisme, islam sunnite

GEOPLUS

Une île friable

par **Bernard Grollier**, journaliste

L'érosion bat des records à la Réunion, et son relief est en constante évolution. Pour les scientifiques, cette île est un livre ouvert sur l'histoire de la Terre : éventrée en son centre, elle continue à naître par de nouvelles éruptions volcaniques.

Après chaque grosse pluie tropicale, l'océan Indien prend une teinte terreuse autour de la Réunion. Ravines et rivières charrient jusqu'à la mer les produits (terre fine et galets de toutes dimensions) d'une érosion massive. Édifiée en trois millions d'années, un battement de cœur à l'aune des temps géologiques, la Réunion s'effondre et s'effrite à vitesse accélérée. Cette fragilité structurelle provient de l'empilement de coulées de lave et de couches de dépôts instables, usés par les intempéries.

L'érosion à l'œuvre Dans les cirques du centre de l'île, la force de l'érosion torrentielle est maximale et l'effet des précipitations aggravé par l'importance des déclivités. Les pluies creusent des brèches profondes au fond desquelles s'écoulent les ravines, convergeant vers une rivière terminale. Les éboulements et les glissements de terrain ne sont pas rares, parfois majeurs. Le phénomène naturel a été amplifié, au XIXe siècle, par la colonisation des cirques. Même s'ils ne sont pas soumis à une érosion aussi extrême que les cirques, les versants périphériques du massif n'en sont pas moins exposés aux affaissements du relief. Au classement de la vitesse d'érosion des sols, la Réunion vient en troisième position dans le monde, derrière Madagascar et la Chine ! Le phénomène devient préoccupant lorsqu'il menace les activités humaines. En 1875, Grand-Sable, petit village de Salazie au pied du Gros Morne, fut rayé de la carte, après la chute d'un pan entier de la montagne. De nos jours, cette fragilité géologique est devenue obsédante sur la route du littoral, qui relie Saint-Denis au Port, poumon économique de la Réunion. Ouvert à la circulation automobile en 1963, élargi sur quatre voies en 1976, l'axe routier se déroule sur la quasi-totalité de son tracé de 13km entre le pied de la falaise de La Montagne et l'océan Indien. Les chutes de pierre y sont fréquentes et leur dangerosité augmente à mesure que le trafic se densifie : près de soixante mille véhicules par jour. En 2006, l'effondrement d'un pan de falaise sur 150m tua deux personnes. Le drame suscita un tel émoi, et la fermeture de l'axe pendant de longues semaines provoqua une telle désorganisation de la vie économique, que décision fut prise de construire une nouvelle route sur la mer, à l'écart de la friable montagne. Le projet pourrait aboutir en 2020. Les berges des cours d'eau constituent un autre point de faiblesse de la géographie insulaire. Les crues de la rivière des Pluies, qui sépare Saint-Denis et Sainte-Marie, grignotent régulièrement les fondations de quartiers habités. L'hydrographie réunionnaise ignore les longs fleuves tranquilles ! En mars 2007, le cyclone Gamède s'est attardé plusieurs jours au large des côtes de l'île. Des quantités phénoménales de pluies se sont abattues sur les reliefs. Le débit de la rivière Saint-Étienne, qui évacue les eaux du cirque de Cilaos, s'en est trouvé décuplé en quelques heures. Une pile d'un des deux ponts parallèles qui franchissent la rivière, entre Saint-Louis et Saint-Pierre, a cédé. L'ouvrage long de 500m s'est effondré comme un château de cartes.

La reconnaissance d'un patrimoine d'exception

La situation de montagne volcanique récente et friable, au milieu d'un océan tropical, n'est pas si courante sur la planète. La Réunion a pris progressivement conscience de sa spécificité naturelle, sous l'impulsion de quelques scientifiques. Le géographe René Robert, natif de l'île, a contribué à l'expression d'une ambition : proposer le classement des "pitons, cirques et remparts" de la Réunion au patrimoine mondial par l'Unesco. "Nulle part ailleurs, la morphologie d'un territoire et la vie qu'il abrite n'évoluent à une vitesse aussi vertigineuse", affirme-t-il. Le périmètre classé en 2010 par l'Unesco couvre une superficie de plus de 105 000ha, soit 40% de l'île. Il englobe les pitons, les cirques et les remparts des deux massifs des pitons des Neiges et de la Fournaise et coïncide presque exactement avec la zone centrale du Parc. Profondément éventré, le massif du piton des Neiges révèle une à une toutes les étapes de 500 000 ans d'histoire géologique : aucun autre volcan ne propose une telle lecture. L'érosion record, combinée au volcanisme actif, redessine les paysages : la puissance des effondrements n'a d'égale que la force des éruptions, qui portent à la surface de nouveaux matériaux. La biodiversité connaît quant à elle des transformations tout aussi rapides, (p.18). L'insularité et la multiplicité des milieux naturels favorisent la différenciation des espèces et l'originalité du monde vivant dans l'île française, qui dans ce domaine rivalise avec les Galapagos ou Hawaï. Outre la valeur esthétique et spectaculaire de ces paysages, l'Unesco consacre la mission du Parc dans la protection et la conservation d'écosystèmes, l'établissement public se doit désormais de "garantir l'intégrité du bien"

> "Nulle part ailleurs, la morphologie d'un territoire et la vie qu'il abrite n'évoluent à une vitesse aussi vertigineuse."

Géographie et paysages

Cirques et Hautes Plaines

Autour du pic élancé du piton des Neiges s'articulent **trois cirques**, objectifs incontournables de toute visite à la Réunion. Les cirques de **Cilaos** (sud), de **Mafate** (nord-ouest) et de **Salazie** (nord-est) résultent du gigantesque effondrement de la voûte d'un des volcans du massif. Les énormes dépressions issues de ce cataclysme, séparées par d'impressionnants remparts naturels, furent ensuite remplies de la lave s'écoulant du piton des Neiges.

L'OMNIPRÉSENCE DE L'EAU Les trois cirques ont ultérieurement été lavés, burinés, sculptés par les rivières de Cilaos, des Galets et du Mât. Celles-ci y ont lentement creusé, avec l'aide du vent et des pluies, une multitude de ravines profondes, d'à-pics étonnants et de cascades majestueuses. Ils font l'émerveillement d'un premier voyage à la Réunion et le bonheur des amateurs de sports en eaux vives. Les cirques s'ouvrent ensuite tous trois sur la mer par d'étroits défilés, sortes de goulets qui s'étirent plus loin en de belles plaines alluviales : du Gol au sud-ouest, des Galets au nord-ouest et de la rivière du Mât au nord-est.

LES HAUTES PLAINES, UN PONT ENTRE LES DEUX PITONS Les Hautes Plaines, qui s'apparentent plutôt à de vastes plateaux en pente, culminent à environ 1 500m d'altitude : ce sont celles des **Palmistes** et des **Cafres**, issues de la rencontre des coulées de lave des deux pitons réunionnais.

Littoral : de rares plages de sable blanc

La Réunion ne correspond pas à l'idée que l'on se fait a priori d'une île de l'océan Indien. En effet, le littoral laisse peu de place au sable fin et aux plages idylliques qui font de si jolies cartes postales !

LA CÔTE OUEST "SOUS LE VENT" Sur la côte ouest, à l'abri de l'alizé du sud-est, le rivage sait se faire plus doux et le temps plus sec. Des plages y sont aménagées, notamment dans la région de Saint-Gilles, au bord d'un lagon de 27km de long à l'abri de la barrière de corail. Au-delà de celle-ci, les grands fonds apparaissent subitement en l'absence de tout socle continental.

LA CÔTE EST "AU VENT" Entre Saint-Denis et Saint-Joseph, sur la façade est de l'île dite "au vent", la côte est le plus souvent escarpée, dentelée, rocheuse. En un mot : sauvage. Ici, pas de criques tranquilles pour amoureux, ou de langues de sable qui pourraient s'apparenter à une plage. Ce sont, au contraire, de superbes falaises basaltiques qui composent le littoral.

Climat

Des saisons "inversées"

La Réunion se situant dans l'hémisphère Sud, les saisons sont "inversées" par rapport à celles de la métropole. L'île en comporte deux principales, qui composent un climat tropical. L'**hiver austral**, sec et frais, s'étend de **mai à novembre**. C'est la meilleure période pour s'adonner à la randonnée car les sentiers sont en général tous praticables. L'**été austral**, le reste de l'année, est la période des fortes précipitations (surtout de janvier à mars), des températures élevées (flirtant souvent avec les 30°C en bord de mer)… et des cyclones.

Une multitude de microclimats

En raison du relief accidenté et des deux volcans formant une barrière montagneuse en son axe médian, la Réunion ne connaît pas de climat uniforme. Malgré la petite taille de l'île, chaque région possède son microclimat, qui peut se révéler bien différent de celui de sa voisine. Ainsi, la côte orientale "au vent", sous l'influence des alizés, demeure toujours beaucoup plus humide que le littoral de l'Ouest, qui souffre régulièrement du manque de précipitations. Même durant la saison sèche, notamment au niveau du piton de la Fournaise autour duquel s'accumulent les nuages, la pluie vient souvent perturber une journée de randonnée. La station des Hauts de Sainte-Rose sur la Fournaise recense 10m d'eau de pluie par an (un record mondial), alors que Saint-Gilles, de l'autre côté de l'île, ne recueille qu'une modeste moyenne de 525mm, répartis sur une quarantaine de jours dans l'année. Durant la saison sèche, de mai à novembre, sachez qu'il tombe encore près de 700mm sur l'est de l'île, soit plus qu'à Paris en une année ! En altitude, durant l'hiver austral, il n'est pas rare que la température descende bien en dessous de 10°C, alors que les bords du lagon affichent plus de 20°C. Avant de partir randonner, il faut donc en compte les différences d'altitude et de longitude, et ce malgré des distances très courtes. Et, surtout, penser à s'équiper en conséquence. La chemisette et le short suffisent souvent à Saint-Denis ou à Saint-Leu, lorsque la polaire et le coupe-vent sont indispensables pour parcourir les cirques.

Cyclones

Pourquoi les cyclones ?

Un bon cyclone est comme un plat réussi, il nécessite des ingrédients précis et un dosage savant des mélanges. Prenez tout d'abord une mer bien chaude, dont la température doit atteindre 26°C dans les 50 à 100 premiers mètres

L'île des records

La Réunion présente plus de 150 microclimats pour 116 habitats naturels : un record sur une île aussi petite. S'y affichent aussi des records mondiaux de précipitations (ex. 3 929mm enregistrés en 72h au Cratère Commerson, lors du passage du cyclone Gamède en février 2007, soit 7 fois les précipitations annuelles à Paris), mais aussi des écarts thermiques parfois très marqués : un record en 2003, +36,9°C en février contre -2,9°C en août (la plaine des Chicots).

de profondeur. Ajoutez une situation géographique immuable – à plus de 400km de l'équateur –, afin que la force de rotation du globe, appelée effet Coriolis, soit suffisamment importante pour aspirer l'air comme dans une centrifugeuse. Agrémentez ces facteurs avec une zone dépressionnaire proche et des vents constants en altitude, votre recette donne un résultat infaillible : un beau cyclone ! La machine météorologique est en marche afin que la vapeur d'eau formée au ras de l'océan soit aspirée vers le haut en tourbillon. Celui-ci s'auto-alimente autour d'un centre de gravité appelé l'œil. Peu à peu, la dépression tropicale enfle, accumulant une formidable quantité de gouttelettes d'eau qui donnent naissance à de gigantesques cumulonimbus prêts à déverser leur humidité sur le premier territoire survolé. Le cyclone est un phénomène connu sous de nombreuses latitudes où les facteurs nécessaires à sa formation sont réunis. Toutefois, il ne porte pas le même nom dans toutes les régions du globe. On l'appellera "typhon" dans le nord-ouest du Pacifique, "hurricane" dans l'Atlantique nord, "kamikaze" au Japon, "willy-willy" en Australie et "baguio" aux Philippines. Mais les effets sont les mêmes…

Des ouragans dévastateurs

Le cyclone tropical représente le principal fléau de l'île. Tous les ans entre janvier et mars, il touche de près ou de loin l'archipel des Mascareignes.

PRÉCÉDENTS ET PRÉVENTION Si les rafales à plus de 200km/h et les pluies du fameux cyclone de 1948 ont fait 165 morts et dévasté toutes les cultures vivrières, les récentes fortes dépressions ont "seulement" désorganisé l'île durant quelques jours et saccagé plantations et poteaux électriques. Ainsi, Firinga en 1989 a amené des vents de 216km/h à Saint-Pierre, Hollanda en 1994 a soufflé à plus de 230km/h à Sainte-Rose, et Dina en 2002 s'est heurté

La gradation des tempêtes

Si, pour le touriste fraîchement débarqué, une rafale de vent et une violente averse ressemblent à un épouvantable ouragan, les météorologues et les habitants sont moins impressionnables et identifient sans peine les différents stades qui conduisent au véritable phénomène. La première étape est la dépression tropicale avec des vents ne dépassant pas les 60km/h. Elle peut se gonfler en tempête tropicale modérée, où les rafales atteignent 85km/h. Si les conditions de température et de pression barométrique sont optimales, elle se transforme en forte tempête tropicale (vents maximum à 115km/h), puis en cyclone tropical avec des vents pouvant atteindre 165km/h. Le reste de l'évolution est affaire de "nuances" : on parlera de cyclone intense lorsque le manomètre indique une fourchette comprise entre 170 et 210km/h, et de cyclone très intense si le vent dépasse les 210km/h, cf. Cyclones (p.53).

aux habitations sur les hauteurs de Saint-Denis à près de 220km/h. Mais sans faire aucune victime. Rassurez-vous, les dépressions tropicales qui passent sur la Réunion sont rarement meurtrières, l'information et l'organisation des pouvoirs publics, les infrastructures… et l'habitude des insulaires permettant de limiter généralement les dégâts au strict aspect matériel. Cependant, en février 2007, le cyclone Gamède, passé deux fois sur la Réunion en trois jours, a malheureusement fait deux morts et près de quatre-vingt-dix blessés, en plus de dégâts matériels très importants.

Milieux naturels et végétation

L'ÎLE VERTE Au départ, l'île de la Réunion n'était qu'un énorme bloc de lave nu. Trois millions d'années plus tard, elle est parfois qualifiée de jardin botanique géant ! Car, entre-temps, les oiseaux (pour environ 70%), le vent (20%) et les courants marins (10%) ont transporté de multiples semences, qui se sont ensuite développées pour former une seule et luxuriante forêt tropicale. On estime à 70% la proportion de plantes provenant de Madagascar et d'Afrique. Au cours de leur histoire, elles ont souvent muté, devenant ainsi endémiques de la Réunion (environ 150 espèces) ou indigènes de l'archipel des Mascareignes. Aujourd'hui, la forêt naturelle couvre plus de 60 000ha, soit la moitié de la couverture forestière totale.

Un littoral à la végétation hétérogène

Le littoral de la côte ouest, qualifié de semi-aride, accueille principalement une frange plantée de filaos au pied desquels de longues tiges rampantes, appelées "patates à Durand", recouvrent le sable. Cette végétation éparse est très différente de celle de la côte "au vent". Dépourvue de plage, celle-ci voit pousser sur la roche basaltique des pandanus, vulgairement nommés vacoas, reconnaissables à leurs longues feuilles effilées qui forment des éventails. Quelques arbustes et herbes complètent ce décor végétal gorgé d'humidité.

De la création du Parc à l'inscription au patrimoine de l'Unesco

La dégradation de la diversité biologique et du patrimoine forestier de l'île a poussé les autorités à s'inquiéter de la sauvegarde du territoire. L'idée de création d'un parc national a été lancée en 1992. Seules quelques zones très circonscrites étaient jusqu'alors protégées. Créé en 2007, **le parc national de la Réunion** couvre 42% de la surface de l'île, soit 105 447ha ; 99,9% de la surface est classée Zone naturelle d'intérêt écologique. Le neuvième parc national français a pour vocation principale de sauvegarder l'endémisme à la Réunion (p.18). Depuis août 2010, les pitons, cirques et remparts, soit le cœur du Parc, sont inscrits au patrimoine mondial de l'Unesco (p.12).

Un laboratoire de biodiversité

par **Stéphane Baret et Alain Brondeau (parc national de la Réunion)**

Petit caillou volcanique perdu dans l'océan Indien, la Réunion aurait pu passer inaperçue des naturalistes... Et pourtant, la vie s'y est installée avec tant d'acharnement qu'elle est considérée comme un site majeur de la biodiversité mondiale !

Avec le tiers de sa végétation d'origine estimé comme préservé, alors qu'il n'en reste pratiquement plus à Maurice et Rodrigues – les deux autres îles des Mascareignes –, la Réunion porte une lourde responsabilité dans la conservation des nombreuses espèces animales et végétales, souvent uniques au monde, qu'elle abrite. Ce rapide voyage à travers les forêts réunionnaises invite à en découvrir quelques richesses...

L'éruption de la vie Si on faisait défiler l'histoire de la Terre en accéléré sur un an, la Réunion n'émergerait de l'océan Indien que le 31 décembre vers 21h... Contrairement à Maurice et Rodrigues, ses sœurs aînées des Mascareignes avec qui elle partage le même "point chaud" volcanique, l'érosion, pourtant très active, n'a guère eu le temps de la raboter : son plus haut sommet, le piton des Neiges, se dresse fièrement à plus de 3 000m d'altitude. Cette imposante masse montagneuse barre le passage des alizés, ces vents chauds et humides de sud-est qui arrosent copieusement la côte "au vent" (3 500 à 10 000mm d'eau/an), tandis qu'à quelques kilomètres de là, la côte "sous le vent" reste désespérément sèche (env. 400mm/an). Avec des écarts de températures et de précipitations très élevés sur une surface réduite, la Réunion présente une diversité exceptionnelle de paysages très contrastés. À chacun de ceux-ci correspondent des écosystèmes différents, adaptés aux conditions du milieu, hébergeant une flore et une faune hétérogènes. L'Homme, installé sur l'île au XVIIe siècle, soit 2 secondes seulement avant la fin de l'année "accélérée", a modifié une grande partie de ces écosystèmes originels en introduisant et développant agriculture et urbanisation. Des dizaines d'espèces n'y ont pas survécu, telles que la tortue géante de Bourbon ou le perroquet mascarin. Mais le relief et des mesures de protection prises dès le XIXe siècle ont permis de préserver environ un tiers de la végétation originelle.

L'art des espèces à s'adapter Si Darwin avait débarqué aux Mascareignes plutôt qu'aux Galapagos, il aurait sans doute pu y développer sa théorie de l'évolution ! Du fait de son isolement, relativement peu d'espèces sont parvenues à rejoindre naturellement la

Réunion, le plus souvent en provenance d'Afrique ou de Madagascar, en utilisant le vent (en particulier lors de cyclones), les oiseaux, ou les courants marins. Elles constituent ce qu'on appelle les espèces indigènes. Une fois arrivées sur place, ces grandes voyageuses n'étaient pas pour autant au bout de leur peine car elles ont dû coloniser un volcan actif, avec ses coulées répétées menaçant de remettre régulièrement les pendules à zéro. Coupées des populations d'origine, beaucoup de ces espèces ont évolué pour devenir nouvelles et uniques au monde : des espèces endémiques. Le taux d'endémisme peut dépasser, suivant les groupes, 90% à haute altitude, alors que ce phénomène est exceptionnel en France métropolitaine. C'est pour cela que la Réunion est devenue un terrain d'étude de tout premier choix pour les scientifiques qui s'intéressent aux phénomènes de colonisation des coulées de laves, de spéciation et d'évolution.

> *"Cette mosaïque étonnante de milieux naturels fait écho à celle du peuplement humain, comme un clin d'œil au nom de l'île."*

Une mosaïque de milieux originaux Le botaniste Thérésien Cadet (1937-1987), enfant du pays devenu professeur d'université, a consacré sa vie à l'étude et à la conservation des milieux naturels de la Réunion. On lui doit notamment la description, toujours d'actualité, des différents types de végétation et que l'on peut encore observer dans une séquence presque continue du littoral du Sud-Est à celui du Nord-Ouest en passant par les plus hauts sommets. Cette mosaïque étonnante de milieux naturels fait écho à celle du peuplement humain, comme un clin d'œil au nom de l'île. Ce trésor biologique et les formations géologiques exceptionnelles qui l'abritent, les "pitons, cirques et remparts", sont classés depuis 2010 au patrimoine mondial de l'Unesco.

La protection des écosystèmes face à une menace silencieuse Si la quasi-totalité des milieux naturels "primaires" de la Réunion, c'est-à-dire jamais exploités par l'homme, sont classés depuis 2007 en parc national et, pour la majorité d'entre eux, gérés par le département et l'Office national des forêts, ils ne sont pas pour autant à l'abri de toute menace. La plus inquiétante d'entre elles provient des espèces exotiques, que l'homme a introduites pour ses besoins alimentaires, pour l'agrément, voire par accident. Celles-ci importées des continents sont souvent de redoutables compétitrices, d'autant plus que les prédateurs, les parasites ou les concurrents qui limitent leur développement dans leur région d'origine sont absents de la Réunion. Si l'on n'y prend pas garde, elles risquent de déséquilibrer, voire transformer progressivement les forêts réunionnaises et faire disparaître des centaines d'espèces uniques au monde qui s'étaient développées dans un fragile "vase clos". La définition de stratégies de lutte contre ces "envahissantes" représente un des plus grands défis à relever pour le parc national. C'est à ce prix-là que les générations futures pourront à leur tour découvrir les forêts primaires des Mascareignes…

L'étagement de la végétation

LA FORÊT DE BASSE ALTITUDE Avant l'arrivée de l'homme le long de la côte "sous le vent", la semi-aridité du climat a permis le développement d'une végétation typique : une superbe forêt de bois souvent précieux, comme l'ébénier, le benjoin et le bois de fer, poussait ainsi entre 150m et 800m d'altitude. Aujourd'hui, cette forêt a pratiquement disparu, tout ayant été défriché d'abord au profit des plantations de café, ensuite de la canne à sucre. Par endroits néanmoins, notamment en bordure des ravines, on peut encore observer quelques vestiges anciens de cette forêt : le bois d'olive et le grand natte en sont les principaux représentants. Aujourd'hui, les rares parcelles non cultivées sont envahies par des espèces importées telles que l'aloès ou le choca bleu, formant quelques taches verdâtres au milieu d'une savane clairsemée. Dans les zones plus humides, la forêt de basse altitude originelle subsiste pourtant, comme dans le Sud où la prégnance de la culture de canne est moins importante que dans les autres secteurs de la Réunion. Ainsi, jusqu'à 800m, on peut s'offrir une promenade dans une forêt de **bois de couleurs** encore préservée dans le Grand Brûlé. Bois maigre, bois de perroquet, bois de goyave, change-écorce ou bois d'hosto en sont les essences les plus notables. Ils culminent rarement à plus de 10m et forment une forêt épaisse, humide, leurs sous-bois denses accueillant de nombreuses fougères et orchidées.

LA FORÊT DE MOYENNE ALTITUDE La végétation de moyenne altitude s'étage au-delà de 800m dans l'Est et au-dessus de 1 000m dans le Nord et l'Ouest. Elle se développe jusqu'à environ 2 000m d'altitude. C'est ce que l'on appelle la **forêt primaire**, dont celle de Bébour-Bélouve demeure la plus fascinante et la mieux préservée (p.284). Les bois de couleurs – ces arbres endémiques ou indigènes souvent remarquables en raison des teintes colorées de leur tronc – y sont très présents : bois d'hosto, bois de rempart et autres change-écorce y atteignent rarement plus de 7m. La forêt du Grand Matarum, à Cilaos, protégée par l'ONF, en est un très bel exemple. Ces zones forestières présentent un sous-bois très compact où les fougères se mêlent aux épiphytes, qui croissent sur d'autres plantes (lianes, certaines orchidées) en un fouillis inextricable. Quelques espèces sont spécifiques à cette altitude, telles que les mahots ou le bois de nèfles. Vous observerez dans ces zones les superbes fougères arborescentes, appelées fanjans. Très visibles sur les remparts de la plaine des Palmistes, elles s'épanouissent en de majestueux plumeaux verts, et dépassent les plus hautes espèces pour les plus grandes d'entre elles. Cette partie de l'île, très arrosée, accueille également le fameux palmiste rouge, dont le cœur est si apprécié des gourmets. C'est pourquoi il est rare d'en trouver encore à l'état sauvage… La grande curiosité de ces forêts des Hauts demeure le **tamarin**, espèce endémique de l'île et symbole de la végétation réunionnaise. Vous pouvez admirer ces arbres, qui peuvent atteindre parfois 20m de haut, dans la plaine des Tamarins, au-dessus de La Nouvelle, dans le cirque de Mafate, ou sur la plaine des Chicots, en surplomb de Saint-Denis. L'arbre est souvent ployé sous l'effet du vent, son tronc argenté s'entortillant sur lui-même. Il dégage ainsi une impression d'espèce "préhistorique", rugueuse et sculptée par la nature. Ses graines peuvent demeurer enfouies dans le sol durant plus de vingt ans et ne s'ouvrent qu'à l'occasion d'une forte chaleur, comme celle dégagée par exemple par un incendie. Vous pourrez ainsi trouver de jeunes pousses s'élevant au-dessus des cendres des feux de bivouacs. Autre particularité : comme son nom latin l'indique, l'acacia *heterophylla* est une espèce hétérophylle. Ses feuilles se développent d'abord en petites langues autonomes pour ne former ensuite qu'une seule feuille après l'épaississement des pétioles. Beaucoup de tamarins ont été replantés en "tamarineraies" après la Seconde Guerre mondiale, afin d'en faire un bois d'exploitation. En général, le tamarin se développe en compagnie du calumet, un superbe bambou également endémique.

LA LANDE CLAIRSEMÉE DE HAUTE ALTITUDE À partir de 1 800m dans la région "au vent" et de 2 000m environ dans la zone "sous le vent", le paysage se fait beaucoup moins vert et, surtout, moins touffu. Une lande prend place sur les contreforts des pitons. Seuls quelques arbustes subsistent : les branles (ou brandes), qui ressemblent aux bruyères connues en métropole. Le branle blanc est quasiment seul à se développer sur les sommets, au piton des Neiges par exemple, avec parfois quelques fleurs jaunes.

La gestion du milieu forestier

DES FORÊTS PLANTÉES QUI SE DÉVELOPPENT On distingue principalement deux espèces plantées en quantité : le **cryptomeria** du Japon, ou "sapin créole", et le **filao**. Le premier, qui alimente la scierie de Saint-Benoît, a été introduit à la Réunion à la fin du XIXe siècle. Au milieu du siècle suivant, une volonté d'exploitation du bois a été affichée par les pouvoirs publics. Les surfaces plantées se sont donc fortement agrandies, pour représenter aujourd'hui 2 500ha. Le cryptomeria, dont l'une des plus belles parcelles se situe au-dessus des Makes (p.195), joue également un rôle de stabilisateur des sols grâce à des racines denses. Il en est de même pour le filao, que l'on trouve à diverses altitudes de l'île, principalement sur le bord des plages et dans les cirques, notamment à Mafate. L'ONF l'emploie pour endiguer l'érosion et pour améliorer les sentiers qui se recouvrent de ses feuilles en forme d'aiguille. Son bois est également exploité pour l'ébénisterie, cf. Artisanat (p.40).

DES PESTES VÉGÉTALES QUI MENACENT LA FORÊT On estime à 500 le nombre de ces plantes envahissantes, importées sur le territoire au fil des siècles, et qui envahissent le tissu végétal au point de mettre en péril les espèces endémiques ou indigènes. Le long des sentiers, dans la forêt, vous les verrez partout. Tout d'abord le **goyavier**, originaire du Brésil : reconnaissable à son fruit rouge qui arrive à maturité en mai-juin et est très apprécié en confiture, il pullule dans les parties humides de l'île, notamment dans la plaine des Palmistes. Le **bringellier** lui aussi est une peste végétale. Malgré tout, les Créoles en font un usage original : ses feuilles "à double face" servaient autrefois pour laver la vaisselle, ou comme papier hygiénique, ou encore de chiffon pour astiquer le parquet. On citera également la vigne marronne indonésienne, qui ne donne pas de vin comme le croyaient ceux qui l'ont introduite, mais envahit aujourd'hui les sous-bois au point d'étouffer les autres plantes, tout comme le longose ou le néflier, eux aussi originaires d'Asie. Il est recommandé de ne pas cueillir ces espèces pour éviter d'en disperser les graines.

Fonds marins

La Réunion étant une île jeune, ses biotopes sous-marins, à l'architecture spectaculaire, n'abritent qu'une faible surface de platiers coralliens (12km^2). À l'écart de ces récifs, riches de quelque 3 500 espèces, la biodiversité se fait plus rare.

LA CÔTE OUEST "SOUS LE VENT" Entre le cap la Houssaye et Grande-Anse, la côte occidentale, à l'abri de la houle océanique orientale et des alizés, vit dans un calme relatif. Des polypes coralliens se sont installés il y a dix mille ans seulement sur les flancs très découpés des volcans qui forment le littoral de cette région en plongeant abruptement dans l'océan Indien. En bourgeonnant, ces cousins minuscules des anémones de mer ont lentement constitué des colonies. Chacune protégée dans une gangue calcaire, celles-ci ont progressé en direction de la surface : les polypes ont besoin de beaucoup de lumière pour permettre aux algues vivant dans leurs tissus d'assurer la photosynthèse. Or, il existe à la Réunion peu de fonds situés à moins de 15m de la surface – là où la lumière est pour les animaux marins la plus forte. Ce facteur limitant, allié à l'implantation très récente de ces madrépores, explique la relative pauvreté des eaux : dans une mer tropicale, la vie sous-marine dépend totalement de la diversité et de l'état de santé – altéré par les activités humaines – des coraux. Actuellement, ces animaux subsistant grâce à des végétaux microscopiques forment une barrière minérale longue de 27km. Entre elle et le rivage s'étend un lagon de 200m à 300m de large, profond tout au plus de 1,5m. Les plages, composées de débris coralliens arrachés et réduits par la houle, en sont toujours à l'état embryonnaire. Depuis 2007, la réserve naturelle marine de la Réunion, basée à Saint-Paul, poursuit le travail engagé dix ans plus tôt par l'association Parc marin de la Réunion, visant à entretenir l'équilibre écologique de ce fragile littoral (www.reservemarinereunion.fr).

LA CÔTE SUD ET EST De Saint-Joseph à Sainte-Rose, le paysage est tout autre. L'écoulement de la lave a eu pour conséquence la formation de falaises basaltiques qui plongent sous la surface jusqu'aux abysses (p.232). La houle et le courant sont ici très violents : les plages de cette région, noires, sont des amas de basalte broyé par les vagues… Sous la surface, pour les plongeurs les plus aguerris, les tombants vertigineux se succèdent, décorés par endroits d'une espèce rare, le corail rose, cf. Plongée sous-marine (p.59). On retrouve un relief semblable entre Saint-Denis et La Possession. Entre Sainte-Rose et la préfecture, par contre, les pluies, s'écoulant des volcans, ont entassé sur un littoral abrasé par l'océan des tonnes de roche en cours d'érosion. Trouble, agitée et adoucie en permanence, l'eau de mer est, dans cette troisième région, impropre à la vie corallienne.

Flore, l'île aux fleurs

Un jardin botanique grandeur nature

La Réunion ressemble à un immense jardin de fleurs. Nombreuses sont celles qui poussent dans la nature et égaient de leurs taches colorées le vert de la forêt. La plus noble d'entre elles, l'orchidée, se cueille à travers toute l'île. On en compte plus d'une centaine de variétés sur l'ensemble du territoire. Elle se multiplie aux côtés des fuchsias (rouge), des hortensias (bleu, rose ou blanc), des capucines (jaune et orange) ou encore des arums (blanc), qu'il est cependant interdit de cueillir. Ces espèces côtoient des arbres aux superbes floraisons : le flamboyant qui rougeoie durant l'été austral, le jaune et blanc frangipanier ou le jacaranda aux reflets mauves. Chaque maison de l'île semble encerclée de fleurs, comme l'hibiscus, le bougainvillier ou l'anthurium. D'autres sont exploitées afin d'en faire commerce. Le géranium, originaire de la région du Cap en Afrique du Sud, est cultivé pour son essence qui entre dans la composition de nombreux parfums (p.123). Les racines "chevelues" du vétiver, importé de Maurice, produisent également une essence pour la parfumerie, alors que sa paille est parfois employée comme chaume pour les toits. Enfin, l'ylang-ylang, dont la culture est dorénavant confidentielle, continue néanmoins de donner une huile essentielle à l'adresse des parfumeurs.

Une corbeille de fruits bien garnie

Après les sensations olfactives, les émotions gustatives. La Réunion regorge de fruits, à déguster selon les saisons. Les fruits tropicaux habituels s'achètent sur les marchés : la mangue (novembre à janvier), l'ananas Victoria, petit et très sucré (mars), la papaye (avril), l'avocat (mai) et, bien sûr, la banane tout au long de l'année. S'ajoutent à cette liste les letchis ainsi que toutes sortes d'agrumes (citrons jaunes et verts, oranges), bien connus en métropole. Mais la Réunion recèle également des fruits plus rares sous les latitudes européennes. Vous aurez peut-être l'occasion de goûter les goyaves acidulées des Hauts, mûres durant l'hiver austral, les caramboles en forme d'étoile au goût légèrement acide qui titillent les palais délicats des métropolitains, les longanes, ronds et lisses, de petite taille et à la chair nacrée. Ou encore le ramboutan, dit également "letchi chevelu", et le jaque hérissé de pointes, issu du jaquier et pesant plusieurs kilogrammes lorsqu'il arrive à maturité.

Faune

Les oiseaux, seuls rois de l'île

DES ESPÈCES MENACÉES Le plus emblématique des oiseaux de l'île est le paille-en-queue (phaéton à bec jaune), qui niche dans les falaises du bord de mer. Vous le reconnaîtrez à sa livrée blanche et à sa queue munie de longues plumes fines. Il plane souvent au-dessus des plages du Sud, du côté de Grande-Anse en particulier. On l'observe plus aisément que le tuit-tuit (merle blanc), espèce menacée que l'on entend encore chanter malgré tout dans les plaines d'Affouches et des Chicots, au-dessus de Saint-Denis. Moins de 100 couples subsisteraient sur l'île. Le papangue réunionnais (busard de Maillard), rapace au vol gracieux qui s'apparente au faucon, est également en voie de disparition (entre 100 et 200 couples) en raison de sa réputation de prédateur de volailles. Les cols autour du cirque de Mafate (col du Taïbit, col des Bœufs) constituent de beaux points d'observation. Le bulbul, à la tête surmontée d'une belle houppe noire, très apprécié pour sa chair goûteuse, est

INDIGÈNES ET ENDÉMIQUES

Les oiseaux furent certainement les premiers habitants de l'île. Portés par les vents, ils ont élu domicile à la Réunion bien avant que le premier marin n'en aperçoive les rivages depuis son navire. Aujourd'hui, une vingtaine d'espèces indigènes (dont 6 endémiques) vivent encore dans les cieux réunionnais.

tout aussi menacé. Quelques espèces ont toutefois bien résisté à la prédation de l'homme : le pétrel de Barau, qui trouve sa nourriture en mer, mais vient se réfugier sur le piton des Neiges entre 2 700m et 2 900m d'altitude, et le puffin d'Audubon, dont le chant rompt le silence nocturne des abords des cirques.

DES ESPÈCES INTRODUITES D'autres espèces ont été introduites par l'homme au cours des derniers siècles. Le mainate (ou z'aille blanc), au bec et aux pattes jaunes, est visible auprès des cardinaux rouges, des tourterelles, des tisserins (ou béliers) et des moineaux des îles. Manque cependant à l'appel un volatile, devenu depuis sa disparition l'emblème de la bière locale : le dodo blanc, également nommé "solitaire". Ce gros oiseau de l'océan Indien, symbole de l'île Maurice, appartenant à la famille des pigeons et cousin de l'ibis d'Australie, a complètement disparu de la surface de l'île depuis le XVIIIe siècle. Incapable de voler, il offrait une proie facile aux premiers chasseurs, friands de sa chair grasse et nourrissante.

LES ESPÈCES INVASIVES, L'ENNEMI PUBLIC N°1 En quatre siècles de présence, l'homme a introduit plusieurs milliers d'espèces à la Réunion. Parmi elles, un millier de plantes se sont naturalisées (présentes à l'état sauvage), alors qu'il avait fallu plusieurs millions d'années à la nature pour en faire autant… L'homme a ainsi multiplié par 10 000 le rythme d'installation de nouvelles plantes dans les écosystèmes réunionnais, ce qui met en péril leur équilibre fragile. Une centaine de plantes exotiques sont déjà reconnues comme envahissantes (raisin marron, goyavier, longose, galabert, etc.) et

"Hotspot", la biodiversité en chiffres

Au sein du groupe "Madagascar et île de l'Océan indien", la Réunion appartient à l'un des 34 "hotspots" (points chauds de la biodiversité) mondiaux définis par l'Union mondiale pour la nature. Un "hotspot" est "une zone contenant au moins 1 500 espèces de plantes endémiques et ayant perdu au moins 70 % de son habitat originel". **La flore indigène** compte 840 espèces de plantes à fleurs, 229 espèces de fougères et plantes alliées et plus de 750 espèces de mousses. Plus de 200 de toutes ces espèces sont reconnues en danger d'extinction. **La faune** compte, elle, 50 vertébrés (beaucoup ont disparu), dont 18 oiseaux. On estime à 5 000 nombre d'espèces d'insectes dont seulement 2 000 sont réellement connues. On compte plus de 500 espèces d'araignées, 54 de mollusques, 21 de poissons d'eau douce et 9 espèces de crustacés. *Pour en savoir plus, consultez le site du Comité français de l'union pour la nature : www.uicn.org/fr*

PANORAMA

font l'objet d'ambitieux programmes de lutte. Une centaine d'autres, potentiellement envahissantes, sont sous haute surveillance. Quinze mammifères terrestres ont été introduits (9 envahissants), 23 espèces d'oiseaux (4 envahissants), 11 poissons d'eau douce (4 envahissants). Résultat : sur les dix-huit grands types de milieux naturels, cinq sont envahis par au moins 25 espèces de plantes et huit par au moins 10 espèces animales.

Une faune terrestre relativement pauvre

Plus que les oiseaux, les animaux terrestres ont énormément souffert de l'arrivée de l'homme. Aujourd'hui, seuls des récits anciens attestent de la présence des énormes tortues de Bourbon sur l'île. Cette espèce s'est éteinte, victime de prédateurs avides de sa chair et de sa carapace. Il demeure néanmoins quelques autres espèces spécifiques, comme le tangue, sorte de petit hérisson des ravines, au museau effilé, chassé au printemps, bien que protégé. On peut également apercevoir des cabris gambader sur les remparts vertigineux, notamment dans le cirque de Mafate, ou des caméléons, dits "endormis", qui se fondent dans le décor des forêts. Plus facile à distinguer, l'agame, petit lézard vert, vit sur la côte et grimpe sur les façades des maisons. Il peut parfois se confondre avec le margouillat, reconnaissable à ses grosses ventouses au bout des pattes. Tous deux se nourrissent d'insectes, nombreux sur l'île. Aucun n'est vraiment dangereux, à part peut-être la scolopendre ("cent-pieds" en créole), dont la piqûre peut s'avérer douloureuse et provoquer des dysfonctionnements cardiaques. En revanche, vous serez en sécurité, bien que peut-être impressionné, avec la bibe, araignée jaune et noir qui tisse une toile si résistante qu'elle a attiré l'attention de la recherche spatiale. Vous en verrez souvent lors des randonnées et devrez baisser la tête pour ne pas être pris dans ses filets. Sachez enfin que les moustiques pullulent à la Réunion, surtout durant la saison humide.

Histoire

Une découverte tardive

UNE TERRE VIERGE L'histoire humaine de l'île commence tardivement : avant la colonisation, aucun homme n'y avait jamais vécu. L'île n'était qu'un caillou volcanique hérissé d'une forêt dense. Il est difficile de dater précisément la découverte de la Réunion. On pense que des navigateurs arabes ont aperçu la silhouette escarpée de l'île au XIVe siècle. Même s'ils ne s'y implantèrent pas, ils lui donnèrent un nom : Dina Morgabin, "l'île de l'Ouest". Certains historiens soutiennent même la thèse selon laquelle des Phéniciens, navigateurs émérites, auraient pu fouler le sol de l'île dès le Xe siècle avant notre ère, alors qu'ils longeaient les côtes africaines vers le sud… Une théorie qui n'a pas été confirmée.

UNE ESCALE SUR LES ROUTES MARITIMES Les manuels d'histoire ont surtout retenu le nom du Portugais Diego Fernandes Pereira qui, le 9 février 1507, aperçoit au bout de sa longue-vue cette île vierge de tout peuplement, à la végétation luxuriante, coiffée de ses deux impressionnants volcans. Il la nomme Santa Apolina, en référence au saint du jour. Au fil des ans, les bateaux portugais en route pour les Indes passent régulièrement au large de la Réunion, poussés par des vents parfois capricieux. C'est le cas, en 1509, de Diego Lopes de Sequeira, et, en 1512, de Pedro Mascarenhas, lequel donnera le nom de Mascareignes à l'archipel regroupant la Réunion, Maurice et Rodrigues. La Réunion, elle, est alors baptisée Mascarin. D'autres marins, comme le Hollandais Pierre Guillaume Verhuff (1611) et l'Anglais Samuel Castelton (1613), y font escale. Ils rapportent, à leur retour en Europe, des récits idylliques sur la vie insulaire, ses tortues géantes et ses fruits abondants. Cependant, l'île ne demeure qu'un simple point de repère sur les cartes des navigateurs, peu enclins à mouiller dans ces rades qui semblent inhospitalières.

LES PREMIERS COLONS À cette époque, les Français boudent toujours l'archipel. Il faut attendre 1638 pour que le *Saint-Alexis*, parti de Dieppe et commandé par un certain Salomon Goubert, débarque sur l'île Mascarin. Il y fonde Saint-Paul le 30 juin, jour où l'on célèbre l'apôtre. Cette première prise de possession française sera suivie en 1642 par une seconde, sous l'autorité de Jacques de Pronis, gouverneur de Fort-Dauphin à Madagascar. Celui-ci décide d'y exiler une douzaine de mutins en 1646. Ils y sont débarqués avec quelques chèvres et des semences. Trois ans plus tard, alors qu'ils se sont établis dans une grotte, ces véritables premiers colons sont "retrouvés" par un équipage français envoyé par le nouveau gouverneur de Fort-Dauphin : en pleine santé, ils cultivent déjà des lopins de terre. L'île n'est donc pas si difficile à coloniser malgré son profil volcanique et ses cyclones dévastateurs ! Cette constatation pousse les autorités françaises à enfin officialiser leur domination sur les lieux. Mascarin est alors rebaptisée île Bourbon en hommage à la dynastie régnante.

Le contrôle de la Compagnie des Indes (1662-1767)

UN COMPTOIR ISOLÉ La véritable colonisation de l'île Bourbon est le fait de Colbert, alors surintendant de Louis XIV. Il crée la Compagnie des Indes orientales en remplacement de la Compagnie de l'Orient, dont le but affiché était d'occuper Madagascar. En 1665, la Compagnie envoie donc une vingtaine de colons sur l'île Bourbon, suivis l'année d'après par deux cents autres, parmi lesquels cinq femmes malgaches. Mais, dès 1680 et la mort du premier gouverneur, le Royaume laisse les nouveaux habitants livrés à eux-mêmes. Ceux-ci vivent d'agriculture, d'un peu d'élevage et de quelques trafics avec des bateaux étrangers. Certains d'entre eux quittent même l'île pour les Indes.

ESCLAVAGISME Au début du XVIIIe siècle, la France se décide enfin à valoriser ce territoire perdu dans l'océan Indien en y introduisant la culture du café – le moka d'Arabie, plus facile à cultiver que l'espèce endémique. Cette décision marque également le développement d'un esclavagisme cruel. Celui-ci était déjà "toléré" dans l'île, comme l'atteste la création du Code noir en 1685, qui réglemente l'activité esclavagiste et reconnaît la légitimité de la servitude. D'ailleurs, les chiffres officiels de la population font bien la différence entre colons et esclaves : 58 Blancs et 70 esclaves en 1674, 538 Blancs et 633 esclaves en 1713. La traite des esclaves, originaires de Madagascar, d'Inde (côte de Malabar, Bengale et Surate) et plus tard d'Afrique, est officiellement reconnue en 1717. Mais, très vite, certains esclaves tentent d'échapper à leurs

QU'EST-CE QUE LE MARRONNAGE ?
Les esclaves qui refusent l'asservissement sont appelés marrons. Ils fondent de véritables milices dans la montagne pour affronter les chasseurs de primes et, surtout, forment les premières communautés vivant dans les cirques de Mafate et de Cilaos. Ils hantent rapidement les légendes populaires qui vantent leur courage. Le marronnage s'inscrit ainsi dans l'histoire de l'île.

maîtres malgré les peines encourues : oreilles coupées pour une absence supérieure à un mois, jarrets coupés pour une seconde évasion et peine de mort à la troisième.

VERS UN STATUT COLONIAL En 1735, l'histoire de l'île Bourbon opère un tournant avec l'arrivée d'un nouveau gouverneur, Mahé de La Bourdonnais. Jusqu'en 1746, ce Malouin administre avec autorité l'archipel des Mascareignes, formant le vœu d'en faire une importante base de la marine française. S'il n'y parvient pas tout à fait, il met cependant en place des réformes qui serviront plus tard le développement de l'île. C'est le cas, par exemple, du transfert de la préfecture de Saint-Paul à Saint-Denis, moins abordable par les pilleurs et plus accessible depuis l'île de France, actuelle île Maurice. Pourtant, il néglige peu à peu Bourbon, en la considérant comme le simple grenier de l'île de France, qui de son côté prospère grâce au commerce. La période qui s'ouvre est celle d'un fort accroissement de démographique : 580 colons en 1735 et 3 762 en 1758 ; 4 494 esclaves adultes en 1735 pour 22 611 en 1779. Dans le même temps, les disparités augmentent entre les premiers grands propriétaires terriens et les P'tits Blancs, agriculteurs qui doivent se contenter de modestes parcelles souvent peu productives. En 1763, la France ne compte plus que cinq comptoirs aux Indes, la Compagnie périclite en même temps que le commerce. Mais le Royaume ne veut pas céder sa place dans l'océan Indien. Il rachète finalement à la Compagnie l'archipel des Mascareignes, qui devient une colonie à part entière en juillet 1767.

La période florissante (1767-1862)

La fin du monopole de la Compagnie des Indes marque le début d'une nouvelle ère pour le commerce, l'agriculture et pour l'île en général. La monoculture du café est abandonnée, le coton et le blé trouvant leur place sur les contreforts des monts réunionnais. La Révolution est accueillie favorablement par les colons et, en 1793, l'île prend le nom symbolique de Réunion (qui fait référence à la réunion des combattants marseillais et des gardes républicains en août 1792). Cependant, les Blancs refusent d'abolir l'esclavage, en dépit de la nouvelle Constitution et de la première Déclaration universelle des droits de l'homme. Aussi, parallèlement aux mauvais traitements et à la servitude, le marronnage se perpétue et s'intensifie.

L'OCCUPATION ANGLAISE En 1806, l'île est brièvement baptisée Bonaparte avant de s'appeler à nouveau Bourbon. Un nom qu'elle ne gardera pas très longtemps, puisque la guerre entre Français et Anglais aboutit à la prise de Saint-Denis par les troupes britanniques en juillet 1810. Bourbon devient alors England Forest pour les Anglais. Pour cinq ans seulement, puisqu'un traité rétrocède Bourbon à la France, l'Angleterre gardant le contrôle des deux autres îles de l'archipel des Mascareignes. La période anglaise a permis l'introduction de la canne à sucre, dont la culture va être intensifiée par les Français, soucieux d'obtenir de nouveaux débouchés pour l'île. En 1817, Charles Desbassayns y établit la première sucrerie à vapeur. Les champs de café et de céréales sont défrichés au profit de la canne, des propriétaires font fortune, quelques bourgeois prennent le pouvoir économique. De nombreux petits exploitants doivent quitter le littoral et s'installer dans les Hauts afin de trouver des terres, alors que Bourbon doit désormais importer des denrées de première nécessité. C'est néanmoins une période d'expansion économique.

ÉCOUTER, LIRE *L'Histoire d'une île-La Réunion*, des origines à nos jours (coffret de 2CD accompagné d'un livre illustré, Éd. Orphie, Saint-Denis, 2001) du journaliste, historien et romancier Daniel Vaxelaire est une excellente et très plaisante introduction à l'histoire de l'île, à écouter en voiture en découvrant les paysages...

L'ABOLITION DE L'ESCLAVAGE En 1848, sous l'autorité de Sarda Garriga, commissaire général de la République, l'esclavage est aboli à la Réunion (qui a repris son nom issu de la Révolution). Mais cette remarquable avancée ne va pas sans susciter des problèmes économiques et sociaux : seuls les grands propriétaires réussissent à rémunérer une main-d'œuvre désormais salariée, et à pérenniser leurs exploitations ou leurs usines. À l'opposé, de nombreux esclaves affranchis et de petits fermiers blancs sombrent dans la misère. Ils vont se réfugier dans les cirques et les Hauts. Dans le même temps, des ouvriers serviles et corvéables à merci – tamouls pour la plupart, on les appelle les "engagés" – s'installent à la Réunion, renforçant le caractère pluriethnique de la population. La fin de cette période de transformation sociale s'opère sous l'œil bienveillant du gouverneur Hubert Delisle, nommé en 1852, premier Créole à administrer le territoire. Mais la Réunion est bientôt frappée par le terrible cyclone de 1862, après avoir subi une épidémie de choléra en 1859, qui avait décimé une main-d'œuvre physiquement diminuée. La situation économique stagne et l'île perd peu à peu de sa superbe.

Le déclin (1863-1945)

ISOLEMENT ET DÉCLIN DES ACTIVITÉS ÉCONOMIQUES Concentration de l'industrie – plus de 120 sucreries employant 25 000 travailleurs détiennent la moitié des ressources de l'île –, paupérisation des P'tits Blancs des Hauts et des affranchis, monoculture de la canne : tout concourt à l'affaiblissement de l'économie. Aussi, lorsqu'en novembre 1869 le canal de Suez est inauguré, le détournement des routes maritimes du Sud sonne le glas de la période florissante de la Réunion. De plus, la conquête de Madagascar et l'extension de l'empire colonial détournent les priorités de la France. L'île se retrouve bien isolée au milieu de l'océan Indien…

LES RÉPERCUSSIONS DES DEUX GUERRES MONDIALES Jusqu'à la Première Guerre mondiale, l'activité sucrière ne redémarre pas, concurrencée par la betterave européenne. Cela n'empêche pas un nouvel afflux de main-d'œuvre, des musulmans venus du Gujarat indien. Durant cette période, certains P'tits Blancs s'initient à l'horticulture pour trouver d'autres débouchés. C'est ainsi que le géranium, cultivé dans les Hauts, trouve sa place sur un marché porteur. La guerre mobilise près de 15 000 Réunionnais, et 3 000 meurent au front. Au retour des soldats survivants, la situation économique s'est un peu améliorée. Elle mènera la Réunion jusqu'au second conflit mondial dans une situation plutôt stable. Si les combats et les changements de régime durant la Seconde Guerre mondiale n'ont quasiment pas perturbé la vie quotidienne de la Réunion, celle-ci en ressort néanmoins ruinée : effondrement de la production de sucre, augmentation des écarts sociaux entre les Gros Blancs et les plus pauvres – les Ti Moun (qui peuvent être Blancs, Noirs ou Indiens) –, infrastructures archaïques... À ces difficultés s'ajoute un blocus extrêmement dur de l'île sous le gouvernement de Vichy, avec pour conséquence des privations importantes. À ce moment-là de son développement, la Réunion a donc besoin d'un nouvel élan : elle le trouvera dans la départementalisation.

L'avènement d'un département et d'une région

En mars 1946, la Réunion, à l'instar des Antilles, devient un département français (DOM), à la grande satisfaction de la population. Outre ses implications politiques et administratives, ce nouveau statut entraîne une hausse des investissements en provenance de la métropole qui permettent l'électrification complète de l'île, l'extension du réseau routier, l'amélioration de la culture de la canne ou encore une alphabétisation de masse. En 1982, la Réunion devient une collectivité territoriale. Il en résulte une plus grande autonomie qui contente les tenants d'une île moins dépendante de la métropole, comme le souhaite l'influent Parti communiste réunionnais, un temps indépendantiste. Mais ces nouveaux statuts ne masquent pas les difficultés sociales qui gangrènent la société réunionnaise : en 1991, des émeutes consécutives à la fermeture de la chaîne de télévision locale TV Freedom feront dix morts dans le quartier populaire du Chaudron à Saint-Denis. L'île a aussi connu des difficultés sanitaires avec l'épidémie de chikungunya : de 2005 à 2007, deux cent soixante Réunionnais sont morts du virus, et plus de deux cent cinquante mille ont été infectés.

Institutions et économie

Les deux principaux centres économiques et politiques sont le bassin nord de Saint-Denis, qui regroupe toutes les institutions et près de la moitié des sociétés, et celui de Saint-Pierre au sud, avec 30% des entrepreneurs. Ils concentrent la plus grande part de la population active dont le taux de chômage, qui s'établissait autour de 29% en 2011, est plus de trois fois supérieur à celui de la métropole.

Les institutions régionales

En 1946, la Réunion est passée du statut de colonie à celui de département français d'outre-mer (DOM), au même titre que les Antilles et la Guyane. Elle est dotée d'un conseil général dont les membres, élus dans les 49 cantons que compte l'île, siègent durant six ans. Le département contribue à financer de nombreux secteurs de l'économie (éducation, aménagement du territoire…). Par exemple, il concourt à la réalisation d'un pharaonique projet de transfert d'eau entre l'est de l'île, riche en rivières notamment dans les cirques, et la côte "sous le vent", fréquemment aride durant la saison sèche. Un ouvrage qui permettra d'irriguer plus de 5 000ha de terres cultivables (soit 3 000 exploitations agricoles) et d'apporter un complément de ressources en eau à 25% de la population réunionnaise. Une mini-révolution à l'échelle de la Réunion, néanmoins vivement critiquée par les écologistes en raison de son impact environnemental. Depuis 1982 et les lois de décentralisation, la Réunion a aussi le statut de région, avec une assemblée de 45 membres élus au suffrage universel pour cinq ans. La région et le département jouissent de fortes prérogatives dans le domaine de l'éducation, de l'aménagement du territoire et du développement économique. La politique gouvernementale est relayée et coordonnée par un préfet qui réside à Saint-Denis, préfecture de l'île, et la plus peuplée de ses 24 communes.

Une agriculture peu diversifiée

LA CANNE À SUCRE Malgré l'emblème de la canne à sucre et une vision métropolitaine très rurale de la Réunion, l'agriculture ne représente plus que 4% du produit intérieur brut du département. Une part en baisse constante depuis la fin des années 1980. Depuis l'introduction de la canne à sucre par les Anglais en 1810, cette graminée de la famille du blé a pris une place prépondérante, voire monopolistique, dans l'agriculture réunionnaise. Cette culture, qui génère 15 000 emplois, occupe 24 500ha (chiffre 2011), soit plus de la moitié de la surface cultivable utile de l'île, et représente plus de 50% de la production française, loin devant celle de la Guadeloupe et de la Martinique. Elle demeure pourtant dépendante de subventions afin de conserver sa place sur le marché mondial. On rencontre de superbes champs de canne à sucre dès les premiers contreforts, peu pentus, au-dessus des villes du littoral. Elle s'adapte parfaitement au climat tropical, qui amène ses tiges de 3m ou 4m à maturité à partir du mois de juillet. À cette période, lorsque les grandes houppes blanches ondoient sur les parcelles vertes, les cannes sont coupées très près du sol afin de conserver la partie la plus riche en sucre. L'essentiel de la récolte se fait encore à la main, car la majorité des exploitations se situe sur de petites parcelles souvent rocailleuses et à flanc de montagnes, inaccessibles aux machines. Aussi, on a le loisir d'observer de nombreux travailleurs agricoles, machette à la main, se diriger au petit jour vers les champs. Au prix d'un travail harassant, qui donne une idée des conditions de vie des esclaves d'antan, ils remplissent de grands camions appelés "cachalots" ou, dans les zones les plus rurales, des charrettes tirées par des bœufs efflanqués. Dans les trois jours qui suivent, la canne doit impérativement être transformée en sucre dans l'une des deux raffineries de l'île (près de 210 000t par an) ou changée en rhum dans les trois distilleries réunionnaises.

CULTURES MARAÎCHÈRES ET ÉLEVAGE L'autre moitié des cultures se décompose en une multitude de petites exploitations : pommes de terre, lentilles, haricots, ail, oignons, ainsi que fruits et fleurs. La **vanille**, bien que très concurrencée par celle de l'Indonésie et de Madagascar, continue d'être exploitée et cueillie entre juillet et septembre autour de Saint-Joseph et de Saint-André. Il existe un label de l'espèce cultivée, la "vanille Bourbon", qui peut toutefois provenir de Madagascar et des Comores. Aussi, si l'on veut absolument rapporter des gousses produites sur l'île, il faut exiger le "label Bourbon de la Réunion". Compte tenu du besoin de main-d'œuvre, la vanille demeure onéreuse. Le secteur de l'élevage continue, quant à lui, à faire figure de parent pauvre de l'agriculture réunionnaise. À côté des volailles, les porcs et les bovins se taillent pourtant une part grandissante dans les statistiques, notamment grâce à une politique de valorisation des pâturages d'altitude. Sans parvenir toutefois à l'autosuffisance alimentaire puisque la production de viande porcine ne couvre que 55% des besoins et celle des bovins 20% environ.

Saveurs et senteurs

L'Alambic-Chez Bègue ______ 126
La Maison du géranium ______ 126
Kakouk ______ 199
Le Verger de la Chapelle ______ 199
Jardin des Parfums et des Épices ______ 231
Volcano Run-Randonnée Roby Soriano ______ 233
L'Escale bleue ______ 234
Coopérative agricole des huiles essentielles de Bourbon-Caheb ______ 267
Association des producteurs de lentilles de Cilaos ______ 305

LA PÊCHE La branche la plus dynamique de cette agriculture semble finalement être la pêche, dont la production a plus que doublé depuis 1993, pour dépasser les 8 000 tonnes par an, partagée entre artisans côtiers (30%), pêcheurs au large (15%) et activité industrielle (55%). Ce dernier secteur continue de progresser, car la Réunion constitue la base arrière d'un redéploiement des activités de pêche dans les zones arctiques et australes françaises autour des îles Kerguelen.

L'importance du secteur touristique

Après avoir eu longtemps une économie de type colonial, extrêmement dépendante du fait de ses exportations agricoles et de la manne financière de Paris, la Réunion est désormais passée à un modèle proche de celui de la métropole. Le secteur des services y tient un rôle moteur et dominant. Quoiqu'elle demeure fragile, l'économie réunionnaise prospère surtout grâce à l'accroissement continu du secteur touristique et à ses effets. Au début des années 2000, quelque 430 000 touristes visitaient l'île chaque année, alors qu'ils n'étaient que 182 000 en 1989 ! Un remarquable essor dû à des facteurs aussi divers que le début de la libéralisation du trafic aérien, une politique de communication institutionnelle plus visible et une grande amélioration de la qualité et du nombre d'hébergements. Malgré la crise traversée par le secteur de 2005 à 2007, en raison de l'épidémie de chikungunya et d'attaques de requins surmédiatisées, la fréquentation touristique a retrouvé son niveau. En 2011, elle a même atteint un record : 471 000 visiteurs ont foulé le sol de l'*île intense*. Les touristes demeurent majoritairement originaires de la métropole (environ 80%). Ceux venant de l'île Maurice, de Madagascar, de l'Afrique du Sud et du reste de l'Europe complètent le flot de curieux qui chaque année jouissent de ce décor volcanique.

Population

Forte de plus de 839 000 habitants (estimation Insee pour 2011), la Réunion ne cesse de voir s'accroître sa population – dont 41% a moins de vingt ans (contre 31% en métropole) – et, selon l'Insee, elle devrait dépasser le million à l'horizon 2030. Mais plus que la jeunesse, c'est la diversité des origines, le mélange et le métissage qui sont la principale caractéristique de l'île. Un cas unique en France, où diversité et tolérance vivent en bonne intelligence.

Les Créoles, héritiers des colons

Depuis les premiers colons du XVIIe siècle, des générations de métropolitains se sont installées dans l'île. Ils y ont la plupart du temps fondé une famille et assuré une lignée. Originaires de France, mais aussi de Hollande ou d'Angleterre, ils sont désormais appelés créoles, mot qui signifie "élevés ici". Mais cette population, qui représente environ 40% des habitants, n'en est pas pour autant homogène. On distingue deux groupes principaux. D'abord, les P'tits Blancs : descendants de pauvres exploitants agricoles, ils se sont souvent installés dans les Hauts à l'abolition de l'esclavage. Ils forment une communauté bien définie, parfois touchée par des mariages consanguins. Peu détiennent des postes à responsabilité contrairement aux Gros Blancs, héritiers des grands propriétaires terriens et des familles aisées. Ceux-ci sont généralement bien implantés en ville au sein du pouvoir politique et économique. Aux Créoles – terme qui s'applique aujourd'hui à tous les natifs de l'île –, dont beaucoup sont des métis, on peut ajouter les z'oreilles, métropolitains temporairement en poste à la Réunion. Ils sont affublés de ce sobriquet car, paraît-il, ils tendent l'oreille pour essayer de comprendre ce que disent leurs congénères nés dans l'île…

Les cafres et les marrons, descendants des esclaves

Descendants des anciens esclaves, les cafres et les marrons composent une part importante de la population réunionnaise. Les cafres sont originaires d'Afrique orientale et de Madagascar. Leurs aïeux ont été déportés aux XVIIe et XVIIIe siècles et ont parfois représenté jusqu'à 80% des habitants. Les marrons se distinguent des précédents, non par leurs origines, mais par l'histoire de leurs ancêtres : refusant l'esclavage, ceux-ci ont fui leurs maîtres pour se réfugier dans les cirques, réputés inaccessibles. Jusqu'à l'abolition en 1848, ils furent pourchassés en représailles de leur fuite et de leurs attaques des villes et villages.

Les Indiens et les autres ethnies

Plus d'un tiers des Réunionnais est d'origine indienne. La plupart sont arrivés dans l'île après la fin de l'esclavagisme, alors que la culture de la canne demandait encore beaucoup de main-d'œuvre bon marché. De plus, jusqu'en 1882, le "recrutement" d'immigrés était encore autorisé par la France. C'est ainsi que se sont installés à la Réunion ceux que l'on nomme aujourd'hui les

Malbars, Indiens hindouistes originaires de la côte de Malabar (sud-ouest de l'Inde), ou de d'ascendance tamoule venant des régions du Sud. Qualifiés à l'origine de "travailleurs engagés", ils ont gardé de nombreuses coutumes et une identité très forte. Ils côtoient les z'arabes, d'origine indienne comme eux, mais de confession musulmane (moins de 5% de la population). Ces derniers sont appelés ainsi car, au début du XXe siècle, lorsqu'ils sont arrivés du Gujarat (nord-ouest de l'Inde) pour tenter de faire fortune, les Créoles ont fait la confusion entre Arabes et musulmans. Le langage populaire s'est chargé du reste... Les z'arabes détiennent aujourd'hui de nombreux commerces en centre-ville et forment une communauté plutôt aisée. Parmi les habitants d'origine asiatique, on compte également des Chinois, venus dès la fin du XIXe siècle de Malaisie et de la région de Canton. De confession bouddhiste, ils ont ouvert des épiceries, sorte de petits bazars appelés également "boutiks". Ils représentent environ 5% de la mosaïque réunionnaise, composée encore de Malgaches, de Comoriens et de Mahorais (de Mayotte), ultimes immigrés économiques arrivés dans l'île dans la dernière partie du XXe siècle.

Langues

Pas de doute, la langue officielle à la Réunion est le français, tel qu'on le parle et l'écrit en métropole. Les actes administratifs, la communication sur le lieu de travail, l'enseignement et l'essentiel des médias utilisent le français puisque la Réunion fait partie intégrante du territoire. Cependant, les Réunionnais s'expriment aussi, voire surtout, en créole, langue héritée des apports linguistiques des différentes populations qui forment le peuple réunionnais.

Le créole, attribut d'une identité

PARLER CRÉOLE Il existe plusieurs créoles à travers le monde. Celui du Cap-Vert, d'origine portugaise, n'est pas compréhensible par quelqu'un qui parle celui de la Jamaïque, issu de l'anglais. Pis, un Martiniquais peine à parler créole avec un Réunionnais, dont la langue a pourtant pour base le français. Car le créole de la Réunion est une variante régionale de la langue de Molière, enrichie par les patois de l'ouest de la France des premiers colons et par des langues étrangères comme le malgache, l'hindi ou des dialectes africains des anciens esclaves. C'est, depuis le XVIIe siècle, un outil de communication essentiel et unique qui s'est construit pour permettre à tous les habitants de l'île de dialoguer ensemble, quelles que soient leurs origines. Les esclaves pouvaient dès lors communiquer entre eux ainsi qu'avec leurs maîtres.

UNE LANGUE ENFIN RECONNUE S'il est aujourd'hui parlé par quasiment tous les natifs de la Réunion, le créole fut longtemps considéré comme une "sous-langue" par les colons français éduqués et lettrés. Plutôt que de représenter le ciment d'une société en construction, il était le symbole de la division d'un peuple composé de riches métropolitains d'un côté et d'esclaves et de paysans pauvres de l'autre. Puis, au fil du temps, le besoin de parler et de partager a permis au créole de s'imposer pour devenir de nos jours une langue commune à tous. À tel point que, depuis novembre 2000, le créole s'est vu officiellement reconnaître le statut de langue régionale par l'État français. Il est dorénavant enseigné à l'université de Saint-Denis. Ce qui ne va pas sans quelques difficultés, puisqu'il s'agit avant tout d'une langue orale, utilisée à l'origine par des analphabètes. Sa transcription fut donc tardive. On distingue toutefois quelques nuances, selon que le créole est parlé à Saint-Denis ou dans les Hauts, ou par des Malbars ou des cafres, ce qui ajoute encore à la difficulté d'un enseignement homogène. Un problème que tentent de résoudre les premiers professeurs de collège et de lycée à avoir réussi le CAPES de créole réunionnais, officiellement institué en 2002. Depuis 2008, le créole est également enseigné dans les écoles de métropole qui lui accordent chaque année une place de plus en plus importante.

Religions

Qui dit brassage des populations dit également diversité des cultes : la Réunion se révèle ainsi être une véritable tour de Babel où, sur un petit périmètre, catholiques, musulmans, hindouistes et bouddhistes font bon ménage. Vous serez sûrement étonné de trouver une église à côté d'un temple hindou ou d'entendre l'appel du muezzin rompre l'atmosphère silencieuse bercée par l'encens qui s'élève d'une pagode voisine de la mosquée.

Un catholicisme “à la réunionnaise”

Colonisée par des Français, pour la plupart bretons, la Réunion a vu s'implanter la religion catholique dès l'arrivée des premiers colons. Elle est aujourd'hui pratiquée par la grande majorité des Réunionnais, qui ont une réputation de fervents croyants. La fréquentation de chaque église de village le dimanche est là pour nous le rappeler. Mais les Réunionnais ont également apporté leur marque propre dans la pratique du culte. Ainsi, on peut difficilement échapper aux *ti' bon Dieu*, minuscules chapelles qui se nichent dans les falaises ou au bord des routes. Surmontées de croix ou dédiées à la Vierge, elles reçoivent des offrandes de fleurs, de fruits et d'images pieuses. Les plus connues sont celles rendant grâce à saint Expédit.

Saint Expédit, un culte populaire

Extrêmement populaire, le culte de saint Expédit serait né vers 1930 d'un vœu d'une Réunionnaise : bloquée en France, celle-ci demanda ardemment au saint patron de retrouver au plus vite son île. Lorsqu'elle y parvint enfin, elle vanta suffisamment les mérites de son action pour que la croyance prenne une ampleur considérable. Depuis, les oratoires rouges à son image peuplent de nombreux chemins (on en compte plus de 300). Vous apercevrez certainement une de ces statuettes du saint en soldat à cape rouge écrasant un corbeau, et sans tête, témoignage violent que la demande faite à l'icône n'a sûrement pas été satisfaite ! Sachez également que saint Expédit est souvent invoqué afin de désunir les couples ou de jeter un mauvais sort à un ennemi...

Un hindouisme bien implanté

Les premiers esclaves venus d'Inde se sont convertis au catholicisme, la plupart du temps sous la contrainte d'un clergé omniprésent. Mais le culte hindou est néanmoins demeuré vivace, d'abord dans le secret des foyers, puis au grand jour, surtout à la suite de l'arrivée des "engagés", après l'abolition de l'esclavage, à la fin du XIXe siècle. Les Malbars et les Tamouls ont donc élevé des temples colorés où ils célèbrent la trinité hindoue (*Trimurti*) composée de Brahmā (dieu de la création), Shiva (dieu de la destruction et de la dissolution) et Vishnu (le dieu solaire et salutaire). En outre, on trouve de minuscules lieux de culte malbars au pied des banians, arbres sacrés des hindous, à l'abri des regards indiscrets. Vous avez tout loisir de visiter ces lieux de dévotion, à la condition de ne porter aucun vêtement ni objet en cuir, vache sacrée oblige. Le dynamisme de l'hindouisme se mesure aux fêtes religieuses organisées chaque année. Fin janvier ou début février, les Tamouls sacrifient au rite du Cavadee, procession qu'ils ont préparée en jeûnant une dizaine de jours. Au cours de celle-ci, ils portent de lourdes pièces de bois fleuries et se percent les joues et le torse de longues aiguilles d'argent. Aux mois de décembre et janvier, ainsi qu'en juillet, ils participent au Pandiale où les croyants éprouvent leur foi en marchant pieds nus sur des charbons ardents. Enfin, au cours du Dipavali, fin octobre ou début novembre, ils parent les temples et les demeures d'une multitude de petites lampes et de lanternes qui, selon une promesse du dieu des Enfers Yama, les garderont d'une mort violente. À la mi-janvier, lors du Pongal (ou Pongol), quatre jours de fête de la moisson en l'honneur de Sūrya, le soleil, les maisons sont soigneusement nettoyées et embellies, les outils fourbis et le bétail bichonné. Autant de fêtes colorées qui animent l'île et attirent des spectateurs de toutes confessions.

Un islam modéré

Troisième religion de l'île, l'islam est pratiqué par les z'arabes venus d'Inde (Gujarat) au début du XXe siècle. Ce sont des musulmans d'obédience sunnite pour l'immense majorité. Les villes principales de la Réunion possèdent une mosquée, que le touriste visitera habillé de manière décente, c'est-à-dire les épaules et les jambes couvertes, après avoir pris soin de se déchausser. Comme tous les musulmans du monde, les Réunionnais vont prier cinq fois par jour (notamment en fin de journée) et observent le jeûne du ramadan.

Les croyances traditionnelles ancestrales

En raison du brassage des populations, de nombreuses croyances ont survécu au temps. D'origine indienne, malgache ou africaine, elles sont censées préserver du mauvais œil et prévenir les malheurs. Vous aurez certainement l'occasion de voir, près des cimetières ou des carrefours, des sacs remplis d'objets tels que mégots, noix de coco, fleurs, voire… coqs égorgés. Tout Réunionnais qui se respecte fait un détour à la vue de telles offrandes et n'y touchera sous aucun prétexte. De plus, de nombreuses maisons arborent un couteau, une poupée ou un tas de sel afin de préserver les âmes des propriétaires. Beaucoup de légendes circulent dans l'île. Certains redoutent par exemple Granmère Kalle, sorte de sorcière dont le cri nocturne n'annonce rien de bon. D'autres vouent un culte au pirate La Buse et à Sitarane, un criminel aux pouvoirs magiques qui buvait prétendument le sang de ses victimes. Et nombreux sont ceux qui font appel à un **gratteur ti'bois**, guérisseur qui se fait fort de réussir où la médecine officielle a échoué.

Habitat

Des cases créoles multicolores

À l'exception notable des grandes demeures coloniales, le mot "case" désigne tout simplement une maison. Formant une ou deux pièces et abritant toute la famille, ou de construction plus complexe, la case réunionnaise n'en a pas moins des caractéristiques immuables. Au départ construite et couverte de bois censé résister aux intempéries (bois de rempart ou bois de fer), la ti'case, la plus modeste d'entre elles, est aujourd'hui souvent faite de tôle et d'une structure métallique, parfois même de béton. Ce qui enlève assurément à son charme... Cependant, les cases continuent d'être bariolées de multiples couleurs gaies : toits rouges, volets bleus ou jaunes, murs souvent blancs, mais aussi verts ou mauves, comme c'est le cas à Sainte-Anne ou dans les Hauts de l'Ouest par exemple.

UNE ORGANISATION SPÉCIFIQUE Autrefois, la case se composait de trois parties. Tout d'abord la cuisine. C'était le lieu de vie durant la journée, où l'on préparait le repas et où l'on se réfugiait en cas de pluie. Elle était très simplement aménagée avec un âtre et, au-dessus, un *farfar*, sorte de grenier qui servait aussi à fumer les viandes. Le sol en terre battue accueillait le moulin à maïs. Le second bâtiment abritait la ou les chambres et n'était accessible qu'à la nuit tombée. Il était dissocié de la cuisine afin qu'il soit préservé en cas d'incendie. Entre les deux, la *kour* servait de lieu de vie extérieur avec la remise pour les outils, le jardin potager et l'aire de jeu pour les enfants. De la plus petite à la plus imposante, toutes sont décorées de lambrequins, frises de bois ou de métal qui soulignent le rebord de la toiture de motifs géométriques ou floraux. Les plus cossues comportent également une varangue, autrement dit l'indispensable véranda. Meublée généralement en rotin, elle s'ouvre directement sur le jardin dans les demeures du littoral, ou bien est protégée d'une baie vitrée dans les Hauts au climat plus froid. C'est un endroit essentiel à la vie de la maison, où vous vous attablerez certainement si vous êtes invité dans une famille réunionnaise. Aujourd'hui, la kour n'est plus cet espace de rencontre, devenu un joyeux entrelacs de plantes et de fleurs tropicales. Les Réunionnais connaissent généralement bien la flore de leur île et aiment en agrémenter leur environnement proche. Malheureusement, les cases traditionnelles ont beaucoup souffert des outrages du temps et du manque d'entretien, ce qui peut s'expliquer en partie par le prix élevé des matériaux nobles employés. De plus en plus, les pouvoirs publics tentent de sauver ce patrimoine unique, comme c'est déjà le cas à Saint-Denis et à Entre-Deux.

De fières maisons de maître

Autre héritage architectural historique : les maisons coloniales. Si les cases (*kaz*) sont mignonnes et modestes, leurs "grandes sœurs" issues de la période de la Compagnie des Indes ont un aspect massif, voire austère avec leurs colonnades un rien prétentieuses et leurs jardins toujours tirés à quatre épingles. Un peu façon *Autant en emporte le vent* ! Mais, que l'on ne s'y trompe pas, certaines dégagent néanmoins beaucoup de charme, comme l'hôtel de ville de Saint-Denis ou encore la maison Desbassayns (musée de Villèle) à Saint-Gilles-les-Hauts, classée aux Monuments historiques (p.146). Ces demeures se cachaient en général derrière un mur de végétation, qui empêchait les curieux de lorgner dans la propriété, alors que les riches habitants pouvaient à loisir observer l'activité extérieure en s'installant dans leur guétali, sorte de petit kiosque placé à l'angle du jardin ou de la maison.

Des édifices religieux récents

Paradoxalement, malgré une société empreinte de spiritualisme, les édifices religieux de la Réunion n'offrent pas un grand intérêt. Les églises sont récentes, en raison de l'histoire de l'île bien sûr, mais également à cause des multiples dégâts causés par les cyclones au cours des décennies. Originellement construites en bois, elles ont souvent été détruites puis rebâties en dur selon les principes d'une architecture moderne sans grand caractère. Cependant, l'église Saint-Martin de Grand-Îlet (Salazie) a conservé son cachet créole, avec ses bardeaux gris et son superbe parquet. Celle de Sainte-Anne, au style baroque outrancier, et celle du Sacré-Cœur-des-Colimaçons (Saint-Leu), d'inspiration industrielle, valent aussi le détour. D'un séjour à la Réunion, on retient surtout la découverte des temples hindous, ornés de mille couleurs chatoyantes, et celle des mosquées qui, bien qu'elles ne se distinguent guère par leur élégance, étonnent dans le paysage urbain d'un pays majoritairement catholique.

Musique et danse

À l'image d'une population métissée, la musique et la danse réunionnaises sont nées de la rencontre de plusieurs peuples, qui ont mis en commun leurs traditions artistiques.

Du maloya au "séggae"

DES ORIGINES MÉTISSÉES Au XVIIe siècle, les premiers colons s'installent en compagnie de serviteurs – les futurs esclaves – d'origine malgache. Jusqu'au siècle suivant, cette basse caste sera complétée par des hommes et des femmes venant d'Afrique, notamment du Mozambique, et du Gujarat indien. Souvent, les esclaves sont laissés seuls dans les plantations le samedi soir et le dimanche, jour où parfois ils ne travaillent pas. C'est l'occasion pour eux de se réunir et de dire leurs souffrances, mais aussi leurs espoirs et leurs amours. La musique et la danse sont toutes désignées pour cela. Ils s'expriment donc à travers des variantes d'une danse malgache, alternant rythmes syncopés hérités des Indiens qui commerçaient avec Madagascar, et formes plus douces et lascives propres aux Malgaches. Vient ensuite s'ajouter l'expression traditionnelle des Noirs d'Afrique. Cette rencontre improbable donne naissance au **maloya**. Mot de racine malgache signifiant "j'en ai marre", il alterne "blues" des esclaves et transes amoureuses inspirées des danses bantoues. Deux instruments constituent la base de la musique maloya. Le rouleur (*roulèr* en créole), qui évoque les battements sourds du cœur, est construit en tendant une peau de bœuf sur le fond d'une barrique. Il donne le rythme de base. Le kayanb (ou *caïambe*), lui, rappelle le murmure des vagues en faisant rouler des graines dans des cloisons de hampes de fleurs de canne, elles-mêmes fixées à un cadre en mât de choca. À la fin du XVIIIe et surtout au cours du XIXe siècle, l'augmentation du nombre de colons implique une importation des danses et des chants d'origine occidentale. Après la ronde française, c'est le quadrille anglais puis la polka et la mazurka qui sont en vogue parmi les Créoles et les nouveaux arrivants. Mais ceux-ci se trouvent régulièrement en manque de musiciens blancs. Les esclaves font donc leur apparition dans les orchestres et apprennent à jouer d'instruments comme le piano. Ils apportent ainsi une nouvelle sensibilité artistique. Cette fusion mène à la naissance du séga, d'abord appelé "quadrille créole".

LES MUSICIENS D'AUJOURD'HUI Actuellement ces deux formes musicales, jouées et dansées, font preuve d'un grand dynamisme et jouissent d'une forte popularité dans toute l'île. Depuis une trentaine d'années, les groupes se sont multipliés et ont mis à l'honneur des vedettes locales, parmi lesquelles les regrettés Granmoun Lélé, sorte de "grand-père" du maloya monté sur piles, ou encore Lo Rwa Kaff. De nos jours, les plus connus sont Firmin Viry, considéré comme le "sauveur" du maloya dans les années 1970, à côté duquel prospèrent des artistes et des ensembles : Danyel Waro, P'tit Blanc de la plaine des Cafres à la magnifique voix de blues haut perchée, Baster et Jacqueline Farreyrol, une des rares femmes à s'essayer au genre. Classé au Patrimoine culturel immatériel de l'humanité à l'UNESCO en 2009, le maloya a intégré de multiples influences musicales modernes comme le jazz ou le reggae. Si bien qu'on parle aujourd'hui de "maloggae" et de "maloyaz". Très populaire, la fusion du séga et du reggae a pris quant à elle le nom de "séggae". Dans la mouvance world music, le maloya métissé de Patrice Legros revisite la chanson à texte créole, quand les compositions du groupe Ziskakan plongent dans les racines hindoues de l'île. L'identité "Yab", P'tits Blancs des Hauts, s'exprime avec humour dans les mazurkas aux accents cajuns de Pat' Jaune, cf. Discographie (p.337).

Le moringue, un combat ritualisé

Danse, spectacle, art martial ? Un peu des trois, sans doute. Rappelant la capoeira brésilienne, le moringue tire son origine des danses et combats des ethnies d'Afrique orientale dont étaient issus un grand nombre d'esclaves dès le début de la colonisation. Les cafres, donc, mais également des Malgaches ont perpétué cette lutte codifiée. Celle-ci fut l'occasion de grands rassemblements festifs, où la ferveur des spectateurs n'avait d'égale que le courage des combattants. Mais – faute d'enseignement de la tradition ou poids de la culture occidentale ? – le moringue a quasiment disparu au cours des années 1950 pour n'être plus, à présent, que réservé à quelques spectacles touristiques et à des cours du soir pour initiés. Toutefois, le voyageur curieux et bien renseigné aura peut-être la chance d'assister à un combat lors d'une fête de village.

UN RITUEL ANCESTRAL Un groupe de spectateurs forme un cercle au son lent d'un tambour, qui va "arbitrer" le combat, un peu comme la *banda* rythme une corrida. Un "moringuier" entre dans le cercle et lance un défi à un autre combattant. Pas de catégories de poids, seul l'âge compte. Lorsque deux protagonistes sont prêts à s'affronter, le tambour se fait plus rapide. Vêtus d'un pantalon de toile blanche appelé mauresque, les deux hommes, le torse nu, s'observent, se jaugent à pas de félins, puis s'ensuit une lutte violente, mais respectant des règles précises : surtout pas de coups de poings. Il en va de l'honneur des adversaires ! Le combat prend fin lorsque l'un des deux lutteurs le demande ou que le joueur de tambour décide de mettre fin à l'empoignade. Sorte de catharsis collective, défouloir civilisé, le moringue donnait l'occasion aux plus forts des esclaves de se mesurer et de retrouver une fierté au sein d'une communauté méprisée. Il permettait également de régler les conflits du quotidien, comme le faisaient leurs ancêtres en Afrique. Alliant souplesse, force et endurance, les plus grands combattants ont alimenté les contes et les légendes, se forgeant des surnoms évocateurs tels que "Laurent le Diable" ou "Coco l'Enfer".

Littérature

LES PREMIÈRES ŒUVRES Le premier roman réunionnais s'intitule *Les Marrons*, écrit en français par Louis Timagène Houat en… 1844. Il raconte une histoire inspirée de la traite des Nègres et des révoltes d'esclaves. De même, le premier texte créole fut édité tardivement : ce n'est qu'en 1828 que Louis Héry publia *Fables créoles dédiées aux dames de l'île Bourbon*, inspiré des fables de Jean de La Fontaine. On n'a longtemps retenu de la littérature réunionnaise que deux noms de l'école parnassienne, fondée à Paris vers 1866. Leconte de Lisle (1818-1894), originaire de Saint-Paul et définitivement installé à Paris en 1845 après avoir lutté contre l'esclavagisme insulaire, en a été l'un des chefs de file au côté de son compatriote et ami Léon Dierx (1838-1912). Ces poètes ont tous deux loué la douceur et la beauté de leur île. Une littérature, longtemps confidentielle, a pourtant bel et bien existé au cours du XIXe siècle comme en témoignent *Bourbon pittoresque* (1848) d'Eugène Dayot et *Salazie ou le Piton d'Anchaine* (1888) d'Auguste Vinson, largement inspirés de l'histoire des marrons. Citons encore *Journal de Marguerite* (1858) de Victorine Monniot, qui conte l'éducation religieuse d'une jeune femme de l'île.

DES AUTEURS CONTEMPORAINS Le XXe siècle est cependant plus propice à l'éclosion de nouveaux talents et, surtout, à l'édition d'écrivains créoles. L'oralité de la langue a retardé la publication des poètes, dont on retrouve les œuvres majeures dans l'anthologie d'Armand et Chopinet, *La Littérature réunionnaise d'expression créole* (1984). La langue créole, une critique de l'autoritarisme métropolitain issu de la période coloniale, ainsi que l'histoire des esclaves, sont les principales sources d'inspiration des romanciers contemporains, désormais connus hors du cercle restreint des amateurs insulaires. C'est le cas notamment d'Axel Gauvin, défenseur acharné de l'identité réunionnaise et auteur du remarqué *Quartier trois lettres* (1980) – édité ensuite en créole sous le titre de *Kartyé trwa lèt* –, mais aussi de Monique Agénor qui dans *L'Aïeule de l'isle Bourbon* (1993) dresse le portrait d'une Poitevine du XVIIe siècle, ancêtre des Créoles réunionnais, et évoque dans *Bé-Maho, Chronique des îles sous le vent* (1996) la Réunion pendant la Seconde Guerre mondiale. Citons encore Daniel Vaxelaire, un métropolitain qui depuis 35 ans explore l'histoire de la Réunion et signe alternativement ouvrages scientifiques – *Le Grand livre de l'histoire de la Réunion* – et de fiction – *Chasseur de noirs* (1982), *Grand-Port* (1993), *Les buveurs de sang* (2008), etc., cf. Bibliographie (p.336).

Artisanat

Original mais peu diversifié

La vannerie profite de la grande diversité des arbres réunionnais. Le vacoa continue d'être travaillé dans la région de Saint-Philippe, où l'on peut acheter des sacs bertels et des chapeaux. Le tamarinier, le vétiver ou le cocotier sont également utilisés pour façonner chapeaux, sacs, paniers et pantoufles. On les trouve sur la plupart des marchés et dans les quelques centres artisanaux de l'île. Cependant, méfiez-vous des contrefaçons directement importées d'Asie du Sud-Est… Les bois des Hauts sont également utilisés pour l'ébénisterie, tradition héritée de l'époque de la Compagnie des Indes. Les meubles, fabriqués surtout en bois de tamarin, ont de belles formes arrondies et se déclinent en différentes teintes. Les centres de L'Étang-Salé-les-Hauts et de La Rivière-Saint-Louis sont réputés pour vendre des articles de très belle qualité. La principale curiosité artisanale de la Réunion demeure "les jours" de Cilaos. Fabriquées depuis le début du XXe siècle, ces broderies fines et délicates qui laissent passer le jour (d'où leur nom) ont été remises à l'honneur au milieu des années 1980 par des associations. Elles tentent désormais de transmettre et de perpétuer ce savoir-faire vieux de plus de cent ans… qui permet en outre d'attirer encore plus de touristes dans les boutiques. Vous trouverez dans les échoppes napperons et mouchoirs originaux. Enfin, pour achever d'enjoliver votre intérieur, vous pourrez rapporter en métropole un "tapis mendiant", sorte de patchwork constitué de carrés d'étoffes multicolores.

Gastronomie

Si certains de vos amis ont déjà séjourné à la Réunion, faites un test : demandez-leur un avis sur la cuisine. La réponse fera certainement entendre un flot de superlatifs du genre délicieux, exquis ou, pour les moins gourmets, tout simplement bon. Car la gastronomie réunionnaise est l'un des aspects les plus attachants d'un voyage dans l'île. Grâce à la diversité des fruits de la mer et de la terre, aux influences indienne, chinoise et métropolitaine, aux épices qui viennent relever les saveurs, et au rhum, un repas constitue déjà en soi une aventure et un dépaysement !

PAS DE RÉUNION SANS CARI C'est ici le plat des plats, l'inamovible emblème de la cuisine réunionnaise. En réalité, le cari est plus une préparation qu'un plat. En tamoul, le mot signifie "ragoût". Il se décline de mille façons, selon les saisons et les arrivages du jour : cari poisson, cari poulet, cari langouste, cari mangue, cari zourite (sorte de poulpe), cari ti'jacques ou cari bichiques (alevins), peut-être le plus prisé et sûrement le plus onéreux dans les restaurants. Le cari se prépare dans une grande cocotte en fonte dans laquelle cuisent patiemment la viande, le poisson ou les fruits, plongés dans une sauce composée de curcuma, de piment, de pistache, d'ail, d'oignon et de tomate. Il se sert invariablement avec du riz, une graine (lentille, haricot, pois du Cap...), des brèdes (feuilles des légumes) et du rougail. Attention, il ne faut pas confondre ce condiment, appelé aussi rougail pilon, avec le rougail marmite, véritable plat proche du cari, mais mijoté sans curcuma. Vous aurez certainement l'occasion de goûter l'incontournable rougail saucisse ainsi que le très répandu rougail morue, souvent agrémenté de gros piments.

Savoir-faire traditionnels

Grand marché (Saint-Denis) ____ 91
Village artisanal de L'Éperon ____ 147
Dékocéan ____ 220
Roche et couleurs ____ 220
Cass'le coin ____ 232
Domaine des Tourelles ____ 283
Maison de la Broderie ____ 305

LE CHOUCHOU En salade, en gratin, en gâteau : la christophine, ou chayotte, accompagne de nombreux repas, notamment à Salazie, principale région productrice. Elle est servie en complément du cari ou d'autres plats principaux et traditionnels comme le canard vanille, devenu une institution depuis une quinzaine d'années, le cabri massalé d'origine tamoule ou encore l'espadon combava, où le poisson est cuisiné avec un gros citron vert un peu amer.

LES SPÉCIALITÉS DES TERROIRS Au rayon des recettes régionales vous goûterez sans doute le palmiste – cœur du palmiste rouge –, que l'on cuisine notamment en cari de porc dans le Sud sauvage. Cette région cultive également le pinpin, fruit très prisé du vacoa, et le baba-figue, fleur du bananier servie en légume. À Cilaos, vous aurez l'occasion de goûter les "lentilles-pays" en remplacement des haricots et de déguster un verre de vin issu des vignes d'Îlet-à-Cordes ou du Palmiste-Rouge. Vous serez certainement surpris de voir arriver dans votre assiette de la charcuterie, mets qu'on n'imagine pas être produit sur une île tropicale. Elle est souvent servie sous forme de boucané, c'est-à-dire fumée, en entrée ou en rougail (le fameux rougail boucané). Cette tradition de terroir des Hauts est complétée dans la plaine des Palmistes par du fromage frais, que l'on prépare avec des condiments ou des épices.

Le rhum

Le rhum industriel

Le rhum fait son apparition très tôt après l'arrivée des colons, soit au tout début du XVIIIe siècle, dès l'implantation des premières cannes. Lorsqu'on parle de rhum à cette époque, il ne faut pas se méprendre : il s'agit d'un alcool tord-boyaux presque imbuvable appelé guildive, tafia, ou encore arack. Une sorte de vin de canne, la "bière blanche" toujours consommée à Madagascar, tiré de la fermentation rapide du vesou ou fangourin, substance issue du pressage de la tige dans un moulin de fortune. Mais la technique va se perfectionner rapidement. La première distillerie est construite en 1815 et annonce une formidable expansion de l'industrie du rhum. En effet, quarante ans plus tard, la Réunion compte 35 distilleries supplémentaires. Malheureusement, la qualité n'est pas l'objectif premier des entrepreneurs, plus soucieux de produire des hectolitres que de flatter le palais et d'enivrer les narines des insulaires. Aussi, le rhum réunionnais est-il essentiellement issu de la distillation de la mélasse, résidu de la fabrication du sucre de canne. Matière peu noble, elle donne un rhum très fort en alcool (parfois plus de 50°), au goût peu subtil en saveurs. Pour améliorer les bases gustatives de sa production, la Réunion a réagi, tardivement. Depuis 1972, une grande part de son rhum est commercialisée sous un nom particulier, "rhum Charrette", et une étiquette en forme de slogan, "rhum traditionnel de la Réunion". Cela n'en fait pas un rhum agricole, issu du seul et pur jus de canne, mais permet de maintenir une qualité constante et un goût adapté aux besoins des consommateurs. Ce "rhum Charrette", qui titre à 40°, vous le trouverez facilement dans les rayons des supermarchés et dans les *boutiks*, en bouteille de 1l ou en petites flasques de 20cl également appelées "piles plates". Il est produit par les trois dernières distilleries de l'île : Savanna à Bois-Rouge, Rivière du mât à Saint-Benoît et Isautier à Saint-Pierre. Le rhum agricole, le seul qui vaille selon les connaisseurs, est donc très peu distillé à la Réunion et exclusivement à l'usage du marché intérieur. Il représente moins de 2% de la production insulaire. On le trouve blanc ou, mieux, vieux après qu'il a patiemment attendu au moins trois ans dans de grands fûts de chêne. Dans ce dernier cas, le breuvage ambré est doux et sucré en bouche, aux arômes de fruits mûrs et confits. Plus léger mais moins délicat, il peut également être "de paille", si sa conservation en foudre de chêne n'excède pas quelques mois. Mais attention, ne vous attendez pas à goûter des nectars du niveau des rhums des Antilles françaises (dont celui de la Martinique, qui a reçu une appellation d'origine contrôlée en 1996) : on en est encore loin, tant l'activité sucrière prend le pas à la Réunion sur l'élaboration de rhums de belle tenue.

Visites de sucreries et de distilleries

Usine sucrière du Gol ____ 196
La Saga du rhum-
Distillerie Isautier ____ 214
Domaine de Pierrefonds ____ 214
Distillerie Rivière du mât ____ 246
Sucrerie de Bois-Rouge et
distillerie de Savanna ____ 258

L'incontournable rhum arrangé

Vous voulez vous "enrhumer" ? Alors, apprenez à préparer le rhum arrangé, boisson incontournable de l'île. Quelle que soit l'occasion, on vous en proposera un verre, notamment en fin de repas. Et en général, c'est gratuit ! Au départ, le rhum arrangé est un mélange de rhum léger réunionnais – parfois remplacé par du "rhum Charrette" – et de deux orchidées, le faham (aujourd'hui protégé) et la vanille. Les Créoles les laissent parfois macérer plusieurs années dans un grand bocal. La recette a ensuite évolué, avec l'ajout d'écorces de bois de couleurs, de zestes, voire de poivre, de cannelle, de citronnelle ou d'anis étoilé : chaque famille réunionnaise semble posséder sa propre recette, jalousement gardée de génération en génération. Aujourd'hui, vous trouvez également des rhums arrangés qui s'apparentent plutôt aux punchs antillais, notamment dans les restaurants. On incorpore ainsi des fruits à la recette d'origine (ananas Victoria, mangue, goyave, carambole, papaye...). Aussi vous encourage-t-on à goûter toutes sortes de préparations au gré de vos rencontres... Avec modération, bien sûr.

Des personnages qui ont fait l'île

MAHÉ DE LA BOURDONNAIS Sa statue domine la place du Barachois, à Saint-Denis, comme elle se dresse également face à la mer à Port Louis, sur l'île Maurice. Car ce Malouin, né en 1699, a marqué l'histoire des Mascareignes. Mousse dès l'âge de 10 ans, enseigne de vaisseau à 14 ans, il accoste pour la première fois sur l'île Bourbon en 1723 (il a 24 ans), alors que son bateau est en proie aux avaries. Promu, il y revient en 1725. Lors de ce voyage, il prend part au siège de Mahé, sur la côte de Malabar, où il mettra au point un canot de débarquement ingénieux. Il passe huit ans dans les Mascareignes, y commerce et revient à Saint-Malo après avoir amassé une petite fortune. En 1735, il est enfin nommé gouverneur de l'archipel, après maintes pressions de sa part, et y retourne pour lui donner toute la place qu'il mérite sur la route des Indes. Mais il privilégie d'emblée l'île de France (l'actuelle île Maurice) où il s'installe et lance les travaux de fortification. Pour ainsi dire, il crée Port Louis. En 1740, il regagne la métropole après avoir rempli les caisses de la Compagnie des Indes dans les Mascareignes. Un an plus tard, il est de retour à Port Louis, affronte les Anglais à Mahé et, lors d'une furieuse bataille, prendra Madras aux Indes en 1746. Mais il compte beaucoup d'ennemis au sommet du royaume de France, notamment Dupleix qui gouverne les comptoirs français aux Indes. Après maintes péripéties (sa vie n'en manque pas !), il est embastillé pour trahison. Libéré deux ans plus tard, il vivra encore trois ans avant de mourir en 1753, non sans laisser son empreinte dans les Mascareignes.

PIERRE POIVRE Le bien nommé. Car ce Poivre-là, passionné de botanique, a marqué l'histoire de l'île Bourbon en y introduisant de nombreuses épices orientales afin de concurrencer le monopole de la Hollande. Né à Lyon en 1719, il se destine très tôt à la carrière ecclésiastique. À 21 ans, il part pour la Chine où il est fait prisonnier. En 1745, il embarque sur un bateau vers la France. Mais le navire est attaqué, et Poivre perd un bras, emporté par un boulet de canon. Un coup du sort malheureux qui se transforme en bonne étoile, puisqu'il est finalement débarqué à Batavia (l'actuelle Indonésie) où il entreprend de devenir un érudit de la botanique tropicale. Quelque temps plus tard, il rencontre La Bourdonnais, rentre en France, est capturé cette fois par les Anglais et incarcéré à Guernesey. Libéré en 1748, il souhaite introduire aux Mascareignes le muscadier, le giroflier, la cannelle et, bien sûr, le poivre ! Projet qui aboutit finalement le 25 juillet lorsqu'il est nommé sur l'île de France. Mais rancœurs, rivalités, complots se succèdent : Poivre rentre en France en 1756, n'ayant pu pleinement réaliser son rêve. Travailleur acharné et habile orateur, il réussit enfin à se faire nommer intendant des îles Bourbon et de France en 1767, restant en poste jusqu'en 1773. C'est à cette époque qu'il crée le jardin de Pamplemousses à Port Louis, parc botanique unique au monde, et visite régulièrement l'île Bourbon. Il y apporte plants et graines, veille au développement de la production agricole et, surtout, y instaure la culture du litchi, de l'anis étoilé, de l'arbre à pain, de l'avocatier, du mangoustan, du manguier, du longanier et du cacaoyer. Ouf ! il peut rejoindre Lyon où il meurt en 1786.

LA FAMILLE DESBASSAYNS La légende commence avec la mère, Ombline, née à Saint-Paul en 1755. À 15 ans, elle épouse Henri Paul Panon-Desbassayns qui, de plus de vingt ans son aîné, meurt en 1800. Elle prend alors la tête de la plus grande exploitation de l'île, sinon de France, avec des activités commerciales allant jusqu'aux États-Unis. Détestée par les uns pour sa férocité envers les esclaves qu'elle exploite sur ses terres, adorée par les autres pour sa générosité envers pauvres et malades, cette mère de neuf enfants au visage rude marque le début du XIXe siècle à la Réunion. Ses deux derniers fils, Joseph (1780-1850) et Charles (1782-1863), perpétuent le mythe, aujourd'hui encore vivace. En effet, ils installent les premières usines sucrières de l'île après le départ des Anglais en 1815. Une saine concurrence naît entre les deux frères, qui aboutit à un essor rapide de l'industrie : Charles importe la première machine à vapeur tandis que Joseph parfait les techniques de culture de la canne. Jusqu'à leur mort, ils demeureront certainement les plus influents entrepreneurs de l'île.

JOSEPH SARDA GARRIGA N'est pas Victor Schœlcher qui veut ! Quand le père de l'abolition de l'esclavage en France est célébré comme un héros à la Martinique et à la Guadeloupe, son équivalent réunionnais ne connaît toujours pas la même gloire… Proche d'humanistes et d'abolitionnistes tels que François Arago, Louis Blanc et Auguste Blanqui, ce franc-maçon, né en 1808, est envoyé en 1848 à la Réunion pour mettre fin au système légal d'asservissement voté par la République. À son arrivée, il exhorte les esclaves à respecter le travail aux champs afin de préserver l'activité sucrière de l'île… et les intérêts des propriétaires. Il joue donc sur deux tableaux : il refuse de différer l'application des décrets d'abolition, qui sera effective le 20 décembre 1848, tout en demandant aux anciens esclaves de signer un contrat avec leurs anciens maîtres. Afin d'expliquer sa décision, il entreprend le tour de l'île et rencontre Créoles, colons et affranchis. Doué pour les discours persuasifs, il convainc un temps ces derniers de rester aux ordres des Blancs. Lesquels font bientôt appel aux "engagés" venus des Indes pour remplacer une main-d'œuvre qui commence à manquer. En retour, les anciens esclaves refuseront de soutenir Garriga lors des élections de septembre 1849. Aujourd'hui encore, le tour de passe-passe politique du gouverneur lui interdit d'avoir sa place au panthéon des grands humanistes…

ET AUSSI Sans entrer dans les détails biographiques, on ne peut passer sous silence certains personnages qui ont aussi marqué l'histoire de l'île : Louis

Payen, considéré comme le premier habitant volontaire de l'île en 1663 alors qu'il est débarqué en compagnie d'un concitoyen, de sept Malgaches et de trois femmes noires (on remarquera que l'Histoire n'a pas retenu le patronyme de ses compagnons…) ; Olivier Le Vasseur, alias La Buse, pirate de renom qui écuma l'océan Indien et les mers du Sud avant d'être pendu en 1730 sur l'île Bourbon ; Gabriel de Kervéguen, grand propriétaire terrien et usurier qui, au faîte de sa puissance entre 1835 et 1840, acheta plus de 100 terrains pour posséder presque tout le Sud de la Réunion ; ou encore Simicoundza Simicourba, surnommé Sitarane "le buveur de sang", "engagé" dans l'île en 1889, à qui l'on attribuait des pouvoirs magiques et qui, s'associant avec des complices, terrorisa l'île jusqu'à sa condamnation à mort pour assassinat, en 1910. D'autres Réunionnais ont porté le flambeau de l'île en métropole. C'est le cas de l'ancien Premier ministre Raymond Barre (1924-2007), né à Saint-Denis ; de l'avocat turbulent et controversé Jacques Vergès, frère de Paul Vergès qui a présidé le conseil régional de 1998 à 2004. Citons également le mythique aviateur Roland Garros, qui vit le jour en 1888 à Saint-Denis et mourut aux commandes de son avion de guerre en 1918. Enfin, dans le registre sportif, citons le handballeur à la coiffure rasta Jackson Richardson, né à Saint-Pierre, champion du monde sous le maillot tricolore en 1995 et 2001 ; et Jérémy Forès, champion de surf né en 1988, qui a intégré à l'âge de 12 ans l'équipe de France de cette discipline et qui, depuis, ajoute de nombreux titres à son palmarès. Une liste non exhaustive, ni définitive, naturellement…

Sacré-Cœur, culte catholique, La Possession (p.102).

Chouchou (p.299), roi des légumes réunionnais.

GEOPRATIQUE

INFORMATIONS UTILES DE A À Z

PRATIQUE

ALLER À LA RÉUNION

Les vols réguliers et directs vers la Réunion, en provenance de Paris, Lyon, Marseille, Nantes et Toulouse (comptez 10h30 à 12h de trajet), sont assurés par 4 compagnies : Air France, Corsair, XL Airways et Air Austral. Il n'y a pas de vol direct au départ de la Belgique, de la Suisse ou du Canada, il faut transiter par Paris.

de la métropole

Air Austral Air Austral assure un à deux vols directs AR par jour entre Paris-Roissy-CDG et l'aéroport de la Réunion-Roland-Garros à Saint-Denis, et un à trois vols hebdomadaires de novembre à janvier au départ de Marseille, Lyon, Toulouse et Nantes. D'autre part, la formule TGVAIR (billet incluant un trajet province-Paris en train+vol) concerne une vingtaine de localités (cf. ci-après). La compagnie, en partenariat avec Air Mauritius et Air Seychelles, propose un "Pass Océan Indien" (valable 2 mois, modifiable en cours de voyage moyennant un supplément d'environ 50€). Cette offre permet à tout acheteur d'un billet long-courrier vers l'océan Indien auprès de ces 3 compagnies de bénéficier de tarifs privilégiés sur leurs réseaux régionaux pour un minimum de 3 vols. *Tél. 0825 013 012 www.air-austral.com* 92200 **Neuilly-sur-Seine***2, rue de l'Église Ouvert lun.-ven. 9h-18h* 13006 **Marseille** *176, cours Lieutaud Ouvert lun.-ven. 13h30-18h*

Air France La compagnie propose un à deux vols directs AR par jour vers Saint-Denis au départ de Paris-Orly. Possibilité de combiner avec un trajet TGV grâce à la formule TGVAIR. *49, av. de l'Opéra 75002* **Paris** *Tél. 36 54 www.airfrance.fr Ouvert lun.-sam. 9h30-19h*

Corsair Cette compagnie dessert une fois par jour Saint-Denis en partance de Paris-Orly, et propose une formule combinant trajet en TGV et navette jusqu'à l'aéroport au départ d'une quinzaine de villes françaises. *Aéroport Orly Sud 94396* **Orly** *Tél. 0820 042 042 www.corsair.fr Ouvert tlj. 7h-20h*

XL Airways Cette compagnie assure un à deux vols hebdomadaires au départ de Marseille. *Tél. 0892 231 300 www.xl.com*

TGVAIR Au départ de la plupart des grandes villes française, la formule TGVAIR fonctionne en partenariat avec Air France et Air Austral, et permet de regrouper en un seul achat la liaison TGV vers l'aéroport ainsi que le billet d'avion. *www.voyages-sncf.com*

de Belgique

Aucune liaison directe entre la Belgique et l'île de la Réunion. Air Austral et Air-France propose la formule TGVAIR au départ de la gare Bruxelles-Midi.

Air Austral *Jan Emiel Mommaertslaan 16 B 1831* **Diegem Belgique** *Tél. 2712 0564 www.air-austral.com Ouvert lun.-ven. 9h-16h30*

Air France *Gare de Bruxelles-Midi Rue de France 1060* **Bruxelles** *Tél. 070 22 24 66 www.airfrance.be Ouvert tlj. 6h-19h30*

de Suisse

Air Austral propose des vols en partenariat avec Swissair au départ de Zurich via Roissy-CDG (Renseignements auprès des agences de voyage). Également des vols Air France depuis Bâle et Berne via Orly, et depuis Genève et Zurich via Roissy avec changement d'aéroport (transfert en car Air France de Roissy-CDG à Orly).

Air France *www.airfrance.ch* **Genève** *Route de l'aéroport, 15 Tél. (022) 827 87 87 Ouvert tlj. 6h-20h30* **Bâle**

Et si on partait quelques jours ?
SmartCITY
LA CAPITALE "SO BRITISH" EN SAVOIR PLUS
WEEK-END À
Londres
guides Gallimard
Accueil
Top 20
Quartiers
Adresses
Pratique
e-mail + text + phone
© Samott/Fotolia.com
SmartCITY Le guide week-end interactif
Une sélection de bonnes adresses géolocalisées, les activités, les visites et toutes les informations pratiques pour réussir son voyage.
Paris
Londres
New York
Rome
Barcelone
Venise
Berlin
Lisbonne
Bruxelles
Budapest
20 destinations disponibles sur l'App Store
2,69 €
... Amsterdam, Dublin, Florence, Istanbul, Madrid, Montréal, Prague, San Francisco, Stockholm, Vienne.
guides Gallimard

EuroAirport Basel-Mulhouse-Freiburg Ouvert lun.-ven. 6h-11h30 et 13h15-19h15

du Canada

Aucun vol direct entre le Canada et l'île de la Réunion. Se renseigner pour un vol pour Paris et une correspondance vers Saint-Denis. Comptez alors plus de 18h de vol. **Air France** *Aéroport Pierre-Elliott Trudeau* ***Montréal*** *Tél. (1) 800 667 2747 ou 1 800 992 3932 www.airfrance.com/ca www.airfrance.ca Ouvert tlj. 8h-23h59*

ANIMAUX

Ceux qui voudraient passer des vacances avec leur animal de compagnie doivent savoir que des restrictions sanitaires sont imposées : vaccination antirabique en cours de validité, ayant été effectuée au moins un mois avant le départ, possession d'un certificat sanitaire de moins de 5 jours, admission maximale de 3 animaux (un seul s'il a moins de 6 mois).

Direction des Services vétérinaires de la Réunion *Bd de la Providence* ***Saint-Denis*** *Tél. 02 62 30 88 23 Ouvert lun.-jeu. 8h30-11h30 et 13h30-16h, ven. 8h30-11h30 et 13h30-15h*

Poste d'inspection frontalier *Port de la Pointe des Galets* ***Le Port*** *Tél. 02 62 30 88 37 Ouvert lun.-jeu. 8h30-11h30 et 13h30-16h, 8h30-11h30 et 13h30-15h*

ARGENT, BANQUES ET CHANGE

monnaie et change

La monnaie utilisée est l'euro. Les détenteurs de devises émanant de pays non européens peuvent les changer dans les grandes agences bancaires de Saint-Denis ou de Saint-Pierre (BNPI, Crédit Agricole ou Banque de la Réunion). C'est parfois plus difficile dans les petites succursales. Attention toutefois aux taux de change, souvent très défavorables. Aussi vaut-il mieux entrer à la Réunion avec de la monnaie européenne (mi-2013 : 1€ équivaut à 1,20 CHF et 1,31$CAD).

banques et distributeurs de billets

BANQUES La plupart des banques nationales sont représentées sur l'île, notamment dans les villes principales, cf. Horaires (p.57).

Banque Populaire-Bred (plan 1, B2) *33, rue Victor Mac-Auliffe* ***Saint-Denis*** *Tél. 0820 336 491 www.bred.fr Ouvert lun.-jeu. 8h30-17h30, ven. 8h30-16h30*

BFCOI (plan 1, B2) *58, rue Alexis de Villeneuve* ***Saint-Denis*** *Tél. 02 62 40 55 55 www.bfcoi.com Ouvert lun.-ven. 8h-16h*

BNP-Paribas (plan 1, B2) *67, rue Juliette Dodu* ***Saint-Denis*** *Tél. 0820 840 830 reunion.bnpparibas.net Ouvert lun.-ven. 8h-16h*

Caisse d'Épargne (plan 1, B3) *57, rue de Paris* ***Saint-Denis*** *Tél. 0821 010 032 www.caisse-epargne.fr Ouvert lun.-mer. 8h15-12h et 13h30-16h30, jeu. 8h15-12h et 14h30-16h30, ven. 8h15-12h et 13h30-16h15*

Crédit Agricole (plan 1, B1) *Résidence Altair, 8, rue Neuve* ***Saint-Denis*** *Tél. 0262 72 28 44 www.ca-reunion.fr Ouvert lun.-mar. et jeu.-ven. 8h-12h et 13h30-17h, mer. 8h-12h et 13h30-15h30*

Banque Postale (plan 1, B2) *60, rue du Maréchal-Leclerc* ***Saint-Denis*** *Tél. 262 97 95 05 www.labanquepostale.fr Ouvert lun.-ven. 8h-18h, sam. 8h30-16h30*

RETRAIT D'ESPÈCES Vous trouverez des distributeurs automatiques (appelés localement "gabiers") un peu partout dans l'île, à la condition qu'il y ait au moins un bureau de poste. Méfiez-vous par conséquent des secteurs où il est difficile de se procurer de l'argent liquide : deux distributeurs dans le cirque de Salazie (poste du village de Salazie), un seul dans le cirque de Cilaos (poste de Cilaos), aucun à Mafate ou entre Saint-Philippe et Sainte-Rose dans le Sud sauvage.

cartes de crédit et chèques

CARTES BANCAIRES En ville, la grande majorité des commerçants, hôtels et restaurants accepte le paiement par carte bancaire (Visa, MasterCard). En revanche, la plupart des snacks et camions-bars ne possèdent pas de machine. À de très rares exceptions, les gîtes et les chambres d'hôtes ne sont pas non plus équipés. **En cas de perte ou de vol** de votre carte bancaire, contactez immédiatement les services d'opposition.

Carte Visa ***France*** *Tél. 0892 705 705* ***Belgique*** *Tél. 0800 183 97* ***Suisse*** *Tél. 0800 894 732* ***Canada*** *Tél. 1 800 847 2911*

Carte MasterCard ***France*** *Tél. 0800 90 13 87* ***Belgique*** *Tél. 0800 150 96* ***Suisse*** *Tél. 0800 89 70 92* ***Canada*** *Tél. 1 800 307 7309*

Carte American Express ***France*** *Tél. 01 47 77 72 00* ***Belgique*** *Tél. (32) 26 76 21 21* ***Suisse*** *Tél. 44 342 45 70* ***Canada*** *Tél. (1) 905 474 93 80*

CHÈQUES Les chèques de la métropole sont censés être acceptés partout à la Réunion, mais la réalité est très différente. En raison du délai de traitement des chèques métropolitains, les commerçants et les professionnels du tourisme préfèrent souvent de loin de l'argent liquide ou un paiement par carte bancaire s'ils sont équipés. Si vous n'avez pas d'autres possibilités, montrez-vous persuasif : en général, ça marche.

chèques de voyage (traveler's cheques)

Les chèques de voyage ne sont pas les bienvenus à la Réunion. Vous rencontrerez beaucoup de difficultés à les utiliser pour payer un hôtel ou un restaurant. Sans parler des frais, surtout s'ils sont en devises étrangères, que l'on vous demande d'acquitter en cas de conversion dans une agence bancaire...

ASSURANCES

ASSURANCE DOMMAGES Même si vous disposez d'une couverture sociale (n'oubliez pas votre carte Vitale), vérifiez que vous bénéficiez bien d'une assurance dommages. Le contrat assurant votre véhicule ou votre domicile couvre parfois les risques de responsabilité civile, tout comme les assurances incluses avec les cartes bancaires (Visa Gold, MasterCard et American Express).

ASSURANCE VOYAGE Attention, l'assurance voyage incluse avec votre carte bancaire ne sera effective que si vous réglez votre séjour avec cette dernière. Ainsi, les titulaires de certaines cartes pourront obtenir des dédommagements en cas d'annulation ou retard de vol, de perte ou vol de bagages, etc. : renseignez-vous auprès de votre organisme bancaire. Sachez par ailleurs que les tour-opérateurs proposent généralement un forfait d'assurance rapatriement et annulation du voyage en supplément du prix du séjour.

ASSURANCE MÉDICALE La souscription temporaire d'une assistance médicale auprès d'organismes tels Europ Assistance ou Mondial Assistance peut également sauver vos vacances ou plus... Vérifiez ainsi que votre assurance couvre bien les sports dits "à risques", comme la plongée, le parapente, le canyoning ou la randonnée dans certaines conditions.

COMPAGNIES SPÉCIALISÉES

Assurance Voyage et Assistance (AVA) Délivre, pour des séjours de courte durée, la carte santé et, plus complète, la Tourist Card. *25, rue de Maubeuge 75009* ***Paris*** *Tél. 01 53 20 44 20 www.ava.fr*

Europ Assistance *1, promenade de la Bonnette 92230* ***Gennevilliers*** *Tél. 01 41 85 85 85 ou 01 41 85 93 65 www.europ-assistance.com*

Mondial Assistance *54, rue de Londres 75008* ***Paris*** *Tél. 01 42 99 82 81/82 ou (33) 1 53 25 53 25 www.mondial-assistance.com*

BUDGET ET SAISONS TOURISTIQUES

En ce qui concerne l'hébergement et la restauration, l'éventail des prix est à peu près le même à la Réunion qu'en métropole. Les adresses conseillées dans ce guide sont classées par gamme de prix, ce qui vous permet en un coup d'œil de trouver une étape satisfaisante en fonction de votre budget. Pour les produits de consommation courante, sachez que la vie est plutôt chère en raison de l'importance des importations. Les prix affichés dans les épiceries et les supermarchés augmentent souvent à mesure que l'on prend de l'altitude. Ainsi, évitez d'acheter vos vivres dans les cirques, où les prix sont au moins 20% plus élevés que sur la côte.

HÉBERGEMENT Certains hôteliers et propriétaires de chambres d'hôtes différencient leurs tarifs selon la saison. En général, la haute saison touristique correspond aux mois d'octobre et de novembre et aux fêtes de fin d'année. Sauf indications contraires, les prix affichés dans ce guide concordent avec ceux pratiqués en haute saison sur la base d'une chambre double.

RESTAURATION La gamme des prix est calculée sur la base de deux plats ou du premier menu, sans boisson.

CARTES ÉTUDIANT

La carte étudiant donne droit à des réductions dans les musées et dans certains transports urbains. En outre, des organisateurs de randonnées consentent à pratiquer des prix réduits pour les étudiants. Les cartes d'étudiant internationales comme la carte ISIC (International Student Identity Cardà 13€) sont disponibles auprès d'organismes de voyages pour étudiants, tels que Voyages Wasteels (France) ou Connections (Belgique), et sur le site Internet de l'ISIC.

ISIC (France) *2, rue de Cicé 75006* ***Paris*** *Tél. 01 40 49 01 01 www.isic.fr Ouvert mar.-sam. 10h-12h30 et 13h30-18h*

Voyages Wasteels *24, quai Jean-Moulin 69002* ***Lyon*** *Tél. 04 72 61 83 54 www.wasteels.fr*

Connections *Rue du Midi, 19-21 1000* ***Bruxelles*** *Tél. 070 23 33 13 www.connections.be*

GAMME DE PRIX	RESTAURATION	HÉBERGEMENT
Très petits prix	moins de 8€	moins de 15€
Petits prix	de 8 à 15€	de 15 à 30€
Prix moyens	de 15 à 25€	de 30 à 50€
Prix élevés	de 25 à 40€	de 50 à 100€
Prix très élevés	plus de 40€	plus de 100€

CARTES ET PLANS

cartes routières et plans de villes

La seule carte complète est celle éditée par l'IGN au 1/100 000 (1cm = 1km) dans la série *Découverte des DOM-TOM* (réf. 84001). Par ailleurs, le Comité régional de tourisme édite une carte touristique indiquant les grands axes routiers, que vous pourrez vous procurer gratuitement auprès des offices et maisons du tourisme. Peu d'offices de tourisme délivrent spontanément des plans structurés et clairs, pourtant bien utiles pour se repérer dans les villages aux multiples quartiers excentrés. Seuls les OT de Saint-Denis et de Saint-Pierre proposent des plans bien faits qui permettent de suivre un circuit touristique déjà tracé.

cartes de randonnées

L'IGN est la référence en la matière, avec ses cartes Top 25 au 1/25 000 (1cm = 250m). Les plus utilisées par les randonneurs sont celles couvrant Saint-Denis, Mafate et Salazie (4402 RT), Saint-Pierre et le cirque de Cilaos (4405 RT), ainsi que le domaine du Volcan depuis le littoral jusqu'à la plaine des Palmistes (4406 RT). Les autres parties de l'île sont couvertes par les cartes 4401 RT (Saint-Paul), 4403 RT (Saint-Benoît et Saint-André) et 4404 RT (Saint-Leu et L'Étang-Salé). Carto Exploreur 3, le logiciel de l'IGN édité sur CD-Rom (PC) permet de naviguer sur l'ensemble de ces plans. *107, rue La Boétie 75008* ***Paris*** *Tél. 0820 20 73 74 www.ign.fr*

CONSULATS

Consulat belge *C/o Société Chatel 80, rue Adolphe Pegoud, Zone aéroportuaire de Gillot* ***Sainte-Marie*** *Tél. 02 62 97 99 10 ac@groupechatel.com*

Consulat suisse (hors plan 2 par B2) *107, chemin Crève-Cœur* ***Saint-Paul*** *Tél. 02 62 45 55 74 poldestpol@wanadoo.fr*

CYCLONES

À l'approche d'un cyclone, respectez scrupuleusement les consignes de sécurité qui évoluent en fonction du niveau d'alerte. Il en existe trois à la Réunion.

Vigilance cyclonique (2-3 jours avant l'arrivée du cyclone) : le premier niveau informe qu'un cyclone s'est formé au large, interdit toute marche en montagne, demande aux habitants de vérifier leur toiture et d'acheter quelques produits de première nécessité.

Alerte orange (1 jour avant) : ce signal informe sur l'arrivée imminente du cyclone, autorise la fermeture des écoles et conseille de ne pas prendre son véhicule.

Alerte rouge (3h avant) : mise en place 3h au minimum avant que ne s'abattent les vents violents et les exceptionnelles précipitations, cette alerte impose de rester chez soi, déconseille de téléphoner et ordonne aux entreprises de fermer temporairement. Dans ce cas précis, il ne reste plus qu'à attendre que le temps s'apaise… Il y a cependant peu de chance que vous soyez pris par un tel phénomène. Dès qu'un cyclone est en formation au large de l'île, la presse en fait écho, la radio tient informé heure par heure de l'évolution de la dépression et le cyclone devient le principal sujet des conversations.

Météo France *Tél. 0892 68 02 00 (choix 6) (0,34€/min) outremer.meteofrance.com*

DÉCALAGE HORAIRE

Située à 20°53' de latitude sud et à 55°31' de longitude est, la Réunion règle son horloge sur **GMT+4**, c'est-à-dire 4h de plus que l'heure du méridien de Greenwich. Elle ne change d'heure ni en été ni en hiver. Ce qui veut dire qu'entre novembre et avril il est 12h à la Réunion lorsqu'il est 9h à Paris (+3h). Durant l'horaire d'été, il est 12h sur l'île lorsque la métropole affiche 10h (+2h). La durée du jour maximale est de 13h30 en décembre, la minimale est de 11h en juin.

DOUANES ET DÉTAXE

Direction régionale des Douanes (plan 1, A1) En tant que DOM, la Réunion est considérée, sur le plan fiscal, comme un territoire d'exportation. Les quantités de biens que vous pouvez importer ou exporter sont donc soumises à une réglementation différente de celle pratiquée en métropole. Sur les biens importés par les voyageurs, les quantités autorisées sont les suivantes : 200 cigarettes (ou 100 cigarillos, ou 50 cigares, ou 250g. de tabac à fumer) pour les personnes de plus de 17 ans ; et 1l d'alcool titrant plus de 22° ou 2l d'alcool titrant moins de 22°, 4l de vin "tranquille" et 16l de bière. *7, avenue de la Victoire* ***Saint-Denis*** *Tél. 02 62 90 81 00/05 www.douane.gouv.fr Ouvert lun.-ven. 9h-11h30 et 13h30-15h30*

FÊTES ET JOURS FÉRIÉS

jours fériés

Les jours fériés sont les mêmes qu'en métropole, auxquels s'ajoute le **20 décembre**, où l'on commémore l'abolition de l'esclavage (1848).

fêtes religieuses

Elles ne sont pas fériées mais souvent chômées en raison du nombre de participants et de la ferveur qu'elles déclenchent cf. Religions (p.34). Ce sont surtout les fêtes hindouistes qui rassemblent croyants et curieux : fin janvier ou début février, la procession du **Cavadee** ; fin octobre ou début novembre, le **Dipavali** (fête de la Lumière) : aux mois de décembre-janvier, et juillet, le **Pandiale** (marche sur des braises) .

HÉBERGEMENT

L'implantation des hébergements de la Réunion n'est pas homogène. La côte ouest rassemble l'essentiel des hôtels de toutes gammes. C'est surtout autour de Saint-Gilles-les-Bains que cette offre est la plus importante, complétée au nord par Saint-Denis et au sud par Saint-Pierre. En dehors des villes principales et dans les Hauts, hormis à Cilaos où un bel éventail d'hébergements répond à la variété des budgets, les hôtels sont rares. Il faudra obligatoirement vous rabattre sur les chambres d'hôtes ou les gîtes d'étape pour y passer la nuit.

campings

Les trois seuls véritables espaces aménagés se situent à L'Étang-Salé-les-Bains, non loin de la plage, à la Plaine des Palmistes et à Saint-Gilles-les-Bains. Ailleurs, l'île compte une vingtaine d'aires de bivouacs et de petits campings "à la ferme". La moitié d'entre eux, qui ne disposent ni de point d'eau ni de sanitaires, se trouvent dans le cirque de Mafate, où il est conseillé de demander une autorisation aux maisons forestières (sur place) avant de planter sa tente. On vous l'accordera sans problème pour une nuit, à la condition de ne rien abandonner sur place et de rester discret. Il est important de respecter cette règle pour ne pas pénaliser les futurs randonneurs qui désirent passer une nuit à la belle étoile.

Camping municipal Cf. camping (p.192). *106, rue Guy Hoarau* ***L'Étang-Salé*** *(1re à droite après l'office de tourisme) Tél. 02 62 91 75 86 www.camping-reunion.com*

Camping Ermitage Lagon (plan 5, A1) Rénové en 2012, ce camping intercommunal compte env. 100 emplacements répartis sur un parc de 3ha implanté en bord de mer. Emplacement à partir de 15€ + 2€/pers., location de tentes "safari" équipées pour 6 pers. de 200à 350€/sem. *Avenue de Bourbon L'Ermitage-les-Bains Tél. 0693 101 087 ou 0262 963 670*

chambres d'hôtes

Loger en chambres d'hôtes est la meilleure solution à la Réunion. Bien réparties sur l'ensemble du territoire, très présentes dans les Hauts, elles demeurent abordables (rarement plus de 60€ la double) et ont gardé l'esprit d'accueil et de convivialité. En revanche, peu de chambres jouent la carte de l'image d'Épinal avec un décor créole. La plupart sont simples, plutôt dépouillées, mais bénéficient habituellement d'un cadre enchanteur, à mille lieues de l'agitation des villes. Le plus souvent tenues par des agriculteurs, ou par des propriétaires cultivant leur propre jardin potager, elles proposent en général un dîner essentiellement composé des produits de la maison. La tradition des hôtes partageant le repas avec leurs invités – ce qui permet de faire connaissance avec un mode de vie et une culture, et de glaner de nombreuses informations sur la région – a, hélas, tendance à se perdre. La grande majorité des chambres d'hôtes est affiliée au **relais départemental des Gîtes de France**. La brochure annuelle éditée par l'IRT (Comité régional du tourisme) permet de retrouver l'ensemble des gîtes ruraux, gîtes d'étape et de séjour, tables d'hôtes et auberges de campagne. Les réservations peuvent se faire directement auprès de la centrale de réservation de l'IRT, cf. Informations touristiques (p.57), avant votre départ, mais aussi, une fois sur place, dans les offices et maisons du tourisme de l'île. Les labels **Clévacances** et **Fleurs de Soleil** – créés par l'association des maisons d'Amis en France – sont également implantés à la Réunion.

IRT-Île de la Réunion Tourisme *4, rue Jules Thirel (bât. B)* ***Saint-Paul*** *Tél. 0810 160 000 www.reunion.fr*

Maison des Gîtes de France et du tourisme vert *56-59 rue Saint-Lazare 75009* ***Paris*** *Tél. 01 49 70 75 75 ou 0891 162 222 (centrale de réservation, 0,22€/min)(info) www.gites-de-france.fr Standard téléphonique ouvert lun.-ven. 9h-18h*

Relais départemental des Gîtes de France de la Réunion *Pl. du 20-Décembre-1848* ***Le Port*** *Tél. 02 62 72 97 81 www.gites-de-france-reunion.com Ouvert lun.-jeu. 8h-12h et 13h-17h, ven. 8h-12h et 13h-16h*

Fleurs de Soleil *17, rue de Dinan 35730* ***Pleurtuit*** *Tél. 09 51 67 79 80 www.fleursdesoleil.fr*

Clévacances France *54, bd de l'Embouchure Cedex 2 31022* ***Toulouse*** *Tél. 05 32 10 82 30 ou 05 61 13 55 66 www.clevacances.com*

gîtes d'étape et de randonnée

Ces gîtes sont généralement couplés à une chambre d'hôtes au cœur ou à proximité d'un village. On appelle "gîtes de randonnée" les gîtes d'étape situés sur les sentiers de randonnée. Surtout implantés dans les cirques de Salazie et de Cilaos, certains ne sont accessibles qu'à pied. Le plus souvent, ils se composent de dortoirs de 4 à une dizaine de lits. C'est dire si cette formule favorise la convivialité aux dépens du confort ! Néanmoins, de plus en plus d'établissements louent également des chambres doubles. La nuitée en dortoir n'excède généralement pas 15€/pers. et il faut compter environ 40€ pour une chambre double avec sanitaires communs, le petit déjeuner étant parfois compris dans le tarif. La plupart proposent également un dîner créole (à partir de 15€). Presque tous ces hébergements dépendent des Gîtes de France. La plupart du temps, vous pouvez effectuer directement vos réservations en ligne ou par téléphone auprès de la centrale de réservation de l'IRT, des Gîtes de France, ou, une fois sur place, auprès des OT. Pour les gîtes privés qui ne dépendent pas de cet organisme, fiez-vous à notre sélection : vous serez agréablement surpris par la qualité des prestations (literie de bonne qualité, environnement superbe) et certainement séduit par l'accueil des propriétaires.

IRT-Île de la Réunion Tourisme *4, rue Jules Thirel (bât. B)* ***Saint-Paul*** *Tél. 0810 160 000 www.reunion.fr*

Relais départemental des Gîtes de France de la Réunion *Pl. du 20-Décembre-1848* ***Le Port*** *Tél. 02 62 72 97 81 www.gites-de-france-reunion.com Ouvert lun.-jeu. 8h-12h et 13h-17h, ven. 8h-12h et 13h-16h*

hôtels

La qualité de l'hôtellerie n'est pas très convaincante. Les établissements les plus luxueux (minimum 200€ la double), de type "hôtels du lagon" avec piscine et plage idyllique de sable blanc, se trouvent à **Boucan-Canot**, **La Saline-les-Bains** et **Saint-Leu**, sur la côte ouest et à **Petite-Île** dans le sud. Le centre de **Saint-Denis** compte, quant à lui, deux établissements haut de gamme. Dès que l'on descend dans la classification, la qualité du confort et de l'accueil laisse souvent à désirer, surtout à **Saint-Gilles-les-Bains** et ses alentours, pris d'assaut chaque week-end et durant les vacances scolaires. Sur le littoral, n'hésitez pas à demander une chambre avec la climatisation, seul avantage de nombreux hôtels sur les autres modes d'hébergement.

locations saisonnières

MEUBLÉS DE TOURISME Idéal pour les familles ou les groupes d'amis, mais aussi une bonne alternative à l'hôtellerie pour ceux qui voyagent en couple, puisque l'offre de location saisonnière proposée par des particuliers ou des agences spécialisées est considérable et très variée – du studio à la villa. Sur le net, vous trouverez de nombreux sites, dont des agences immobilières. L'île compte plus de 200 meublés classés de 1 à 4 étoiles. Villas, appartements, bungalows, studios se louent au mois, à la semaine et, pour certains, à la nuitée. Les tarifs varient en fonction des prestations et du nombre de personnes. Comptez en moyenne 260€ la semaine sur la base de 2 personnes pour une location classée 2 étoiles. Bien entendu, les prix augmentent dans les zones les plus touristiques et proches de la mer. Sachez également que les tarifs sont souvent dégressifs suivant la durée du séjour. Vous trouverez dans ce guide une sélection de meublés de tourisme dans les rubriques "Carnet d'adresses", sinon, consultez le site

Internet de l'IRT qui propose un catalogue complet des hébergements par région, avec une fiche descriptive (situation et confort), les tarifs et les coordonnées nécessaires à la réservation.

SITES INTERNET Un conseil parmi d'autres : si vous choisissez de réserver par Internet, vous êtes en droit d'exiger du propriétaire l'adresse précise de la location, ce qui vous permettra de vérifier son existence dans l'annuaire, et vous pourrez aussi utiliser des sites de géolocalisation pour vous assurer de la conformité du logement par rapport à son descriptif. En principe des arrhes ou un acompte vous seront demandés par le propriétaire ; le montant ne doit pas excéder 30% du prix de la location.

www.réunion.fr Le site officiel de tourisme de l'île de la Réunion (IRT) répertorie de très nombreuses locations saisonnières. La recherche s'effectue par catégorie (type d'hébergement, label), situation géographique et comporte une fiche descriptive de chaque logement (capacité, équipement, etc.) ainsi que les coordonnées des propriétaires. Possibilité de réserver en ligne.

www.souslestropiques.com Location de villas (la plupart labellisées), et offres déposée par des propriétaires, mais aussi des propositions de séjour en résidence hôtelière.

www.clevacances.com Studios, appartements, villas et chambres d'hôtes dont la qualité est garantie par le label et classés en 5 catégories de confort. Sur le site vous pourrez contacter le propriétaire ou le prestataire par mel ou par téléphone.

www.airbnb.fr Cette plateforme communautaire qui connaît un succès grandissant publie en ligne des annonces de location de particulier à particulier (chambre, appartement, etc.) pour de nombreuses destinations, dont l'île de la Réunion.

HORAIRES

banques et administrations

Les banques et les administrations de la Réunion pratiquent à peu près les mêmes horaires que la métropole (9h-17h/18h). Toutefois, dans les petites villes, il n'est pas rare que les guichets ferment entre 12h et 14h. Les services de la poste sont ouverts de 8h à 18h en semaine et de 8h à 12h le samedi.

commerces

En dehors des magasins d'alimentation, vous trouverez peu de commerçants ouverts avant 10h. Ils ferment tous entre 12h/12h30 et 14h/15h. D'ailleurs, les centres-villes de Saint-Denis et de Saint-Pierre sont déserts à ces heures-ci. Le soir, les commerçants baissent leur rideau au plus tard à 19h, donnant très vite à des quartiers vivants l'allure de zones fantômes.

INFORMATIONS TOURISTIQUES

IRT-Île de la Réunion Tourisme (plan 2, D1) Installé à Saint-Paul (siège) et Saint-Denis (réservations), le **comité régional du tourisme** délivre uniquement des renseignements téléphoniques. Si vous désirez recueillir des informations sur l'ensemble de l'île afin de préparer votre séjour, vous pouvez téléphoner à l'IRT ou vous rendre sur son site Internet qui recense hébergements, restaurants, organisateurs de loisirs et sites à visiter. L'IRT assure également un service de **réservation pour l'héberge-**

ment et l'organisation de **randonnées**, cf. Randonnée (p.66). Une fois sur l'île, il est plus judicieux de s'adresser directement aux offices de tourisme de la commune dans laquelle vous vous trouvez. *4, rue Jules Thirel (bât. B)* ***Saint-Paul*** *Tél. 0810 160 000 www.reunion.fr Accueil téléphonique lun.-ven. 9h-17h, sam.-dim. 9h-12h* **ITR *Métropole*** *90, rue de La Boétie 75008* ***Paris*** *Tél. 01 40 75 02 79 www.reunion.fr*

INTERNET ET WIFI

À partir de 2013, le programme "WiFi solidaires" engagé par la Région devrait peu à peu doter la plupart des espaces publics de l'île d'un accès à Internet libre et gratuit. En attendant, il est difficile de se connecter pour moins de 5€/h dans les points wifi des villes connectées (signalées par un panneau "ville Internet"), à moins de souscrire un forfait pour plusieurs heures. Les Cafés Internet demeurent assez rares, notamment dans les Hauts, et continuent d'être chers. Les hôtels et de nombreuses chambres d'hôtes sont équipés du wifi et mettent parfois un ordinateur à disposition, souvent gratuitement.
www.zotspot.re Plusieurs sites dans l'île sont reliés à ce réseau wifi performant, dont un dans les locaux de l'OT de Saint-Denis. Service gratuit, inscription (coût d'un sms) sur le site où vous pourrez aussi consulter la liste des spots.

MÉDIAS

presse écrite et Internet

QUOTIDIENS L'île compte trois quotidiens d'information générale. ***Le Journal de l'île de la Réunion*** (*www.clicanoo.re*), communément appelé le *JIR*, est édité par le groupe Hersant. Il est comparable, en plus populaire, au ***Quotidien de l'île*** (*www.lequotidien.re*), média à capitaux locaux basé à Saint-Denis. Enfin, ***Témoignages*** (*www.temoignages.re*) est l'organe du Parti communiste réunionnais. Ces trois journaux font la part belle aux faits divers et à l'information de proximité. Ils traitent également des nouvelles de l'océan Indien (Maurice, Mayotte, Madagascar) et de la politique française et internationale à travers la diffusion de dépêches, et recensent les manifestations culturelles et sportives.

MAGAZINES ET WEBZINES Si vous êtes intéressé par l'ensemble des Mascareignes, le trimestriel ***Océan Indien Magazine*** vous satisfera, avec ses superbes photos et le sérieux de ses reportages. Le mensuel gratuit ***L'Azenda*** (*www.azenda.re*), distribué dans plus de 200 points sur l'île, donne un bon aperçu de l'actualité culturelle (expos, cinéma, concerts...). Également de nombreux webzines et sites d'informations en ligne : *www.laptite-gazette.com, www.zinfos974.com, sortir974.re...*

radio

Réunion 1ère (*reunion.la1ere.fr*), antenne locale d'**Outre-Mer 1ère** (ex-RFO), est la radio de service public : elle compte de nombreuses émissions pratiques, des jeux et des reportages sur l'île. Les journaux d'information reprennent ceux diffusés par France-Info. Une seconde fréquence de Outre-Mer 1ère reprend *in extenso* les programmes de France-Inter. La radio privée la plus connue demeure **Radio Free Dom** (*www.freedom.fr*), précurseur des radios libres à la Réunion. Elle ne cache pas son indépendance et fait la part belle à la musique de l'île et aux interventions des auditeurs. Lors des alertes cycloniques elle donne des informations en temps réel sur l'accessibilité des routes. Elle diffuse les bulletins d'information de la généraliste Europe 1. De nombreuses stations FM émettent sur tout ou partie du territoire. On peut citer, parmi les plus écoutées, Radio Arc-en-Ciel (*radioarcenciel.re*), Exo FM (*www.exofm.re*), Kréol FM (*www.radiokreol.com*) ou les décrochages régionaux des grandes stations de métropole. Attention : en raison du relief accidenté de la Réunion, si vous êtes en voiture, vous devrez changer de fréquence régulièrement pour capter ces radios. En outre, certaines ne sont audibles que dans des régions précises, comme Salazes FM (*www.salazes-fm.com*) par exemple.

télévision

Trois chaînes locales émettent à la Réunion : Canal + Réunion (payante), Réunion 1ère (qui propose des reportages réalisés par l'équipe locale, reprend des programmes de France Télévisions, et alimente France Ô en métropole) et Antenne Réunion, combinant (entre autres) des programmes de TF1 et M6. La TNT et les bouquets d'Orange et SFR sont disponibles sur l'île.

PLAGES

La Réunion compte peu de plages sur ses 207km de côtes. Les plus fréquentées et les plus accessibles à la baignade sont celles de la **côte ouest**, à l'abri du récif : Boucan-Canot, Saint-Gilles-les-Bains (L'Ermitage, plage des Roches Noires et La Saline) et Saint-Leu ; toutes sont surveillées, au moins le week-end et les jours fériés. Plus au sud, un autre lagon, moins calme cependant, a permis la formation de la belle plage de sable noir de L'Étang-Salé, également surveillée. Ensuite, il faudra vous rendre à Saint-Pierre puis à Grande-Anse pour espérer pouvoir vous baigner. Entre Saint-Joseph et Saint-Paul, soit presque les deux tiers du littoral, il est tout simplement impossible de le faire, en raison des très forts courants. N'écoutez pas trop les alarmistes qui font du requin un prédateur devenu omniprésent. Mais veillez toutefois à vous renseigner sur sa présence, notamment au niveau des passes entre le lagon et l'océan.

PRÉVENTION REQUINS Les travaux menés depuis 2011 sur la gestion du risque requin ont permis de dresser, début 2013, un premier constat qui conclu à l'augmentation avérée du nombre de squales. Un plan d'action devrait voir rapidement le jour avec la mise en place de nouveaux dispositifs dans la gestion du risque requin et le renforcement de la prévention actuelle. En plus des drapeaux habituels vert (baignade autorisée), orange (baignade dangereuse) et rouge (baignade interdite), des "flammes requins" sont apparues sur les plages. La flamme orange avec un requin indique que les conditions sont favorables à la présence des requins (houle, eau trouble...), qu'un risque existe et recommande donc la prudence des usagers. La flamme rouge avec un requin indique l'observation de requins et recommande l'arrêt des activités nautiques.

PLONGÉE SOUS-MARINE

plonger à la Réunion

COURANTS ET ALIZÉS La petite amplitude de la marée réunionnaise ne doit pas faire sourire le Breton : elle n'est pas synonyme de plongées tranquilles. L'île est en effet battue, à l'est comme derrière la barrière récifale occidentale, par des courants violents. À cette agitation s'ajoutent en hiver (mai-oct.) les fortes houles générées par les alizés soufflant du sud-est qui s'abattent préférentiellement sur la côte est. L'été (nov.-avr.), l'eau, beaucoup plus calme, est favorable à la plongée : les dépressions installées sur les Mascareignes apaisent la mer (sauf entre janvier et mars, mois au cours desquels elles évoluent souvent en cyclones...). Plonger à la Réunion est donc réellement un sport... à risque.

GÉOGRAPHIE SOUS-MARINE L'île n'est pas la destination idéale pour qui souhaite apprendre le maniement du scaphandre autonome. Il y a certes des sites peu profonds situés dans le lagon ouest, mais ils ne présentent qu'une faible biodiversité. Pour voir un peu de vie, il faut s'aventurer derrière la barrière coral-

grands sites de plongée

Site (commune)	**Profondeur**	**Niveau**	**Intérêt**
Les Roches Merveilleuses (Boucan-Canot)	48m	Difficile	Une grande cavité pour une visite des gorgones. Un endroit superbe.
Le Pain de Sucre (Boucan-Canot)	15-20m	Moyen	Un joli petit site pour s'acclimater à la Réunion sous-marine. Le récif en bon état, qui se mêle aux roches, accueille de nombreux poissons.
Tour de Boucan (Boucan-Canot)	15-20m	Moyen	Idéal pour les plongeurs de niveau I, car on accède au site depuis la plage. Chaos de roches et failles méritent toute l'attention, car ils cachent une faune habituée à l'obscurité. N'oubliez pas votre phare.
Hïa Sïang, Navarra (Saint-Gilles-les-Bains)	56m	Difficile	Ces deux bateaux ont été coulés volontairement dans les années 1980-1990. De nombreux chasseurs à l'affût : poisson-scorpions (venimeux) et mérous ont fait de ces épaves leur terrain de chasse.
Le Piège Requins (La Saline-les-Bains)	37m	Difficile	Une de nos plongées préférées. Sous la surface, un rocher a été posé par un pêcheur qui y avait accroché un corps-mort pour attirer le gros poisson... Depuis, le pélagique afflue. Point de requins, mais des platax et des murènes, entre autres.
La Maison Verte (Saint-Leu)	12-30m	Moyen	Peut-être le seul “spot” de l'île où les coraux sont en bonne santé. Le spectacle est donc rare, car la variété des espèces coralliennes démultiplie celle du reste du règne animal. Une multitude de petites choses à voir en plusieurs incursions sous-marines.
Le Mausolée et la Presqu'île (Saint-Leu)	25-48m	Moyen à difficile	On descend un tombant qui s'arrête 16m plus bas. Puis, plein ouest, sur un fond de sable, on se dirige vers une sorte d'îlot. Dans ce havre, l'embranchement des cnidaires a établi son show-room : coraux durs, coraux mous, gorgones, rivalisent de formes et de couleurs avec les éponges. Magique !

lienne, ainsi que sur la côte orientale, en grande partie inexplorée et aux fonds renouvelés de temps en temps par des dépôts de lave. Cela oblige à plonger dans le sens du courant, c'est-à-dire à sauter du bateau qui vous récupère plus loin, sans s'arrêter. Pour ne pas trop dériver, il faut s'enfoncer très vite sous le courant. Le plongeur se rend alors compte que les fonds sous-marins réunionnais sont la partie immergée d'abrupts reliefs volcaniques : le plancher est bas, et descend vite. Déconseillé aux débutants ! Très découpés, les reliefs sont par endroits extraordinaires. Tombants, grottes, failles, éboulis, roches isolées, éperons se succèdent entre Saint-Gilles et Saint-Leu. C'est d'ailleurs dans cette zone que se trouve la majorité des clubs de plongée et des plates-formes récifales. À Saint-Pierre, les reliefs sous-marins sont moins impressionnants, mais la diversité des sites est plus importante. À partir de Sainte-Rose, place à la découverte : la côte est encore sauvage.

Les Pyramides (Pointe au Sel)	38-70m	Difficile	Deux pointes minérales posées à 70m sur le fond, accessibles à 38m, couvertes d'invertébrés (en particulier la pointe située au nord), peuplées de poissons. Grandiose ! Dangereux, car la tentation d'aller au plus bas est forte.
Le Grand Tombant de la pointe au Sel	38-71m	Difficile	Mieux vaut ne pas être sujet au vertige. À -25m, en face de Saint-Leu, une falaise descend à pic jusqu'à -71m. Stabilisez-vous, avancez-vous un peu, laissez vos yeux s'habituer et observez.
Le Grand Tombant	38-54m	Moyen	Bien que peu concrétionnées (recouvertes par la faune fixée), ces orgues de basalte attirent quelques pélagiques comme les carangues.
Le Phare et la Cafrine (Saint-Pierre)	20-42m	Difficile	Orgues de basalte, installées entre deux tombants. Un paysage sous-marin totalement irréel, unique. À découvrir, mais avec prudence.
Corail Garden (Saint-Pierre)	18-25m	Moyen	Pour les biologistes, ce site est recouvert à presque 100% par les coraux. Signe que l'eau est ici claire, bien oxygénée et exempte de pollution. Extraordinaire pour qui accepte de plonger une heure sans bouger.
Du Petit Tombant au 2e Tombant	5-42m	Facile à difficile	Une très agréable promenade sous-marine qui réunit l'ensemble des reliefs réunionnais. Pour tous les niveaux. S'il ne devait y en avoir qu'une...
Petit Tombant de l'anse Cascade	5-20m	Moyen	Aucun autre intérêt que la ponte des calamars, en octobre-novembre, spectacle cependant des plus lumineux : la livrée des céphalopodes change en permanence lors du rut, car ces invertébrés communiquent par la peau.
Le Jean-Patrick (anse des Cascades)	100m	Difficile	Un tombant qui refroidit les ardeurs et coupe le souffle, et des orgues basaltiques qui ne le rétablissent qu'à peine. C'est sur elles que vous ferez vos paliers en remontant. Un conseil : descendez vite pour saturer le moins possible. L'intérêt de cette plongée est le corail rose qui s'épanouit vers -35m, et la coulée de lave cristallisée en orgues.

sécurité

CONSEILS Quelle que soit votre expérience de plongeur, nous vous déconseillons de sortir seul ou accompagné d'autres touristes. Les conditions de plongée difficiles et la complexité des sites ne sont connues que des pratiquants réunionnais chevronnés. Même si vous êtes moniteur, contentez-vous de suivre vos collègues locaux. Dernière recommandation : les plongées sont régulièrement annulées en raison de l'état de la mer. Évitez par conséquent d'acheter des forfaits de dix sorties dès votre arrivée sur l'île !

EN CAS D'ACCIDENT Il faut que le plongeur soit au caisson hyperbare dans les 30min : signalez l'accident sur le canal 16 VHF (fréquence internationale de détresse) et/ou contactez les pompiers (18) ou le Samu (15). Le numéro d'urgence (112) des téléphones portables est une perte de temps, car l'opérateur vous renvoie à ces derniers. Sachez également que les hôpitaux ne vous seront pas d'un grand secours en la matière.
Groupe hospitalier Sud Réunion (hors plan 6 par D3) Caisson hyperbare. *Av. du Président-Mitterrand* **Saint-Pierre** *Tél. 02 62 35 90 00 www.chr-reunion.fr*

clubs de plongée

DIVERSITÉ DES OFFRES Une petite quarantaine de structures commerciales et associatives se partagent la clientèle subaquatique. Il existe, en gros, deux types de structures : les clubs affiliés à la FFESSM (Fédération française de plongée, plus FSGT, ANMP et SNMP) et ceux membres des associations américaines (PADI, NAUI, SSI). Ces derniers, dont le but est de permettre à tout le monde de plonger en toute sécurité, sont parfaits pour les débutants et ceux qui plongent peu, ou toujours dans des eaux tropicales sans risques. En revanche, pour les autres plongeurs, la formation reste un peu expéditive et escamote souvent la théorie des paliers de décompression. Celle donnée par la FFESSM est nettement plus solide, théorique et physique. NAUI s'en rapproche. Guère amusante pour les débutants (la philosophie est toujours celle de la Marine et de Cousteau qui l'ont mise en place : il faut souffrir pour être plongeur !), elle est faite pour former des hommes-grenouilles réellement autonomes. Les moniteurs, par ailleurs techniquement remarquables, sont souvent peu initiés à l'environnement, contrairement aux encadrants PADI, SSI et NAUI.

COMMENT CHOISIR UN CLUB ? Le seul critère de choix objectif est aussi le plus subjectif : le courant qui passe, ou ne passe pas, entre vous et l'encadrement. C'est primordial, surtout pour les débutants : dans l'eau, votre vie dépend du moniteur qui vous guide. C'est moins important pour les "autonomes", quoiqu'ils doivent se méfier des instructeurs qui ne les mettent pas assez en garde contre l'envie de "taper" les 60m et ne leur expliquent rien sur la plongée qu'ils vont faire. Un conseil : fuyez les bateaux bondés, les responsables qui ne vous demandent ni justification de niveau ni certificat médical... Côté budget, comptez de 35 à 40€ par plongée (sans location d'équipement) et environ 50€ pour un baptême. Vous trouverez dans ce guide une sélection de clubs à Saint-Gilles, Saint-Leu et Saint-Pierre.
Fédération française d'études et de sports sous-marins (FFESSM) - Comité régional de la Réunion (plan 4,

B3) *2, rue des Brisants Saint-Gilles-les-Bains Tél. 02 62 33 00 96*

POSTE

Le service de la poste est le même qu'en métropole. Les lettres dont le poids n'excède pas 20g, pour l'intérieur de l'île ou pour la métropole, doivent être affranchies au tarif en vigueur. Sachez toutefois que les bureaux de Saint-Denis et de Saint-Pierre sont souvent bondés, car de nombreux Réunionnais ont un compte postal. Préférez les petits bureaux des villages, souvent moins fréquentés.

QUAND PARTIR ?

Pour les connaisseurs, la meilleure saison demeure l'hiver austral, de mai à octobre, lorsque le temps se fait plus sec, le soleil moins violent et l'air plus frais. Ceux qui ne craignent pas les aléas climatiques viendront quant à eux à la Réunion lors de l'été austral (de novembre à avril), saison chaude et humide. Attention toutefois à la période courant de décembre à février, trois mois où les cyclones ont la mauvaise habitude d'aborder les côtes réunionnaises. Quoi qu'il en soit, il vous faudra réserver votre billet d'avion à l'avance... cf. Aller à la Réunion (p.48)

RANDONNÉE ÉQUESTRE

Envie de galoper sur les plages ou sur les sentiers forestiers des Hautes Plaines ? Que vous soyez cavalier chevronné ou débutant, vous trouverez à coup sûr l'encadrement qui vous convient le mieux à Saint-Gilles-les-Hauts, Saint-Leu, Les Avirons, Les Makes, L'Étang-Salé, Entre-Deux, Saint-Benoît ou encore dans la plaine des Cafres. Pour connaître les coordonnées des centres de tourisme équestre et les clubs d'équitation, contactez les offices de tourisme et consultez le site Internet www.cheval-ocean-indien.com

www.cheval-ocean-indien.com Organismes, clubs, stages, séjours, randonnées : le portail le plus complet du tourisme équestre réunionnais.

Comité régional d'équitation *Maison régionale des sports 1, rte de la Digue* ***Saint-Denis*** *Tél. 06 92 87 67 53*

RANDONNÉE PÉDESTRE

le réseau des sentiers

La Réunion est un temple de la randonnée. Montagne posée sur l'océan, elle propose une diversité de balades et de promenades peu communes sur

climat et saisons

Température	**Saint-Denis**	**La Plaine-des-Palmistes**
min./max. en février	23°C/30°C	16°C/24°C
min./max. en août	18°C/25°C	10°C/18°C
Ensoleillement		
moyenne en février	8h/j.	5h/j.
moyenne en août	7h/j.	4h/j.
Précipitations		
moyenne en février	215mm/11 j.	665mm/15 j.
moyenne en août	50mm/11 j.	220mm/12j.
Température de la mer		
en février	27°C	
en août	22°C	
Renseignements météo	outremer.meteofrance.com	

PRATIQUE

un si petit territoire. Pour vous tenir informé, l'ONF informe via son site Internet de l'état de l'ensemble de sentiers. Prudence toutefois, car la mise à jour est parfois aléatoire. Ces informations sont également disponibles auprès de l'IRT (*www.reunion.fr*) et des OT. La presse locale s'en fait également l'écho et vous trouverez les descriptifs de circuits, détaillés et très régulièrement mis à jour sur le site web du *JIR* (*www.clicanoo.re*).

ONF (Office national des forêts) L'ONF gère environ 40% de la superficie de l'île (100 000ha) à des fins d'exploitation du bois et de conservation

principales randonnées

Le GR® R1 (blanc et rouge) permet de faire le tour du piton des Neiges en passant par les trois cirques (60km environ). Le GR® R2 (blanc) traverse l'île du nord au sud en passant par Mafate, Cilaos et le Volcan (150km environ). Bien entendu, de multiples autres randonnées sont possibles hors de ces grands tracés.

Site (commune)	**Durée**	**Difficulté/Dénivelé**	**Intérêt**
Roche Verre Bouteille (Dos-d'Âne)	Boucle 1h30	Facile 235m	Point de vue sur Mafate.
Ravine Saint-Gilles (St-Gilles-les-Hauts)	AR 1h30	Facile	Baignade dans les bassins, cascades.
Sentier des Tamarins (Tévelave)	Boucle 2h30	Facile	Découverte de la forêt de tamarins des Hauts.
Piton Cabris (Les Makes)	AR 2h30	Facile 300m	Point de vue sur Cilaos, forêt de cryptomerias.
Bras de la Plaine (Entre-Deux)	AR 2h	Facile 160m	Arche basaltique naturelle.
Gros-Piton (Sainte-Rose)	AR 1h	Facile 140m	Superbe vue sur l'anse des Cascades.
Bethléem (Saint-Benoît)	AR 1h	Facile 90m	Îlet abandonné, baignade dans la rivière des Marsouins.
Lac de Grand-Étang (Saint-Benoît)	AR 3h	Facile 80m	Lac de barrage naturel, cueillette de goyaves.
Bassin de la Mer (Bras-Panon)	AR 1h15	Facile 120m	Cascades, aires de pique-nique.
Terre-Plate et source Manouilh (Hell-Bourg)	Boucle 4h	Facile 310m	Sources ferrugineuses et point de vue sur Salazie.
Piton de l'Eau (la Fournaise)	AR 2h30	Facile 200m	Le seul lac volcanique de la Réunion.
Cascade Biberon (plaine des Palmistes)	AR 1h	Facile 70m	Baignade au pied de la cascade.
Piton Bébour (plaine des Palmistes)	Boucle 1h30	Facile 100m	Découverte de la végétation.
Trou de Fer (plaine des Palmistes)	AR 3h	Facile 300m	Point de vue sur la plus belle cascade de l'île.
Grand-Bassin (plaine des Cafres)	AR 4h	Moyenne 670m	Baignade, nuit en gîte dans l'îlet.
Tour du Volcan (la Fournaise)	Boucle 4h30	Moyenne 480m	Rencontre avec le mythe et ses cratères.
Cascade de Bras-Rouge (Cilaos)	Boucle 4h	Moyenne 400m	Point de vue sur la cascade, sources ferrugineuses.

du paysage. Il entretient ainsi 700km de sentiers, balisés et en excellent état. Cependant, cette “mainmise” de l’ONF sur le réseau a parfois son revers : lui seul est apte à apprécier la qualité du sentier, donc à proposer sa fermeture ou non. La décision finale est ensuite prise par le préfet de la région. Sur une île en proie à une formidable érosion et régulièrement victime de cyclones et de fortes précipitations, l’interdiction de parcourir certains chemins est fréquente. Trop, selon les professionnels de la montagne et organisateurs de randonnées qui regrettent de n’être pas assez consultés, tandis que de son

La Roche Écrite (Saint-Denis)	AR 7h	Difficile 1 000m	Point de vue sur Mafate et Salazie.
Le Grand Bénare (Le Guillaume)	AR 7h	Difficile 690m	Point de vue sur Mafate.
Le Dimitile (Entre-Deux)	AR 8h	Difficile 1 400m	Point de vue sur Cilaos.
Nez coupé du Tremblet et coulée de Takamaka (le Grand Brûlé)	Boucle 7h30	Difficile 1 100m	La forêt de bois de couleurs des Bas et la coulée de 1986.
Cassé de la rivière de l’Est et Nez coupé de Sainte-Rose	Boucle 6h	Difficile 600m	Le Volcan sous un autre jour.
Forêt de Bébour-Trou de Fer	AR 8h30	Difficile 800m	Forêt primaire et cascade du Trou de Fer.
Piton des Neiges depuis Cilaos	Boucle 1er j. 3h 2e j. 6h	Difficile 1 100m 600m, -1 700m	Panorama depuis le toit de l’océan Indien.
Piton des Neiges depuis Hell-Bourg	Boucle 1er j. 6h30 2e j. 7h	Difficile 1 600m 500m, -2 100m	Panorama et découverte de la forêt de Bébour-Bélouve.

CIRQUE DE MAFATE

Site	Durée	Difficulté/Dénivelé	Intérêt
La Nouvelle/ col des Bœufs	AS 2h	Facile -520m	Idéal pour la découverte en famille du cirque et la plaine des Tamarins.
La Nouvelle/Marla via Les Trois-Roches	AS 4h	Moyenne 460m et -280m	Pique-nique en haut de la cascade des Trois-Roches, plateau de Marla.
Marla/Cilaos par le col du Taïbit	AS 3h30	Moyenne 820m, -1 200m	Point de vue sur Cilaos et Mafate, plaine des Fraises.
Marla/Roche-Plate via Les Trois-Roches	AS 3h30	Moyenne 350m et -900m	Pique-nique en haut de la cascade des Trois-Roches.
Roche-Plate/ Grand’Place	AS 4h	Moyenne 500m et -1000m	Point de vue sur Mafate, baignade au captage des Orangers.
Grand’Place/ Aurère	AS 5h	Moyenne 600m et -400m	Baignade au bras d’Oussy.
Col du Bélier/Aurère par le sentier Scout	AS 4h	Moyenne 200m et -1 000m	Point de vue sur Mafate, passerelle au-dessus du bras Bémale.

côté l'ONF invoque un principe de précaution lié à l'explosion du tourisme de masse et à la venue en nombre de marcheurs inexpérimentés. *Domaine forestier de La Providence Allée de l'Avé Maria* **Saint-Denis** *Tél. 02 62 90 48 00 www.onf.fr/la-reunion*

www.onf.fr/la-reunion Pour vous tenir informé, l'ONF informe via son site Internet de l'état de l'ensemble de sentiers. Prudence toutefois, car la mise à jour est parfois aléatoire.

Comité départemental de randonnée pédestre de la Réunion (plan 1, A3) *8, rue de la Caserne* **Saint-Denis** *Tél. 02 62 94 37 06 ou 06 92 64 05 82 reunion.ffrandonnee.fr Ouvert lun.-ven. 8h15-12h30 et 13h-15h45*

centrale d'information et de réservation

IRT-Île de la Réunion Tourisme (plan 2, D1) Le Comité régional du tourisme de la Réunion (IRT) propose un service de réservation de randonnées. En clair, vous téléphonez avec vos demandes (3 jours à Mafate, 2 nuits à Cilaos, 1 journée sur le Volcan...) et le personnel essaie de vous incorporer à un groupe préconstitué. Si rien n'est déjà programmé, une requête est envoyée à ces mêmes prestataires qui "ouvrent" alors une randonnée. Sachez néanmoins que celle-ci n'aura lieu que si 4 pers. minimum y participent. Autre rôle : il permet de réserver un certain nombre de gîtes d'étape et de montagne qui lui sont affiliés. Sans le sésame délivré lors de la réservation, point de salut : vous ne pourrez pas y loger et devrez vous tourner vers les gîtes privés, tout aussi confortables d'ailleurs. Voilà pour la théorie... En pratique, les hôtesses ont de réelles difficultés à trouver des programmes mis à jour, manquent de formation pour conseiller les randonneurs sur le niveau requis pour certains parcours ou les renseigner sur l'état des sentiers. Selon certains témoignages, il arrive que les agents indiquent qu'il est impossible de dormir dans la région choisie car tel gîte lié à l'organisme est complet. Ils omettent alors de dire qu'un gîte privé tout aussi recommandable dispose de lits vacants pour la même période et sur le même site ! *4, rue Jules-Thirel (bât. B)* **Saint-Paul** *Tél. 0810 160 000 www.reunion.fr Accueil téléphonique lun.-ven. 9h-17h, sam.-dim. 9h-12h*

guides accompagnateurs

Vous pourrez vous adresser aux prestataires suivants pour organiser une randonnée sur mesure ou intégrer un groupe déjà constitué :

Maham Séjours Nature *16 route Auguste-Lacaussade* **Hell-Bourg** *Tél. 06 92 86 50 67*

Rando Run Trek *2, impasse des Acacias* **L'Étang-Salé** *Tél. 02 62 26 31 31 ou 06 92 85 22 56 www.randorun-trekking.com*

Volcano run-Randonnées Roby Soriano (plan 7, A3) *Hôtel les Aloès 14, rue Saint-Louis* **Cilaos** *Tél. 02 62 31 81 00 ou 06 92 16 20 90*

Dominick Cerveaux L'association Guid'A Nou, présidé par dominick Cerveaux regroupe des guides fins connaisseurs de l'île qui proposent des randonnées thématiques (habitat, traditions, végétation...). Pour 6 à 49€ par personne la demi-journée ou la journée, ils vous emmènent à la découverte des plantes et de leurs utilisations, vous content les légendes des montagnes, vous expliquent l'organisation d'une case traditionnelle, l'histoire de Saint-Denis, l'empreinte des religions sur l'île, ou encore vous entraînent dans un circuit champêtre dans le cirque de Salazie avec déjeuner traditionnel au feu de bois et initiation à la musique locale. Une manière enrichissante d'aller à la rencontre d'une île complexe et riche.

Vous trouverez sur le site Internet le programme et le descriptif détaillé de ces balades. Réservation 24h à l'avance. *Tél. 06 92 86 32 88 www.guid-a-nou.com*

équipement

D'abord les **chaussures** : elles doivent tenir la cheville, absorber les reliefs du terrain et laisser respirer le pied. Si vous en avez les moyens, prévoyez des chaussures imperméables, en raison des fortes pluies qui peuvent s'abattre sans prévenir. Il vous faudra donc aussi un **vêtement de pluie** et, mieux encore, une cape qui couvre l'ensemble du corps et le sac à dos. Un pantalon est utile sur certains parcours pour éviter les éraflures (le "graton" autour du Volcan est particulièrement râpeux en cas de glissade !) et se protéger du soleil. De toute façon, une **protection solaire** est indispensable, notamment sur le Volcan, dont la roche brune renvoie les rayons et peut provoquer de belles brûlures. Des **lunettes de soleil** et un chapeau sont également essentiels. Si vous partez pour plusieurs jours, en particulier durant l'hiver austral, sachez que la température en altitude est fraîche et nécessite un **pull de type polaire** en fin de journée... et même un bonnet et des gants pour l'ascension du piton des Neiges à l'aube ! Côté pharmacie, une simple **trousse d'urgence** peut vous dépanner en cas de pépin, avec pansements, bande Velpeau, antiseptique, antidouleur, compresses, coton, pince à épiler, ciseaux et couverture de survie. Si vous désirez ménager vos genoux dans les descentes, munissez-vous d'un ou deux bâtons de marche et/ou de genouillères. Enfin, n'oubliez pas d'emporter de l'**eau** en quantité suffisante et quelques rations pour calmer une fringale (fruits secs, barres de céréales...).

conseils

Sachez avant tout que vous vous trouvez sur un terrain délicat et très accidenté, soumis à de brusques variations météorologiques. Vous devez avoir à l'esprit que la montagne de l'hémisphère Sud est tout aussi imprévisible que celle de nos alpages ! Elle requiert donc prudence et préparation. D'abord en raison du ter-

Choisir un sentier suivant son niveau de difficulté

Pour chaque randonnée, le niveau de difficulté correspond à celui établi par l'ONF/FFRP (Fédération française de randonnée pédestre).
Niveau facile : pas d'efforts particuliers, ces parcours de type balade conviennent à toute la famille et sont souvent répertoriés sous le titre de "sentiers marmaille". Attention toutefois à certains itinéraires qui peuvent dépasser 2h.
Niveau moyen : quelques passages exigeants à faire à son rythme (descente abrupte, montée raide...). Pour marcheurs réguliers.
Niveau difficile : parcours souvent longs, avec de forts dénivelés nécessitant une bonne condition physique et une pratique courante de la marche en montagne. Implique une autonomie d'une journée (boisson, pique-nique, trousse de secours...) et un équipement complet (chaussures, chapeau, cape de pluie...).

rain lui-même. Dans les cirques surtout, les dénivelés successifs peuvent se révéler très importants, jusqu'à 1 000m positifs pour une randonnée au piton des Neiges. Une bonne condition physique, notamment cardiaque, est donc obligatoire pour aborder certains parcours. Ne vous surestimez pas, élaborez plutôt un programme adapté à votre pratique de la marche. Ensuite, les microclimats de la Réunion peuvent jouer des tours. Préférez toujours partir tôt le matin, souvent ensoleillé, pour éviter ainsi les nuages et la pluie, laquelle dégrade vite les sentiers qui deviennent alors boueux et glissants, donc dangereux. Sur le Volcan, il faut impérativement suivre le balisage blanc en cas de brouillard : certains randonneurs ont risqué leur vie en ne retrouvant pas leur chemin dans cet environnement uniforme... Renseignez-vous sur la météo pour la journée et n'hésitez pas à questionner les locaux. Enfin, à moins de bien connaître l'île et ses sentiers ou d'être un amateur éclairé de la randonnée, ne partez jamais seul pour une marche de plus de 2h. L'insécurité est très faible dans les cirques (on ne déplore que de très rares agressions au cours des vingt dernières années), mais vous n'êtes jamais à l'abri d'une blessure. Soyez toujours accompagné, par des amis ou par un guide professionnel cf. Dominick Cerveaux (p.66), et emportez votre téléphone mobile avec vous, peu de zones n'étant pas couvertes par le réseau de téléphonie mobile. Le portable peut vous sauver la vie ! En cas d'accident, formez un V avec vos bras pour avertir un hélicoptère qui passerait au-dessus de vous : ce signe signifie que vous demandez du secours. Dernier **conseil** : informez une personne de votre parcours, qui pourra ainsi prévenir et orienter les secours si vous ne revenez pas à l'horaire prévu.

Météo France *Tél. 0892 68 02 00 (choix 6) (0,34€/min) outremer.meteofrance.com*
Peloton de gendarmerie de haute montagne *Aéroport Roland-Garros 1, rue Georges-Guynemer* ***Sainte-Marie*** *Tél. 02 62 930 930*

RESTAURATION

horaires

La journée des Réunionnais commençant tôt (vers 7h), elle ne se termine donc pas tard. À part quelques établissements de Saint-Denis, Saint-Pierre et Saint-Gilles-les-Bains, les restaurants débutent leur service aux alentours de 19h et servent très rarement au-delà de 21h30/22h. Dans les chambres d'hôtes, le dîner commence en général entre 19h et 19h30. À midi, la tranche 12h-14h est celle dévolue au déjeuner. En outre, soyez averti que presque tous les restaurants sont fermés le dimanche soir, si bien qu'il faut parfois prévoir un casse-croûte pour finir le week-end... Au contraire, ils sont la plupart du temps bondés le dimanche midi, repas familial oblige : pensez à réserver ou à arriver dès 12h.

déchiffrer le menu

Tous les restaurants créoles proposent l'indétrônable **cari**. Écrit "cari", "cary" ou "carry", c'est toujours le même plat. Privilégiez cependant les spécialités régionales : bichiques sur la côte "au vent", poulet-pays dans les Hauts, poisson sur le littoral, accompagné de lentilles à Cilaos. Souvent, les mets créoles sont proposés **à la carte** en compagnie de spécialités chinoises (poulet ou porc à l'ananas par exemple) et indiennes (massalé). À midi, vous pourrez sans problème déguster un **menu complet** (entrée, plat et dessert) à moins de 15€, opé-

PRATIQUE

ration généralement difficile à renouveler le soir, les prix des menus étant plus élevés pour le dîner. De plus, prenez garde aux prix affichés : la majorité des plats peuvent être emportés pour un prix inférieur à celui demandé sur place. Aussi, veillez à ne pas confondre les deux tarifs afin de ne pas avoir de mauvaises surprises au moment de régler l'addition. Cela dit, nous n'avons rencontré aucun restaurateur jouant sur la possible confusion.

tables d'hôtes et auberges

Dans les cirques et dans les Hauts, un certain nombre de tables d'hôtes et d'auberges servent à midi – uniquement sur réservation – un repas très complet. Les familles réunionnaises s'y retrouvent souvent pour le déjeuner dominical. Si vous logez à l'hôtel, voilà une bonne occasion de rencontrer quelques locaux dans une ambiance festive. De plus, en raison du nombre restreint de restaurants dans les campagnes, certaines chambres d'hôtes accueillent des non-résidants, notamment le vendredi et le samedi soir. Vous dînerez non pas avec les touristes de passage, mais avec une famille au grand complet, venue déguster un repas concocté comme *lontan*. Ces tables d'hôtes sont référencées dans la brochure éditée par les Gîtes de France et vous trouverez de nombreuses adresses dans ce guide parmi celles-ci des fermes auberges labélisées "Bienvenue à la ferme".

snacks et camions-bars

Le camion-bar est une institution réunionnaise. Ou plutôt était, car vous en verrez de moins en moins sur le bord des routes. Ces camionnettes aménagées pour réchauffer caris, bouchons, samossas et autres plats cuisinés sont peu à peu remplacées par des structures en dur – normes d'hygiène obligent. On parle donc de plus en plus de snacks pour désigner ces petits restaurants installés en plein air. Vous en trouverez partout dans l'île et vous pourrez vous y rassasier d'un plat chaud pour moins de 6€. Très fréquentés par les Réunionnais, ils proposent souvent des grillades (poulet et bœuf) le dimanche. Ils ferment boutique dès 17h, et n'ont d'ailleurs plus qu'un choix réduit à proposer à partir de 15h.

SANTÉ

L'île de la Réunion n'exige aucun vaccin particulier lorsque l'on vient de métropole. Cependant, les voyageurs arrivant de zones à risques doivent être vaccinés contre la fièvre jaune et le choléra. Par ailleurs, l'île a été épargnée par l'ensemble des maladies endémiques, dont le paludisme, jusqu'à l'épidémie de chikungunya de 2005 à 2007, dont le seul moyen de protection était l'utilisation de produits répulsifs. Malgré de nouveaux cas signalés en 2010, ceci n'est plus qu'un mauvais souvenir. Un des réels dangers sanitaires demeure le soleil. Ne cherchez pas à bronzer à tout prix au risque d'être victime de brûlures ou d'une insolation. Deux maîtres mots pour se protéger : crème solaire et hydratation.

SÉCURITÉ

Globalement, vous ne rencontrerez aucun problème, que ce soit en ville ou sur les sentiers de randonnée. Une précaution cependant : si possible, ne laissez pas votre véhicule plus d'une journée sur un parking au départ d'une randonnée. On nous a parlé de vols réguliers au Maïdo, au Bélier (Salazie) et au Bloc (Cilaos). La

Réunion étant régie par le droit français, les peines sont lourdes pour la seule détention de produits illicites. Le cannabis, appelé zamal en créole, demeure le stupéfiant le plus couramment consommé sur l'île.

SORTIES NOCTURNES

Ne comptez pas faire la fiesta durant toutes vos vacances ! À moins de ne séjourner qu'à Saint-Gilles... Les Créoles privilégient les sorties avec le cercle proche plutôt que les virées nocturnes impersonnelles. De toute façon, vous vous rendrez vite compte de la tranquillité des soirées : à partir de 20h-21h, les centres-villes sont déserts ! Seuls Saint-Gilles-les-Bains, Saint-Leu et Saint-Pierre – dans une moindre mesure – sont très animés les vendredi et samedi soir.

concerts et salles de spectacle

Difficile d'échapper au maloya ou au séga lors d'un voyage dans l'île. La majorité des FM locales diffusent ces musiques à longueur de journée. En revanche, il est plus difficile d'écouter ces rythmes en *live*, car il existe peu de clubs où se produisent des groupes. Si vous désirez assister à un concert, prenez soin de réserver à l'avance, ceux-ci ont souvent lieu à guichet fermé. Mais le jeu en vaut la chandelle, le souvenir d'un concert de Danyèl Waro ou de Baster marque tout voyageur curieux. N'hésitez pas à appeler les salles les plus importantes de l'île, consultez le mensuel gratuit *L'Azenda*, cf. Médias (p.58), ou le site *www.runmuzik.fr*

Théâtre du Grand Marché (plan 1, A3) *2, rue du Maréchal-Leclerc* ***Saint-Denis*** *Tél. 02 62 20 33 99 www.cdoi-reunion.com*

TEAT Plein Air (hors plan 4 par B1) *Rte du Théâtre* ***Saint-Gilles-les-Bains*** *Tél. 02 62 41 93 25 www.theatreunion.re*

TEAT Champ Fleuri (hors plan 1 par C4) *2, rue du Théâtre Sainte-Clotilde Tél. 02 62 41 93 25 www.theatreunion.re*

Le Séchoir *28, rue Adrien-Lagourgue Piton-Saint-Leu* ***Saint-Leu*** *(6km au sud de Saint-Leu) Tél. 02 62 34 31 38 www.lesechoir.com*

Le Bato Fou *1, rue des Grands Kiosques, Bourg Murat* ***La Plaine des Cafres*** *(3km au nord-est de La Plaine des Cafres, sur la RN3 en direction de La Plaine des Palmistes) Tél. 02 62 25 65 61 www.batofou.org*

Théâtre régional Luc-Donat *20, rue Victor-le-Vigoureux* ***Le Tampon*** *Tél. 02 62 27 24 36 www.theatrelucdonat.re*

SPORTS DE MONTAGNE

escalade

Malgré son relief montagneux, la Réunion n'est pas une terre qui sourit aux alpinistes, en raison de la jeunesse de la roche, de sa friabilité et de son instabilité. Aussi, peu de voies ont été aménagées pour l'escalade. La plus connue demeure la **crête des Trois Salazes**, dans le prolongement occidental du piton des Neiges, où une course d'arête est possible. Le **cirque de Cilaos** compte également quelques sites, comme les falaises de Ferrière, Fleurs Jaunes et celles des Mohicans avec des hauteurs de 5m à 10m en rappel. Les plus aguerris se précipiteront sur les dykes (cheminées volcaniques) du **piton des Neiges** ou au **piton de Sucre** (Cilaos), où l'on recense des ampleurs pouvant atteindre 300m. Avec un accompagnateur, comptez environ 70€-80€/jour. Prévoyez d'emmener avec vous vos chaussons d'escalade, rarement fournis lors des sorties.

VTT

Il existe dix stations de VTT (Maïdo, Cilaos, Saint-Philippe, Entre-Deux, Sainte-Rose, Volcan, plaine des Palmistes, Saint-Denis, Bras-Panon et Salazie) avec des pistes de descente balisées. Celles-ci sont classées par niveau de difficulté : vert (43 pistes) pour très facile, bleu (48) pour facile, rouge (53) pour difficile et noir (21) pour très difficile. Vous pouvez vous adresser à un prestataire organisateur de sorties pour lui demander conseil. Quoi qu'il en soit, sachez que pratiquer le VTT requiert un équipement minimum qu'il vous faudra louer sur place : casque, protections pour les coudes et les genoux, gants.

IRT-Île de la Réunion Tourisme (plan 2, D1) *4, rue Jules Thirel (bât. B)* ***Saint-Paul*** *Tél. 0810 160 000 www.reunion.fr*

Comité régional de cyclisme (plan 2, B2) *C/o François Nativel, Résidence La Chapelle 117, chaussée Royale* ***Saint-Paul*** *Tél. 02 62 22 64 08 www.cyclisme-reunion.com*

Rando Réunion Passion (plan 4, A2) *3, rue du Général-de-Gaulle* ***Saint-Gilles-les-Bains*** *Tél. 02 62 24 26 19 www.veloreunion.com 23 bis rue de la Compagnie des Indes* ***Saint-Leu***

Coco Bike (plan 4, B3) *165, rue du Général-de-Gaulle* ***Saint-Gilles-les-Bains*** *Tél. 06 92 18 12 12 ou 06 92 66 12 21 www.cocobike.fr*

sports aériens

HÉLICOPTÈRE D'abord utilisé pour le ravitaillement du cirque de Mafate et le secours en montagne, l'héliportage s'est développé à des fins touristiques. Plusieurs compagnies proposent d'observer la Réunion du ciel. Sachez que les vols peuvent être annulés si le manteau nuageux est trop épais et bas. Comptez environ 190€ pour un vol de 25min et 240€ pour 45min.

Hélilagon *Altiport de L'Éperon 190, chemin Summer N°2* ***Saint-Gilles-les-Hauts*** *Tél. 02 62 55 55 55 www.helilagon.com*

Aéroclub du Sud Adam-de-Villiers (hors plan 6 par A1) *Chemin de l'Aérodrome Pierrefonds* ***Saint-Pierre*** *Tél. 02 62 25 03 80 www.acdusud.franceserv.com*

Corail Hélicoptères (hors plan 6 par A1) *Chemin de l'Aérodrome Pierrefonds* ***Saint-Pierre*** *Tél. 02 62 22 22 66 www.corail-helicopteres.com*

PARAPENTE La montagne qui se jette quasiment dans la mer, des dénivelés importants, quelques belles pentes douces pour les débutants, les alizés qui soufflent en continu : la Réunion se révèle un formidable terrain de parapente. Les professionnels ne s'y sont pas trompés, et se sont installés aux alentours de Saint-Leu, parfait pour un baptême de l'air. Les plus chevronnés se rendront au Maïdo, au piton des Neiges, à Dos-d'Âne ou encore dans la plaine des Grègues. Comptez environ 75€ pour un baptême.

Ligue de vol libre de la Réunion *20, chemin Mazeau* ***Piton-Saint-Leu*** *Tél. 02 62 34 25 25 ou 06 92 87 01 56 www.lvlr.re*

Bourbon Parapente *4, rue Haute Rond-point nord* ***Saint-Leu*** *Tél. 06 92 87 58 74 www.bourbonparapente.com*

Parapente Réunion *1 et 103, rue Georges-Pompidou Les Colimaçons* ***Saint-Leu*** *Tél. 02 62 24 87 84 ou 06 92 82 92 92 www.parapente-reunion.fr*

Parapente dé Z'îles *34, rue du Général-de-Gaulle* ***Saint-Leu*** *Tél. 02 62 24 08 23 ou 06 92 33 20 25 www.parapentedesziles.com*

ULM Plus austère et aussi moins onéreux que son grand frère l'hélicoptère, l'ULM est la seconde option pour admirer d'en haut le relief de l'île. Il est cependant déconseillé aux personnes sujettes au vertige car, ici, pas de portes ni de cabine, juste un siège et le visage au vent. Vous débourserez environ 190€ pour un tour de l'île d'une durée d'environ 1h30.

Félix ULM (hors plan 2 par D1) *Base ULM de Cambaie-Saint-Paul Rue Marthe Bacquet Cambaie* **Saint-Paul** *(entre Le Port et Saint-Paul, sortie Cambaie) Tél. 02 62 43 02 59 ou 06 92 87 32 32 www.felixulm.com*

Zen Altitude *Aéroport Roland-Garros* **Sainte-Marie** *(accès par la N2, sortie "Centre commercial") Tél. 06 92 87 20 29 www.zenaltitude-ulm.com*

SPORTS EN EAUX VIVES

canyoning

Le canyoning consiste à descendre des canyons, cascades, défilés et autres rivières en alternant marche, nage, escalade, sauts et glissades. Il est déconseillé aux personnes sujettes au vertige. Malgré une multitude de ravines et de cours d'eau, la Réunion compte finalement peu de sites où pratiquer le canyoning, car ceux-ci doivent être préalablement équipés. On citera les plus connus, où vous pourrez découvrir ce sport en compagnie de guides qualifiés. Côte ouest "sous le vent" : cascade des Aigrettes, Les Colimaçons. Côte est "au vent" : bassins de la Mer et de la Paix, Takamaka, canyon à Dudu. Cilaos : Gaubert, Bras-Rouge, Ferrière, Fleurs Jaunes, bras des Étangs. Plaine des Palmistes : Trou de Fer (2 jours). Cette pratique sportive requiert un équipement et un encadrement de qualité et de confiance. En général, une marche d'approche plus ou moins longue est nécessaire pour rejoindre le site. Il vous faudra donc un équipement léger de randonnée suffisamment important pour emprunter des sentiers parfois difficiles. La plupart des descentes sont pratiquées grâce aux techniques d'escalade – ou plutôt de "désescalade". Vous aurez donc à apprendre le rappel, pourvu d'un baudrier, d'un casque et de l'outillage nécessaire (mousquetons, descendeur...). Ce matériel est fourni par les prestataires. Dernier conseil : exigez d'être encadré par un professionnel diplômé d'État, il en va de votre sécurité et du bon fonctionnement de l'assurance en cas de pépin. Comptez environ 60€/jour pour une sortie accompagnée, équipement technique inclus.

Fédération française de la montagne et de l'escalade *8-10, quai de la Marne 75019* **Paris** *Tél. 01 40 18 75 50 www.ffme.fr*

Comité régional de la Réunion *125, avenue du Général-Lambert* **Saint-Leu** *Tél. 02 62 34 91 02 www.ffme974.org*

Oasis Eaux Vives *115, chemin de la Muscadière Îlet Coco* **Saint-Benoît** *(au rond-point nord de Saint-Benoît, dir. Bras-Canot : fléchage rafting) Tél. 06 92 00 16 23 www.oasisev.com*

Ricaric *15, chemin Fossy* **Saint-Leu** *Tél. 06 92 86 54 85 www.canyonreunion.com*

Maham Séjours Nature *16 route Auguste Lacaussade Hell-Bourg* **Salazie** *Tél. 06 92 86 50 67*

Run Évasion (plan 7, A1) *23, rue du Père-Boiteau* **Cilaos** *Tél. 02 62 31 83 57 www.canyon-reunion.fr*

rafting et canoë-kayak

C'est sur la côte est, sur la rivière du Mât (Saint-André) et la rivière des Marsouins (Saint-Benoît), ainsi que dans le Sud, sur la rivière Langevin principalement, que l'on s'élance sur les embarcations gonflables exploitées pour le rafting. Le kayak utilise souvent les mêmes sites pour l'initiation et explore également le bras de Sainte-Suzanne à Grand-Bassin (plaine des Cafres). La meilleure saison pour s'adonner à ces disciplines est l'été austral (nov.-mars), lorsque les pluies chaudes gonflent les cours d'eau et facilitent les descentes. Comptez 40€/jour.

Fédération française de canoë-kayak *87, quai de la Marne 94340* ***Joinville-le-Pont*** *Tél. 01 45 11 08 50 www.ffck.org* **Ligue réunionnaise** *6bis, chemin du Bocage* ***Sainte-Suzanne*** *Tél. 02 62 52 13 35*

Run'Aventures (plan 5, B3) *14, rue du Rayon Vert* ***La Saline-les-Bains*** *Tél. 06 92 64 08 22 ou 06 92 00 61 03 www.runaventures.com*

SPORTS NAUTIQUES

pêche sportive

Depuis quelques années, la pêche au gros s'est fortement développée. Avec de la chance et de la persévérance, vous pourrez rapporter au bout de votre ligne un marlin, un espadon, une dorade coryphène ou, plus rare, un requin, entre juin et août. Sachez toutefois que votre prise reste la propriété de l'organisateur. En général, si la chance ne vous a pas souri, l'organisateur vous offre une seconde sortie. La plupart des prestataires ont élu domicile au port de Saint-Gilles-les-Bains. Comptez environ 100€ pour une sortie d'une demi-journée.

Comité réunionnais de la Fédération française des pêcheurs en mer *Ravine à Malheur* ***La Possession*** *Tél. 02 62 22 33 82 crpps.reunion.assoc.pagespro-orange.fr*

Maevasion (plan 4, B3) *Port de plaisance* ***Saint-Gilles-les-Bains*** *Tél. 02 62 33 38 04 www.maevasion.com*

Réunion Fishing Club (plan 4, B3) *Port de plaisance* ***Saint-Gilles-les-Bains*** *Tél. 02 62 24 36 10 ou 06 92 76 17 28 www.reunionfishingclub.com*

voile

En raison des dangers de l'océan Indien, la pratique de la voile est très limitée, voire inexistante sur la côte "au vent". La dizaine de clubs est donc concentrée sur la côte "sous le vent" et dans le Sud. Ils proposent la location de dériveurs, catamarans et planches à voile ainsi que des stages.

Ligue réunionnaise de voile (plan 4, B3) *2bis, rue des Brisants* ***Saint-Gilles-les-Bains*** *Tél. 02 62 33 23 28 ligue-voile-reunion.re*

surf

La Réunion possède quelques spots renommés. Le plus connu demeure la "gauche" de Saint-Leu, longue vague qui s'enroule à intervalles réguliers. Vous pourrez également admirer les surfeurs qui tentent de dompter les vagues de Boucan-Canot, de Saint-Gilles (plage des Roches Noires), de L'Ermitage, de L'Étang-Salé et de Saint-Pierre. Plus facile d'accès, le body-board est aussi très pratiqué car il procure rapidement aux débutants de belles sensations. Nous conseillons à ceux-ci de prendre des cours avec des professeurs diplômés qui sauront non seulement leur apprendre les bases techniques, mais également les alerter sur les dangers de l'océan Indien. Attention aussi à respecter scrupuleusement les consignes de prévention mises en place dans le cadre du plan de gestion du risque requins, cf. Plages (p.59).

Ligue réunionnaise de surf (plan 4, B3) *2bis, rue des Brisants* ***Saint-Gilles-les-Bains*** *Tél. 02 62 33 25 20 www.surfingreunion.com*

Surfclub des Roches-Noires (plan 4, B2) *Rue de la Plage* ***Saint-Gilles-les-Bains*** *Tél. 02 62 24 63 28*

Dodo Surf Club (hors plan 5 par B3) *20, domaine de l'Ermitage* ***La Saline-***

les-Bains *Tél. 06 92 64 47 18 dodo-surf-club.re*
Jet'Surf Club (plan 6, C3) *17, petit boulevard de la Plage* **Saint-Pierre** *Tél. 02 62 96 02 87*
École de surf de Saint-Leu *22, chemin des Tourterelles* **Saint-Leu** *(indiqué au rond-point d'entrée de la ville en venant du nord) Tél. 02 62 49 66 01 ou 06 92 65 44 92 www.surf-reunion.com*

TÉLÉPHONE

Les préfixes sont presque toujours le 02 62 pour un numéro fixe et le 06 92 (ou 06 93) pour un téléphone mobile. Pour appeler la métropole depuis la Réunion, composez votre numéro habituel à 10 chiffres. Pour joindre l'étranger, composez le 00, puis l'indicatif du pays suivi du numéro du correspondant.

portable

Plusieurs opérateurs se partagent la couverture de l'île, mais les deux principaux restent Orange et SFR, ceux-ci assurant aussi un réseau pour les clients de Bouygues Telecom. Mais sachez que téléphoner depuis un portable métropolitain à la Réunion coûte cher : environ 1€/min. Si vous faites un long séjour, la meilleure solution pour ne pas vous ruiner est d'acheter une carte prépayée.

TRANSPORTS INTÉRIEURS

voiture

EMBOUTEILLAGES La voiture pose un vrai problème sur l'île, congestionnant particulièrement la **route du Littoral** entre Saint-Denis et Saint-Leu. Aussi, évitez à tout prix les abords de Saint-Denis, Saint-Paul, Saint-Gilles et Saint-Leu entre 7h et 9h et de 17h à 20h. Inaugurée en juin 2009, la **route des Tamarins** a permis d'alléger le trafic entre Saint-Paul et l'Étang-Salé.

ÉTAT DES ROUTES Les routes sont dans l'ensemble en très bon état, compte tenu des nombreux glissements de terrain et inondations qu'elles subissent. Soyez néanmoins prudent sur celles des Hauts et dans les cirques, pour ne pas vous laisser surprendre par un éboulis, et ne traversez jamais un radier inondé. Enfin, méfiez-vous d'une mauvaise habitude réunionnaise qui consiste à stationner son véhicule à n'importe quel endroit, à la sortie d'un virage ou sur une route étroite.
Info-route (DDE) *Tél. 02 62 97 27 27*

DISTANCES ET TEMPS DE TRAJET Attention, si les distances paraissent relativement courtes, les temps de trajet se révèlent plutôt longs. Deux

Tableau kilométrique et temps de trajet

	Hell-Bourg	Saint-Gilles	Le Volcan	Cilaos	Saint-Pierre
Saint-Denis	55km/1h10	37km/35min	105km/2h05	113km/2h	84km/1h
Saint-Gilles	100km/1h50		100km/2h	75km/1h30	50km/40min
Saint-Pierre	96km/2h	50km/40min	70km/1h15	46km/1h15	
La Plaine des Cafres	73km/1h45	65km/1h15	30km/45min	62km/2h	19km/35min
La Plaine des Palm.	55km/1h15	90km/1h30	48km/1h	87km/2h30	46km/1h
Cilaos	157km/3h30	80km/1h30	102km/2h30		46km/1h30
Hell-Bourg		75km/1h30	98km/2h30	135km/3h15	96km/2h

PRATIQUE

raisons à cela : les perpétuels embouteillages et les routes sinueuses et étroites des Hauts et de Cilaos, qui empêchent de circuler à vitesse élevée (souvent moins de 60km/h, et parfois en première). Aussi, lorsque vous vous informez sur une distance, pensez à vous faire préciser le temps de trajet.

autostop

Le stop n'est pas la meilleure façon de voyager à la Réunion. Mais, malgré une circulation peu importante, il peut se révéler efficace dans les Hauts, secteur peu couvert par le réseau de cars.

cars

Le littoral demeure la frange la mieux desservie par la société des Cars jaunes, dont les véhicules font le tour de l'île. Pour les Hauts, les Ti'Cars jaunes se réservent certaines zones (Saint-Leu, Entre-Deux, Saint-Benoît, Trois-Bassins, L'Étang-Salé, Les Avirons, La Plaine-des-Palmistes, Sainte-Rose et Salazie), d'autres étant couvertes par des compagnies plus locales (Cilaos par exemple).

Cars jaunes Cette compagnie assure quotidiennement les liaisons entre les grandes villes du littoral, soit 17 lignes au total. Attention, pour certains trajets, les horaires diffèrent le samedi, sont allégés les dimanches et jours fériés, et certains arrêts ne sont pas marqués à chaque passage. *Tél. 0810 123 974 www.cg974.fr*

taxis

Comme en métropole, les taxis doivent obligatoirement avoir un compteur branché. Pourtant, certains chauffeurs stationnant à l'aéroport Roland-Garros vous demanderont de payer un forfait pour vous emmener à Saint-Denis. Refusez catégoriquement cette offre et exigez la mise en marche du compteur. Sachez que ce trajet vous coûtera environ 20€. Dans certaines parties de l'île, stationnant aux gares routières, des taxis collectifs sont une alternative aux bus. Souvent peu chers, ils partent lorsqu'ils sont pleins et vous déposent à l'endroit que vous leur indiquez sur leur chemin.

TRANSPORTS VERS LES PAYS DE L'OCÉAN INDIEN

Si vous décidez de rejoindre un pays étranger depuis la Réunion, n'oubliez pas de vous munir de votre passeport.

liaisons maritimes

À savoir : toutes les liaisons maritimes sont susceptibles d'être annulées durant la période cyclonique (de novembre à avril).

PRATIQUE

principales lignes des Cars jaunes

Ligne Z1	St-Denis/St-Pierre en express	environ 1h05
Ligne Z2	St-Denis/St-André/St-Benoît en express	environ 45min.
Ligne A	St-Denis/Le Port/St-Paul/St-Leu/St-Pierre	environ 2h
Ligne B	St-Denis/St-Paul/St-Leu/Et.-Salé/St-Pierre	environ 2h20
Ligne C	St-Denis/St-Paul/St-Leu/Avirons/St-Pierre	environ 2h30
Ligne F	Saint-Denis/Saint-Benoît (5 arrêts)	environ 1h10
Ligne G	Saint-Denis/Saint-Benoît (9 arrêts)	environ 1h25
Ligne H	Saint-Benoît/Saint-Pierre par les Plaines	environ 2h10
Ligne I	Saint-Benoît/Saint-Pierre par Saint-Philippe	environ 2h40

CCI-Gare maritime *Port Est* ***Le Port*** *Tél. 02 62 43 10 93 www.reunion.port.fr*
SCOAM (Société de consignation et d'agence maritime) Cette compagnie relie la Réunion (Le Port) à l'île Maurice (Port Louis) et Madagascar (Tamatave). Son premier navire, le Mauritius Pride, effectue 1 à 9 AR par mois selon la saison entre Le Port et Port Louis. Comptez de 167€ à 256€ (dîner et petit déjeuner inclus), suivant la saison et la classe choisie (cabine ou fauteuil), et environ 12h de traversée. Le Mauritius Trochetia, plus luxueux, réalise 1 à 7 rotations mensuelles entre Le Port et Port Louis et 1-2 rotations avec Madagascar. Comptez de 190€ à 330€ pour Port Louis, suivant la saison et la classe choisie (cabines uniquement). Pour Tamatave (28h de traversée), vous débourserez entre 315€ et 481€/AR. Tarifs réduits : se renseigner. *4, av. du 14-Juillet-1789* ***Le Port*** *Tél. 02 62 42 19 45 passagers@scoam.fr*

liaisons aériennes

Quatre compagnies proposent des vols réguliers depuis la Réunion vers les pays voisins : Maurice, Madagascar, Comores, Seychelles... Tous les départs sont programmés depuis l'aéroport Roland-Garros (Saint-Denis) ou celui de Pierrefonds (Saint-Pierre). Pour indication, comptez environ 300€ pour un billet AR entre la Réunion et l'île Maurice (45min de vol).
Air Austral Vols pour Maurice, les Seychelles, les Comores, Mayotte et Madagascar.*www.air-austral.com* ***Saint-Denis*** *4, rue de Nice Tél. 0825 013 012 ou 02 62 90 90 91* ***Saint-Pierre*** *14, rue Archambaud Tél. 02 62 35 46 49*
Air France Vols pour Maurice opérés par Air Mauritius. *Tél. 0820 820 820 www.airfrance.fr* ***Saint-Denis*** *7, av. de la Victoire* ***Saint-Pierre****73, rue Luc-Lorion*
Air Madagascar Dessert Maurice et Madagascar. *31, rue Jules-Auber* ***Saint-Denis*** *Tél. 0892 68 00 14 (Infos et rés. 24h/24) ou 02 62 21 10 08 (agence) www.airmadagascar.com*
Air Mauritius Liaisons avec l'île Maurice. *13, rue Charles-Gounod* ***Saint-Denis*** *Tél. 02 62 94 83 83 www.airmauritius.com*

TRAVAILLER SUR PLACE

Comme dans n'importe quel département français, tout ressortissant national peut y travailler sans formalités particulières. À ceci près que la Réunion affiche un taux de chômage avoisinant les 30% ! Aussi est-il très difficile, même pour un emploi saisonnier, de trouver une place salariée.

URGENCES ET HÔPITAUX

Composez le 18 pour les pompiers, le 15 pour le Samu, le 17 pour la police.
Centre hospitalier Félix-Guyon *Allée Topazes* ***Saint-Denis*** *Tél. 02 62 20 15 15 (Samu)*
Centre hospitalier Est Réunion *2, rue Montfleury* ***Saint-Benoît*** *Tél. 06 92 82 66 47 ou 06 92 82 66 50*
Groupe hospitalier intercommunal St-André-St-Benoît *673, chemin Lagourgue* ***Saint-André*** *Tél. 02 62 48 52 69*
Centre hospitalier Gabriel-Martin *38, rue Labourdonnais* ***Saint-Paul*** *Tél. 02 62 45 30 30*
Groupe hospitalier Sud Réunion *Av. du Président-Mitterrand* ***Saint-Pierre*** *Tél. 02 62 35 90 00*
SOS Médecins ***Sainte-Clotilde*** *22, route Moufia Tél. 02 62 97 44 44* ***Le Port*** *Clinique Orchidées 30, av. Lénine Tél. 02 62 45 45 02* ***Saint-Pierre*** *(plan 6, B1) Chemin Casabona Tél. 02 62 35 02 02*

PRATIQUE

US ET COUTUMES

politesse

Une constante : la politesse est le meilleur des passeports. Les Réunionnais affichent généralement un sourire éclatant lorsqu'on leur demande un renseignement. De plus, évitez de parler de la France lorsqu'il ne s'agit que de la métropole : n'oubliez pas que la Réunion est un département français. Utilisez les termes "métropole" ou "Hexagone", bien plus appropriés.

pique-nique

Voilà une institution réunionnaise que vous ne manquerez pas d'observer. Le dimanche, les familles s'installent sur les plages, sur les aires aménagées ou encore le long des routes pour partager un pique-nique en musique. Ici, cependant, point de maigres sandwichs ni de simples salades, mais plutôt un cari cuit au feu de bois dans d'énormes marmites ! Parfois, certains réservent leur emplacement la veille en dormant sur les lieux.

VALISE

vêtements

Le contenu de votre valise dépendra évidemment de votre programme sur l'île. Si vous restez sur le littoral, quelle que soit la saison, vous ne rencontrerez pas de températures inférieures à 20°C. Des habits légers sont tout indiqués ainsi qu'un vêtement de pluie, notamment durant l'été austral et/ou si vous vous rendez sur la côte est. En revanche, dès que vous allez dans les Hauts, au-delà de 1000m, la température chute (inférieure de 6°C à celle du littoral). Aussi, prévoyez un pull et un pantalon, qui vous seront fort utiles, surtout durant l'hiver austral. Enfin, une tenue "de ville" est recommandée si vous souhaitez dîner au restaurant ou lorsque vous visitez des lieux de culte (dans les temples malbars vous déposerez chaussures et sacs en cuir à l'entrée). Compte tenu de la chaleur, des sandalettes sont recommandées. N'oubliez pas vos tennis pour les courtes balades et, bien sûr, des chaussures de randonnée si vous souhaitez fouler les sentiers. Une paire de tongs est également utile pour se baigner dans les bassins ou traverser les ravines à gué.

trousse à pharmacie

Le nécessaire pour la randonnée : outre la trousse d'urgence, cf. équipement (p.67), pensez à emmener une trousse de toilette supplémentaire dans laquelle vous transporterez le minimum utile. Par ailleurs, n'oubliez pas une **crème solaire** adaptée à votre peau (elles sont moins chères en métropole) et, le cas échéant, un **répulsif pour les moustiques**. Emportez le double d'une ordonnance en cours ou renouvelable, ainsi qu'une paire de lunettes de vue de rechange.

mesures de sécurité pour le bagage en cabine

Rappelons que, lorsqu'ils passent aux points de contrôle de sécurité des aéroports européens et canadiens, les voyageurs peuvent avoir en leur possession des produits liquides (gels, substances pâteuses, lotions, contenu des récipients à pression, dentifrice, gel capillaire, boissons, potages, sirops, parfums, mousse à raser, aérosols...), à condition que les contenants ne dépassent pas, chacun, 100ml ou 100g, et qu'ils soient regroupés dans un sac en plastique transparent à fermeture par pression et glissière, bien scellé, d'une capacité maximale de

1l (environ 20cmx20cm). Les articles ne doivent pas remplir le sac à pleine capacité ni en étirer les parois. Un seul sac est permis par personne. Les aliments pour bébé et le lait, quand les passagers voyagent avec un enfant de deux ans ou moins, de même que les médicaments vendus sur ordonnance (sur présentation du document) et les médicaments essentiels en vente libre ne sont pas soumis à ces restrictions. Nous vous conseillons donc de placer dans vos bagages de soute, avant l'enregistrement, tous les produits liquides dont vous n'aurez pas besoin en cabine.

VISA ET PASSEPORT

Les ressortissants français, de l'Union européenne et les Suisses peuvent entrer à la Réunion avec leur simple carte d'identité ou leur passeport en cours de validité. Les ressortissants canadiens doivent être en possession d'un passeport en cours de validité. En sus pour les autres touristes étrangers : un visa le cas échéant (se renseigner sur www.diplomatie.gouv.fr), ainsi qu'un titre de transport retour ou une preuve du prolongement du voyage.

VOYAGISTES SPÉCIALISÉS

écotourisme

Voyageurs du Monde Un tour de l'île avec accueil en chambres d'hôtes, et randonnées, mais aussi des séjours et d'autres circuits itinérants hors des sentiers battus aux thématiques diverses : culture, patrimoine, bien-être, etc. 13 agences dans toute la France, 1 en Belgique (Bruxelles) et 1 en Suisse (Genève). *55, rue Sainte-Anne 75002* **Paris** *Tél. 01 42 86 16 00 www.voyageursdumonde.fr*

plongée

Océanes Séjours tout compris avec vol, hébergement à Saint-Gilles et forfait plongée chez un prestataire sélectionné par ce voyagiste. *531, av. Paul-Julien 13100* **Le Tholonet** *Tél. 04 42 52 82 40 www.oceanes.com*

Aquarev Circuit indépendant et itinérant avec location de voiture, réservation hébergement au choix et 11 plongées sur 10 jours (7 nuits). S'adresse à des plongeurs brevetés ayant un minimum de 30 plongées mer. *2, rue du Cygne 75001* **Paris** *Tél. 01 48 87 55 78 www.aquarev.com*

randonnée

Voir aussi les offres des spécialistes de l'océan Indien.

Huwans Clubaventure Treck et circuits tous niveaux, de 9 à 15 j. *www.clubaventure.fr* **Marseille** *Tél. 0826 88 20 80* **Paris** *18, rue Séguier 75006 Paris Ouvert mar.-sam. 10h-19h* **Lyon** *38, quai Arloing 69009 Lyon* **Suisse** *51, rue Prévost-Martin 1211 Genève* **Belgique** *27, pl. Saint-Job (Uccle) 1180 Bruxelles*

autres séjours sportifs

Un Monde Réunion Au catalogue de ce spécialiste de la Réunion, des séjours comprenant des circuits de randonnées, des excursions en 4x4, des sorties pêche au gros, des initiations à la plongée, au canyoning, du parapente, des trecks. etc. *24, rue Chauchat 75009* **Paris** *Tél. 0892 23 72 72 www.unmondereunion.com*

spécialistes de l'océan Indien

Beachcomber Tours Auto-tours, séjours à la carte vers l'océan Indien et l'Afrique australe. *49, rue Réaumur*

75003 ***Paris*** *Tél. 01 44 94 72 70 www.beachcombertours.fr*

Beaux Songes Séjours haut de gamme avec le spécialiste de l'océan Indien et de la mer d'Arabie : Maurice, Rodrigues, Réunion, Seychelles, Mayotte, Oman, Dubaï… *11 bis, rue Scribe 75009* ***Paris*** *Tél. 01 53 43 80 80 www.beauxsonges.fr*

Exotismes Spécialiste de l'océan Indien, des Caraïbes et de la Polynésie. Séjours à la carte, croisières, circuits et voyages haut de gamme. Circuit combiné : Maurice-Réunion. *164, av. Albert Einstein 13013* ***Marseille*** *Tél. 0826 96 5000 www.exotismes.fr*

Meltour Propose des voyages à la carte, seul ou en groupe. *103, av. du Bac 94210* ***Saint-Maur-des-Fossés*** *Tél. 01 48 89 85 85 www.meltour.com*

One Way Bleu Location de villas privées et séjours en résidence ou hôtel sur les îles de l'océan Indien. *Espace Gambetta 2, rue Gambetta 77210* ***Avon*** *Tél. 01 60 39 53 30 www.onewaybleu.fr*

Solea Vacances Spécialiste des vacances de luxe, séjours et circuits sur l'île Maurice, à la Réunion, Oman, aux Seychelles, aux Bahamas, à Zanzibar et aux Émirats. *21, rue du Faubourg St-Antoine 75011* ***Paris*** *Tél. 0826 282 000 ou 01 49 29 60 00 www.soleavacances.fr*

Tourinter Spécialiste des îles à la carte : Réunion, Maurice, Seychelles, Tahiti, Nouvelle-Calédonie, Antilles, République dominicaine et Maldives. *Tél. 0825 161 501 www.tourinter.com*

Tropicalement Vôtre Circuits et autotours, séjours sportifs, location de bungalows, villas ou chambres d'hôtel sur les îles de l'océan Indien, en Polynésie et aux Antilles. *43, rue Basfroi 75011* ***Paris*** *Tél. 01 43 70 99 55 www.tropicalement-votre.com*

Maison créole de Saint-Denis (p.83), et sa varangue ouvragée.

Distillation du géranium (p.123), dans les Hauts de l'Ouest.

SAINT-DENIS ET SES ENVIRONS

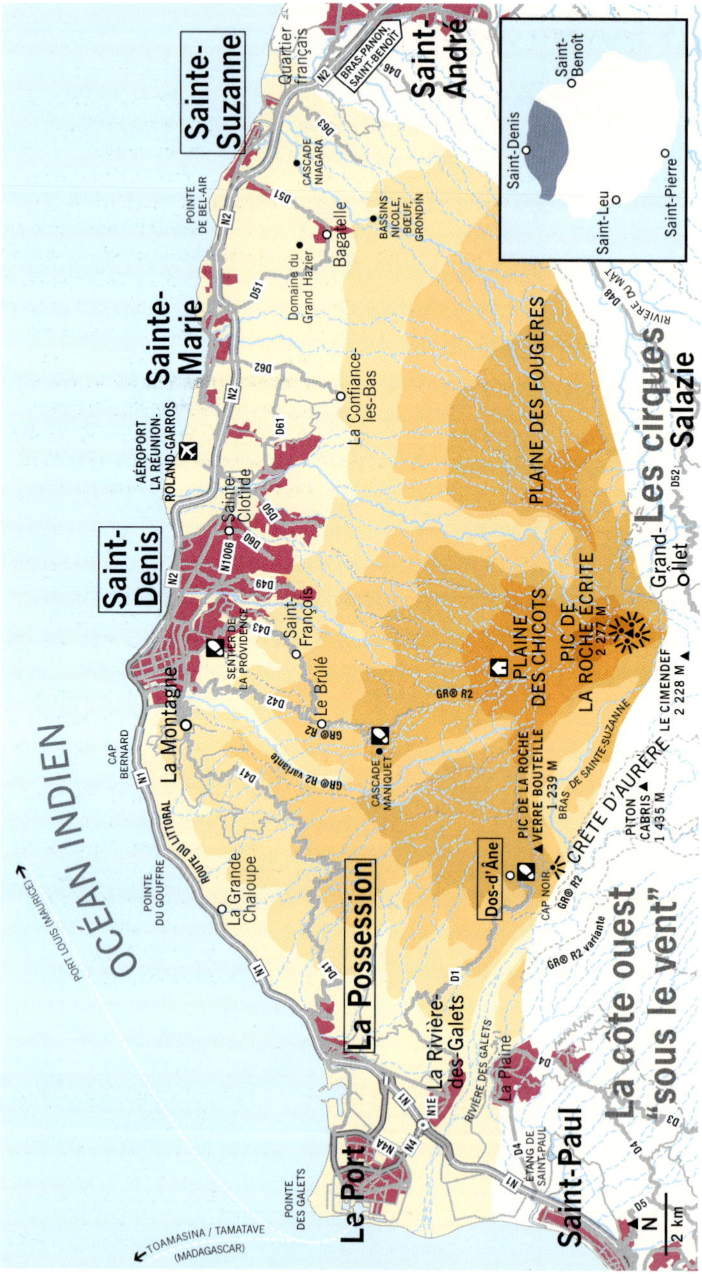
OCÉAN INDIEN
PORT LOUIS (MAURICE)
TOAMASINA / TAMATAVE (MADAGASCAR)
Saint-Denis
Sainte-Marie
Sainte-Suzanne
Saint-André
La Possession
Le Port
Saint-Paul
La Montagne
AÉROPORT LA RÉUNION-ROLAND-GARROS
POINTE DE BEL-AIR
CAP BERNARD
POINTE DU GOUFFRE
POINTE DES GALETS
ROUTE DU LITTORAL
La Grande Chaloupe
Sainte-Clotilde
Saint-François
Le Brûlé
SENTIER DE LA PROVIDENCE
CASCADE MANIQUET
La Confiance-les-Bas
Domaine du Grand Hazier
Bagatelle
CASCADE NIAGARA
BASSINS NICOLE, BŒUF, GRONDIN
Quartier français
BRAS-PANON, SAINT-BENOÎT
PLAINE DES FOUGÈRES
PLAINE DES CHICOTS
PIC DE LA ROCHE ÉCRITE 2 277 M
PIC DE LA ROCHE VERRE BOUTEILLE 1 239 M
LE CIMENDEF 2 228 M
PITON CABRIS 1 435 M
CRÊTE D'AURÈRE
BRAS DE SAINTE-SUZANNE
CAP NOIR
Dos-d'Âne
La Rivière-des-Galets
RIVIÈRE DES GALETS
La Plaine
ÉTANG DE SAINT-PAUL
Grand-Îlet
RIVIÈRE DU MÂT
Les cirques Salazie
La côte ouest "sous le vent"
GR® R2
GR® R2 variante
N1
N1E
N2
N4
N4A
N1006
D1
D3
D4
D5
D41
D42
D43
D46
D48
D49
D50
D51
D52
D60
D61
D62
D63
Saint-Denis
Saint-Benoît
Saint-Leu
Saint-Pierre
N
2 km

★ SAINT-DENIS

97400

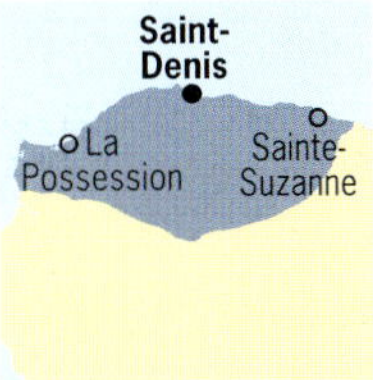

Avec 175 000 habitants, cette préfecture bâtie à flanc de montagne au nord de l'île est la ville française d'outre-mer la plus importante. Endormies sous un soleil de plomb, ses rues et ses quelques artères commerçantes – comme le carré piéton de la rue du Maréchal-Leclerc – exhalent un doux parfum de nonchalance… excepté le matin et le soir, à l'heure des embouteillages ! L'atmosphère s'avère un peu triste le week-end lorsque les Dionysiens migrent vers les plages bondées de l'Ouest ou vers les Hauts, plus frais. Si la ville n'est donc pas particulièrement un lieu festif, elle demeure toutefois une étape historique incontournable, avec ses nombreuses cases et villas créoles héritées de la faste période de la Compagnie des Indes (XVIIe-XVIIIe siècle). Vous découvrirez également quelques lieux de visite tout à fait attrayants pour une ville d'une telle superficie, comme le musée Léon-Dierx ou le Muséum d'histoire naturelle. Autant de raisons d'y faire une halte au moins une journée.

UNE TOUTE JEUNE CAPITALE La ville de Saint-Denis, qui porte le nom du premier bateau qui y a accosté en 1667, ne devient capitale de Bourbon que tardivement, au regard du peuplement de l'île. Jusqu'au début du XVIIIe siècle, Saint-Paul, plus à l'ouest, regroupe la majorité des colons, grâce à une rade accessible aux navires. Mais l'arrivée du gouverneur Mahé de La Bourdonnais, en 1735, change entièrement la donne : si, selon lui, Saint-Paul est trop vulnérable aux bateaux ennemis, tant sa baie est large et paisible, Saint-Denis, alors modeste bourgade de paillotes et de cases, présente des avantages indéniables : les embarcations peuvent d'abord mouiller sans trop de difficultés dans sa rade, plus facile à défendre en raison de sa situation géographique naturellement protégée et des forts courants qui y sévissent. Ensuite, la ville reste plus proche de Port Louis, capitale de l'île Maurice, avec laquelle elle peut commercer. Commence alors la transformation d'un village en "capitale", avec la construction d'élégants bâtiments puis, surtout, d'une gare qui, au XIXe siècle, assure la prospérité de la commune grâce au marché de la canne à sucre. Saint-Denis devient

Tableau kilométrique

	Saint-Denis	Hell-Bourg	St-André	St-Benoît	Ste-Marie	St-Paul
Hell-Bourg	55					
Saint-André	29	16				
Saint-Benoît	42	29	13			
Sainte-Marie	13	32	16	29		
Saint-Paul	29	74	58	71	42	
Sainte-Suzanne	20	25	9	22	7	49

officiellement la préfecture de la Réunion en 1946, lors de la départementalisation, et centralise aujourd'hui la totalité des sièges régionaux des administrations et des institutions. Elle est aussi le cœur économique de l'île et regroupe un concentré de la population réunionnaise, allant des Indiens aux Créoles en passant par les métropolitains ou les Comoriens, derniers immigrés économiques.

MODE D'EMPLOI

accès

EN AVION

Aéroport de La Réunion-Roland-Garros Situé à Sainte-Marie (à 6km du centre de Saint-Denis), l'aéroport Roland-Garros est la principale porte d'accès à l'île depuis la métropole et l'étranger. Il accueille des liaisons quotidiennes avec Orly, Roissy, l'île Maurice et Madagascar, et une à plusieurs liaisons hebdomadaires avec Lyon, Marseille, Nantes, Toulouse, les Seychelles, les Comores et Mayotte, et abrite les comptoirs des principales compagnies françaises, cf. Aller à la Réunion (p.48) ***Sainte-Marie*** *Tél. 02 62 48 81 81 (renseignements passagers) www.reunion.aeroport.fr*

Navette Citalis Une navette fait l'aller-retour une douzaine de fois par jour (4€) depuis l'aéroport vers le centre. *Tél. 0800 655 655 www.citalis.re Ouvert tlj. 6h-18h30 (centre-ville-aéroport), 6h30-18h (aéroport-centre-ville)*

Cars jaunes Pour économiser quelques euros, vous pouvez également emprunter la ligne G de la compagnie des Cars jaunes entre Saint-Denis (1,60€) et Saint-Benoît (2,80€), qui marque un arrêt à l'aéroport. Renseignez-vous à l'avance auprès de l'accueil pour vous rendre à l'arrêt "Gillot" qui se trouve à plusieurs centaines de mètres, cf. ci-après En voiture.

Taxis Environ 20€ (tarif journée) vous seront demandés pour un transfert de l'aéroport à la porte de votre hôtel à Saint-Denis. Malgré le prix élevé, une discussion rapide avec le chauffeur est une bonne approche de l'île. *Taxis aéroport Tél. 02 62 48 83 83*

EN VOITURE

Saint-Denis est en bordure de la N1/N2, anneau d'asphalte qui encercle l'île. À partir de l'est (notamment depuis l'aéroport) ou de l'ouest, la ville est bien indiquée sur cette voie très empruntée, et embouteillée le matin et en fin d'après-midi. En arrivant, surtout si c'est la première fois, la meilleure solution est de vous diriger dans le centre depuis le Barachois (front de mer), à partir duquel l'office de tourisme est fléché.

EN CAR

Cars jaunes Saint-Denis est la ville la mieux desservie de l'île. Au départ de la gare routière les Cars jaunes assurent des liaisons pour la plupart des localités de l'île. Parmi les 20 lignes de la compagnie, nous citerons les principales : la A et la B, desservant la côte ouest, la C, qui ralie également Saint-Pierre et Saint-Denis mais par les Hauts, donc très longue, et les deux lignes express Z1 (Saint-Denis-Saint-Pierre sans arrêt) et Z2 (Saint-Denis-Saint-Benoît), cf. Transports intérieurs (p.74). *Tél. 0810 123 974 www.cg974.fr*

Gare routière (plan 1, C2) *Rue de la Gare-Routière Tél. 02 62 41 09 59 www.cg974.fr*

orientation

Le centre-ville de Saint-Denis s'explore à pied sans problème. En bord de mer, une promenade aménagée qui se conclut par le **Barachois** (reconnaissable à ses canons) offre un bon point de départ et de repère au nord. En face, l'**avenue de la Victoire**, qui borde pour ainsi dire la limite ouest du centre, se transforme ensuite en rue de Paris à partir du monument aux morts. Elle mène au **jardin de l'État**, soit la frontière sud. Entre les deux extrémités, un quadrillage très ordonné de rues, coupé en son milieu par **celle du Maréchal-Leclerc**, en grande partie piétonne, cœur commerçant de la cité. Pour traverser cet entrelacs, la **rue Juliette Dodu**, animée et historique, est tout indiquée pour les curieux. Afin de découvrir les autres quartiers de Saint-Denis, beaucoup plus résidentiels et moins intéressants d'un point de vue historique, la meilleure solution est de prendre sa voiture ou de se rendre à l'hôtel de ville d'où partent les lignes de bus intra-urbaines.

location de voitures

Les principaux loueurs de l'île disposent d'une antenne à l'aéroport.

Avis Avec un kilométrage illimité, comptez 240€ à 460€ pour un véhicule climatisé (assurance comprise). *Tél. 02 62 48 81 85 www.avisreunion.com Ouvert tlj. 6h30-21h*

Europcar Prévoyez 240-500€/sem. (kilométrage illimité). Réductions en cas de réservation sur le site Internet. *Tél. 02 62 28 27 58 ou 02 62 48 81 87 ou 02 62 93 14 15 (centrale de réservation) www.europcar-reunion.com Ouvert tlj. 7h-21h*

CarGo Une agence locale franchisée. Comptez env. 40€/j. pour une petite citadine climatisée. *Tél. 02 62 48 81 89 www.cargo.fr Ouvert lun.-sam. 8h-12h et 14h-19h*

circuler en ville

EN VOITURE

Sachez que la totalité des rues du centre-ville est à sens unique, ce qui complique un peu la circulation pour le nouveau venu. Moralité : il vaut mieux découvrir le centre à pied, notamment si vous avez la chance de résider dans un hôtel pourvu d'un parking.

Stationnement Il est payant en semaine, plutôt bien contrôlé par la police municipale et difficile aux abords des rues les plus fréquentées. L'idéal est de se garer rue de la République (plan 1, A2) et de prendre l'ascenseur panoramique qui vous mènera rue Lucien-Gasparin.

EN TAXI

Les taxis sont assez peu utilisés dans le centre. En revanche, si vous êtes pressé ou simplement récalcitrant aux transports en commun et à leurs longues minutes d'attente, ils peuvent être d'une grande utilité pour monter dans les Hauts de Saint-Denis ou vous rendre dans les quartiers plus excentrés comme le Chaudron. Les taxis fonctionnent comme en métropole avec un compteur qui doit être impérativement branché. Une station se trouve face à l'entrée de l'hôtel Saint-Denis (plan 1, A1), une autre, place du Jardin-de-l'État (plan 1, B4).

Taxis Paille-en-Queue *Tél. 02 62 29 20 29 www.taxis-pailleenqueue.re*

Taxis Dionysiens *Tél. 02 62 21 31 10*

Taxis Express *Tél. 02 62 41 78 90*

EN TRANSPORT EN COMMUN

Bus Citalis (plan 1, A2) Saint-Denis est parcourue par le réseau de bus

Plan 1 Saint-Denis

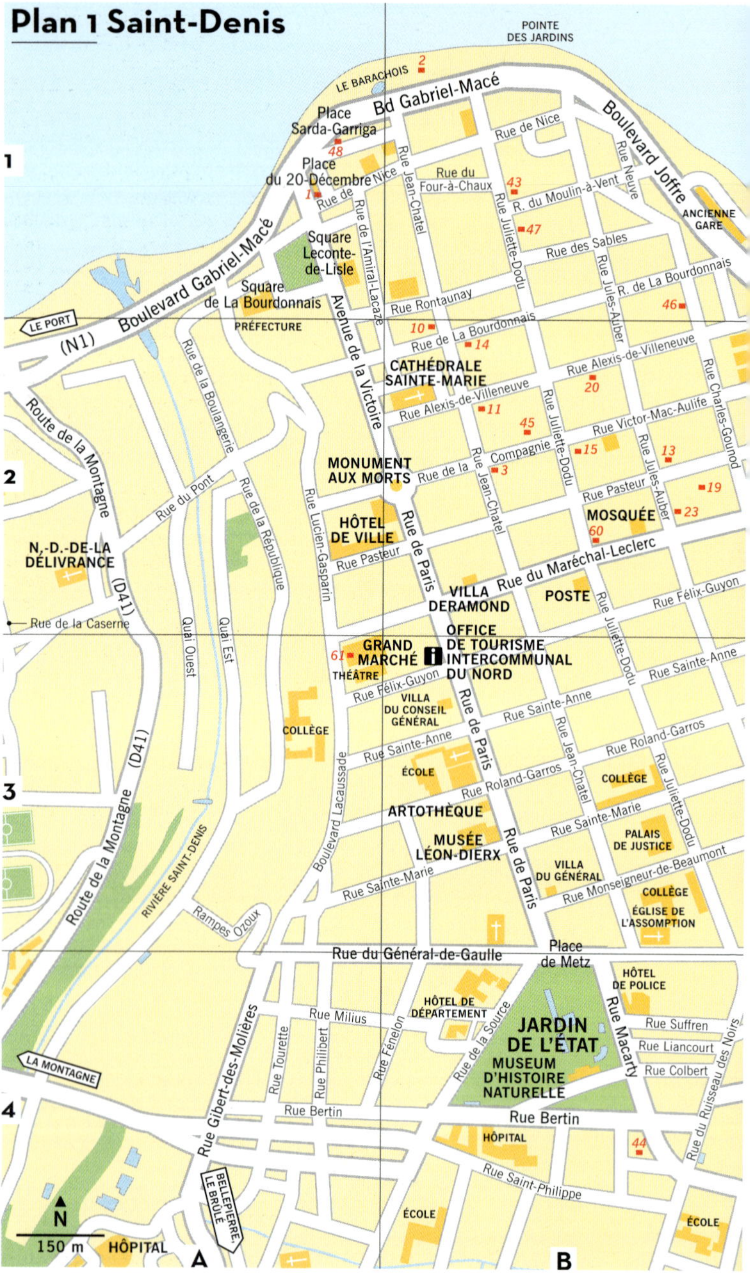

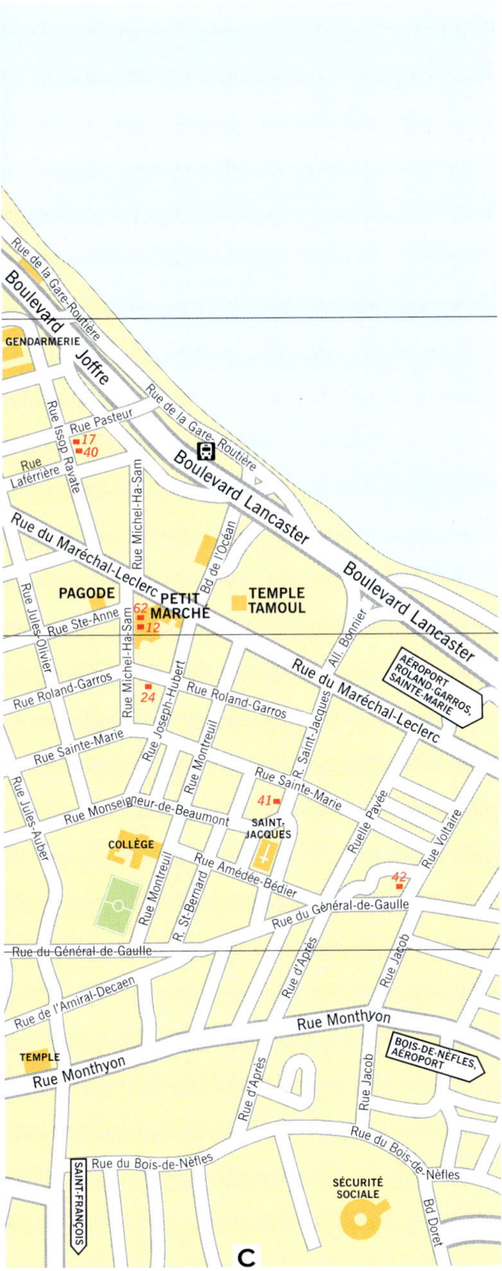

Cafés, glaciers et lieux de sortie (n°1 à 3)

Camions-bars du Barachois* — **2** B1
L'Igloo* — **3** B2
Le Roland Garros* — **1** A1

Restauration (n°10 à 24)

Aux délices de l'Orient — **15** B2
Chez Soui Mine — **14** B2
Hélios — **19** B2
Le DCP — **23** B2
Le Gadiamb — **24** C3
Le Massalé — **11** B2
Le Reflet des îles — **17** C2
Le Relais dionysien — **12** C2
P'tit Fleur fané — **20** B2
Resto Chan — **13** B2
Wasabi — **10** B2

Hébergement (n°40 à 48)

Austral hôtel — **46** B1
Central hôtel — **45** B2
Hôtel Phœnix — **43** B1
La Marianne — **44** B4
Le Juliette Dodu — **47** B1
Le Saint-Denis — **48** A1
Les Loges du park — **42** C3
Pension Aïcha — **41** C3
Pension Limbada — **40** C2

Shopping (n°60 à 62)

Autrement* — **60** B2
Grand marché* — **61** A3
Petit marché* — **62** C2

*À RETROUVER DANS LA PARTIE DÉCOUVRIR

Citalis – 56 lignes – qui dessert également les communes de Sainte-Marie et de Sainte-Suzanne. Les deux principaux terminaux se trouvent à la gare routière et, surtout, à l'hôtel de ville. Le prix du ticket à l'unité varie selon le lieu d'achat : 1€ en kiosque, 1,30€ à bord du bus. Le ticket est valable 1h30 (avec correspondance). Les horaires de circulation sont variables selon les lignes : de 5h-6h30 à 19h-20h en semaine et de 7h-8h à 17h-19h les dimanches et jours fériés. *Agence Hôtel de ville 4, rue Pasteur Tél. 0800 655 655 www.citalis.re Ouvert lun.-ven. 7h30-18h, sam. 8h30-12h et 13h30-17h*

informations touristiques

Office de tourisme intercommunal du Nord - Antenne de Saint-Denis (plan 1, B3) Si l'office de tourisme est votre première halte, vous ne serez pas déçu, car le sourire et la gentillesse sont au rendez-vous, ainsi que l'information, avec quelques brochures détaillant des parcours thématiques à Saint-Denis, mais aussi à Sainte-Marie et à Sainte-Suzanne qui dépendent de la capitale pour l'information touristique. L'office de tourisme propose de nombreuses visites et ateliers, parmi lesquels la visite guidée quotidienne "circuit des cases créoles", qui s'applique à faire découvrir la rue de Paris ou l'avenue de la Victoire et leurs belles demeures créoles, ou encore le "circuit Saint-Denis historique" (tarif 8€, réduit 4€). Site Internet très complet. *Maison Carrère 14, rue de Paris Tél. 02 62 41 83 00 www.nord.reunion.fr Ouvert lun.-sam. 9h-18h*

poste

Poste principale (plan 1, B2) En plein centre-ville, mais souvent bondée. Si vous avez juste des timbres à acheter, rendez-vous plutôt dans un bureau de tabac. *60, rue du Maréchal-Leclerc Tél. 3631 Ouvert lun.-ven. 8h-18h, sam. 8h30-16h30*

accès Internet, wifi

www.zotspot.re Plusieurs sites dans l'île sont reliés à ce réseau wifi performant, dont un dans les locaux de l'OT de Saint-Denis. Service gratuit, inscription (coût d'un sms) sur le site où vous pourrez aussi consulter la liste des spots.

marchés

Saint-Denis n'est pas particulièrement réputée pour ses marchés, ce qui ne vous empêchera pas de prendre beaucoup de plaisir en arpentant ceux-ci.

Grand marché (plan 1, A3 n°61) cf. Où dénicher des broderies malgaches ? (p.91). *Ouvert lun.-sam. 8h30-17h30*

Petit marché (plan 1, C2 n°62) cf. Où acheter mangues, goyaves et chouchous ? (p.94). *Rue Sainte-Anne (angle rue Michel Ha-Sam) Ouvert lun.-sam. 5h-19h, dim. 5h-12h*

Marché du Chaudron Principalement alimentaire, il monte ses étals deux fois par semaine dans une ambiance populaire. *Sainte-Clotilde (près de l'église du Chaudron) Ouvert mer. et dim. 6h-12h*

Marché des Camélias (hors plan 1 par C4) Ce marché offre, sous une belle rangée de cocotiers, fleurs, légumes, fruits et volailles à l'œil averti des habitants du quartier. *Bd de La Providence (au bout du boulevard, au pied des rampes de Saint-François) Ouvert ven. 6h-12h*

Marché de nuit (plan 1, A-B1) Marché thématique (arts, développement durable, etc.). *Le Barachois Bd Gabriel-Macé 1er sam. du mois 19h-2h*

fêtes et manifestations

Salon "Fait main" Cette exposition donne l'occasion de rencontrer plus de 300 artisans réunionnais et de découvrir leurs créations. *Parc des expositions 1, rue du Karting Sainte-Clotilde Tél. 02 62 41 83 00 (OT) Tarif 2€*

Jazz Ô Barachois (plan 1, A-B1) Concerts de jazz gratuit et en plein air. *Le Barachois Bd Gabriel-Macé Tél. 02 62 41 83 00 (OT) Les 3e sam. du mois à partir de 20h*

DÉCOUVRIR Saint-Denis

☆**Les essentiels** Le musée Léon-Dierx, la mosquée Masjid Noor-al-Islam, la cascade Maniquet **Découvrir autrement** Allez déguster des mangues au marché, savourez une glace en regardant l'océan, offrez-vous un point de vue superbe à la Roche-Écrite

Centre-ville, du Barachois au jardin de l'État

Le Barachois (plan 1, B1) Si vous désirez découvrir le patrimoine réunionnais hérité de l'âge d'or de la Compagnie des Indes, Saint-Denis est une étape obligée. Le point de départ d'une tranquille balade d'environ 1h peut être le front de mer, autrement dit le Barachois, reconnaissable aux éléments d'artillerie, à son extrémité ouest, et à sa grande promenade aménagée qui s'étire vers l'est. La place Sarda-Garriga (qui abolit l'esclavage sur l'île en 1848), de l'autre côté du boulevard Macé, est bordée de bâtiments emblématiques de cette époque comme l'ancienne direction des Douanes – aujourd'hui la brasserie Le Roland Garros (p.92)–, qui fait face au buste de l'aviateur réunionnais. On remonte ensuite l'avenue de la Victoire, anciennement rue Royale, bordée d'édifices comptant parmi les plus intéressants de la ville.

PAUSE "DODO"
Parmi les camions-bars installés sur le Barachois, vous avez le choix de l'enseigne (Bar Dormeuil, Le Bourbon, Ti Coin Tranquille...), mais pas vraiment de la cuisine. Au menu : sandwich bouchon gratiné (autour de 3€), honnête cari en barquette (autour de 6€) ou simple Dodo, bière locale, pour vous désaltérer. Si l'ambiance est plutôt bon enfant à midi au bord de l'océan, nous déconseillons d'y aller pour dîner, l'atmosphère étant parfois "un peu" alcoolisée.
Camions-bars du Barachois (plan 1, B1 n°2) *Bd Gabriel-Macé Ouvert tlj. midi et soir*

Avenue de la Victoire (plan 1, A1-2) Après avoir traversé le square de La Bourdonnais (sur la droite), où fut proclamée la fin de la traite des esclaves, rejoignez la superbe préfecture blanche (1734-1788), ancien entrepôt à café, caractérisée par son étage à colonnade et ses argamastes (toitures-terrasses d'origine indienne), ajoutés plus tard. Retrouvez ensuite le square Leconte-de-Lisle, où un buste du poète est à peine visible sous le feuillage des flamboyants, et enfin le centre universitaire et ancien collège des Lazaristes, datant de 1752, au n°24.

Cathédrale Sainte-Marie (plan 1, B2) Loin d'être monumentale, plutôt discrète même, la cathédrale se niche au bord de l'avenue de la Victoire derrière les arbres d'un petit square où se retrouvent de jeunes couples d'amoureux. Construite en 1829 dans un style toscan néoclassique très dépouillé, et agrémentée quelques années plus tard d'un porche formé de trois arches et quatre colonnes, elle possède un élégant portique extérieur sculpté à la gloire de la Vierge, de saint Joseph et de saint Jean. Après avoir jeté un coup d'œil au minuscule clocher et à la façade blanc et or, vous pouvez entrer dans la cathédrale – à condition qu'elle soit ouverte – et admirer la grande fresque restaurée surmontant le chœur, où saint Denis tient une place de choix au côté du Créateur. Le meilleur moment pour visiter l'édifice demeure la messe dominicale où les familles dionysiennes se rendent en masse avec leurs enfants joliment endimanchés. *Av. de la Victoire Messes mar.-ven. 12h10, sam. 18h, dim. 10h*

Rue de Paris (plan 1, B2-3) Vous pouvez éviter l'hôtel de ville (plan 1, A2). Sa façade jaune, son large perron et ses hautes colonnes doriques et ioniques superposées, caractéristiques de l'architecture administrative néoclassique, manquent vraiment d'élégance. Vous entrez dans la rue de Paris où, après avoir observé la belle case du n°7, vous pouvez vous arrêter au n°15, devant la villa Deramond (plan 1, B2), belle architecture aux tons verts de la fin du XVIIIe siècle, qui a vu naître le poète Léon Dierx (p.39) et l'ancien Premier ministre Raymond Barre. De l'autre côté de la rue, un peu plus haut, au n°18, la villa du Conseil général (plan 1, B3), sa façade bleu lagon et son jardin tiré à quatre épingles, attirent l'œil. Construite entre 1793 et 1804, elle fut remaniée à plusieurs reprises. Le n°26 offre un bel exemple de ces villas délabrées que Saint-Denis essaie désormais de sauver. Continuez vers le jardin de l'État et passez au n°49, devant la villa de la Région dite du Général (1840), avec son portique clair à deux niveaux (1926) et qui accueille des expositions temporaires. Quasiment en face, au n°32, une superbe case créole blanche au lambrequin finement ouvragé (la maison Timol) s'impose avec élégance (XVIIIe s., façade modifiée en 1977).

Artothèque (plan 1, B3) On est finalement un peu déçu en raison de l'exiguïté des salles d'exposition, tant le "concept" semble alléchant : de l'art contemporain dans une magnifique villa du milieu du XIXe siècle ! Au rez-de-chaussée, des artistes réunionnais exposent périodiquement leurs œuvres depuis 1991 (peinture, sculpture, photographie...). À l'étage, une belle bibliothèque boisée ouvre ses portes en semaine et permet de se documenter, au frais, sur l'art en général. L'accueil y est particulièrement aimable. *26, rue de Paris Tél. 02 62 41 75 50 Ouvert mar.-sam. 9h30-17h30 Entrée libre*

☆ ☺ **Musée Léon-Dierx (plan 1, B3)** Ce musée – du nom d'un poète parnassien originaire de Saint-Denis (1838-1912), ami de Leconte de Lisle – est une bien belle surprise ! De l'ancien siège de l'évêché datant de 1846, dans le plus pur style néoclassique de l'époque, seule la façade a été conservée lors de la restauration de 1960, destinée à mettre en valeur les expositions. Le musée date quant à lui de 1912 et fut créé après la loi de séparation de l'Église et de l'État, à l'initiative de Marius et Ary Leblond, pseudonymes de deux écrivains et critiques réunionnais – Georges Athénas et Aimé Marlo. Il conserve notamment la superbe **collection Ambroise Vollard**, du nom du célèbre marchand d'art originaire de l'île (1868-1939), dont le frère Lucien fit une donation de 157 œuvres en 1947. Au catalogue : un masque de bronze de Picasso, trois céramiques de Gauguin, des œuvres mineures, mais souvent magnifiques, de Caillebotte, Cézanne ou encore Maurice Denis. Soit de beaux échantillons de la peinture de la fin du XIXe et du début du XXe siècle. On appréciera également la découverte de tableaux de peintres créoles, à l'instar d'Adolphe Leroy (1832-1892) qui livre une étonnante vision des cirques et des montagnes de la Réunion. Le musée organise annuellement des expositions temporaires, tournées vers l'art contemporain ou vers des thèmes utilisant le fonds disponible. En fin de visite, n'oubliez pas de flâner quelques minutes dans le jardin qui entoure le bâtiment. *28, rue de Paris Tél. 02 62 20 24 82 Ouvert mar.-dim. 9h30-17h30 (visite guidée sur réservation) Tarif 2€, réduit 1€, moins de 18 ans gratuit*

Jardin de l'État (plan 1, B4) Le plus ancien jardin botanique de l'océan Indien, fondé en 1773 et dédié alors à l'acclimatation des plantes et baptisé à l'époque jardin du Roy, est parfait pour s'accorder une pause à l'ombre d'un des nombreux arbres exotiques : baobab, arbre du voyageur, arbre à saucisses ou encore talipot (arbre centenaire qui ne fleurit qu'une fois, avant de mourir). Arrêtez-vous devant le buste du botaniste Pierre Poivre (p.43). Vous ne serez certainement pas seul, puisque ce jardin est un des lieux de rendez-vous préférés des lycéens, des amoureux et des enfants qui s'amusent aux jeux d'eau qui leur sont réservés. *Pl. de Metz Ouvert nov.- mars : 6h-19h ; avr.- oct. : 6h-18h*

Muséum d'histoire naturelle (plan 1, B4) À l'extrémité sud du jardin de l'État, vous aurez déjà remarqué le superbe édifice blanc (1848), colonial sans aucun doute, qui abritait autrefois le conseil du gouverneur de Bourbon. Aujourd'hui, ce sont des animaux naturalisés et des planches explicatives (dont celle sur le célèbre et symbolique dodo) qui sont les hôtes de ce lieu. Un musée un peu à l'ancienne, où manquent parfois quelques explications pédagogiques, mais qui permet néanmoins de découvrir la vie des espèces (flore et faune) de l'océan Indien, dont certaines, tel le cœlacanthe des Comores, semblent venues du fond des âges. Des expositions temporaires sur le milieu naturel sont également organisées. *Jardin de l'État 1, rue Poivre Tél. 02 62 20 02 19 Ouvert mar.-dim. 9h30-17h30 Tarif 2€, réduit 1€, moins de 18 ans gratuit*

Où dénicher des broderies malgaches ?

Grand marché (plan 1, A3 n°61) Si vous recherchez de l'artisanat malgache, la bonne adresse se trouve à l'extrémité ouest de la rue du Maréchal-Leclerc, dans ce marché couvert du XIXe siècle classé aux monuments historiques. Il abrite des exposants de broderies blanches, souvent ornées de motifs de couleur, et de nombreux sacs en raphia multicolores. Pas les meilleures affaires de l'île, mais un vaste choix. *2, rue du Maréchal-Leclerc (à l'angle de la rue Lucien-Gasparin) Ouvert lun.-sam. 8h30-17h30*

Où boire un café en terrasse, prendre un verre en musique ?

Le carré Cathédrale (plan 1, B2) Le KTDral, le Café Edouard, Planet'K'Fé... Niché en plein cœur du centre historique de Saint-Denis, le carré Cathédrale enlace la cathédrale Sainte-Marie. les ruelles pavées donnent à ce micro-quartier une ambiance rare à Saint-Denis et à la Réunion en général. Au calme et à deux pas du Barachois, vous pourrez y manger, boire un verre, flâner, farfouiller dans les échoppes, ou simplement lézarder en terrasse... Le week-end, les badauds viennent moins y rechercher le calme que les concerts programmés dans certains bars et restaurants. *Ruelle Saint-Paul, autour de la cathédrale*

Le Roland Garros (plan 1, A1 n°1) La vie nocturne dionysienne est plutôt pauvre et, pour tout dire, guère palpitante. Les bars de nuit qui tentent leur chance n'ont qu'une vie éphémère et sont l'un après l'autre souvent contraints de fermer pour nuisances. Pour prendre un verre en soirée, on peut s'installer à la terrasse de la brasserie Roland Garros, agréable quand la circulation sur le Barachois s'est ralentie. Wifi gratuit. *2, pl. du 20-Décembre Tél. 02 62 41 44 37 Ouvert tlj. 12h-0h*

Rue Juliette-Dodu et alentours

Rue Jean-Chatel (plan 1, B1-B3) Cet axe perpendiculaire au Barachois et parallèle à la rue Juliette-Dodu recèle quelques édifices de la période coloniale. Arrêtez-vous par exemple au n°80, où se tient une case magnifique aux tons bleu gris agrémentée d'un balcon ouvragé, au n°61 où se dressent les anciens magasins d'Aubinay (belle double colonnade en basalte). Au n°44, admirez la très belle villa couleur de papaye verte, son jardinet si bien entretenu et son mobilier en osier qui attend sous la varangue. Un peu plus bas, le n°27 abrite la Banque de la Réunion dans un imposant bâtiment de style toscan (1855-1859), le n°18, un ancien entrepôt de pierres et de bois.

Rue Juliette-Dodu (plan 1, B1-B3) Cette longue rue emporte notre préférence grâce à son ambiance et son charme. Votre regard errera alors à la recherche de belles villas, comme celle du n°140, toute de blanc solennel,

Juliette Dodu : une véritable héroïne ?

En métropole, on connaît peu cette Créole si célèbre à la Réunion. Née en 1848 à Saint-Denis dans la superbe demeure qui abrite aujourd'hui l'hôtel éponyme (p.102), cette jeune femme a été déclarée "héroïne nationale" en recevant, à l'âge de trente ans, la médaille militaire et la Légion d'honneur. Receveuse des postes en 1870 à Pithiviers, elle intercepta des messages prussiens, sauvant ainsi la vie de quelque 40 000 soldats français. Mais, trahie par sa servante, elle fut condamnée à mort, avant d'être graciée in extremis à la faveur de l'armistice. Toutefois, malgré des funérailles nationales et un hommage de l'État français, des doutes planent toujours sur son compte. Certains soutiennent que sa mère aurait été la véritable "espionne", Juliette n'étant à leurs yeux qu'une femme de petite vertu ayant bénéficié de l'appui d'un ami journaliste auquel elle doit "sa" légende. De nos jours, il semble que la controverse ne soit toujours pas tranchée...

cachée derrière un haut portail en ferronnerie. En face, une case de bois brut avec son balcon branlant tente de lui faire concurrence. Au n°142, vous remarquerez sûrement une autre villa, dont la varangue de bois sombre tranche joliment avec la façade blanche. L'esprit voyageur, vous arrivez ensuite à l'angle avec la **rue de La Bourdonnais** (plan 1, B2), où vous "admirez" l'enceinte décatie de l'ancienne prison de Saint-Denis, sûrement une des plus vétustes de France, étrange vestige du XIXe siècle qui attend rénovation et nouvelle affectation. La rue de La Bourdonnais vous mène à la rue de l'Amiral-Lacaze, dont le n°31 est celui d'une ancienne maison à étage du XVIIIe siècle, malheureusement ravagée par un incendie en 1999. Continuez alors vers le bas, la **rue de Nice** (plan 1, B1) puis le Barachois pour rejoindre votre point de départ.

☆ **Mosquée Masjid Noor-al-Islam (plan 1, B2)** Un passage obligé, car cette mosquée fut vraisemblablement la toute première construite en France (1898). De cette époque, il ne reste pas grand-chose puisque le minaret blanc, surmonté de son dôme culminant à 30m, date des années 1970. La mosquée elle-même fut modifiée pour la dernière fois durant cette décennie. Il s'agit d'un lieu de culte sunnite d'une surface de 1 200m², où le blanc et le vert tendre entourent les fidèles. Vous pourrez certainement entendre l'appel du muezzin en fin de journée (vers 18h-18h30). Une fois la prière terminée, la dispersion des fidèles, dont le nombre atteste de la vitalité de l'islam à la Réunion, anime un peu la rue du Maréchal-Leclerc, où à cette heure le soir est déjà tombé. La mosquée se visite sur simple demande, en dehors des heures de prière, à condition de respecter les règles de discrétion, d'habillement (le short et le débardeur sont déconseillés, et on doit se déchausser) et de ne pas prendre de photos. *121, rue du Maréchal-Leclerc Ouvert tlj. 8h-12h et 14h-16h*

● Où déguster glaces et sorbets ?

L'Igloo (plan 1, B2 n°3) L'Igloo, le glacier le plus populaire de Saint-Denis : face à face, deux boutiques (l'une pour les glaces à l'italienne, l'autre pour les sorbets) aux couleurs un peu criardes. L'ambiance y est jeune et décontractée. Coco, mangue, vanille Bourbon sont des standards qu'on déguste en une seule boule (2€) ou deux (3€). Mais pourquoi ne pas en emporter un 1/2 litre (5,50€) ? Ou encore savourer sur place l'une des 30 coupes, proposées entre 6€ et 10€ : Mambo, Blue Lagoon, Banana Split... Fort de son succès le propriétaire a ouvert une quinzaine de boutiques sur l'île et d'autres encore à l'île Maurice ! *67, rue Jean-Chatel Tél. 02 62 41 34 69 www.igloo.re Ouvert lun.-sam. 11h-0h, dim. 15h-0h*

● Où s'imprégner de culture réunionnaise ?

Autrement (plan 1, B2 n°60) La librairie Autrement dispose d'un bel éventail de la littérature réunionnaise contemporaine ou plus ancienne (romans, poésie, théâtre), ainsi que d'une sélection de guides culinaires, d'ouvrages sur la flore et la faune de l'île et de livres sur l'exploration sous-marine. Vous pouvez également vous y procurer les cartes de randonnée IGN. Le conseil est aimablement dispensé au touriste en mal de documentation. *82-88, rue Juliette-Dodu Tél. 02 62 90 90 60 www.sa-autrement.com Ouvert lun.-sam. 9h-18h30*

De la pagode au temple tamoul, le quartier du Petit marché

Temple Guan-Di (plan 1, C2) Presque caché derrière une grille discrète, ce lieu de culte rappelle l'importance sur l'île de la communauté d'origine chinoise. Le temple est dédié à Kuam-Di, général au temps des Han, réputé pour sa force et son courage, et particulièrement vénéré au sein de la communauté asiatique réunionnaise. En pénétrant dans le temple, on a soudain l'impression de quitter le monde extérieur, entouré de couleurs chaudes (rouge et or essentiellement) et enivré par le parfum des cierges. *Rue Sainte-Anne Ce lieu de culte se visite, à condition de se renseigner au préalable auprès de l'OT Tél. 02 62 41 83 00*

Temple tamoul Shri Kali Kampal Kôvil (plan 1, C2) Tel qu'on le voit aujourd'hui, massif et multicolore, le temple Kali Kampal ne date que de 1995, réellement achevé après une décennie de travaux. On a peine à croire que, en 1917, se trouvait là le tout premier temple de Saint-Denis, petit et simple *kôvil* en tôle, qui s'agrandira au fil des ans, notamment en 1965 avec la construction d'un temple en dur. La porte monumentale et richement sculptée symbolise les pieds : pour rejoindre la tête, c'est-à-dire le sanctuaire principal dédié à Vishnou, il vous faudra être un fidèle. *259-261, rue du Maréchal-Leclerc Accès réservé aux fidèles hindouistes*

● Où acheter mangues, goyaves et chouchous ?

Petit marché (plan 1, C2 n°62) Le "Petit marché" concentre la vente de légumes et de fruits en centre-ville. Selon la saison, les oranges pays, les mangues, les goyaves et autres chouchous débordent des étals un peu sombres de cette halle couverte. *Rue Sainte-Anne (angle rue Michel Ha-Sam) Ouvert lun.-sam. 5h-19h, dim. 5h-12h*

Les faubourgs

Église Notre-Dame de la Délivrance (plan 1, A2) Sur la rive ouest de la rivière Saint-Denis, cette église présente un aspect plus chargé que la cathédrale Sainte-Marie, avec son style néogothique caractéristique de la fin du XIXe siècle. Surmonté depuis 1897 d'une Vierge polychrome et entièrement

"Saint-Denis des Religions" avec les guides PEI

Guid'A Nou Cette association (p.66) présidée par le guide Dominick Cerveaux propose tous les samedi matin de partir à la découverte des religions pratiquées à la Réunion, à travers une visite guidée des différents lieux de culte : cathédrale, mosquée, pagode, temple tamoul (extérieur seulement), temple de la Traversée Heureuse et temple de la Prospérité Éternelle. *Tél. 06 92 86 32 88 www.guid-a-nou.com Sam. 9h-12h (sur réservation 24h à l'avance).*

rénové en janvier 2011, cet édifice de basalte sombre est orné de vingt-neuf statues en façade, laquelle supporte quatre tours en pierre de taille. À l'intérieur, il ne faut pas manquer la représentation de saint Expédit, si vénéré dans l'île, quoique l'Église voie dans ce culte une simple superstition populaire, cf. Saint Expédit, un culte populaire (p.34). *Rue Galliéni La Petite-Île (en bordure de la D41)*

● En savoir plus sur la végétation de l'île

Sentier d'interprétation de la Providence (hors plan 1 par C4) Non loin du centre-ville se trouvent le domaine de la Providence et sa forêt, au pied des premiers lacets qui mènent au Brûlé. L'ONF y a aménagé un parcours thématique de 2,7km, qui propose en 11 "stations" de se familiariser avec la végétation, telle que les plantes médicinales, l'arbre sacré, le fameux banian vénéré par les hindouistes de l'île avec ses grandes racines aériennes, ou encore certains problèmes liés à l'environnement (érosion, urbanisme...). Au total, une boucle le plus souvent ombragée, avec des pentes de 25%, que l'on parcourt en 1h30 environ. Très instructif et oxygénant si on est bloqué à Saint-Denis. ***Accès*** *Allée de la Forêt (du centre de Saint-Denis suivre les indications quartier de la Providence, tout au bout du bd de la Providence)* ***Parcours*** *Boucle de 2,7km* ***Durée*** *env. 1h30* ***Dénivelé*** *200m* ***Difficulté*** *Aucune (niveau facile)*

Les Hauts de Saint-Denis

Il faut garder à l'esprit que la Réunion est en fait une montagne et que chaque ville dispose sur son territoire de riches espaces de balades et de randonnées. C'est le cas pour Saint-Denis, dont les Hauts sont un beau terrain de loisirs.

La vallée heureuse Au cœur du village du Brûlé, un joli jardin créole du début du XIXe siècle, à découvrir en compagnie de la propriétaire qui vous proposera un thé à mi-pacours. *Allée Félicien-Vincent Le Brûlé (de Saint-Denis, suivre les indications Bellepierre/Le Brûlé, monter jusqu'au village du Brûlé-PK11, et s'arrêter au niveau de l'église, le jardin est à 5min à pied) Tél. 06 92 87 81 87 Page FB La Vallée Heureuse Visite guideée (2h30) un mer. et un dim./mois Tarif 8€, 5-12ans 4€*

☆ **Cascade Maniquet** Ne présentant aucune difficulté, courte et rafraîchissante, la balade de la cascade Maniquet est à la portée de tous. Montez d'abord en voiture vers le Brûlé via Saint-François. La route escalade la montagne vers les Hauts sur une bonne dizaine de kilomètres. Une fois passé les quartiers résidentiels et leurs villas modernes, dirigez-vous vers la route forestière en direction de la Roche-Écrite, le long d'une artère sinueuse, bordée de magnifiques et gigantesques touffes de bambous. D'épingles à cheveux en lacets étroits, vous atteignez enfin la route forestière, en excellent état. Il faut la continuer sur 2-3km avant de voir le panneau "Cascade Maniquet", après avoir passé en revue de nombreux kiosques de pique-nique où les familles au complet se retrouvent le dimanche pour des barbecues animés. Garez votre véhicule sur le bord de la route. Vous atteignez ensuite le bassin après une dizaine de minutes de marche sur un sentier ombragé et humide, sous les cryptomerias, qui peut donc être très glissant. Le chemin se rétrécit alors et serpente entre les goyaviers. Vous découvrez soudain cette charmante cascade qui plonge dans un bassin d'eau verte entouré de roche volcanique noire. Elle doit son nom à l'ancien propriétaire du terrain, qui quitta l'île en 1810 pour avoir refusé de faire allégeance aux Anglais. Un beau spectacle, qui peut malheureusement être un peu gâché par l'affluence en fin de semaine. Qu'importe, car l'ambiance est bon enfant et les plus courageux s'y baignent malgré la température de l'eau, plutôt froide. **Accès** *En voiture, après le village du Brûlé continuez sur la route forestière jusqu'au bout de la piste* **Parcours** *AR* **Durée** *40min* **Dénivelé** *80m* **Difficulté** *Aucune (niveau facile)*

La Roche-Écrite Créée en 1999, la réserve naturelle de la Roche-Écrite qui s'étend sur un peu plus de 3 600ha englobant les plaine des Chicots et d'Affouches et les Hauts de la Montagne et s'étageant de 340 et 2270m, recèle une flore fabuleuse : plantes à fleurs (Bois fleurs jaunes, le Bois de corail), orchidées, et de nombreuses espèces de fougères. La réserve est aussi le refuge très rare tuit-tuit, ou échenilleur de La Réunion, oiseau forestier endémique de la Réunion que l'on rencontre uniquement dans cette zone, mais très difficile à observer. L'OT organise des balades accompagnées d'une demi-journée à l'intitulé prometteur : "À la Rencontre du Tuit-tuit". *Rte de la Roche-Écrite Plaine des Chicots* **Randonnées guidée** *Tél. 02 62 41 83 00 1er sam. du mois de 8h à 12h, sur rés.*

Séjour à deux

Envie d'un séjour "fleur bleue" ? La Réunion sait se faire romantique : un lagon reflétant un crépuscule rougeoyant, un restaurant les pieds dans l'eau, un hôtel de charme avec vue sur l'océan, une chambre d'hôtes à la décoration nuptiale dans les Hauts et un inoubliable lever de soleil au sommet du piton des Neiges...

Restaurants

Le Beau Rivage ____ 131
La Bobine ____ 143
La Varangue ____ 185
L'Arbre à palabres ____ 201

Hébergements

La Clé des Champs ____ 128
Le Boucan-Canot ____ 131
La Varangue ____ 185
Blue Margouillat ____ 185
Villa Mascarine ____ 186
Villa Belle ____ 218
Ché Maoul ____ 221
Le Médinilla-Chez M. et Mme Vitry ____ 255
Gîte du Volcan ____ 281
Le Relais du gouverneur ____ 297
Le Vieux Cep ____ 312
Hôtel Tsilaosa ____ 315
L'Arbre du voyageur ____ 334

Randonner dans les Hauts

La Roche-Écrite Plus question de simple amuse-gueule comme la balade précédente, la **randonnée de la Roche-Écrite** est un plat de résistance qui offrira aux marcheurs entraînés un point de vue superbe sur les cirques de Salazie et de Mafate. Après un premier tronçon sous les cryptomerias, vous abordez rapidement un sentier dans une forêt naturelle (vigne marronne, longose aux belles fleurs jaunes ou orange) qui, souvent ombragé, s'avère très glissant par temps humide. Au bout d'une heure environ, les tamarins des Hauts et leurs calumets (petits bambous) sont au rendez-vous. Un panneau indique la plaine des Chicots, qui se trouve sur votre itinéraire. Après avoir traversé deux petites ravines à gué, vous atteignez bientôt le gîte de la Roche-Écrite (1 837m), reconnaissable à ses bardeaux en tamarin plutôt réussis. Un conseil : utilisez le point d'eau pour vous ravitailler (il n'y en a plus après). Le sentier, marqué de blanc, bifurque à cet endroit vers la gauche pour mener lentement au but de la randonnée. Peu à peu, sur un parcours de plus en plus laborieux, la végétation se raréfie et cède la place à une lande d'altitude au milieu de laquelle serpente un sentier dallé original. Cette seconde partie de la randonnée se fait donc la plupart du temps sous un soleil de plomb, dont il vous faudra vous protéger avec un couvre-chef. Vous voici enfin à la Roche-Écrite (2 277m), devant laquelle s'ouvre le cirque de Salazie, le bourg de Grand-Îlet en bas et le piton d'Enchaing juste au milieu (1 352m). À droite, Mafate dévoile son relief chaotique avec le sommet du Gros-Morne (3 013m) en toile de fond. Après avoir goûté ce paysage lumineux et verdoyant, il ne vous reste plus qu'à rebrousser chemin afin de récupérer votre véhicule. Le retour s'avère légèrement moins difficile que l'aller, compte tenu de l'itinéraire en pente. **Accès** *En voiture, continuer la route forestière de la Roche-Écrite jusqu'à Mamode Camp (1 192m), où un parking aménagé vous attend* **Durée** *7h (boucle courte) à 12h (boucle longue)* **Parcours** *AR* **Dénivelé** *1 100m à 1600m (selon le parcours)* **Difficulté** *Difficile (niveau randonneur expérimenté)* **Gîte de la Roche-Écrite** *Pour les randonneurs de la Roche-Écrite, à 1h30 du sommet, 36 places réparties dans 4 dortoirs, avec douches et WC communs. Nuit 16€ (12€ moins de 12 ans), repas 18€ et petit déj. 6€, sur réservation auprès de l'OT. Plaine des Chicots GR®2 (randonnée de la Roche-Écrite) Tél. 02 62 43 99 84*

● ☺ Voir le bas d'en haut

Zen Altitude Inconfortables, bruyants, peu sûrs, l'ULM et le gyrocoptère ? Non ! remisez vos ultimes a priori sur les ultralégers motorisés. En tout point rassuré par les FK9 mark 4 et le ELA 07 Cougar (pour les initiés), ainsi que par le pilote instructeur, passionné et d'un calme olympien, laissez-vous aller à ce festival de panorama qu'offre l'Île : survol des pitons et cascades, forêts et villages haut perchés, volcan et lagons... Pour profiter de la lumière et des bons courants, il vous faudra partir aux premières heures du jour, de l'aérodrome de Saint-Denis ou de celui de Saint-Pierre. Plusieurs circuits, à partir d'une vingtaine de minutes (40€) jusqu'à 1h30 le grand tour (cirques, lagons, volcan) 210€. *Aéroport Roland-Garros* ***Sainte-Marie*** *Tél. 06 92 87 20 29 www.zenaltitude-ulm.com*

CARNET D'ADRESSES

Restauration

très petits prix

☺ **Le Massalé (plan 1, B2 n°11)** Un large éventail de spécialités proposé par le patron d'origine indienne : samoussas au fromage, au crabe, à la viande ou végétarien, beignet bringelle, pomme de terre, ou encore courgette ; piment farci au poulet, etc. (0,50€ à 1,50€/pièce). À emporter ou à consommer à l'une des 4 tables de la petite salle aux carreaux verts, en accompagnant votre repas d'un thé à la cardamome (saveur poivrée et aromatique). *30, rue Alexis-de-Villeneuve* ***Saint-Denis*** *Tél. 02 62 21 75 06 Ouvert sam.-jeu. 10h-20h, ven. 15h-20h*

Le Relais dionysien (plan 1, C2 n°12) Si vous êtes à la recherche d'un lieu populaire, rendez-vous dans ce sympathique restaurant à l'ambiance décontractée, très fréquenté par les clients et détaillants du Petit marché tout proche. Plats créoles (caris ou rougail saucisse à partir de 6€) ou bien samoussas, bouchons et beignets (à partir de 0,40€/pièce) raviront ceux qui désirent prendre un repas bon marché sur le pouce. *43, rue Michel-Ha-Sam* ***Saint-Denis*** *Tél. 02 62 21 81 80 Ouvert lun.-sam. 10h-21h (et 1er et 3e dim. du mois)*

petits prix

Chez Soui Mine (plan 1, B2 n°14) Les personnes qui travaillent dans les alentours se retrouvent dans cette cantine toute simple. Ici, pas de grande variété de plats, mais une qualité qui ne déçoit pas. Il est donc recommandé de venir tôt pour se restaurer d'une de ses spécialités créoles et chinoises (5€). Après 14h, vous risquez de devoir vous contenter d'une Dodo bien fraîche en bavardant avec la patronne et sa fille. *18, rue La Bourdonnais* ***Saint-Denis*** *Tél. 02 62 20 07 93 Ouvert lun.-ven. 7h-15h*

Resto Chan (plan 1, B2 n°13) Un de ces modestes restaurants réunionnais, bon marché (plat de 5€ à 10€) et tout à fait honnête. On se rassasie d'une cuisine chinoise (poulet chop suey, poisson aigre-doux, riz cantonais) et créole (rougail morue, cari poulet) dans un sobre cadre vert et blanc de case locale. Attention : la salle climatisée est souvent prise d'assaut à midi. *49bis, rue Pasteur* ***Saint-Denis*** *Tél. 02 62 21 71 21 Ouvert lun.-mar. et jeu.-sam. 11h-13h30 et 18h15-21h30, mer. 11h-13h30*

Et aussi...

Cafés, glaciers

Le carré Cathédrale ____ 91
Le Roland Garros ____ 92
L'Igloo ____ 93

Manger sur le pouce

Camions-bars du Barachois ____ 89

prix moyens

Aux délices de l'Orient (plan 1, B2 n°15) Une immense salle au carrelage blanc éclairée au néon, des serveurs rapides et nombreux, une carte épaisse comme un annuaire : voici une cantine asiatique classique et très courue. Les spécialités, surtout chinoises, s'agrémentent parfois de touches créoles comme en témoignent le bœuf aux brèdes et le poulet palmiste. Comptez environ 15-20€ pour un repas complet dans ce restaurant envahi le samedi par les familles et les groupes de jeunes. *59, rue Juliette-Dodu* ***Saint-Denis*** *Tél. 02 62 41 44 20 Ouvert mar.-sam. 11h45-13h30 et 19h-21h30*

☺ **Le Gadiamb (plan 1, C3 n°24)** "Bon, plaisant", c'est ce que signifie ce terme créole, et ici la promesse annoncée est tenue. En salle, décoration vintage : ustensiles en fer-blanc, journaux d'époque, réchauds antiques ; côté terrasse : l'ombre de grands arbres. Et dans l'assiette : des légumes d'autrefois, des caris très variés, et une spécialité pour l'hiver, le cassoulet créole ; tout ça mijoté au bois. Pour finir en beauté, jetez un coup d'œil à la belle sélection de rhums arrangés offerts par la maison en fin de repas. Service à l'avenant : chaleureux et efficace. Une adresse 100% "gadiamb" ! Comptez 10€ pour "le van" de bouchons, samoussas, bonbons piments ; 15€ les gratins de légumes et de 15 à 25€ les rougails et caris. *104, rue Roland-Garros* ***Saint-Denis*** *(à côté d'un petit bazar) Tél. 02 62 20 10 79 Ouvert mar.-sam. midi et soir, dim. uniquement midi*

Wasabi (plan 1, B2 n°10) La cuisine japonaise n'est pas encore très répandue à la Réunion, et souvent de qualité assez médiocre. Ce n'est pas le cas chez Wasabi. Dans la salle climatisée, les assiettes numérotées (de 3 à 5 €) défilent sur le comptoir tournant sous les yeux des clients confortablement installés dans les canapés blancs. Vous pourrez aussi choisir un menu japonais complet (à partir de 18€), une assiette de la mer aux saveurs délicates (18€). Le lundi soir, un buffet à 24,80 € régale à volonté en sushis, makis et californias et les gourmands reviennent le samedi soir pour le grand buffet "saveurs du monde" (39 €) où sont servis, toujours à volonté, les incontournables japonais, mais aussi des salades et des plats préparés en salle devant les clients. *52, rue Jean-Chatel* ***Saint-Denis*** *(à l'étage) Tél. 02 62 48 58 39 Ouvert lun.-sam. midi et soir*

☺ **Le Reflet des îles (plan 1, C2 n°17)** Faites une halte gourmande dans cette belle et vaste salle boisée sur trois niveaux, avec une terrasse. La maison est réputée pour sa cuisine créole aimablement servie par des garçons efficaces en chemise à fleurs : à la carte, une dizaine de caris présentés dans les petites marmites traditionnelles et agrémentés de brèdes, comme lors des repas de fête (à partir de 15€), les incontournables rougails (à partir à 12€) et des plats du jour alléchants (12-30€), tels que le cabri massalé ou le poulet palmiste. Vous laisserez 20€ à 30€ pour un repas complet et de belle facture, qui attire toujours en masse familles et couples dionysiens. *114, rue Pasteur* ***Saint-Denis*** *(angle rue de l'Est) Tél. 02 62 21 73 82 www.lerefletdesiles.com Ouvert lun.-sam. 12h-14h et 19h-22h*

Le Buffet (hors plan 1) Installé au rez-de-chaussée du centre d'affaires Cadjee (où le Journal de l'Ile de La Réunion a sa rédaction), à la limite du quartier du Chaudron, le Buffet n'est pas l'endroit le plus pittoresque de l'île, ni même de Saint-Denis. Mais le lieu vaut le détour pour sa formule buffet à volonté (20 €, boissons non comprises). Vous ne saurez plus où donner des papilles devant les divers caris : rougail saucisses, crevettes gingembre, poulet chouchou, etc. Les desserts sont également à volonté : gâteau tison, gâteau patate, crêpes sucrées... Un vaste assortiment typiquement local qui a en plus le mérite d'être bon ! Et puis, qui sait, vous aurez peut-être le plaisir d'échanger avec un journaliste sur les spécificités de la presse réunionnaise. *Centre d'affaires Cadjee 62, bd du Chaudron* ***Saint-Denis*** *Tél. 02 62 20 05 12 Ouvert lun.-ven. uniquement midi (service à partir de 11h30)*

prix élevés

Hélios (plan 1, B2 n°19) Une des bonnes tables métros de Saint-Denis. La terrasse aux murs blancs et aux pierres sombres, abritée par un enclos où foisonne une riche végétation, offre un cadre reposant pour découvrir une cuisine de la mer : bon et généreux rôti de légine, loup grillé au fenouil ou encore cocotte de fruits de mer. La patronne, qui n'hésite pas à vous détailler l'ardoise du jour avec le sourire, propose également une sélection de grillades. L'addition, qui oscille de 25€ à 35€, s'accompagne d'un petit rhum arrangé assez bienvenu. *88, rue Pasteur* ***Saint-Denis*** *Tél. 02 62 20 21 50 www.helios-restaurant-reunion.fr Ouvert mar.-sam. 12h-14h et 19h-0h*

Le DCP (plan 1, B2 n°23) Autrement dit, "Dispositif de concentration de poissons", un nom peu gustatif mais qui offre la garantie de poissons extrafrais. Ce restaurant – et les deux autres DCP de l'île (p.142) –, écoule la production au jour le jour d'une petite flottille de bateaux. Les carnivores passeront leur chemin, mais les autres iront les yeux fermés goûter thon tilapia, daurade, marlin... grillés, en tartare, en soupe, ou encore en terrine. À Saint-Denis, le DCP occupe une jolie maison créole, précédée d'une belle terrasse à l'abri de la chaleur et du soleil ardent. On y admirera la réplique d'un marlin, mastodonte d'une demi-tonne qui a valu à Catherine Lavit un record mondial féminin de pêche au gros. Comptez env. 30€ pour un repas complet, plat env. 15-20€. *46, rue Jules-Auber* ***Saint-Denis*** *Tél. 02 62 20 10 14 Ouvert lun.-sam. 12h-14h et 19h15-22h15*

P'tit Fleur fané (plan 1, B2 n°20) Alliant un style à la fois créole et moderne, cette belle case aux tons gris et blanc propose une cuisine locale reconnue, comme le canard à la vanille (16€) ou la multitude de caris, dont ceux aux bichiques (39€), ou encore un filet de légine vapeur (25€). On peut également opter pour des plats métros plus classiques comme le magret de canard au poivre vert (29€). Le tout servi avec diligence et discrétion. *42bis, rue Alexis-de-Villeneuve* ***Saint-Denis*** *Tél. 02 62 20 44 44 ou 02 62 41 25 65 Ouvert mar.-sam. midi et soir*

Hébergement

petits prix

☺ **Pension Limbada (plan 1, C2 n°40)** Deux chambres doubles bien tenues de 24€ à 30€ (ou 12-15€/pers. si vous la partagez) selon la saison, des WC (sans papier hygiénique) et une douche en commun, un accueil discret et souriant de la famille dont on aura soin de respecter la culture musulmane (pas de tenue trop dénudée par exemple), un petit déjeuner copieux (4€) accompagné d'un jus de fruits frais, et un emplacement très central à deux pas de la rue Pasteur et de ses restaurants. Nous n'avons pas trouvé meilleur rapport qualité-prix en ville ! *35, rue Issop-Ravate* ***Saint-Denis*** *Tél. 02 62 41 05 00*

Pension Aïcha (plan 1, C3 n°41) Une adresse un peu loin du centre spécialement indiquée pour les petits budgets. Aux 5 chambres avec climatisation, salle de bains, minibar et coffre, situées au rez-de-chaussée (double 30€) s'ajoutent 2 petites chambres avec salle de bains commune (double 25€). Petit déjeuner 2€. Cuisine commune à disposition. Préférez les chambres donnant sur le devant de la maison, de loin les plus agréables et un peu moins sombres que les autres. Mustafa, qui a pris les rênes de la pension à la suite de sa mère, s'avère chaleureux et parfois même très bavard. *24, rue Saint-Jacques* ***Saint-Denis*** *Tél. 02 62 20 37 02 ou 06 92 51 36 78 pensiontouristiqueaicha.blogspot.fr*

prix moyens

Les Loges du park (plan 1, C3 n°42) Une quinzaine de chambres simples mais climatisées, avec salle de bains, frigo, TV et accès Internet, enserrées dans un ensemble d'immeubles d'habitation. Pas de restaurant mais une petite cuisine équipée est mise à la disposition des clients. Le petit déjeuner (5€) est servi dans la chambre ou dans le jardinet, qui pourrait être charmant s'il était mieux entretenu. Bref, une honnête adresse en ville, dans une impasse où il est possible de laisser sa voiture. Double 35-45€, triple 55€ et quadruple 65€. *34, rue Voltaire* ***Saint-Denis*** *(non loin du petit bazar) Tél. 02 62 72 17 92 www.leslogesdupark.fr*

Hôtel Phœnix (plan 1, B1 n°43) Un bon rapport qualité-prix. Passé le jardinet qui borde la façade blanche de cette case, vous pénétrez dans un hôtel aux qualités essentielles : propre et silencieux. Certes les chambres sont petites, mais elles comportent chacune WC et douche. Mieux : les nos 5, 6 et 7 possèdent un balcon (hélas ! minuscule), en surplomb d'une rue somme toute peu passante. Double 48€, petit déj. inclus. *1, rue du Moulin-à-Vent* ***Saint-Denis*** *Tél. 02 62 41 51 81 ou 06 92 36 32 33 phoenix-hotel.e-monsite.com*

prix élevés

La Marianne (plan 1, B4 n°44) Ne recherchez pas de charme "à la créole" dans ce gros cube de béton aux tons roses. Vous y aimerez surtout l'aspect fonctionnel des chambres – un brin vétustes – équipées d'une kitchenette , d'une TV, d'un minibar et de la climatisation. Le tout pour 52€ la double, petit déjeuner compris (kitchenette supplément 12€). Enfin, si le calme de l'établissement, situé en retrait derrière le jardin de l'État, est appréciable, tout comme le parking gratuit en sous-sol, vous aurez peut-être tendance, notamment le soir, à le trouver un rien excentré... *5, ruelle Boulot* ***Saint-Denis*** *Tél. 02 62 21 80 80 hotel-la-marianne.fr*

Central hôtel (plan 1, B2 n°45) Une devise dans cet établissement au service irréprochable : la pro-pre-té ! Si bien que l'environnement de carrelages bleus, rouges ou blancs des communs et des chambres finit par donner à cet hôtel moderne un air d'hôpital... Au moins, soyez persuadé que vous n'aurez pas de mauvaises surprises dans les chambres : double de 76€ (avec douche et WC) à 108€ (bain et WC ou douche, WC et salon), petit déjeuner inclus. *37, rue de la Compagnie* ***Saint-Denis*** *Tél. 02 62 94 18 08 www.centralhotel.re*

Austral hôtel (plan 1, B1 n°46) Au premier abord, les lambris sombres de la réception donnent une touche chaleureuse à cet hôtel très central. Impression que ne confirment malheureusement pas les chambres climatisées, à la décoration rosée plus standard qu'élégante (92-100€ la double). Il faudra attendre le petit déjeuner-buffet (11€) pour finalement apprécier le plus de l'établissement : le repas du matin se prend au bord de la minuscule piscine, bien abritée du brouhaha de la rue par des murs épais. En outre, les conducteurs peuvent profiter d'un parking fermé, avantage certain à Saint-Denis. Wifi dans certaines chambres uniquement. *20, rue Charles-Gounod* ***Saint-Denis*** *Tél. 02 62 94 45 67 www.hotel-austral.fr*

prix très élevés

Le Saint-Denis (plan 1, A1 n°48) Bien que cet immense blockhaus donnant sur le Barachois ne possède aucun charme d'emblée, il demeure cependant l'un des établissements les plus confortables de l'île. Les prestations sont celles d'un 3-étoiles (restaurant, accès wifi, room-service, etc.). Le clou de l'hôtel : une piscine paisible, à l'abri du bruit du boulevard. Les chambres sont dotées d'un minibar, de la climatisation et du câble. N'hésitez pas à demander une vue sur la mer, le tarif est le même ! Double de 110 à 250€, selon le confort. Petit déjeuner 15€. *2, rue Doret* ***Saint-Denis*** *Tél. 02 62 21 80 20 www.bestwestern-hotel-lestdenis.com*

Le Juliette Dodu (plan 1, B1 n°47) Cette superbe case créole toute blanche, maison natale de l'héroïne controversée Juliette Dodu, est le siège d'un 3-étoiles atypiques qui promet d'être enchanteur : décoration coloniale au carrelage bleu doux et murs jaune pâle dans le hall, varangue intérieure aux beaux lambrequins sculptés, piscine, jacuzzi… Une quarantaine de chambre et suites relookée en 2012 dans un style sobre et contemporain, un peu petites mais confortables, calmes et dotées du wifi. De 140€ la double standard à 200€ la suite panoramique. Petit déjeuner (assez léger) 13€. Restaurant. *31, rue Juliette-Dodu* ***Saint-Denis*** *Tél. 02 62 20 91 20 www.hotel-jdodu.com*

Dans les environs

prix moyens

Chez Nicole Maillot Si vous aspirez à découvrir l'âme créole dès votre descente d'avion ou si vous désirez passer une dernière soirée réunionnaise avant votre retour en métropole, cette chambre d'hôtes, située à moins de 30min de l'aéroport, est l'adresse tout indiquée. Dans les Hauts de Sainte-Marie, cette maison récente et calme abrite trois chambres confortables avec sanitaires privés et cuisine commune. Double 50€, triple 75€, petit déjeuner inclus. Vous apprécierez de discuter avec le mari de la maîtresse des lieux, ancien facteur à Mafate, et par conséquent grand connaisseur du cirque et de ses sentiers. *54, rue Nono-Robert La Confiance-les-Bas* ***Sainte-Marie*** *(3km au sud-est de Saint-Denis et à 6km au sud de l'aéroport) Tél. 02 62 53 81 64 ou 06 92 05 39 14 panoramique.voila.net*

LA POSSESSION ET DOS-D'ÂNE

97419

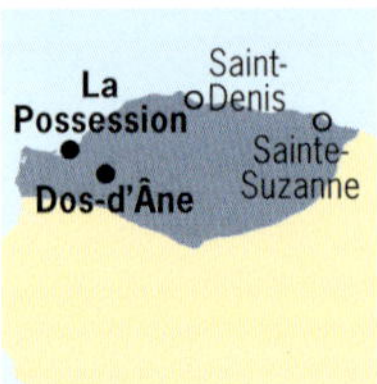

Se rendre à La Possession de Saint-Denis, c'est d'abord l'occasion d'emprunter le "tronçon de route le plus cher de France", soit une quinzaine de kilomètres de la N1 coincée entre l'océan et la falaise : superbe et rapide… lorsque la voie n'est pas obstruée par une chute de pierres ou par les embouteillages chroniques. En elle-même, la petite ville (environ 30 000 habitants) est plutôt résidentielle, refuge de nombreux Dionysiens qui fuient la chaleur de la préfecture. En fait, on s'y arrête surtout pour rejoindre Dos-d'Âne, petit bourg des Hauts attenants (environ 1 600 hab.), qui a conservé une atmosphère agricole quelque peu surannée, avec ses modestes cases créoles et ses kours où poussent fruits, légumes et fleurs. Le site est également une porte d'entrée vers le cirque de Mafate, lieu de rendez-vous obligé des randonneurs en quête de sensations et de fraîcheur.

MODE D'EMPLOI

accès

EN VOITURE

La voiture est le moyen le plus rapide pour se rendre de Saint-Denis à La Possession par la N1 (sortie vers Le Port, puis tout de suite à gauche sur le pont) ou par la route de la Montagne (D41, juste à gauche à la sortie ouest de Saint-Denis), soit 35km de lacets pour les moins pressés. Pour rallier Dos-d'Âne, suivez le fléchage indiquant le village dès l'entrée de La Possession. Attention, la route s'élève rapidement à flanc de montagne, il vous faudra donc une bonne demi-heure pour parcourir les 15km restants.

EN CAR

Cars jaunes La Possession se trouve également sur le chemin de 4 lignes des Cars jaunes (A, B, C et D). Correspondance pour Dos-d'Âne à l'arrêt Sacré-Cœur, au Port (ligne B, C et D) : emprunter la ligne 8a du réseau Kar'Ouest. *Tél. 0810 123 974 www.cg974.fr*

Kar'Ouest Cette compagnie opérant dans le quart nord-ouest de l'île dessert les villages et lieux-dits de cinq communes : Le Port, La Possession, Saint-Paul, Trois-Bassins et Saint-Leu. Au départ des quartiers Pichette et Sainte-Thérèse à La Possession, la ligne 8a vous permettra de gagner Dos-D'Âne. *9 rotations/j. en semaine et le sam., 3 rotations le dim. Tél. 0810 45 65 20 www.karouest.re*

orientation

La Possession n'a pas de centre proprement dit, mais une grande rue principale avec magasins et snacks.

informations touristiques

Office de tourisme de La Possession Accueil charmant ! On vous y donnera, entre autres, une documentation sur Dos-d'Âne et son histoire, ainsi que tous les conseils nécessaires pour rejoindre Mafate à pied. *96, rue Leconte-de-Lisle* ***La Possession*** *Tél. 02 62 22 26 66 www.tourismepossession.re Ouvert lun.-ven. 9h-17h*

fêtes et manifestations

Fête de la forêt Ateliers, concours de bucheron, concerts... *Dos-d'Âne Tél. 02 62 22 26 66 (OT) Un w.-e. en nov.*

Rallye gourmand Au menu : énigmes, dégustation de produits du terroir et goûter champêtre à l'arrivée. ***La Possession*** *1 journée en nov. ou déc., entre La Possession et Saint-Paul Rens. et inscription à l'OT*

SAINT-DENIS ET SES ENVIRONS

DÉCOUVRIR

Les environs de La Possession

☆ **Les essentiels** Randonnée dans les Hauts **Découvrir autrement** Réservez à l'auberge du cap Noir pour un inoubliable repas créole

La Possession est le point de départ de nombreuses excursions à entreprendre seul ou accompagné d'un guide de montagne. L'**office de tourisme** propose plusieurs circuits de randonnée culturelle sur les sentiers du marronnage, sur les sites historiques de l'ouest et vers Mafate. Les randonnées difficiles conduisant au cirque de Mafate sont détaillées dans le chapitre qui lui est consacré (p.320). Vous pourrez aussi faire confiance au guide de montagne Yannis Samou-Aran qui accompagne les randonneurs dans les Hauts de La Possession et des sorties VTT (s'adresser à l'OT).

● ☆ Chausser ses chaussures de randonnée

Chemin des Anglais Également appelée chemin Crémont ou chemin Tête Tunnel, cette portion de route pavée, la plus ancienne de l'île, suit la crête de la falaise jusqu'au lieu-dit La Grande Chaloupe, lieu de transit des immigrants du XIXe siècle. Panorama sur l'océan garanti, grand soleil aussi ; chapeau bien couvrant et ration d'eau impératifs. Retour possible par le Ti Train lontan, un autorail à l'ancienne (tarif 4€) à la fréquence très aléatoire. ***Départ*** *De La Possession, derrière le Camp Magloire* ***Durée*** *3 à 4h* ***Parcours*** *Boucle de 16km* ***Difficulté*** *Moyenne* **Ti Train lontan** *Renseignements sur les dates de fonctionnement auprès de l'association Ti Train lontan Sainte-Thérèse Tél. 02 62 44 73 85 ou 06 92 85 36 78*

Pic de la Roche Verre Bouteille (1 239m) Voici une randonnée aisée au panorama exceptionnel sur le cirque de Mafate. La belle balade du Pic de la Roche Verre Bouteille (1 239m) donnant l'occasion de surplomber ce même cirque. Première bonne surprise : si aucune aire de pique-nique n'a été aménagée sur le petit parking en plein soleil au lieu-dit le cap Noir, un camion-bar y stationne et vend des viennoiseries et des boissons à ceux qui auraient oublié de se prémunir contre la faim et la déshydratation. Remontez le petit sentier derrière la camionnette et suivez le fléchage sur la droite, qui indique la roche, parcours habituel des randonneurs. Le sentier s'avère frais et légèrement ombragé, donc glissant par endroits. À l'abri de la crête à gauche et suspendu au-dessus de Mafate, que l'on découvre peu à peu à droite, on rejoint le belvédère et sa table d'orientation, non sans croiser, certains week-ends, des braconniers de tangues, dont l'allure contraste avec celle des touristes. Vous n'aurez donc aucun mal à les reconnaître ! Depuis le point de vue, où un abri providentiel permet de profiter d'un peu d'ombre, vous apercevez ébahi (surtout si c'est la première fois !) le relief accidenté et chaotique du cirque de Mafate, succession de falaises, de ravines et d'à-pics au fond desquels serpente la rivière des Galets, le tout dominé par le Gros-Morne, juste en face (3 013m). Vous repartez ensuite, en passant devant un petit autel dédié à la Vierge, par un chemin qui grimpe doucement jusqu'à une succession d'échelles métalliques. Il faut les gravir afin d'atteindre la roche Verre Bouteille, modeste piton basaltique aux vagues reflets vert profond se dressant

La Possession du roy

Est-ce en 1649 ou bien quelques années auparavant que la France fit de l'île Bourbon une colonie ? Nul ne le sait précisément. En tout cas, c'est à cette date précise que le commandant Salomon Goubert a fait apposer sur une plage de La Possession une plaque au nom du roi de France. "La Possession du roy" existant alors officiellement, l'histoire française de la Réunion pouvait débuter.

au-dessus du cirque (1 239m). Vous continuez ensuite le sentier sur la gauche, au sommet de la crête d'où vous découvrez le village de Dos-d'Âne et ses cases éparpillées au milieu des plantations. La descente s'avère facile, même si les quelques marches à l'arrivée peuvent parfois réserver diverses surprises glissantes. **Accès** *Parking au lieu-dit le cap Noir - Dos d'Âne* (env. 20km de La Possession) **Durée** *1h30 environ* **Parcours** *Boucle de 2,5km* **Dénivelé** *235m* **Difficulté** *Facile*

CARNET D'ADRESSES

Restauration, hébergement

prix moyens

Auberge et chambres d'hôtes du Cap Noir - Chez Raymonde Chaleureux et pratique à 5min en voiture du cap Noir. À 1 000m d'altitude, une bâtisse récente aux touches bleues abrite 4 chambres très bien tenues au 1er étage, avec douche, WC et surtout balcon permettant d'apprécier à loisir la belle vue sur le port et les pentes de La Possession. Double 45€, petit déj. avec des confitures maison inclus. À l'intention des gourmands, Raymonde met les petits plats dans les grands et sert dans sa maison attenante un repas gargantuesque – punch, beignets de carottes, gratin de chouchous et farce de volaille, cari, mousse de patates douces et son coulis de chocolat, rhum arrangé, café et vin de table ! – pour 20€ (25€ pour les non-résidents, sur réservation). En prime, vous aurez le temps de discuter avec la maîtresse de maison, attentive et très diserte sur les produits de son jardin. *3, allée Pignolet (chemin du Cap-Noir)* **Dos-d'Âne** *(suivre direction cap Noir depuis La Possession, la maison est l'une des dernières du lieu-dit) Tél. 02 62 32 00 82 ou 02 62 32 07 66*

Les Acacias Axel Nativel est installé ici depuis longtemps, c'est dire s'il sait recevoir. Dans sa case au toit rouge ondulé, 2 chambres propres avec salle de bain et WC permettent aux randonneurs de se délasser avant de goûter le repas maison, de bonne réputation dans le village. Double 45€, petit déj. compris, repas 20€. Pour les petits budgets, bonne nouvelle : des lits en gîte d'étape sont également disponibles (19€ la nuit). *34, rue Germain-Élisabeth* **Dos-d'Âne** *Tél. 02 62 32 01 47 ou 02 62 32 02 34 ou 06 92 86 54 68*

SAINTE-SUZANNE

97441

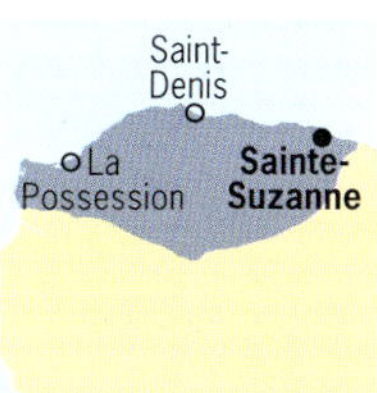

En bordure de la nationale et entouré de champs de canne, Sainte-Suzanne est un village paisible, à l'organisation très classique : un centre baigné par la mer et des cases éparpillées dans les hauteurs, dont le hameau principal répond au doux nom de Bagatelle. Les habitants gardent une certaine fierté à dévoiler que les premiers colons de Fort-Dauphin s'établirent ici pour fonder ce que l'on

appelle aujourd'hui le Quartier français, à la limite de Saint-André. Une excursion aux portes de la côte "au vent" est surtout un prétexte pour admirer l'ancien phare ou se rafraîchir au pied de l'une des quatre cascades qui attirent la foule les jours de canicule.

MODE D'EMPLOI

accès

EN VOITURE
Situé à 23km à l'est de Saint-Denis, Sainte-Suzanne se rallie rapidement en voiture en empruntant la N2, beaucoup moins embouteillée à l'est que sur la côte "sous le vent".

EN CAR
Cars jaunes Le réseau des Cars jaunes dessert le village (lignes F et G entre Saint-Denis et Saint-Benoît). *Tél. 0810 123 974 www.cg974.fr*

informations touristiques

Office de tourisme intercommunal du Nord – Antenne de Sainte-Suzanne Au pied du phare. On vous y donnera, avec le sourire, toutes les informations sur les manifestations et les promenades locales et alentour. *18, rue du phare* ***Sainte-Suzanne*** *Tél. 02 62 52 13 54 www.nord.reunion.fr Ouvert lun.-sam. 9h-12h30 et 13h30-17h*

marché, fêtes et manifestations

Marché forain de Sainte-Suzanne Marché alimentaire et floral en bord de mer, derrière la mairie. *Rue du Vingt-Décembre Mar. 6h-12h*
Marché de Sainte-Marie Entre Saint-Denis et Sainte-Suzanne (à 7km), le marché de plein air déploie ses étals sur le front de mer (derrière la médiathèque). *Sam. 6h-12h*
Fête de l'abolition de l'esclavage Chars et défilé aux flambeaux dans la ville. *20 déc.*

DÉCOUVRIR

Sainte-Suzanne et ses environs

☆**Les essentiels** Le phare de Bel-Air **Découvrir autrement** Admirez le mobilier du domaine du Grand Hazier, rafraîchissez-vous auprès de la cascade Niagara, baladez-vous le long des bassins des Hauts

☆**Phare de Bel-Air** Voici la principale attraction touristique de Sainte-Suzanne. Planté au bord de l'océan, jouxtant un agréable quartier de modestes cases créoles, ce monument classé, datant de 1844, a l'aspect d'un édifice breton, avec son large fût blanc cerclé d'une bague rouge qui soutient l'énorme clignotant. La coupole verte de l'édifice rappelle la végétation alentour ainsi que les teintes émeraude de l'océan Indien. Les bateaux, qui passent désormais sur des routes commerciales plus au nord, n'aperçoivent plus le scintillement du phare depuis 1984. L'office de tourisme y organise des expositions, un atelier culinaire (cf. ci-après S'initer à la cuisine créole ou à l'art du tressage). *Pointe de Bel-Air 18, rue du Phare Tél. 02 62 52 13 54*

Domaine du Grand Hazier Au bout d'une belle allée de palmiers ceinturée par des champs de canne, se dresse une vieille demeure blanche, vestige d'un domaine agricole attribué en 1690 par le roi de France. Ici, la famille Chassagne fait découvrir son superbe mobilier de la Compagnie des Indes et son verger à ceux qui désirent mieux connaître l'âme coloniale de la propriété. Un intéressant et vivant saut dans le passé d'environ 1h30. Sous la varangue attenante à la boutique, on pourra apprendre à reconnaître selon leur terroir, les différentes vanilles de l'île. Celle produite et transformée au Grand Hazier a reçu de nombreuses distinctions dont une médaille d'or au concours agricole de 2011. *7, allée Chassagne (du centre-ville, prendre direction Bagatelle. Tourner à la 1re à droite, puis encore à droite et enfin à gauche) Tél. 02 62 52 32 81 www.domainedugrandhazier.re Ouvert lun.-sam. 9h-12h et 14h-18h (visite guidée de 45min sur rés.) Tarif 5€, réduit 3€, moins de 12 ans gratuit*

La Vanilleraie Le domaine abrite une vanilleraie, bâtie à l'emplacement de l'ancienne écurie. Vous pourrez y découvrir une parcelle en exploitation, visiter les ateliers de transformation et de stockage, et repartir les bras chargés de gousses de vanille vendues à la boutique de l'exploitation. *Tél. 02 62 23 07 26 www.lavanilleraie.com Ouvert lun.-sam. 9h-16h Tarif 5€, réduit 3€, moins de 10 ans gratuit*

● S'initier la cuisine créole ou à l'art du tressage

Atelier de cuisine Pour faire un bon cari, rendez-vous tout d'abord au marché pour choisir légumes, viande ou poisson, épices et condiments. Puis mitonnez le tout sur un feu de bois. Enfin, dans l'ancienne cuisine des gardiens du phare, dégustez le repas comme autrefois dans des feuilles de bananier. Voici le menu proposé par un cuistot "peï", qui vous accompagne à chaque étape. Si l'expérience vous a plu et/ou que vous avez un penchant pour la cuisine asiatique, Fabrice Ho-Chui, dit "Tonton Polo", sera aussi votre guide culinaire. *Phare de Bel-Air* **Saveurs créoles** *En principe deux fois par mois (mar. et sam., Dates et lieux de rendez-vous à vérifier auprès de l'OT) Tarif 25€/pers.* **Saveurs asiatiques** *Rens. et inscriptions auprès de Tonton Polo Tél. 06 92 45 28 07*

Atelier de tressage Le vacoa, sorte de faux palmier assez envahissant, sert à tout ou presque. On cuisine ses fruits-chou et "pinpin", en ragoût, on utilise ses racines en tisane, ses feuilles servent pour la couverture des cases et sa fibre pour la confection d'innombrables objets traditionnels réunionnais en vannerie. On peut apprendre les rudiments de la technique ancestrale du tressage et confectionner *bertels* (sacs à dos), *vans* (paniers), bijoux, etc. lors d'ateliers animés au pied du phare de Sainte-Suzanne. *Rens. et tarifs à l'OT de Sainte-Suzanne Tél. 02 62 53 84 25*

● Se baigner dans une cascade

Cascade Niagara Ce n'est certes pas la cascade la plus impressionnante de la Réunion, mais sûrement la plus proche d'un centre-ville. À 30min à pied de l'église, vous découvrirez une chute d'eau d'une trentaine de mètres, large surtout au moment des grandes pluies. Elle se jette dans un bassin autour duquel les familles du voisinage se réunissent pour le pique-nique dominical. Une via ferrata a été aménagée sur les parois rocheuses de ce site préservé, qui propose deux parcours de 3h environ. *À 3km du phare (accès fléché, petit parking face à la cascade)* **Parcours Aventure** *Tél. 06 92 48 55 54 www.niagara-*

vertical.net Ouvert mer. et w.-e. matin sur réservation Tarif 25€, étudiants 21€ ; tyrolienne seule 10€

Bassins des Hauts de Sainte-Suzanne Dans les Hauts de Bagatelle, la rivière se jette dans trois bassins, fort appréciés non seulement pour leur fraîcheur mais aussi pour le charme bucolique et tropical qu'ils exhalent. C'est également un lieu très prisé pour la pratique du canyoning. Une fois la voiture laissée au parking, on aperçoit d'abord le bassin Nicole, en contrebas de la piste qu'il faut emprunter pour rejoindre le cours d'eau. On remonte celui-ci grâce au sentier sur la rive droite, très facile, pour accéder en 10min au bassin Bœuf, le plus connu des trois. Une cascade offre un cadre charmant pour faire une pause baignade. Attention toutefois, celle-ci n'est pas surveillée. Vous pouvez ensuite rejoindre le bassin Grondin en foulant le sentier qui se trouve sur la droite du bassin Bœuf. Attention toutefois, la pente est parfois raide et le terrain peut être particulièrement glissant. *Chemin Decotte Bagatelle (7km au nord de Sainte-Suzanne, prendre dir. Bagatelle, puis à droite au carrefour au centre du hameau. Le parking est indiqué sur la gauche)*

CARNET D'ADRESSES

Restauration, hébergement

prix moyens

Auberge de Quartier français Bien qu'en bord de route, cette auberge dégage un charme créole et hindou indéniable avec sa rotonde en bois et son intérieur d'inspiration tamoule. On retrouve encore ces origines créoles dans les repas qui privilégient les plats cuits au feu de bois (menu Campagne 22€ pour les pensionnaires, sinon 25€ sur réservation). Mais si une pause culinaire est recommandée ici, le séjour manque quant à lui de confort comme l'atteste la modestie des chambres d'hôtes (40€ petit déj. inclus). *58, rue Raymond-Vergès* ***Sainte-Suzanne*** *(dans le Quartier français, remonter à droite vers les Hauts après avoir laissé le supermarché sur la gauche, passer sous la nationale puis dépasser l'église Saint-Vivienne) Tél. 06 92 23 59 00 www.aubergemoise974.com*

Gîtes Ango Dans les Hauts entre Sainte-Suzanne et Saint-André, voici un bon camp de base pour ceux qui désirent explorer l'est de l'île et, le soir venu, profiter d'un grand confort. Autour d'une piscine, jardin luxuriant, sauna et hammam en prime, les Delort ont aménagé avec un goût certain 3 gîtes, en retrait de leur maison et de leur entreprise de menuiserie. Si votre budget vous le permet, optez pour le plus grand – et le plus raffiné (5 épis Gîtes de France) – pouvant accueillir

GAMME DE PRIX	RESTAURATION	HÉBERGEMENT
Très petits prix	moins de 8€	moins de 15€
Petits prix	de 8 à 15€	de 15 à 30€
Prix moyens	de 15 à 25€	de 30 à 50€
Prix élevés	de 25 à 40€	de 50 à 100€
Prix très élevés	plus de 40€	plus de 100€

6 à 8 personnes (945€/sem.) et équipé de la climatisation (ventilateurs seulement dans les "petits" gîtes 4 épis de 2 à 4 personnes, loués 539€/sem. Location 7 jours minimum avec tarif dégressif pour de plus longs séjours. *140, Commune Ango* ***Sainte-Suzanne*** *(prendre la sortie Quartier français puis repasser sous la 4-voies et suivre dir. "école maternelle" sur 3km env.) Tél. 02 62 52 19 00 www.gites-ango.com*

☺ **Le pharest** Une maison de poupée au pied du phare, au fond d'une impasse calme et à deux pas de la mer grondeuse qu'on écoute en barbotant dans la petite piscine. Pour profiter du cadre, de l'accueil enjoué, de la décoration colorée, des tarifs plus qu'attrayants, réservez longtemps à l'avance : cet établissement ne possède que 2 chambres et 3 bungalows (2 à 8 pers. dont un accessible aux handicapés). Double de 41 à 52€, bungalow à partir de 57€ pour 2 pers. (99€ pour 4 pers.), petit déjeuner inclus. Supplément de 4€ pour la climatisation. Menus 15€ à midi et 21-36€ le soir. Wifi. *22, rue Blanchet* ***Sainte-Suzanne*** *Tél. 02 62 98 91 10 www.pharest-reunion.com*

Hortensias, dans la plaine des Cafres (p.268).

Fougère et lave, piton de la Fournaise (p.274).

GEOREGION

LA CÔTE OUEST "SOUS LE VENT"

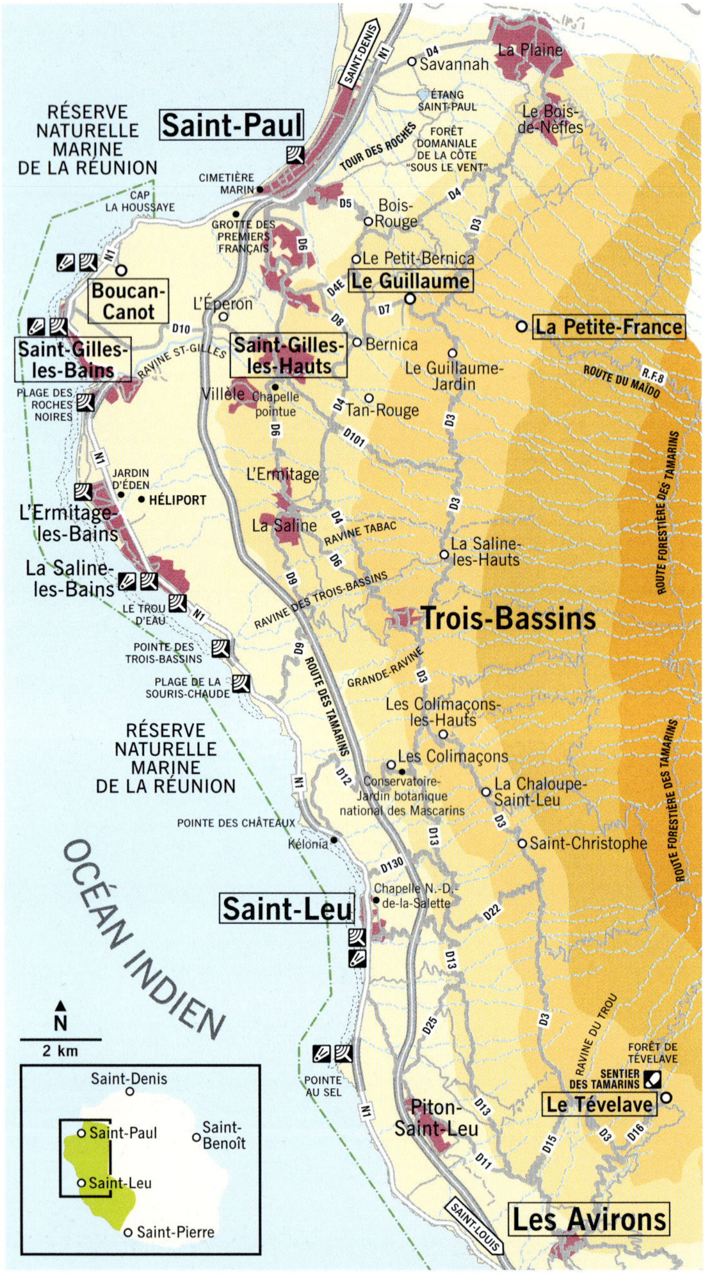

LA CÔTE OUEST "SOUS LE VENT"

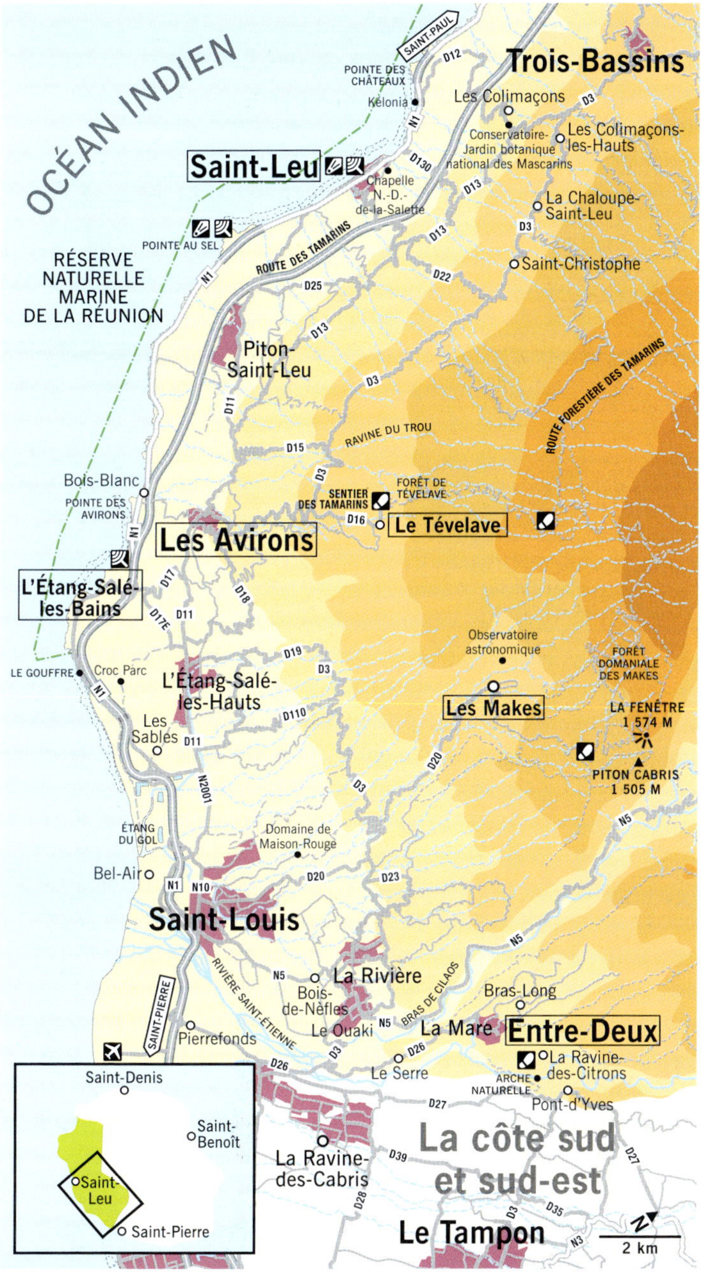
OCÉAN INDIEN
RÉSERVE NATURELLE MARINE DE LA RÉUNION
SAINT-PAUL
POINTE DES CHÂTEAUX
Kélonia
Trois-Bassins
Les Colimaçons
Conservatoire-Jardin botanique national des Mascarins
Les Colimaçons-les-Hauts
Saint-Leu
Chapelle N.-D.-de-la-Salette
La Chaloupe-Saint-Leu
Saint-Christophe
POINTE AU SEL
ROUTE DES TAMARINS
Piton-Saint-Leu
ROUTE FORESTIÈRE DES TAMARINS
RAVINE DU TROU
Bois-Blanc
POINTE DES AVIRONS
SENTIER DES TAMARINS
FORÊT DE TÉVELAVE
Le Tévelave
Les Avirons
L'Étang-Salé-les-Bains
Observatoire astronomique
FORÊT DOMANIALE DES MAKES
LE GOUFFRE
Croc Parc
L'Étang-Salé-les-Hauts
Les Makes
LA FENÊTRE 1 574 M
Les Sables
PITON CABRIS 1 505 M
ÉTANG DU GOL
Domaine de Maison-Rouge
Bel-Air
Saint-Louis
La Rivière
RIVIÈRE SAINT-ÉTIENNE
BRAS DE CILAOS
Bras-Long
Bois-de-Nèfles
Le Ouaki
La Mare
Entre-Deux
SAINT-PIERRE
Pierrefonds
Le Serre
La Ravine-des-Citrons
ARCHE NATURELLE
Pont-d'Yves
La côte sud et sud-est
La Ravine-des-Cabris
Le Tampon
Saint-Denis
Saint-Benoît
Saint-Leu
Saint-Pierre
N
2 km

SAINT-PAUL

97460

Saint-Paul est plus qu'un centre-ville ramassé et tranquille, réveillé en fin de semaine par le marché le plus couru de l'île. C'est en effet l'une des plus vastes communes de France, qui s'étale sur plus de 24 000ha, du littoral au cirque de Mafate, des faubourgs du Port aux pointes sablonneuses de La Saline-les-Bains (environ 90 000 habitants). Tout d'abord, il y a Saint-Paul à proprement parler, sous-préfecture regroupant l'ensemble des centres administratifs qui gèrent le territoire. Puis, en levant les yeux, on pourrait presque distinguer Le Guillaume et La Petite-France, deux hameaux perdus dans les Hauts sur les premières pentes du Maïdo, pic incontournable dominant à 2 203m le superbe cirque de Mafate, dont une partie dépend aussi de la municipalité. En descendant vers le sud, par la route sinueuse au-dessus des champs de canne, on atteint ensuite Saint-Gilles-les-Hauts, agréable bourg de moyenne altitude (350m). Celui-ci surplombe le littoral "branché" et souvent bondé de z'oreilles en quête de loisirs nautiques, à savoir Boucan-Canot, Saint-Gilles-les-Bains, La Saline et leurs plages agréables. Ainsi, Saint-Paul, qui a reçu en 2012 le label Ville d'art et d'histoire, concentre tout ce que la Réunion peut offrir : lagons bleu et vert, villages créoles, vestiges historiques et sentiers de grande randonnée.

LE CENTRE HISTORIQUE DE L'ÎLE Cette ville paisible devrait son nom à la prise de possession de l'île par les tout premiers marins français le 29 juin 1646, jour où l'on fête les apôtres Paul et Pierre. D'ailleurs, la grotte où les premiers colons trouvèrent refuge, juste en face, aujourd'hui, du cimetière marin, est longtemps restée l'une des attractions touristiques de la ville (fermée pour raison de sécurité, elle devrait faire l'objet de travaux de réaménagement). Saint-Paul s'agrandit ensuite lentement, devant faire face à de nombreux drames, tel le cyclone de 1718 qui détruit l'ensemble de la vieille ville, alors constituée de modestes paillotes. Mais la cité perd définitivement de son lustre et de son influence en 1738, lorsque Saint-Denis devient à ses dépens la résidence du gouverneur Mahé de La Bourdonnais.

MODE D'EMPLOI

accès

EN VOITURE

L'inévitable N1 mène de Saint-Denis à Saint-Paul en 26km. Quelques embouteillages à prévoir en début et en fin de journée. Au sud, la route des Tamarins relie la ville au littoral occidental de l'île.

EN CAR

Cars jaunes Saint-Paul est bien desservie par le réseau. Que vous

Plan 2 Saint-Paul

Restauration, hébergement (n°1 à 5)

Kia Ora ____ **1** B2
La Barque ____ **4** A2
Là-bas, Ter la ____ **5** B2
Quai Ouest ____ **3** B2
Restaurant de l'Étang Saint-Paul ____ **2** C1

Bar, glacier (n°10 et 11)

La Cerise* ____ **10** B2
La Magie des Glaces* ____ **11** C1

Shopping (n°20 et 21)

Jaya Durga* ____ **20** B2
Tisannerie des Mille-feuilles* ____ **21** C1

*À RETROUVER DANS LA PARTIE DÉCOUVRIR

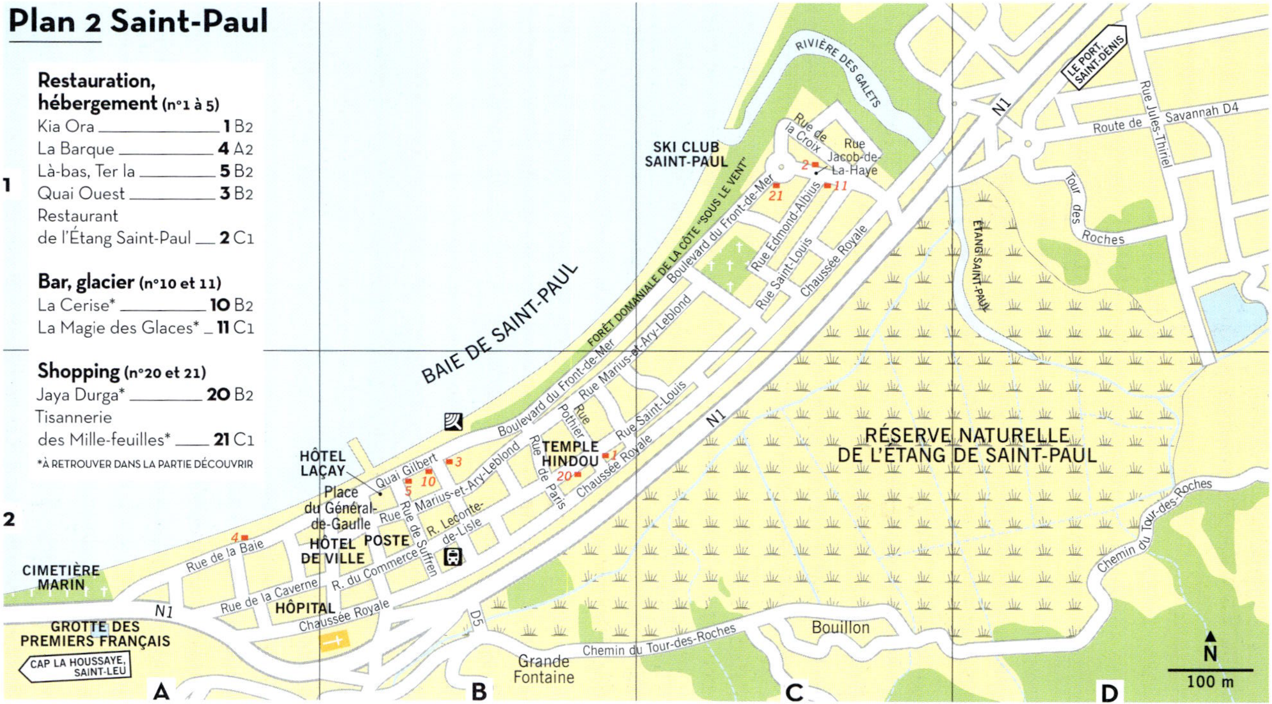

veniez du nord ou du sud, vous pouvez voyager avec les lignes A, B, C et D qui s'arrêtent toutes en ville. *Tél. 0810 123 974 www.cg974.fr*

Gare routière (plan 2, B2) *145, chaussée Royale Tél. 02 62 22 54 38*

orientation

Le centre-ville s'étend en longueur entre la promenade bordant l'océan et la chaussée Royale, parallèle à la nationale. Il est limité au nord par l'étang de Saint-Paul et au sud par le cimetière marin. Notre conseil : si vous arrivez en voiture, garez-vous sur le front de mer (opération toutefois un peu difficile le vendredi et le samedi, jours de marché) et parcourez les rues à pied.

informations touristiques

C'est le gros problème de cette commune, si étendue qu'on ne sait où chercher, ni surtout où trouver l'information. Il faudra vous rendre à Saint-Gilles (p.132), qui dépend de la municipalité de Saint-Paul, pour trouver l'office de tourisme. Si vous êtes totalement perdu, vous pouvez contacter la mairie dont le personnel saura certainement vous aiguiller.

Hôtel de ville (plan 2, B2) *Pl. du Général-de-Gaulle Tél. 02 62 45 43 45 Ouvert lun.-jeu. 8h-16h, ven. 8h-15h*

marchés

Marché du front de mer (plan 2, B2) Un des marchés de l'île les plus courus de l'île. *Bd du Front-de-Mer Ven. 6h-17h, sam. 6h-13h*

Brocante (plan 2, B2) *Bd du Front-de-Mer Dernier dim. du mois*

fêtes et manifestations

Fête coco Cette manifestation consacrée au fruit du cocotier s'organise autour de dégustations, d'expositions d'artisanat, de concerts et... de concours du meilleur grimpeur... *Oct.*

Semaine créole On y fête, entre autres, Granmère Kalle, figure insulaire qui peuple les contes pour enfants. *Oct.*

Festival du Film de la Réunion À Saint-Paul et Saint-Gilles, diffusion de premiers et seconds longs-métrages en présence d'un jury. *www.festivaldufilmdelareunion.com Une semaine en nov.*

Megavalanche Compétition de VTT sur les pentes du Maïdo. *Nov.*

Fête du géranium Dans les Hauts, à La Petite France, on célèbre la fin de la récolte du géranium. *Début déc.*

Tableau kilométrique

	St-Paul	Boucan-Canot	La Possession	St-Denis	St-Gilles	St-Leu
Boucan-Canot	10					
La Possession	15	27				
St-Denis	26	41	14			
St-Gilles	10	4	23	37		
St-Leu	26	20	39	53	16	
Trois-Bassins	19	19	31	45	18	15

DÉCOUVRIR

☆ **Les essentiels** Le marché du front de mer, le tour des Roches, le cap La Houssaye **Découvrir autrement** Faites du ski nautique dans la baie de Saint-Paul, dégustez des samoussas achetés au marché en flânant dans le centre-ville, survolez les cirques du haut d'un ULM

Saint-Paul

Centre-ville (plan 2, A-B2) Peu de curiosités en ville, mais une atmosphère paisible propice à la flânerie. Commencez votre balade sur le **front de mer** (plan 2, B2), longue promenade aménagée où les Saint-Paulois goûtent en soirée la fraîcheur de l'air marin. Appréciez la plage de sable noir battue par l'océan, extrêmement dangereux en raison des courants violents. Face à la jetée, remarquez l'Hôtel Laçay, premier établissement hôtelier de l'île, classé monument historique. Engagez-vous ensuite dans la **rue de Suffren**, à l'angle des derniers snacks, pour entrer de plain-pied dans le mini centre, jalonné de boutiques de vêtements et d'épiceries créoles. La rue abrite en outre la mosquée de Saint-Paul, qui se visite. Bifurquez rapidement sur la droite pour vous rendre **place du Général-de-Gaulle**, devant laquelle trône l'hôtel de ville, imposant bâtiment administratif de la Compagnie des Indes qui servit aussi de caserne d'infanterie. Remontez ensuite vers la nationale, pour parcourir **la chaussée Royale** (plan 2, B2-C1), qui a perdu son charme arboré d'antan, excepté au n°223, la très élégante **École franco-chinoise**, construite dans le style de Pondichéry. Encore désignée sous son nom d'origine, Grand Kour, elle fut la propriété de la fameuse Mme Desbassayns (p.44). Au mois de février, de nombreuses manifestations s'y déroulent à l'occasion du Nouvel An chinois. Dans la **rue Saint-Louis** (parallèle), arrêtez-vous devant les fresques et les statues toujours pimpantes du temple hindou, l'un des plus prestigieux de l'île, dédié à Mourouga, fils de Shiva (pensez à vous déchausser dans l'enceinte du temple).

Cimetière marin (plan 2, A2) Coincé entre la nationale et l'océan, ce cimetière invite à une balade instructive. À l'entrée, côté parking, un panneau situe l'ensemble des célébrités inhumées ici. On découvre tout d'abord la tombe d'Olivier Le Vasseur, alias La Buse, pirate renommé dans l'océan Indien. Un petit canon jouxtant la sépulture et une tête de mort gravée sur la croix indiquent clairement les funestes occupations qui agitaient la vie de cet homme-là. En s'enfonçant dans le cimetière, vers la mer, on aperçoit l'endroit où sont enterrés les naufragés de Ker-Aven, un trois-mâts nantais symbolisé par une ancre blanche, qui sombra à la pointe des Aigrettes en décembre 1804. Chemin faisant, on arrive à l'allée centrale, bordée de palmiers, où se dresse, dos à l'océan et face à une fontaine, le buste du poète parnassien, gloire réunionnaise, Leconte de Lisle (p.39). *Route des Premiers-Français (à l'extrémité sud de la ville) Tél. 06 92 86 32 88 (visites guidées) Ouvert tlj.*

Grotte des Premiers Français (plan 2, A2) L'une des nombreuses cavités creusées au pied de la falaise aurait servi de refuge aux premiers Français débarqués sur l'île Bourbon en 1646, les fameux mutins de Fort-Dauphin (p.26). *Route des Premiers-Français* ***Saint-Paul*** *(de l'autre côté de la nationale, face au cimetière) L'accès au site a été fermé au public en raison des risques d'éboulements*

Forêt domaniale de la côte "sous le vent" (plan 2, C1) Lorsque l'on continue la balade du front de mer vers le nord, le tissu urbain se desserre peu à peu. Au bord de l'océan, une bande forestière gérée par l'ONF offre un espace de promenade vivifiant, avec des sentiers serpentant à l'ombre des filaos. Des joggeurs s'y entraînent quotidiennement, quelques amoureux y flânent. *Bd du Front-de-Mer (au nord de la ville)*

Réserve naturelle de l'étang Saint-Paul (plan 2, CD1-2) À l'extrémité de la forêt domaniale se trouve l'étang Saint-Paul avec son parking aménagé juste en face d'une aire de pique-nique… hélas ! parfois jonchée de détritus. Il est vrai que l'endroit serait plaisant, situé le long d'une retenue d'eau protégée des caprices de l'océan par de petites digues de pierre noire sans les souvenirs laissés chaque fin de semaine par les pique-niqueurs. Heureusement, ces désagréments sont de plus en plus rares depuis 2008, date à laquelle l'étang a été classé réserve naturelle. Quoi qu'il en soit, l'étang préserve mieux son aspect sauvage vers l'intérieur des terres. Il constitue un espace géologique riche où nichent poules d'eau et butors verts. Les Créoles y pêchent également, à bord de barques à pans coupés typiques. Vous pouvez longer ce territoire, formé par la confluence d'une dizaine de petites ravines, en parcourant le Tour des Roches. *Au nord de la ville, près du bord de mer*

☆☺ **Tour des Roches (plan 2, C2-D2)** Accolée à l'étang, cette zone semi-marécageuse regroupe une multitude d'espèces végétales (bambous, cocotiers, papyrus, palmiers…). On vient se rafraîchir près du bassin de la Perrier et rêver, nostalgique du temps *lontan*. Les villageois continuent de vivre d'une exploitation agricole mesurée et "biologique", en harmonie avec ce cadre surprenant où vous aurez notamment le loisir d'observer un ancien moulin à eau. Un parcours dépaysant d'environ une demi-heure en voiture. *Chemin de la Tour-des-Roches (accès par la route de Savannah, à la sortie nord de Saint-Paul)*

● Se faire du bien avec les tisanes lontan

Tisannerie des Mille-feuilles (plan 2, C1 n°21) Vous souffrez d'une bronchite ? d'un nerf coincé ? de règles douloureuses ? de stress, de troubles cardiaques ou de tout autre mal ? Saviez-vous qu'il est possible, sinon de se soigner, au moins de soulager des douleurs grâce aux plantes ? Si vous souhaitez en savoir plus, rendez visite à Christian, tisaneur passionné (certains diront illuminé…) qui tient cette boutique à l'extrémité nord du front de mer, là où l'étang rejoint la baie de Saint-Paul. Sa cahute sans prétention recense près d'une centaine de mélanges-remèdes qui font le bonheur des habitués, les Réunionnais étant de fervents adeptes de ces tisanes lontan. Comptez environ 10€ le sachet de 200g, avec lesquels vous préparerez 15 à 20 litres de potion… magique ? *172, bd du Front-de-Mer Tél. 06 92 89 20 61 ou 06 92 32 92 84 Ouvert lun.-ven. 9h-16h30, sam. 9h-14h*

● Mieux comprendre le culte malbar, s'offrir un sari

Jaya Durga (plan 2, B2 n°20) Richement décorés, les nombreux temples et petites "shapels" que vous apercevrez dans l'île ne révèlent pas grand-chose des divinités auxquelles ils sont dédiés, ni de la piété de la communauté malbar (p.35). Pour s'y retrouver dans la complexe cosmogonie hindouiste, les multiples fêtes et leurs rituels, une conversation avec Jean Gereone qui tient, face au temple de Mourouga, la boutique Jaya Durga, sera très éclairante. Ceux que les discussions théologiques laissent indifférents auront plaisir à déambuler parmi les divers trésors colorés de la boutique : articles de cérémonie, fleurs, livres, encens, plateaux d'offrandes, épices, bijoux, saris et écharpes. *90, rue Saint-Louis Tél. 02 62 45 57 89*

● Où acheter de l'ananas ou du poisson frais ?

☆ **Marché du front de mer (plan 2, B2)** Si vous croisez beaucoup de touristes sur la promenade, ne vous y méprenez pas, il ne s'agit pas d'un attrape-nigaud. Au contraire : les Réunionnais font souvent plusieurs dizaines de kilomètres afin de s'approvisionner ici en produits frais, notamment le vendredi. Attention, le samedi, les étals sont quelquefois moins bien fournis après la ruée de la veille… L'ambiance y est particulièrement colorée et c'est l'occasion inespérée de demander conseil aux marchands sur la variété des fruits et légumes de la Réunion. Au bout de la promenade, en lisière du sable noir, une baraque balayée par la brise de mer, constitue une pause bienvenue pour accompagner d'un jus de fruit frais les samossas, bouchons et autres bonbons piments dont vous aurez fait provision sur le marché. *Bd du Front-de-Mer Ven. 6h-17h, sam. 6h-13h*

● Où déguster un macaron glacé ?

☺ **La Magie des Glaces (plan 2, C1 n°11)** La saveur du fruit, le craquant du biscuit, la fraîcheur de la glace… tout cela dans un mets, unique à la Réunion : le macaron glacé. Au goyavier, à la mangue, à la violette, à la vanille… Neuf cents macarons (!) se vendent ici chaque semaine, à 1€ pièce, prix honnête vu la taille de la douceur. Mais cet artisan-glacier installé à proximité de l'étang Saint-Paul n'a pas oublié ses premières amours. Vous pourrez donc hésiter longuement devant le large choix de parfums de glaces et de sorbets, tous plus originaux et délicieux les uns que les autres : cannelle, cardamome, letchi, miel-gingembre, passion-géranium, mangue-piment, mangue josé, patate douce, violette, mojito, tangor… À déguster sur place ou à emporter. *1, rue Edmond-Albius Tél. 02 62 45 25 48 Ouvert mar. et ven.-sam. 10h-12h30 et 14h-19h, mar.-mer. 14h-19h, dim. et j. fér. 10h-12h30 et 15h-19h*

● Où boire un verre, écouter de la musique live ?

☺ **La Cerise (plan 2, B2 n°10)** Certes, le look branché de la Cerise est loin des clichés d'une Réunion "pittoresque"… Mais ce bar tout de rouge vêtu et joliment décoré est le seul endroit de vie nocturne du centre-ville de Saint-Paul, et donc incontournable si vous souhaitez boire une bière ou un verre de vin en soirée. La Cerise est aussi et surtout un haut lieu culturel réunionnais, puisque ce café des arts pensé et tenu par Emilie et Julie accueille des événements artistiques éclectiques : expositions, théâtre, slam, philosophie… Le tout, précision importante, sans chichis et sans se prendre la tête. Les soirs de concert, les habitués envahissent la rue pour discuter en profitant de la (relative) fraîcheur de la nuit saint-pauloise. Mais chut, les voisins dorment… *1, rue Eugène-Dayot Tél. 0262 96 21 69 www.lacerise.re Page FB La cerise sur le chapeau Ouvert mar. 8h-14h et 18h-22h, mer. 8h-19h, jeu. 8h-14h et 18h-0h, sam. 9h-14h et 18h-0h*

● Monter à bord d'un drôle de Ti-train

Rosalie Instructif et apaisant ! Laissez vos a priori sur les petits trains de côté et montez à bord de Rosalie. C'est parti pour une balade d'une heure et demie. Au rythme des commentaires et de la musique lontan, vous découvrirez le cœur historique de Saint-Paul et la végétation luxuriante du Tour des Roches (départs ven. à 10h30 et 13h30, le samedi à 10h). Deux autres circuits : "Saint-Gilles lontan" pour découvrir l'histoire d'une station balnéaire créole (mer. 10h30, départ du port de Saint-Gilles, durée 1h) et "À la découverte du littoral", circuit des plages avec arrêts, des Brisants à la Saline-les-Bains (sam. 14h-18h, dim. et j.fér. 10h-12h et 14h-18h, 1€). *Départ devant le débarcadère du front de mer Tél. 02 62 24 27 00 ou 06 92 60 39 55 (réservation) www.rosalie.re Tarif 4-5€, 3 à 11 ans de 2-4€ (billets en vente auprès du chauffeur)*

● S'offrir un baptême de ski nautique

Ski-Club Saint-Paul (plan 2, C1) Un cabanon et une jetée de planches servent de siège à l'un des rares clubs de ski nautique de la Réunion. Ce qui explique les tarifs : 4€/min et 210€/h. Un baptême vous coûtera 40€. *1, rue de la Croix **Saint-Paul** (parking de l'étang) Tél. 02 62 45 42 87 www.skiclubdelareunion.com Ouvert tlj. 9h-coucher du soleil*

LA CÔTE OUEST "SOUS LE VENT"

Les environs de Saint-Paul

☆ **Cap La Houssaye (hors plan 2 par A2)** Fermeture naturelle de la baie de Saint-Paul, cette avancée basaltique abrite une savane aride, et l'un des rares sites complètement protégés de l'urbanisation rampante de la côte ouest. De nombreux projets de ports et de jetées auraient pu dénaturer les environs de cette falaise sauvage au fil des siècles mais, de difficultés techniques en problèmes financiers, les ingénieurs ont toujours fini par renoncer. Pour notre plus grand bonheur… *N1A (Route des Premiers-Français) Parking sur le bord de la nationale, sortie sud de Saint-Paul (à 2,5km du cimetière)*

Les Hauts de Saint-Paul Si vous disposez d'un peu de temps et d'un véhicule, réservez-vous au moins 1h30 pour aller de Saint-Paul à Trois-Bassins en passant par **Saint-Gilles-les-Hauts** (p.146). À partir de Saint-Paul, prenez la D5 jusqu'au lieu-dit Bernica, puis sur la droite empruntez la D4E, qui redescend pour raccrocher la D6. Vous bifurquez alors sur la gauche vers Saint-Gilles-les-Hauts. Continuez vers La Saline, puis direction **Trois-Bassins** en rattrapant la D4. Cet itinéraire particulièrement sinueux, surtout dans sa seconde partie, vous permet de traverser de petits hameaux typiques, aux épiceries colorées et aux snacks frappés à l'effigie de la bière locale, la Dodo, après avoir gravi une magnifique montée à flanc de falaise avant Bois-Rouge. Vous vous retrouverez constamment à la lisière des champs de canne, parfois difficiles à observer en raison des nombreux virages qui demandent une attention constante au

VU DU CIEL Une bonne alternative à l'hélicoptère pour admirer les cirques d'en haut : l'ULM, moins cher (moins confortable aussi !) que son concurrent. Au programme, différents circuits qui varient du simple et rapide survol de Mafate (65€/30min), à l'observation de Mafate, de Salazie et du Trou de Fer (125€/environ 50min), en passant par le tour presque complet de l'île (200€/1h30). **Félix ULM (hors plan 2 par D1)** *Base ULM de Cambaie-Saint-Paul Rue Marthe Bacquet (entre Le Port et Saint-Paul, sortie Cambaie) Tél. 02 62 43 02 59 ou 06 92 87 32 32 www.felixulm.com*

conducteur. Essayez néanmoins de profiter du paysage lorsque vous passez les nombreuses ravines qui jalonnent le parcours : elles sont souvent majestueuses, notamment celle de Trois-Bassins, avec ses rochers grandioses semblables à des galets géants. Vous ne manquerez pas non plus de remarquer les innombrables ti'bon Dieu aux couleurs rouges de saint Expédit, entourés d'une végétation foisonnante. Une certitude à la fin de cet itinéraire : vous venez de traverser un des paysages les plus attachants de la Réunion.

Où manger sur le pouce ?

Le Madison Si vous vous baladez sur la route des hauts ou si vous avez eu la bonne idée d'aller nager à la magnifique piscine de Vue-Belle (nichée dans l'ancienne usine sucrière, 1 € l'entrée), faites une pause déjeuner au Madison. Située en plein cœur de la Saline-les-Hauts, cette gargote péi typique offre certes une décoration minimaliste, mais vous y dégusterez sur des tables recouvertes de toile cirée de très bons caris (goûtez les shop suey), pour la modique somme de 5 €. Complétez avec une Dodo et, l'espace d'un repas, vous ne serez plus vraiment des touristes, mais quasiment des créoles des hauts. *Allée immaculée* ***La Saline-les-Hauts*** *(à 5km au sud de Saint-Gilles-les Hauts, sur la rue principale de la Saline-les-Hauts) Tél. 02 62 33 75 51*

LA CÔTE OUEST "SOUS LE VENT"

CARNET D'ADRESSES

Restauration, hébergement

Pour déjeuner ou dîner sur le pouce, vous pouvez opter pour les habituels snacks et camions-bars qui s'alignent le long du bord de mer et proposent les incontournables sandwichs, bouchons et caris à emporter, à petits prix. Quelques bonnes tables ont ouvert ces dernières années.

prix moyens

Restaurant de l'Étang Saint-Paul (plan 2, C1 n°2) Une belle et sympathique adresse, également appelée

GAMME DE PRIX	RESTAURATION	HÉBERGEMENT
Très petits prix	moins de 8€	moins de 15€
Petits prix	de 8 à 15€	de 15 à 30€
Prix moyens	de 15 à 25€	de 30 à 50€
Prix élevés	de 25 à 40€	de 50 à 100€
Prix très élevés	plus de 40€	plus de 100€

"Chez Floris". Située un peu à l'écart du centre, en bord de rue, cette paillote évoquant la cabane de Robinson Crusoé est à la fois empreinte de simplicité pour la cuisine (grillades et plats créoles au feu de bois de 11€ à 16€, entrecôte à 18€) et d'exubérance pour le décor. On n'hésite pas à prolonger la pause par un bon petit rhum arrangé, d'autant que le service est avenant. *1, bd Jacob-de-La-Haye* ***Saint-Paul*** *Tél. 02 62 45 29 68 ou 06 92 31 36 97 Ouvert lun. et mer.-sam. midi et soir, mar. et dim. uniquement midi*

La Barque (plan 2, A2 n°4) À deux pas du cimetière marin et à 500 m du marché de Saint-Paul, franchissez sans hésitation le mur taupe de La Barque. Non seulement vous vous y régalerez des bons plats cuisinés par la chef Sophie (steak de thon mi-cuit au chèvre et huile au basilic à 17 €, poêlée de la mer à 18 €, tartare de thon aux fruits de la passion à 17 €...), mais en plus vous profiterez du calme et de la vue. Bercé par le bruit des vagues sur la plage de sable noir, le restaurant offre une vue unique sur la baie qui vit arriver les premiers habitants de l'île il y a près de quatre siècles. En bonus, une piscine accessible à la clientèle, mais sans plongeon ! Concert le vendredi soir. Possibilité de repas à emporter. *48, rue de la Baie* ***Saint-Paul*** *Tél. 02 62 19 96 25 Ouvert lun.-jeu. uniquement midi, ven.-sam. midi et soir*

☺ **Là-bas, Ter la (plan 2, B2 n°5)** Si vous en avez assez des (bons) caris des snacks du marché et que vous rêvez d'un "vrai" restaurant, réservez chez Là-bas, Ter la, une table gourmande à la décoration fraîche et épurée. Attention, si vous venez pour déjeuner ou dîner les prix ne seront pas les mêmes. En revanche, l'originalité et la précision des plats à tendance bio resteront identiques : le midi, lomo saltado (14 €), tofu à la rodriguaise (12 €), canard au curry vert (14 €) ; le soir, rognons de veau à la mistelle de goyavier (17 €), magret de canard et caramel au gingembre (20 €), mousseline de Saint-Jacques et sauce au faham (22 €). *4, rue Eugène-Dayot* ***Saint-Paul*** *Tél. 02 62 57 10 51 Page FB Ouvert mar.-ven. 12h-13h30 et 19h-21h30, sam. 19h-21h30*

Quai Ouest (plan 2, B2 n°3) Les chambres d'hôtes des Hauts affichent complet ? Voici un hôtel utile pour une nuit, guère plus. Deux catégories de prix pour des chambres standard et sans charme : 40€ et 60€ avec TV (petit déj. 6€). Le restaurant peut, quant à lui, offrir une halte plaisante pour qui ne prête guère attention à la décoration aseptisée : à volonté, on peut profiter du buffet froid à 10€ ou chaud à 14€. Accueil parfois peu chaleureux. Karaoké les ven. et sam. soirs. *8, bd du Front-de-Mer* ***Saint-Paul*** *Tél. 02 62 45 57 17 Restaurant Ouvert lun. midi ; mer. midi ; mar. et jeu.-sam. midi et soir*

La Caz des orangers On respire un parfum de liberté dans cette maison d'hôtes perchée à 500m, au-dessus de Saint-Paul. Parce que de la varangue la vue va se perdre jusqu'à la mer, parce que Jérôme, originaire de Mafate, a l'hospitalité chaleureuse des gens des Hauts. Les résidents des 6 chambres claires (de 36€ pour 2 pers. à 68€ pour 4 pers., petit déj. inclus) se partagent salles de bains et sanitaires. Si vous optez pour l'une des 3 chambres avec sdb privées, comptez 50€. Une cuisine commune est mise à disposition pour préparer sa popote quand on ne choisit pas la demi-pension. Repas à 10€ pour les résidents (sinon 16€). Studio tout équipé, de 165€ pour 3 nuits (min.) à 330€/sem. Wifi à disposition. *24, impasse Cernot-Sans-Souci-les-Hauts Bois-de-Nèfles* ***Saint-Paul*** *(10km env. de Saint-Paul, au rond-point de Cambaie, prendre dir. lycée agricole et Grand Pourpier ; puis après 3km environ, dir. "plateau sportif" et "canalisation des orangers". Compter env. 20min de trajet) Tél. 02 62 44 50 32 ou 06 92 08 23 12 www.lacazdesorangers.com*

prix élevés

☺ **Kia Ora (plan 2, B2 n°1)** Mylène et Bruno vous accueillent chez eux, dans leur belle case du centre-ville , à 50 m du temple hindou. Au menu de cette maison d'hôtes, lecture et détente sous la varangue, repos et fraîcheur au bord de la piscine. Vous logerez à l'étage, dans l'une trois chambres joliment décorées et bien équipées (clim., TV) : Coco, avec son lit double et sa salle de bain (85€) ; Orchidée ou Letchi, qui se partagent une salle de bain (65€). Servi sous la varangue des propriétaires, le petit déjeuner est copieux et savoureux, avec ruits de saison. En revanche, et c'est dommage, pas de table d'hôtes. *204, rue Saint-Louis* ***Saint-Paul*** *Tél. 02 62 25 31 68 www.kiaorarun.com*

LE GUILLAUME ET LA PETITE-FRANCE

97423

Sur le territoire communal de Saint-Paul, ces deux charmants villages des Hauts, aux habitations dispersées, représentent des points d'ancrage incontournables avant d'atteindre le point de vue saisissant sur Mafate du sommet du Maïdo (2 203m). Ils constituent aussi une frontière entre la canne à sucre, plantée jusqu'à 1 000m d'altitude, et le géranium, dont la culture – déclinante – commence 500m plus haut. Vous aurez la chance de pouvoir visiter les dernières exploitations encore en activité, produisant l'huile essentielle de géranium, très recherchée par les parfumeurs. Sur le chemin, vous trouverez également d'accueillantes chambres d'hôtes, qui justifient à elles seules l'ascension. Enfin, vous comprendrez par vous-même la signification de l'appellation "Petite-France", en découvrant une belle forêt peuplée notamment de chênes, de hêtres et de platanes… si communs en métropole.

LE GÉRANIUM : LE PARFUM DES HAUTS Il fut un temps où les plus grands parfumeurs faisaient le voyage à la Réunion pour traquer la meilleure huile essentielle de géranium au monde. Il fut un temps où les parfumeries de Grasse ne juraient que par la production réunionnaise, considérée d'une qualité exceptionnelle. C'était l'époque où les parfums de synthèse n'existaient pas et où le géranium rosat, originaire d'Afrique du Sud, constituait l'une des grandes richesses de l'île. Aujourd'hui, la production est insignifiante par rapport à ce qu'elle était au début du XXe siècle : à force de subventions, elle se maintient aux alentours de 1 à

2 tonnes par an (contre près de 16t en 1992). Après avoir presque disparu de la plaine des Cafres, l'exploitation se perpétue essentiellement dans les Hauts de l'Ouest, au-delà de 1 000m, où l'on compte ainsi une cinquantaine de distilleries artisanales.

MODE D'EMPLOI

accès

EN VOITURE

Il est quasiment impératif de disposer d'un véhicule, tant les routes qui rejoignent les deux villages sont sinueuses. De Saint-Paul, vous empruntez la D5 puis la D7 passant par Bois-Rouge, de loin l'itinéraire le plus rapide (11km). Vous pouvez cependant opter pour un parcours plus long mais splendide, en prenant la D4 qui traverse Le Bois-de-Nèfles, puis se transforme en D3, connue sous le nom de route Hubert-Delisle (18km environ), belle voie qui monte au Maïdo (non desservi par le car). Pour atteindre La Petite-France, il faut rattraper la route forestière 8 de cette dernière.

EN CAR

Kar'Ouest La ligne 2 du réseau Kar'Ouest dessert Le Guillaume et La Petite-France au départ de Saint-Paul. *Tél. 0810 45 65 20 www.karouest.re*

informations pratiques

Malgré la modestie du Guillaume, vous y trouverez toutes les facilités pour préparer une randonnée ou un court séjour (distributeur automatique de billets, poste, épicerie, traiteur, station-service...). Pour les informations touristiques, nous craignons qu'il vous faille descendre à Saint-Gilles-les-Bains (p.132)...

DÉCOUVRIR

Le Guillaume et La Petite-France

☆ **Les essentiels** Le panorama du haut du piton Maïdo **Découvrir autrement** Achetez de l'huile essentielle de géranium, grimpez jusqu'au sommet du Grand Bénare pour admirer la vue, testez votre agilité dans la Forêt de l'Aventure

☆ **Piton Maïdo (2 203m)** Le sommet du Maïdo, accessible en voiture, est l'un des passages obligés pour admirer Mafate d'en haut. Il faut s'y rendre de préférence tôt le matin (avant 7h30), afin de voir le cirque dégagé et d'éviter les cars touristiques qui affluent à partir de 8h. Bien que le paysage soit encore marqué par le terrible incendie survenu en octobre 2010, responsable de la disparition de plus de 780ha de végétation, la vue demeure impressionnante ! Au bord de la falaise, on distingue le bourg de La Nouvelle surmonté par le Gros Morne (3 013m), posé au milieu de ravines et d'à-pics, promesse de belles et difficiles randonnées. Un spectacle absolument splendide par temps clair, avec le bourdonnement des hélicoptères et des ULM en fond sonore. *Rte du Maïdo (accès par un sentier au-dessus du parking)*

GEOPLUS

De la côte ouest aux cirques en deux jours

Du littoral ouest, propice au farniente comme aux plaisirs sportifs, on rejoint en quelques virages les paysages authentiques et l'air pur de Cilaos.

1ER JOUR

9h **Saint-Paul** (p.114) Baladez-vous sur le front de mer qui longe la plage de sable noir, puis dans le centre pour ses boutiques créoles et ses quelques perles de l'architecture coloniale.

> MARCHÉ DE SAINT-PAUL (p.116) L'un des plus réputés de la Réunion pour y acheter litchis ou mangues selon la saison, bonbons piments, samoussas... Ven.-sam.

11h **Saint-Gilles-les-Bains** (p.132) Sans hésiter, filez à la **plage de l'Hermitage** (p.137). La baignade dans ce lagon aux eaux cristallines est paradisiaque !

Déjeuner Délicieux tartares de poisson aux rondavelles de la plage : à déguster les pieds dans l'eau !

14h30 **Les Hauts** Sillonnez la campagne via Saint-Gilles-les-Hauts pour une visite passionnante au **musée Villèle-Chapelle pointue** (p.146), ancien domaine d'un riche propriétaire terrien.

15h30 Reprenez la **route du Maïdo** (p.124). Au bout du chemin, l'un des plus beaux **panoramas** de l'île et à vos pieds, le cirque de Mafate, ses hameaux perchés au-dessus d'à-pics et qui ne se découvrent qu'à la force du mollet.

17h **Saint-Leu** (p.183) Les anciens entrepôts de la Compagnie des Indes rappellent le passé prestigieux de cette attachante cité posée en bordure de lagon.

Dîner et nuit **au Blue Margouillat**, au bord de la piscine (p.185) : grand luxe et sérénité se sont donné rendez-vous.

2E JOUR

9h Laissez-vous charmer par le ballet aquatique des tortues de **Kélonia** (p.180). Poursuivez cette journée placée sous le signe de la nature par la visite du **jardin de Mascarin** (p.182) : 2h de visite captivante dans un éden tropical.

Déjeuner **à la Villa vanille** (p.184) pour ses poissons grillés.

15h30 **La route "aux 400 virages"** (p.302). Au terme de quelques frissons, vous atteignez Cilaos, une halte de choix. Au menu "bon air-bonne chaire" !

16h30 **Le chai de Cilaos** (p.305) pour une dégustation du "vin des tropiques".

Dîner **Chez Noé** (p.312), on y partagera un plat de lentilles sur la terrasse accueillante.

Nuit **au Bois rouge** (p.315) où l'on dort du sommeil du juste.

Où acheter de l'huile essentielle de géranium ?

L'Alambic-Chez Bègue La première boutique du genre en montant vers le Maïdo. Le bois crépite sous l'alambic, d'où s'exhale un agréable parfum fleuri. Le patron prend son temps pour expliquer les différentes étapes de la distillation (appréciable lorsque le lieu n'est pas pris d'assaut par un car de touristes !). Et vous pouvez prolonger ce moment en dégustant un rhum arrangé de fabrication maison ou en choisissant un flacon (env. 5€/10ml) aux vertus apparemment curatives (contre l'eczéma et les engelures, par exemple). *403, rte du Maïdo-La Petite-France Tél. 06 92 64 58 25 ou 02 62 59 71 94 Ouvert tlj. 8h-17h*

La Maison du géranium Si l'accueil s'avère moins avenant, le site est en revanche plus séduisant : un jardin, deux belles cases aux murs tressés et un appentis où chauffe l'alambic forment un décor élaboré. Visite guidée avec dégustation de produits à base de géranium. L'huile essentielle de géranium se négocie à 7€ les 10ml. *1 400, rte du Maïdo-La Petite-France (environ 3km après l'adresse précédente, en montant) Tél. 06 92 82 15 00 Ouvert tlj. 8h30-16h (fermé 2 mer./mois)*

Randonner au départ du Maïdo

Grand Bénare L'ascension du Grand Bénare (2 896m) est un classique de la marche à pied à la Réunion, en partie en bord de crête, qui offre une magnifique vue plongeante sur le cirque de Mafate. Le chemin est d'abord en pente douce, faite de cailloux et de blocs de roche posés au milieu d'une végétation éparse de buissons, de fleurs jaunes et de fougères. Vous laissez le piton Bernica (2 156m) sur votre droite pour rejoindre finalement le bord du rempart (bifurquez à gauche), d'où le Grand Bénare se détache bientôt face à vous. Là, le panorama sur Mafate devient saisissant, à mesure que le sentier en lacet grimpe de plus en plus et que les jambes s'alourdissent. Vous apercevez Les Trois-Roches et le village de La Nouvelle, le bourg de Marla se trouve juste à vos pieds et le piton des Neiges en face (3 070,5m). Vous atteignez bientôt un carrefour et un chemin qui mène à La Glacière. Continuez le vôtre tout droit jusqu'au Grand Bénare (2 896m) que vous devriez atteindre au bout d'environ 3h30. C'est le moment de faire une pause, en plein soleil la plupart du temps, pour admirer Mafate à gauche et Cilaos sur la droite, au-delà du Taïbit. Enchanteur ! Ensuite, au choix, reprenez le même sentier qu'à l'aller, ou dirigez-vous vers La Glacière par le sentier du Grand Bénare. Ce lieu-dit tient son nom du fait que l'on trouvait autrefois de la glace dans la caverne éponyme que l'on

Un parfum raffiné

Techniquement, ce sont les feuilles de géranium qui recèlent ce fixateur de parfum si recherché. Le producteur les plonge dans un alambic chauffé au feu de bois. La "cuite" entraîne la condensation de l'essence en vapeur, qui est ensuite réfrigérée dans un autre récipient puis, à travers le serpentin, acheminée dans le "vase florentin". Cette opération dure au moins 4h, le feu de rondins étant continuellement entretenu à la main. Une opération à laquelle vous pouvez assister chez les producteurs, le long de la route qui mène au Maïdo.

découvre après environ 1h30 de marche ("Bénare" vient du malgache *bénaré*, signifiant "très froid"). Sachez que Mme Desbassayns (p.43) envoyait ici ses esclaves depuis Saint-Gilles-les-Hauts récupérer des pains de glace et redescendre dans la foulée au domaine de Villèle, certains mourant d'épuisement... Quant à vous, il vous reste encore 1h30 au minimum pour rejoindre votre véhicule sur le parking. **Accès** *Parking du Maïdo* **Durée** *8h (AR)* **Parcours** *AR de 18,6km, balisé en blanc* **Dénivelé** *690m* **Difficulté** *Difficile*

● Vivre des sensations fortes

Forêt de l'Aventure Un parc de 3ha avec échelles de corde, ponts instables enjambant la ravine, filins de toutes sortes... Entre le parcours de santé et celui du combattant, vous évoluerez la plupart du temps à plus de 10m du sol, toujours accompagné par un professionnel chargé de veiller à votre sécurité. *Route Forestière des Cryptomérias-La Petite-France (accès par la route du Maïdo : à la sortie de La Petite-France, prendre la première à gauche, dir. forêt des Cryptomérias. Le site se trouve sur la gauche) Tél. 06 92 30 01 54 Ouvert mer. et ven.-dim. 9h30-17h30 sur rés. (hors vac. scol. et j. fér.) ; tlj. 9h30-17h30 (hors vac. scol. et j. fér.) Parcours classique 20€, moins de 16 ans 15€ (taille minimum requise 1m40), enfant (dès 5 ans) 13€*

Relais du Maïdo Si vos enfants redemandent de l'aventure, plusieurs activités, luge d'été (3€ la descente), tir à l'arc, etc. sont proposées par ce snack-bar pris d'assaut par les cars de touristes. *Rte du Maïdo Tél. 02 62 32 40 32 www.lugereunion.fr Ouvert mer.-dim. 9h30-17h30 (tlj. durant les vac. scol.)*

CARNET D'ADRESSES

Restauration, hébergement

prix moyens

Chez Doudou Cette case en rondins vernis au bord de la route forestière attire l'œil et séduit les papilles. Les menus à 20€ (beignets, repas et café) ou à 25€ (beignets, repas, café, rhum arrangé et vin) vantent une cuisine du pays généreuse, avec le canard vanille ou l'original cari bois de songe en vedettes (réservez au moins 2 jours à l'avance). Tous les vendredis, dès 10h30, participez aux cours de cuisine du chef (sur réservation). Le service et l'accueil, comme à la maison, sont une raison supplémentaire de s'attarder un peu. *390 bis, rte du Maïdo* ***Le Guillaume*** *Tél. 02 62 32 55 87 ou 06 92 70 00 39 Ouvert jeu.-mar. uniquement midi (réservation conseillée dim.)*

Chez Rose Magdeleine Sur la route du Maïdo (à environ 30min en voiture du sommet), cet ensemble de cases à l'aspect de modeste complexe hôtelier représente une étape très pratique. Un regret : les chambres donnent malheureusement sur la salle du petit déjeuner (inconvénient pour les lève-tard !) ou sur celle du dîner (problème pour les couche-tôt !). À partir de 40€ la nuit pour 2 pers., petit déjeuner inclus. Table d'hôtes de bonne qualité (21€). *13, chemin de l'École* ***La Petite-France*** *(sur la RF8, à l'entrée de La Petite-France, à gauche) Tél. 02 62 32 53 50*

Chez Gaya et Suzie Dans une case au toit rouge ornée de lambrequins bordeaux, cernée d'un jardin touffu, les deux chambres doubles (45€ avec douche et WC, petit déj. inclus) ont été décorées de quelques objets malbars. Demandez de préférence celle de devant, la plus agréable, qui offre en outre une vue panoramique sur l'océan. La table d'hôtes (23€), dressée sous la varangue (close l'hiver) ou sur la terrasse au beau point de vue l'été, permet de goûter des spécialités indiennes et végétariennes, entre autres. Une seule réserve : la maison travaille avec les tour-opérateurs, ce qui entraîne des déjeuners parfois très animés, peu propices à l'intimité. *197, route Hubert-Delisle-Bellemène-Canot* **Le Guillaume** *(au rond-point qui débute la route du Maïdo en venant du Guillaume) Tél. 02 62 32 45 14 ou 06 92 52 82 59 www.chez-gayaetsuzie.sitew.com*

prix très élevés

☺ **La Clé des Champs** Perdue au cœur de la montagne, la grande demeure jaune apparaît au bout de la route sinueuse des Hauts de Bellemène. L'accueil est discret mais aimable à l'image des salons spacieux – donnant envie de s'installer comme chez soi – d'où l'on profitera de la vue grandiose sur la baie de Saint-Paul. Juste parfait pour qui en a les moyens : double à partir de 150€, petit déjeuner inclus. Après le dîner raffiné (comptez environ 50€/pers.) servi au jardin, face au soleil couchant, on prend ses quartiers dans l'une des 6 chambres à la décoration sans fausse note, situées à l'étage. En prime, vous apprendrez tout ou presque sur la culture du Bourbon pointu, le café dont Léon, le maître des lieux, est un fervent amateur-cultivateur. *154, chemin des barrières* **Bellemène-les-Hauts** *(au Guillaume, première intersection à droite après la route du Maïdo) Tél. 02 62 32 37 60 ou 06 92 20 17 04 www.laclédeschamps.re*

BOUCAN-CANOT

97434

L'expression est consacrée, mais elle lui va comme un gant : Boucan-Canot (prononcez "canotte") est le Saint-Tropez de la Réunion. Comptant quelques-uns des hôtels les plus luxueux de l'île, une plage parfaitement aménagée avec sa promenade éclairée le soir, une piscine naturelle, idéale pour les enfants, une eau cristalline et des z'oreilles qui lézardent au soleil, le lieu a un petit air de Côte d'Azur tropicale.

MODE D'EMPLOI

accès

EN VOITURE

Facilement accessible, Boucan-Canot, traversé par la route littorale (N1), est situé à moins de 5km de la route des Tamarins (voie rapide reliant Saint-Paul à L'Étang-Salé). Sachez que la route de la plage est à sens unique (axe nord-sud), ce qui réduit un peu la circulation au bord de la promenade.

EN CAR

Cars jaunes Boucan-Canot se trouve sur la route des grandes lignes du littoral (A, B, C et D), en venant de Saint-Paul et de Saint-Denis au nord, ou de Saint-Gilles-les-Bains, Saint-Pierre et Saint-Leu au sud. *Tél. 0810 123 974 www.cg974.fr*

informations touristiques

Comme les autres bourgs du territoire de Saint-Paul, Boucan-Canot dépend de l'office de tourisme, sis à Saint-Gilles-les-Bains, distant de 2km (p.132).

DÉCOUVRIR

Boucan-Canot

Découvrir autrement Barbotez, plongez et, en fin de soirée, offrez-vous un dîner gastronomique au Beau Rivage

● Aller à la plage, plonger avec masque et tuba

Plage de Boucan-Canot (plan 3, A1) Du sable blanc et fin, des filaos pour se procurer un peu d'ombre... et un pic de fréquentation dès le vendredi après-midi : la plage de Boucan-Canot a tout d'un cliché ! La baignade n'y est autorisée que dans la partie nord, où un poste de secours opère tous les jours de 10h à 17h. Dans cette zone de rochers volcaniques noirs, très belle en raison du contraste avec la mer et le sable, on peut explorer le relief avec un masque et un tuba, et découvrir sans mal une faune marine multicolore. À l'extrémité, un bassin creusé dans la roche et à l'abri des courants forme une piscine naturelle idéale pour les enfants, qui peuvent y barboter sous le contrôle de leurs parents.

● Où déguster un sorbet tangor ou une glace au spéculoos ?

Case Bambou (plan 3, A1 n°20) Sur le front de mer, cette crêperie-glacier est une annexe du Bambou Bar, restaurant couru des touristes et des amateurs de plage du week-end. Si vous appréciez les glaces et les sorbets, une halte s'impose. Côté glaces, une quinzaine de parfums au choix, dont l'excellent bacio et l'original speculoos. Les amoureux de fruits se délecteront, eux, selon la saison, des divins sorbets tangor (hybride de tangerine et d'oranger), fraise de Mont-vert, passion, orange-carotte-citron ou encore citron vert. De 2,50€ la boule en pot à 4,80 le pot triple. Une fois servi, fermez les yeux ou bien installez-vous sous les filaos face à l'océan bleu turquoise et déchaîné, et dégustez... *35, rue du Boucan-Canot Tél. 02 62 24 59 29 Ouvert mar.-dim. 10h-23h*

CARNET D'ADRESSES

Restauration, hébergement

Boucan-Canot offre deux options : on peut se restaurer rapidement dans l'un des snacks en dur qui bordent la promenade ou, si l'on préfère, réserver une table dans un hôtel de luxe comme le restaurant du Boucan-Canot, l'une des meilleures adresses dans cette catégorie.

Plan 3 Boucan-Canot

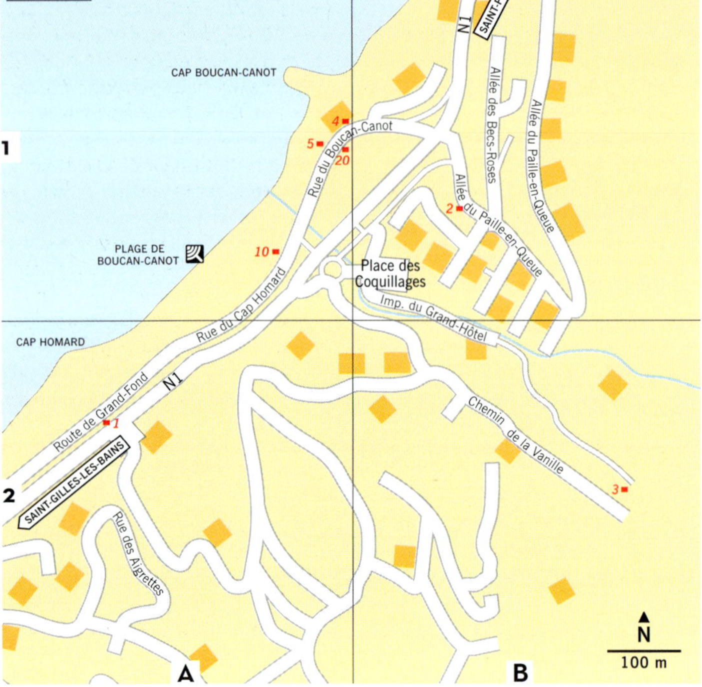

Hébergement (n°1 à 5)
Gîtes de Boucan-Canot ___ **3** B2
Hôtel Marina ___ **2** B3
La Villa du Soleil ___ **1** A2
Le Boucan-Canot ___ **4** A1
Le Saint-Alexis ___ **5** A2

Restauration (n°10)
Le Beau Rivage ___ **10** A1

Glacier (n°20)
Case Bambou* ___ **20** A1

* À RETROUVER DANS LA PARTIE DÉCOUVRIR

prix élevés

La Villa du Soleil (plan 3, A2 n°1) Une adresse honnête à 200m de la plage. À défaut d'être une véritable villa créole, cet hôtel bien tenu compte 13 chambres claires et colorées et chacune possède une grande baie vitrée donnant sur la cour intérieure. La piscine attenante peut également faire la joie des hôtes avec l'accord du fils des patrons. Double avec douche, WC, clim., wifi et TV de 56 à 66€, petit déj. 7€. Séjour minimum de 5 nuits en haute saison. *54, route Nationale (plage de Boucan-Canot) Boucan-Canot Tél. 02 62 24 38 69 www.lavilladusoleil.com*

Hôtel Marina (plan 3, B3 n°2) Le principal avantage de cet hôtel ? Des studios spacieux et simples, aux tons unis bleus ou roses, équipés d'une kitchenette. Son gros défaut ? La nationale à une centaine de mètres en contrebas... ce qui augmente sensiblement le niveau sonore lorsque les fenêtres, côté route, sont ouvertes.

Comptez 77€/2 pers. et 8€ supplémentaires pour le petit déjeuner. Wifi. *6, allée du Paille-en-Queue* **Boucan-Canot** *(tout droit au rond-point en venant de Saint-Gilles-les-Bains, puis 1re à droite vers la résidence) Tél. 02 62 33 07 07 www.hotel-reunion.net*

Gîtes de Boucan-Canot (plan 3, B2 n°3) Un point de vue privilégié sur l'océan. Entre un verger de 4ha et une bananeraie, 8 grands bungalows en bois ont été remarquablement aménagés : grande varangue, mobilier en palissandre de Madagascar de style Louis-Philippe et cuisine tout équipée. Et pour se rafraîchir : deux piscines entourées de verdure. Une précision toutefois : il est impossible de réserver pour une seule nuit. Il faut compter 500€/2 pers. et 900€/4 pers. la semaine. *255, chemin de la Vanille* **Boucan-Canot** *(dir. Grand hôtel des Mascareignes, continuer le chemin jusqu'au bout du lotissement, prendre à droite et enfin à gauche puis suivre le panneau) Tél. 06 92 65 13 91 www.lesgitesdeboucancanot.com*

prix très élevés

Le Beau Rivage (plan 3, A1 n°10) Installé dans un cadre exceptionnel, ce restaurant déploie en bord de plage une vaste terrasse agrémentée d'une piscine. Le jeune chef, qui a fait ses classes chez Bernard Ravet et Georges Blanc, a concocté une carte gastronomique. Menu "Cap Homard" à 49€, "Beau Rivage" à 69€, mais aussi une formule "déjeuner rapide" plus abordable à midi (25€ ou 30€). *58, rue de Boucan-Canot, Cap Homard* **Boucan-Canot** *Tél. 02 62 43 69 43 www.lebeaurivage.re Ouvert mar.-sam. 12h-14h et 19h30-21h30*

Le Saint-Alexis (plan 3, A2 n°5) Longtemps seul établissement de luxe de l'île, ce 4-étoiles posé en lisière de plage, mais qui donne aussi hélas sur l'arrière en bordure de route, s'est offert un rajeunissement. Si, pour barboter, l'eau cristalline est sans reproche, les nageurs lui préféreront la belle piscine qui serpente entre les différentes ailes de l'établissement et est dotée d'un couloir réservé à ceux qui aiment faire des longueurs. Restaurant et spa. De 160€ la double standard à 490€ la suite, suivant la saison. *44, rue du Boucan-Canot* **Boucan-Canot** *Tél. 02 62 24 42 04 www.hotelsaintalexis.com*

☺ **Le Boucan-Canot (plan 3, A1 n°4)** Notre favori dans cette catégorie : idéal pour une petite folie ! Le décor Compagnie des Indes donne une ambiance chaleureuse à ce 4-étoiles installé au bord de mer. Les chambres, vastes et habillées de bois aux tons doux (double 229€, suite 319€, petit déj. inclus), s'ouvrent sur la piscine et sur l'océan. Accueil vraiment parfait. Restaurant avec formules déjeuner 26-40€, menu enfant 15€, ou carte snack (14h-18h) autour de 20€. *32, rue du Boucan-Canot* **Boucan-Canot** *Tél. 02 62 33 44 44 www.boucancanot.com*

GAMME DE PRIX	RESTAURATION	HÉBERGEMENT
Très petits prix	moins de 8€	moins de 15€
Petits prix	de 8 à 15€	de 15 à 30€
Prix moyens	de 15 à 25€	de 30 à 50€
Prix élevés	de 25 à 40€	de 50 à 100€
Prix très élevés	plus de 40€	plus de 100€

★ SAINT-GILLES-LES-BAINS

97434

La station balnéaire de la Réunion avec ce qu'il faut de loisirs nautiques, notamment la plongée sous-marine et la pêche au gros, élevant cette étape au rang de paradis des amoureux de la mer. Ces derniers apprécient également l'agréable plage des Roches-Noires, celle des Brisants et surtout, protégées par un récif, les étendues sablonneuses de L'Ermitage et de La Saline, plus sauvages avec leurs rangées de filaos et de cocotiers, mais tout aussi bondées en fin de semaine. Les noctambules s'y retrouvent également chaque week-end et partent à l'abordage des bars et des boîtes de nuit, d'où une ambiance beaucoup plus festive et bruyante ces soirs-là. Cette fréquentation a malheureusement pour corollaire une invasion du béton sous la forme d'hôtels et de résidences chic qui dénaturent le littoral : le village de pêcheurs du XIXe siècle a fait place à un port de plaisance sans grand charme...

MODE D'EMPLOI

accès

EN VOITURE

On prendra la N1 pour rejoindre Saint-Gilles depuis les villes du littoral ou la route des Tamarins venant de Saint-Paul ou du sud.

EN CAR

Cars jaunes Longeant la N1, les lignes A, B et C effectuent de nombreux arrêts entre Boucan-Canot et La Saline-les-Bains, ce qui permet de choisir facilement sa plage de prédilection. *Tél. 0810 123 974 www.cg974.fr*

orientation

Saint-Gilles-les-Bains et L'Ermitage-les-Bains/La Saline-les-Bains sont distants d'au moins 5km par la route du bord de mer. Se rendre à pied du centre-ville aux plages est souvent fastidieux sous la chaleur et le soleil. Si vous avez une voiture, prenez la route "intérieure" qui longe le port de plaisance puis continue vers L'Ermitage-les-Bains ; vous éviterez ainsi le trafic et les bouchons de la N1.

informations touristiques

Office de tourisme (plan 4, B2) Situé à Saint-Gilles-les-Bains, l'office de tourisme de la municipalité de Saint-Paul dispose d'un large éventail de plans et brochures touristiques, ainsi qu'une liste exhaustive des gîtes et hôtels. Vous pourrez également y louer un Ipad doté de l'application "Monument Tracker", permettant de découvrir l'ensemble des sites naturels et culturels. Cette application est téléchargeable sur smartphone. Billetterie pour tous les concerts et spectacles de l'île. *1, pl. Paul-Julius-Benard (à côté de la place du marché* *forain) Tél. 0810 797 797 www.saintpaul-lareunion.com Ouvert tlj. 10h-13h et 14h-18h*

accès Internet

Hotw@ve (plan 4, A2) Une quinzaine de postes en accès libre, sous la climatisation et à des tarifs prohibitifs : (0,16€/min.) ou forfaits entre 1h (7€) et 20h (61€), forfait illimité pour 1 mois (55€). Accès wifi sur la terrasse, avec un forfait, 7j./7. *Villa d'Este, Bâtiment A n°10, 37 rue du Général-de-Gaulle (à l'entrée de Saint-Gilles en venant de Boucan-Canot) Tél. 02 62 24 04 04 Ouvert lun.-sam. 10h-19h*

Chez Loulou (plan 4, B2) Accès wifi, cf. Où manger sur le pouce ? (p.134). *86, rue du Général-de-Gaulle Tél. 02 62 24 23 48 Ouvert mar.-dim. 7h-13h et 15h-19h30*

laverie

Laverie automatique (plan 4, B2) Il vous en coûtera 5€ (en pièces de 1€) pour 7kg de linge.·1, rue de l'Ancienne-Mairie-de-Saint-Gilles Tél. 06 92 60 85 91 Ouvert tlj. 7h-20h

fêtes et manifestations

Festival du Film de la Réunion Cf. Saint-Paul (p.116).. *Novembre*

DÉCOUVRIR

☆ **Les essentiels** Le jardin d'Éden, la plage de l'Ermitage **Découvrir autrement** En famille, visitez l'aquarium, apprivoisez les pentes du Maïdo à VTT, laissez-vous transporter par le tourbillon festif dans la rue principale de Saint-Gilles le samedi soir

Saint-Gilles-les-Bains

Le centre-ville, le port

Aquarium de la Réunion (plan 4, B3) Un concentré d'océan Indien les pieds au sec ! 500 poissons de 125 espèces différentes (mérous, barracudas, requins, raies, hippocampes…) dans 600 000 litres d'eau répartis en cinq espaces (les falaises volcaniques, les jardins coralliens, les profondeurs des récifs, le grand large et le patrimoine marin). Voici pour la présentation chiffrée. Cet aquarium permet au public, plongé dans le noir et uniquement éclairé par les bassins, de rencontrer un milieu étrange et fascinant… dans une ambiance de musique New Age et de "chant des baleines" un peu inutile. Toutefois, le lieu est idéal pour les enfants, d'autant que la pédagogie et la mise en scène donnent l'impression d'avoir été conçues spécifiquement à leur intention. À ce niveau-là, c'est très réussi. Une exposition permanente consacrée aux cétacés présente des sculptures grandeur nature de baleines. Géant ! *Port de plaisance Tél. 02 62 33 44 00 www.aquariumdelareunion.com Ouvert mar.-dim. 10h-18h (fermeture billetterie 17h30) Tarif 9€ Enfant 4-12ans 5€*

Plage des Roches-Noires (plan 4, A2) De la route de la plage (au bout de la rue de la Poste) jusqu'au-delà du port de plaisance, l'étendue de sable blanc des Roches-Noires attire surtout les insulaires en fin de semaine. Côté sud, la baignade s'avère plus tranquille qu'au nord, et surtout plus sûre, à l'abri d'un relief de corail à une centaine de mètres au large. Un conseil : informez-vous sur les conditions de baignade auprès du poste de surveillance (ouvert tous les jours de 10h à 17h) et consultez le site Internet de l'OT pour connaître la météo des plages. *Au nord du port de plaisance*

● Où manger sur le pouce ?

☺ **Chez Loulou (plan 4, B2 n°1)** Les habitués vous diront peut-être que, depuis que les propriétaires ont cédé l'entreprise à leurs enfants, Loulou a perdu de son cachet. Ce boulanger-traiteur au coin des rues de la Poste et du Général-de-Gaulle n'en demeure pas moins une institution. La modeste case, détruite par un incendie en 1997, conserve une magnifique façade turquoise agrémentée de figures créoles. Au menu, à emporter ou à déguster dans le "coin pause" : samossas (ceux au crabe sont divins !), bouchons, bonbons piment (à partir de 0,40€ pièce) ou plats créoles plus traditionnels (caris, rougails) et succulents à partir de 5€. *86, rue du Général-de-Gaulle Tél. 02 62 24 23 48 Ouvert mar.-dim. 7h-13h et 15h-19h30*

Kid Créole (plan 4, B2 n°2) Autour des tables en plastique, on se satisfait d'un cari (5€/6€) ou d'une grillade de bœuf ou de poulet (7€). L'ambiance est, bien sûr, très décontractée midi et soir et, surtout, toujours locale. *122, rue du Général-de-Gaulle Tél. 02 62 33 02 81 Ouvert mer.-lun. midi et soir*

La Case à pains (plan 4, B3 n°7) Une boulangerie-pâtisserie artisanale propre à satisfaire les amateurs de baguette croustillante comme les adeptes de pains spéciaux et bio. Petits déjeuners et plats sur le pouce (tartes salées, salades...). Deux points de vente : l'un sur le port de plaisance, l'autre sur la plage de l'Ermitage (p.140). *27, rue du Port Tél. 02 62 33 27 89 Ouvert mer.-lun. 6h30-19h30*

● Où déguster un sorbet au fruit du dragon ou un café glacé ?

Marie B. (plan 4, B2 n°30) Ce glacier travaille uniquement avec des produits locaux et artisanaux. Ses glaces, jus de fruits et pâtisseries sont entièrement faits maison et élaborés à partir de fruits frais (env. 2€/boule de glace). *13, rue de la Poste Tél. 02 62 24 53 06 Ouvert mar.-dim. (tlj. pendant les vac. scol.)*

☺ **Case Bonbons (plan 4, B2 n°31)** Après une halte à l'Office de tourisme en plein cœur de Saint-Gilles-les-Bains pour y faire le plein de documentation, traversez la rue et perchez-vous sur l'un des tabourets colorés de Case Bonbons. Quand la souriante Nadine viendra vous voir, commandez-lui un délicieux smoothie aux fruits ou aux légumes de saison (3 ou 4 € selon la taille), un original

S'initier au paddle

Surfclub des Roches-Noires (plan 4, A2) Longtemps spécialisée dans le surf classique, cette école enseigne aujourd'hui principalement les techniques de paddle, sport pratiqué en lagon à l'aide d'une planche de surf et d'une pagaie. Comptez 35€/h. *Rue de la Plage Tél. 02 62 24 63 28*

Plan 4 Saint-Gilles-les-Bains

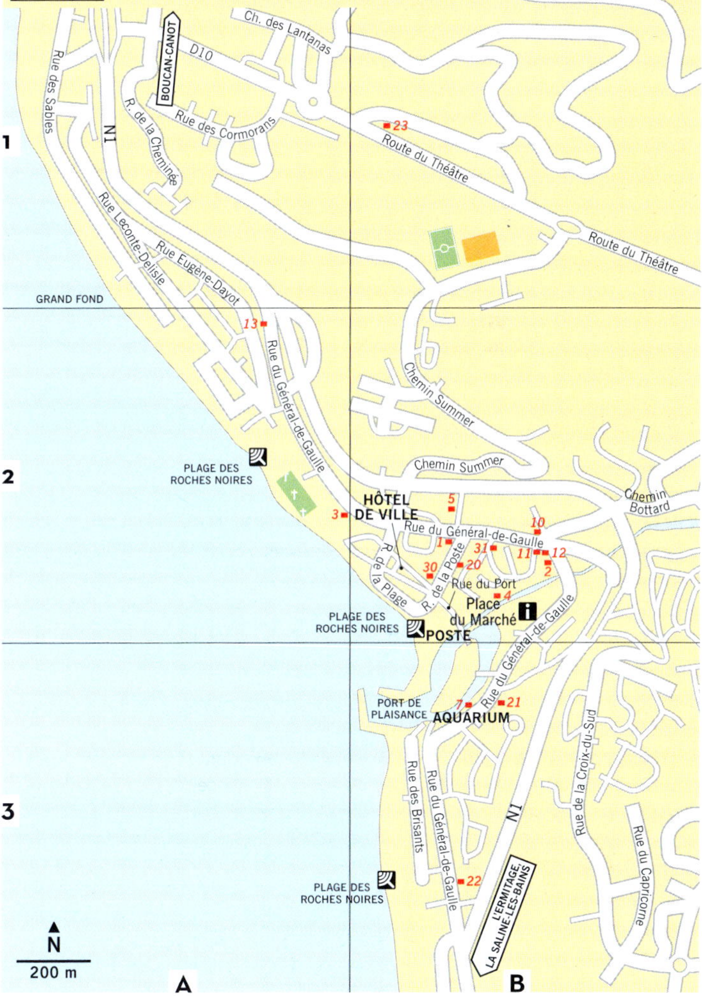

Restauration (n°1 à 7)
- Chez Loulou* — **1** B2
- Kid Créole* — **2** B2
- La Case à pains* — **7** B3
- Le DCP — **4** B2
- Le P'tit Zinc — **3** A2
- Ti'Coq — **5** B2

Lieux de sortie (n°10 à 13)
- Chez nous — **11** B2
- Cubana café — **10** B2
- Jungle village — **12** B2
- La Boîte — **13** A2

Hébergement (n°20 à 23)
- Coco Thim — **21** B3
- Hôtel de la Plage — **20** B2
- Hôtel des Palmes — **22** B3
- Senteur Vanille — **23** B1

Bar, glacier (n°30 et 31)
- Case Bonbons* — **31** B2
- Marie B.* — **30** B2

*À RETROUVER DANS LA PARTIE DÉCOUVRIR

granité aux fruits frais (1,70 € le grand) ou encore un onctueux frappucino maison (3,50 € les 50 cl). Du café glacé, de la chantilly, de la mousse, un peu de caramel ou de vanille... Un régal à déguster en regardant flâner touristes et Saint-Gilloises en pleine séance shopping. *Galerie Amandine Ouvert lun.-sam. midi-dernier client*

● Naviguer au large, observer coraux, poissons et dauphins sans se mouiller

Le Visiobul (plan 4, B3) Quarante minutes de sortie à bord d'un bateau à fond transparent. Une bonne idée pour (très) rapidement en savoir un peu plus sur la faune et la flore aux abords du port. *Port de plaisance (face à l'aquarium) Tél. 02 62 24 37 04 ou 06 92 85 23 46 Ouvert tlj. à partir de 8h (annulation en cas de mauvaises conditions météo) Adulte 12€, étudiant et enfant 12-18 ans 10€, 4-11 ans 7€, gratuit pour les moins de 4 ans*

Le Grand Bleu (plan 4, B3) Safaris à bord de bateaux à fond de verre, balades "farniente", initiations à la voile, snorkelling, excursions en catamaran, croisières cocktail et sorties à la rencontre des dauphins et baleines (selon la saison) : ce prestataire propose un large choix de promenades en mer au départ du port de plaisance. Pour l'observation des fonds marins, prévoyez 40min à 1h15 (de 12 à 19€, enfant 7-11€, moins de 4 ans gratuit). L'excursion à la journée, elle, comprend un repas barbecue et un rhum arrangé au coucher du soleil (90€, moins de 12 ans 50€, supplément repas 12€). *Port de plaisance (face à l'aquarium) Tél. 02 62 33 28 32 www.grandbleu.re Ouvert tlj. (annulation en cas de mauvaises conditions météo)*

● Plonger avec des bouteilles Saint-Gilles-les-Bains est connu pour concentrer l'essentiel des clubs de plongée de la Réunion. Le choix est vaste, la gamme de prix également. Nous avons sélectionné deux clubs, recommandés pour leur sérieux en matière de sécurité et de pédagogie. Ce qui n'exclut évidemment pas les autres prestataires.

☺ **Mascareignes plongée (plan 4, B3)** Ne vous fiez pas aux bureaux, parmi les plus modestes du port de plaisance, car vous avez affaire à l'un des clubs les plus sûrs de l'île. Ici, pas de clinquant, mais plutôt de l'écoute, de la gentillesse et de l'attention. Quand on débute, c'est essentiel. Baptême 50€, plongée simple 48€, formation pour niveau 1 (5 plongées) 240€. Réservation obligatoire. *Port de plaisance (un peu après la passerelle venant de la place du Marché) Tél. 02 62 44 27 74 ou 06 92 85 57 55 www.mascareignes-plongee.fr Ouvert tlj. matin*

Escapade plongée Didier Rousseau a installé son club de plongée à La Saline.Chaque jour, il organise 2 sorties et propose des "extras" suivant les jours de la semaine : plongée de nuit ou au lever du jour, escapades vers d'autres sites de plongée de l'île. Dans un beau cadre (piscine, barbecue), les accompagnateurs qui restent sur la grève ne trouveront pas le temps long. Baptême 60€, sortie encadrée 45€ (autonome 40€). Forfait de 3 plongées encadrées 126€, (autonomes 111€), comptez 240€ et 210€ pour un forfait de 6 plongées, et 380€ et 330€ pour un forfait de 10 plongées. Propose également des formations de niveau 1 à 4 à partir de 300€. *3, rue des Bénitiers (club) La Saline-les-Bains (rdv possible au club ou directement au bateau, sur le port de Saint-Gilles) Tél. 06 92 76 17 47 www.escapadeplongee.com*

● Taquiner le marlin bleu ou l'espadon voilier Située au carrefour de riches courants migratoires, la côte "sous le vent" affiche une exceptionnelle abondance de grands poissons de sport.

Maevasion (plan 4, B3) Une des adresses les plus sérieuses de l'île. Maevasion organise à bord de sa vedette de 10m équipée de 6 lignes, des sorties à la journée et à la demi-journée. La sortie de 6h30 à 12h30 coûte 100€ par pêcheur et 60€ pour un accompagnateur, même tarif pour celle de 13h30 au coucher du soleil. À savoir : une seconde occasion est offerte lorsqu'on revient bredouille. *Port de plaisance Tél. 02 62 33 38 04 www.maevasion.com*

Réunion Fishing Club (plan 4, B3) Une ambiance détendue pour des sorties à la demi-journée (100€ pour le pêcheur, 60€ pour l'accompagnateur), à bord d'un des deux bateaux de 10,50m. Propose également des locations de bateaux pour les titulaires du permis bateau. *Port de plaisance Tél. 02 62 24 36 10 ou 06 92 76 17 28 www.reunionfishingclub.com Ouvert tlj. 10h-18h*

● S'échapper en VTT

Rando Réunion Passion (plan 4, A1) Gildas organise 3 parcours sur le Maïdo, accessibles à tous, pour peu qu'on n'ait pas peur de la descente : le parcours "facile" (plus de 35km de pente) à 55€, le "confirmé" à 75€ et le "Méga expert" à 90€. Le matériel (vélo double suspendu), l'équipement (casque, gants) et l'accompagnement sont de qualité. Transfert assuré vers le site. *3, rue du Général-de-Gaulle Tél. 02 62 24 26 19 www.veloreunion.com **Magasin** Ouvert mar.-sam. 9h-12h et 14h-18h **Randonnées** Mar.-dim. départ 7h30 devant le n°122 rue du Gral-de-Gaulle Rés. obligatoire*

L'Ermitage-les-Bains et la Saline

Depuis la fin des années 2000, L'Hermitage-les-Bains a perdu son "H" : bienvenue à "L'Ermitage". De nombreux plans et panneaux de signalisation attendent toujours d'être remplacés.

☆ **Jardin d'Éden (plan 5, B1)** Un jardin botanique vraiment épatant, sectorisé en 16 zones thématiques, telles que le carré des épices, les plantes aphrodisiaques, les plantes sacrées de l'hindouisme, le jardin zen ou la collection de géraniums. Après avoir franchi l'accueil, niché dans un énorme foudre de chêne de 1847, et avoir reçu un livret explicatif, on se laisse aller le long des chemins à observer, là un bois de senteur dont il ne subsiste que deux exemplaires au monde et à qui on attribue des pouvoirs maléfiques, ici une liane de jade aux magnifiques fleurs en forme de grappes vertes, enfin le célèbre ylang-ylang qu'il faut absolument humer à pleines narines. Ne manquez pas la belle rizière (unique à la Réunion), avec les cardinaux et les béliers qui viennent picorer à la fraîche, et la bambouseraie où l'on aimerait se perdre. À l'ombre de celle-ci, le bar au toit de vétiver est un endroit agréable où se reposer de ce parcours d'environ 1h30. *155 RN1 (au bord de la nationale, à hauteur du carrefour de L'Ermitage-les-Bains) Tél. 02 62 33 83 16 jardindeden.re Ouvert sam.-jeu. 10h-18h Tarif 7€, réduit 5€, 4-13 ans 3,50€, moins de 4 ans gratuit*

☆ **Plage de L'Ermitage (plan 5, A2)** Bien que tout soit aménagé pour accueillir les touristes et les autochtones (parkings, restaurants…), cette plage bordée de

Plan 5 Saint-Gilles-les-Bains : les plages

*À RETROUVER DANS LA PARTIE DÉCOUVRIR

SNORKELING
Équipez-vous d'un masque, d'un tuba et de palmes afin de découvrir, à quelques brasses du bord des plages, une faune sous-marine très accessible et colorée. Ne comptez pas toutefois jouer les Jean-Marc Barr dans *Le Grand Bleu* : l'eau vous arrive en général jusqu'aux genoux, guère plus. On vous rappelle qu'il est interdit de pêcher du corail, médiocre souvenir de vacances et véritable saccage du patrimoine marin.

filaos et de cocotiers offre un aspect plus sauvage que celle des Roches-Noires, longée de bâtiments. La mer, qui couvre une magnifique palette allant du bleu cristallin au vert transparent, est accueillante pour les enfants, en raison de la barrière corallienne qui protège le rivage des caprices des courants. Le seul endroit vraiment délicat est situé près de la passe, où les eaux du lagon refluent vers le large, suscitant ainsi de puissants courants aspirants. Ce rappel ne doit cependant pas vous empêcher de profiter pleinement de ce superbe lagon, parfois parsemé d'oursins et de coraux morts. N'hésitez pas à enfiler des chaussures en plastique. *De Saint-Gilles-les-Bains, dépasser le port de plaisance et continuer tout droit sur 2km*

Plage de La Saline (plan 5, B3) Un peu plus au sud, le lagon est toujours d'une eau magnifiquement transparente. Les conditions de baignade sont légèrement moins bonnes ici qu'à L'Ermitage, sauf au lieu-dit du **Trou-d'Eau** (à la sortie de La Saline-les-Bains), où l'eau plus profonde attire quelques baigneurs venus profiter de l'ombre des filaos. *Récupérer la N1, passer le centre de La Saline ; c'est à droite à la sortie sud*

Pointe de Trois-Bassins et la Souris-Chaude Au sud de La Saline, dans la circonscription de Trois-Bassins, la pointe des Trois-Bassins attire les fous de la glisse qui passent leurs journées à traquer la vague idéale. Sur la plage de la Souris-Chaude, quelques baigneurs pratiquent encore le nudisme, malgré son interdiction. *Environ 1km après la sortie sud de La Saline, sur la N1, à droite*

● Où goûter un boucané à la bonne franquette, manger sur le pouce ? Plat traditionnel créole, le boucané est une préparation à base de viande ou de poisson fumés. Autrefois, la fumaison, destinée à conserver plus longtemps les viandes, se faisait à l'aide d'ossements et de peaux de bêtes ; en vieux français un "boucan" était une cabane en bois, qui à la Réunion servait à fumer les viandes. Aujourd'hui, les techniques de fumage ont changé, mais on dit que les meilleurs boucanés sont ceux préparés à la braise de canne.

Au K'banon (plan 5, A2 n°5) Adossé au restaurant du même nom (qui vaut également le détour), le snack du K'banon bénéficie d'une situation exceptionnelle, sur la plage de l'Ermitage, sous les filaos. Vous devrez patienter (la file d'attente est quasiment inévitable, à moins de manger très tôt ou très tard) en laissant vos yeux courir sur les dégradés de bleu du lagon, avant de commander un panini ou une saucisse-frites. Ce qui serait dommage... Laissez-vous plutôt tenter par les sandwiches "fraîcheur" (5 €) dont le K'banon a le secret : au bœuf d'origine France, ou au duo de saumon ; ou les salades (6 €) : norvégienne au saumon fumé et mariné, salade terre et mer aux légumes du soleil, chèvre, crevettes et saumon marinés... Bon et décontracté. Transats gratuits à disposition. S'il en reste ! *Bd Leconte-de-Lisle* ***L'Ermitage-les-Bains*** *Tél. 02 62 33 84 94 Ouvert tlj. midi (sam. soir formule bar à cocktails)*

L'Arc-en-ciel (plan 5, A2 n°4) Le boucané comme "à la maison", on le trouve ici, dans la version barquette à emporter à 5,50€. Le lieu étant très prisé au déjeuner comme au dîner, arrivez tôt ! *14, chemin Père-la-Frite* ***L'Ermitage-les-Bains*** *Tél. 02 62 33 80 61 Ouvert lun.-sam. midi et soir*

L'Auberge du bonheur (plan 5, A1 n°6) La salle manque un peu de charme, mais la carte de ce restaurant asiatique est impressionnante et les prix plus qu'honnêtes (11€ le bol renversé). *1, av. de Bourbon* ***L'Ermitage-les-Bains*** *(à l'angle de l'avenue des Mascareignes) Tél. 02 62 24 09 97 Ouvert mar.-dim. midi et soir*

La Case à pains (plan 5, A1 n°8) À deux pas de la plage, une succursale de la fameuse boulangerie artisanale saint-gilloise (p.134). Salé, sucré, une aubaine pour ceux qui souhaitent pique-niquer sur la plage. *93, av. de Bourbon* ***L'Ermitage-les-Bains*** *Tél. 02 62 44 81 19 Ouvert tlj. 7h-19h*

Planch'Alizé (plan 5, B3 n°6) Sandwichs, glaces, hot-dogs, salades, pâtes, etc. Que ce soit la carte ou les prix (compter entre 2 et 6 €), ce snack n'a rien de particulièrement remarquable, même si les salades sont plutôt appétissantes. En revanche, le cadre paradisiaque à l'extrémité sud du lagon saint-gillois, fait de Planch'Alizé une adresse attachante et tendance... Attention, l'attente est parfois longue pour obtenir son transat et son parasol (prêtés gratuitement). Planch'Alizé propose aussi la location de pédalos, canoës, kayaks, masques-tubas et stand up paddle. *25, rue des Mouettes (Plage de la Saline)* ***Saint-Gilles-les-Bains*** *Tél. 02 62 24 62 61 Ouvert tlj. 9h-coucher du soleil*

● Partir en randonnée aquatique, se laisser tenter par le molokini

Sentier sous marin-réserve naturelle marine (plan 5, A2) Le GIP (Groupement d'intérêt public), qui gère la réserve marine de la côte "sous le vent", entre Saint-Paul et Saint-Leu, organise lorsque le temps le permet des "randonnées aquatiques" à la découverte du lagon. Pendant une petite heure de promenade le long du modeste récif corallien qui protège la côte, on suit, de l'eau jusqu'aux cuisses, Sully Blancard, ex-braconnier reconverti en guide écolo. Des plaquettes étanches vous aident à mettre un nom sur les multiples coraux et poissons colorés qui viennent frôler vos palmes. Activité gratuite mais uniquement sur réservation (enfants à partir de 8 ans et accompagnés d'un adulte jusqu'à 16 ans). Les horaires varient en fonction des marées et des conditions climatiques. Il est préférable d'apporter masque, tuba et palmes qui ne sont pas fournis. *Bd Leconte-de-Lisle* ***L'Ermitage-les-Bains*** *(stand d'accueil sur la plage de l'Ermitage, à 300m au sud du Novotel) Tél. 02 62 34 64 44 ou 06 92 89 18 68 (réservation) www.reservemarinereunion.fr*

Kayak transparent Le molokini, vous connaissez ? Ce kayak de mer conçu par un Hawaïen est arrivé à la Réunion en 2012, et il a pour particularité d'être... transparent. Plus large et donc plus stable qu'un kayak classique, il est le moyen idéal pour découvrir sans se mouiller le corail et les poissons du lagon. Comptez 12€ la demi-heure pour un bi-place et 20€ de l'heure. Pratique, écologique et romantique ! *Plage de Trou d'eau* ***La Saline-les-Bains*** *Tél. 06 92 30 74 74 www.kayak-transparent-reunion.fr Ouvert mer., w.-e. et j. fér. et vac. scol.*

CARNET D'ADRESSES

Lieux de sortie

Bars

Le samedi soir, la rue principale de Saint-Gilles rappelle vraiment les Champs-Élysées ! En plus du défilé incessant des voitures conduites par de jeunes Réunionnais, les trottoirs deviennent un véritable show-room, où l'on tente de comprendre les dernières tendances vestimentaires en cours sur l'île.

Cubana café (plan 4, B2 n°10) Le plus calme peut-être, mais certainement pas le moins agréable. Sa terrasse donnant sur la rue permet de ne rien manquer du spectacle les jours de sortie. Grand bar sombre, plancher en bois et iconographie en hommage à Cuba : tout est réuni pour apprécier une Dodo avant d'aller danser. *122, rue du Général-de-Gaulle* ***Saint-Gilles-les-Bains*** *Tél. 02 62 33 24 91 Ouvert mar.-sam. 18h-4h*

Chez nous (plan 4, B2 n°11) Juste un peu avant le précédent, voici le repaire des supporters de l'OM et des trentenaires (et plus) en goguette. Ambiance survoltée le samedi soir autour de la minuscule piste de danse improvisée au fond de la salle, une fois les tables du restaurant (ouvert jusqu'à 22h) mises de côté… et sur le comptoir, lorsque le DJ donne le ton sur fond de Claude François. Musique très variété années 1970-1980. Excellente cuisine "métro" et réunionnaise. *122, rue du Général-de-Gaulle* ***Saint-Gilles-les-Bains*** *Tél. 02 62 24 08 08 www.cheznous974.com Ouvert tlj. 19h-2h*

La Gueule de bois (plan 5, A1 n°20) À deux pas du lagon de l'Ermitage, ce bar-restaurant attire les noctambules qui attendent ici l'ouverture des boîtes de nuit voisines en sirotant une bière ou en regardant un match sur grand écran. Mais c'est aussi et surtout un lieu de fête à part entière, où plus la soirée avance et plus les tournées de shooters se succèdent (à consommer avec modération, car les contrôles d'alcoolémie dans le secteur sont nombreux), plus le son prends du volume et plus l'ambiance s'enflamme ! La petite piste de danse permet même de se déhancher… au risque d'oublier d'aller en boîte. Pas de soucis, la soirée sera excellente, voire meilleure ! *5, allée des îles Éparses L'Ermitage* ***Saint-Gilles-les-Bains*** *Tél. 02 62 22 90 06 Ouvert tlj. 18h-0h30*

Discothèques

Jungle village (plan 4, B2 n°12) Un imposant gorille de jeux vidéo coiffe la porte de ce night-club rafraîchi en 2012, point de ralliement d'une jeunesse fluo accro aux beats synthétiques : au programme, électro, house et nu-disco ! *131, rue du Général-de-Gaulle* ***Saint-Gilles-les-Bains*** *Tél. 02 62 33 21 93 Ouvert jeu.-dim. 22h-5h*

La Boîte (plan 4, A2 n°13) Après le concert du jeudi (rock, jazz, afro-blues, chanson…), place au clubbing : soirées thématiques house, hip hop, dancehall ou maloya font suinter les murs et trembler le dancefloor ! Au lever du soleil, les petits déjeuners tombent à point nommé. Restaurant lounge. *1, rue du Général-de-Gaulle* ***Saint-Gilles-les-Bains*** *(à l'entrée de Saint-Gilles en venant de Boucan-Canot) Ouvert jeu. 18h-2h, ven.-sam. 23h-5h*

Restauration

Pour avoir le choix des menus, le centre de Saint-Gilles est une bonne option. Du snack traditionnel en bord de route au coquet restaurant créole donnant sur la rue principale, chacun semble en mesure d'y satisfaire son appétit.

prix moyens

Le DCP (plan 4, B2 n°4) On goûte le produit de la pêche (au gros) du jour, affiché sur un tableau noir, dans un décor évidemment marin ou sur la terrasse donnant sur une placette paisible. Comptez entre 18 et 21€ suivant le type de plat choisi. Frais et léger, comme l'accueil. Service traiteur également. Au fait, DCP signifie "Dispositif de concentration de poissons" et désigne les zones de pêche où l'on traque les belles prises. *2, pl. Paul-Julius-Bénard (pl. du Marché)* ***Saint-Gilles-les-Bains*** *Tél. 02 62 33 02 96 ou 06 92 70 58 93 Ouvert tlj. 12h-14h et 19h-22h*

Ti'Coq (plan 4, B2 n°5) Le temps passe sans que la réputation de Ti'Coq auprès des touristes ne faiblisse. Il faut donc se persuader que la ruelle un peu triste qui y conduit n'est pas un mauvais présage, et monter les quelques marches qui mènent à la salle à la décoration très réussie. Le menu, en sus des incontournables de l'île (caris de 13€ à 24€ pour celui aux bichiques) et de quelques plats "métro" revisités, offre notamment deux options : "Dam poulangé nout mémé" (plats de volaille de 13€ à 26€) ou "Dam tramail l'a pêché" (plats de poisson et fruit de mer de 14€ à 28€). Une déception toutefois : un accueil qui peut, certains soirs, rafraîchir les plus réchauffés. *79 bis, rue du Général-de-Gaulle* ***Saint-Gilles-les-Bains*** *(à gauche du centre commercial) Tél. 02 62 33 22 98 Ouvert lun.-sam. 11h30-13h30 et 19h30-23h*

Et aussi...

Manger sur le pouce

Chez Loulou ____ 134
Kid Créole ____ 134
La Case à pains ____ 134, 140
Au K'banon ____ 139
L'Arc-en-ciel ____ 140
L'Auberge du bonheur ____ 140
Planch'Alizé ____ 140

Glacier

Marie B. ____ 134
Case Bonbons ____ 134

Le P'tit Zinc (plan 4, B2 n°3) La terrasse couverte, en haut d'un étroit escalier qui monte sur la gauche le long de la grande salle du rez-de-chaussée, est tout à fait ravissante. C'est un lieu privilégié pour goûter des spécialités créoles de bonne facture, telles que le cari ti-jacques au boucané, le cari zandouille gros pois ou encore le porc au palmiste frais. Vous sont également proposés le civet zourite ou un menu touristique. Comptez au moins 20-25€ pour un repas. *58, rue du Général-de-Gaulle* ***Saint-Gilles-les-Bains*** *Tél. 02 62 24 07 50 Ouvert lun.-sam. 19h-23h*

Plage de l'Ermitage

prix moyens

Le Manta (plan 5, A2 n°3) On apprécie ses spécialités de poisson très frais et accommodé à toutes les sauces, ses salades copieuses (à partir de 12,50€), ainsi que son cadre raffiné et reposant. Les tables sont agréablement espacées dans un jardin luxuriant, ombragé et brumisé à souhait. Pour profiter au mieux de ce cadre enchanteur, évitez les tables proches de la cuisine ouverte (et de l'odeur persistante des grillades). Comptez autour de 30€/pers. pour un repas complet.

8 bd Leconte-de-Lisle ***L'Ermitage-les-Bains*** *Tél. 02 62 33 82 44 www.restaurant-manta.fr Ouvert tlj. 12h-14h et 19h-22h Réservation conseillée*

La Bobine (plan 5, A2 n°1) Recommandé le soir pour son ambiance douce et tamisée... Les romantiques pourront se laisser bercer par le murmure des vagues et celui des convives. Sur de grosses bobines de corde, on se sustente de salades généreuses (de 15 à 20€), de plats créoles typiques (caris de 14,50 à 18€) ou de poisson grillé ou frais (env. 20€). Fait également snack et bar toute la journée (formule déjeuner à 11€). Principalement fréquenté par les z'oreilles et les touristes. Soirées créoles presque tous les jeudi soirs. *Bd Leconte-de-Lisle* ***L'Ermitage-les-Bains*** *Tél. 02 62 33 94 36 www.la-bobine.com Ouvert tlj. midi et soir Réservation conseillée*

La Marmite (plan 5, A2 n°2) Cari, massalé, civet, rougail, boucané... si vous souhaitez goûter d'un coup aux multiples spécialités réunionnaises, réservez une table à la Marmite. Ici, pour 20€, on se sert, à volonté, dans la vingtaine de plats qui mijotent au feu de bois dans les grandes marmites familiales. Une formule parfaite pour les curieux et les très gros mangeurs plus que pour les gourmets exigeants. (À noter une autre adresse sur la plage, qui sert midi et soir). *34, bd Leconte-de-Lisle* ***L'Ermitage-les-Bains*** *Tél. 02 62 33 31 37 Ouvert tlj. uniquement soir (midi pour les groupes)*

Chez Denis - La Varangue du lagon (plan 5, A3 n°7) Sur la terrasse ou les pieds dans le sable, vous profiterez d'une vue somptueuse sur le lagon et sur la passe de l'Ermitage. À la carte, des salades (14€), des grillades de viande (17,50€) et de poisson (16,50€), ou encore un délicieux tartare de thon (16,50€). À l'ardoise, un ou deux plats du jour recherchés (compter de 20 à 30€), alternant recettes créoles et saveurs métropolitaines. Les assiettes sont belles et copieuses. Dommage que le service soit parfois un peu long le week-end. À noter, l'apéro concert du dimanche, avec assiettes créoles, tapas espagnoles (10 €)... et coucher de soleil sur l'océan Indien. Magique. *Rue du lagon* ***Plage de la Saline*** *(derrière le Leader Price) Tél. 02 62 32 06 15 www.la-varangue-du-lagon-chez-denis.fr Page FB Ouvert lun.-jeu. midi, ven.-sam. midi et soir, dim. midi et 18h-21h (apéro concert) Rés. conseillée*

Hébergement

Le centre de Saint-Gilles accueille les vacanciers et les autochtones à la recherche d'une hôtellerie classique – dont le niveau est en général assez décevant – et qui désirent surtout se loger près des cafés branchés et des commerces. L'Ermitage et La Saline-les-Bains accueillent les seules chambres d'hôtes de la station balnéaire, ainsi que des hôtels plus haut de gamme et au bon rapport qualité-prix. Ici, on dort un peu loin du centre, mais au plus près des belles plages de sable blanc... et des discothèques.

GAMME DE PRIX	RESTAURATION	HÉBERGEMENT
Très petits prix	moins de 8€	moins de 15€
Petits prix	de 8 à 15€	de 15 à 30€
Prix moyens	de 15 à 25€	de 30 à 50€
Prix élevés	de 25 à 40€	de 50 à 100€
Prix très élevés	plus de 40€	plus de 100€

prix moyens

Villa Mon case (plan 5, A2 n°11) Six bungalows et appartements aux noms de fruits et de fleurs exotiques. À chacun ses saveurs et sa superficie : bungalow ou appartement (F3) avec 2 chambres, salon et salle à manger pour 2 à 6 personnes de 580 à 650€/7 nuits ; studio à partir de 325€/7 nuits. Chaque logement possède une kitchenette bien équipée indispensable pour un long séjour, et une terrasse privée dans le parc luxuriant de 1 500m². Lave-linge collectif. Wifi. Le quartier est calme, à quelques minutes de la plage. *7, bd des Cocotiers L'Ermitage-les-Bains* ***Saint-Gilles-les-Bains*** *Tél. 02 62 33 81 15 ou 06 92 23 92 85 www.villamoncase.com*

Hôtel de la Plage (plan 4, B2 n°20) À 50m de la plage. Le lagon et les poissons peints sur les murs du couloir et des escaliers offrent une entrée en matière colorée et, pour tout dire, très amusante. Le reste est à l'avenant, décontracté et toujours bien tenu. Les chambres – climatisées – à l'arrière du bâtiment sont plus agréables car plus tranquilles, celles avec terrasse sont peut-être plus bruyantes, mais tellement ensoleillées… Comptez de 42€ (avec douche et WC communs) à 65€ (avec TV, douche et WC privés), tarifs dégressifs, wifi gratuit, petit déjeuner 6€. Une vaste terrasse se déploie sur le toit. *20, rue de la Poste* ***Saint-Gilles-les-Bains*** *Tél. 02 62 24 06 37 www.hoteldelaplage.re*

prix élevés

Coco Thim (plan 4, B3 n°21) Comme le propriétaire – qui a oublié le sourire – loue des bateaux aux titulaires du permis, voici une adresse toute désignée pour ceux qui désirent découvrir cette activité, à deux pas du port. Six bungalows, propres et fonctionnels, sont alignés au fond du jardin. Pour parfaire ce confort, honnête, une minuscule varangue ombragée. Double à 56€/nuit (deux nuits minimum) ou 364€/sem. (avec clim., sdb, WC). *165, rue du Général-de-Gaulle* ***Saint-Gilles-les-Bains*** *Tél. 02 62 24 23 24 ou 06 92 85 46 44 thimloc@gmail.com www.thimloc.fr*

Les Bougainvilliers (plan 5, B2 n°10) En pleine saison, le mauve des bougainvilliers envahit le jardin d'où émerge cette belle case. Les chambres climatisées, sont bien équipées (sdb, TV). Double à 56€ et tarif dégressif à partir de 3 nuits. Celles du rez-de-chaussée, plus vastes encore, et avec terrasse privative, se louent évidemment plus cher (double 66€). Le wifi gratuit dans toutes les chambres, une cuisine extérieure très pratique à disposition des clients, le prêt de vélos gratuits et une piscine complètent ce décor attrayant. Un bémol toutefois : malgré un accueil poli, l'ambiance plus hôtelière que chambres d'hôtes déçoit un peu. Petit déjeuner à 6€. *27, ruelle des Bougainvilliers L'Ermitage-les-Bains* ***Saint-Gilles-les-Bains*** *(passer le rond-point au bout de la plage de L'Ermitage, longer les snacks à gauche, puis prendre la 1re à gauche) Tél. 02 62 33 82 48 www.bougainvillier.com Réception ouverte 8h-12h, 15h-19h*

Hôtel des Palmes (plan 4, B3 n°22) Une vingtaine de bungalows blancs coincés entre la route du bord de mer et la nationale : en un mot, plutôt assourdissant ! Privilégiez ceux situés sur le devant, où la voie est moins passante. Pour le reste : mobilier clair, lambris blancs, salle de bain avec WC, piscine en bord de route… et tarifs relativement élevés compte tenu de l'emplacement (doubles à 75€, petit déj. 7,50€). *205, rue du*

Général-de-Gaulle **Saint-Gilles-les-Bains** *Tél. 02 62 24 47 12 ou 02 62 24 43 89 www.hoteldespalmes.fr*

La Maison du Lagon (plan 5, B3 n°15) La grande demeure créole entourée d'un joli jardin qui descend jusqu'à la plage évoque les grandes vacances d'autrefois et l'esprit des pensions de famille. On paresse au bord de la piscine, on devise sous les cocotiers... bref, on se la coule très douce. Les dix chambres sont installées au rez-de-chaussée, double à partir de 86€ ou 121€ avec vue sur la mer. Ceux qui rêvent de plus d'indépendance loueront l'un des deux bungalows avec cuisine et climatisation, près de la piscine (2 pers.) ou de la plage (2 adultes et 2 enfants), de 99 à 156€/nuit (500 à 660€/sem.) Tarifs dégressifs à partir de 6 nuitées. *72, rue Auguste-Lacaussade La Saline-les-Bains* **Saint-Gilles-les-Bains** *Tél. 02 62 24 30 14 www.lamaisondulagon.com*

Senteur Vanille (plan 4, B1 n°23) Au cœur des 8ha de manguiers et de letchis, les bungalows se lovent dans la nature pour une villégiature de grand repos. Face à la baie de Saint-Gilles, les toits des grands lodges de rondins affleurent la cime des cocotiers, tandis que les cases créoles, elles, s'entourent d'arbustes en fleurs. Dans l'une et l'autre formule, la décoration est claire et de bon goût. La location n'est possible que pour 3 j. minimum et les tarifs dégressifs dès la 7e nuit. En haute saison, studio créole pour 2 pers. de 90 à 98€/j. ; villas pour 4 et 6 pers. : 168-190€ ; lodges pour 2 à 4 pers. : de 163 à 185€. *Route du Théâtre* **Saint-Gilles-les-Bains** *(dir. Saint-Gilles-les-Hauts, puis à gauche après la station Total, fléché) Tél. 02 62 24 04 88 ou 06 92 78 13 05 www.senteurvanille.com*

prix très élevés

Hôtel Swalibo (plan 5, B3 n°13) Pas de surprise : ambiance créole, fresque naïve et mobilier colonial dans de vastes chambres, végétation exubérante et piscine au centre de l'hôtel. Double de 100 à 150€, petit déjeuner inclus. En supplément de ce cadre 3-étoiles, on apprécie la sérénité à l'écart de la nationale, qu'il faut traverser pour se rendre à la plage, la terrasse dans chaque chambre, le jacuzzi un peu en retrait et l'accueil ensoleillé. On peut dîner à l'hôtel pour 30€. *9, rue des Salines La Saline* **Saint-Gilles-les-Bains** *Tél. 02 62 24 10 97 www.swalibo.fr*

☺ **La Closerie du Lagon (plan 5, B3 n°16)** Presque au bout du bout de La Saline, dans un quartier où les villas cossues se font discrètes, Alain Fourmaintraux a aménagé, en retrait de sa maison et à 50 pas de la plage, un appartement de charme pour 2 ou 3 personnes. Pas de vis-à-vis, de beaux volumes, un agencement très réfléchi, une décoration raffinée. À peine déposés ses bagages, on se sent ici totalement chez soi ! Une adresse de grande qualité. Comptez 110€ la nuit. *78ter, rue Auguste-Lacaussade La Saline* **Saint-Gilles-les-Bains** *Tél. 06 92 24 12 56 ou 06 92 86 32 47 closerie-du-lagon.fr*

GAMME DE PRIX	RESTAURATION	HÉBERGEMENT
Très petits prix	moins de 8€	moins de 15€
Petits prix	de 8 à 15€	de 15 à 30€
Prix moyens	de 15 à 25€	de 30 à 50€
Prix élevés	de 25 à 40€	de 50 à 100€
Prix très élevés	plus de 40€	plus de 100€

SAINT-GILLES-LES-HAUTS

97435

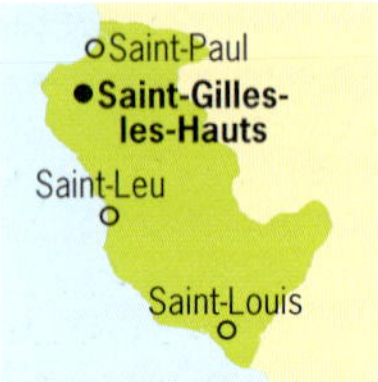

Si Saint-Gilles-les-Bains laisse une impression de tumulte et de chaleur, on garde en revanche de son homonyme des Hauts un souvenir de paix et de fraîcheur (350m). Le bourg donne également l'occasion de côtoyer d'un peu plus près la culture créole : les modestes cases qui jalonnent la route sinueuse, les hommes des Hauts, assis, chapeau vissé sur le crâne, devant la porte des snacks, ou le musée de Villèle qui permet de (re)découvrir à travers l'esclavagisme tout un pan de l'histoire de France. Saint-Gilles-les-Hauts demeure en outre une étape au charme indéniable, grâce aux chambres d'hôtes accueillantes, perdues au détour d'un virage ou au bout d'un chemin, dans le village même, ou bien dans les lieux-dits alentour, comme à Bernica.

MODE D'EMPLOI

accès

EN VOITURE
La route la plus directe depuis le littoral est la D10 sur 6km, juste avant l'entrée nord de Saint-Gilles-les-Bains.

EN CAR
Kar'Ouest Saint-Gilles-les-Hauts (sa mairie, le musée Villèle et Bernica) est relié à Saint-Gilles-les-Bains et Boucan-Canot par les lignes 6.1 et 6.2, et à Saint-Paul par la ligne 9.7. *Tél. 0810 45 65 20 www.karouest.re*

informations pratiques

Pas d'office de tourisme, mais une annexe de la mairie de Saint-Paul. De plus, que ce soit à Saint-Gilles-les-Hauts ou à La Saline, vous trouverez des distributeurs automatiques de billets et de quoi vous ravitailler en produits alimentaires et en essence.
Mairie *Rue Joseph-Hubert Tél. 02 62 22 73 06 www.mairie-saintpaul.fr*

FÊTES ET MANIFESTATIONS
Festival de la création *mi-août*

DÉCOUVRIR

Saint-Gilles-les-Hauts et ses environs

☆**Les essentiels** Musée de Villèle **Découvrir autrement** Savourez le silence et la fraîcheur du village, déambulez dans les rues de L'Éperon pour dénicher des souvenirs insolites, offrez-vous une excursion en hélicoptère pour contempler l'île

☆☺ **Musée de Villèle-Chapelle pointue** Comme souvent à la Réunion, tout commence par un splendide jardin, que vous découvrez après avoir laissé derrière vous les vestiges de l'usine sucrière. Vous entrez ainsi dans le domaine de la famille Panon-Desbassayns, grande lignée de riches propriétaires terriens (p.44). On visite la demeure de style Pondichéry (1788), en pierre de lave, et dont les tons jaune, bleu et beige ne dissimulent pas un aspect somme toute assez austère. La varangue, qui autrefois s'ouvrait sur l'extérieur, a ensuite été fermée, certainement pour agrandir la maison et se protéger du froid. À 5min à pied, se trouve l'originale Chapelle pointue où est inhumée Mme Desbassayns, ancienne maîtresse des lieux et figure emblématique de l'esclavagisme réunionnais. Mais nous ne vous dévoilerons pas son histoire, ni celle du domaine, la visite guidée étant absolument passionnante. Un coup de chapeau à Patrick, notre guide du jour (on nous a dit également beaucoup de bien de ses confrères), qui évoque avec émotion, humour, ironie parfois, une période difficile de l'histoire de notre pays, sinon ignorée, tout du moins mal connue. Les anecdotes et les exemples abondent pour évoquer la souffrance des esclaves, les conditions de vie de l'époque et la personnalité ambiguë de Mme Desbassayns. Une grande réussite. *Villèle Tél. 02 62 55 64 10 Ouvert mar.-dim. 9h30-17h30 (visite libre du jardin, de la chapelle et de la salle d'exposition ; visite guidée du bâtiment principal : départ toutes les 30min sauf 13h30-14h30) Tarif 2€, réduit 1€, moins de 18 ans gratuit*

Où dénicher des poteries ?

Village artisanal de L'Éperon Si vous vous attendez à trouver à L'Éperon une belle représentation d'artisanat traditionnel, vous déchanterez en arrivant dans un village de plus en plus déserté par les petits métiers au profit d'un artisanat moderne sans caractère et de boutiques de souvenirs d'importation. Quelques-uns font néanmoins de la résistance, comme l'atelier des Margouillats avec ses cases et figurines en poterie, et son accueil souriant. *L'Éperon* **Atelier des Margouillats** *31, rue de la Vieille-Usine L'Éperon Tél. 02 62 55 64 27 www.atelierdesmargouillats.com Ouvert lun.-sam. 9h-12h et 13h30-18h*

Survoler l'île

Hélilagon Basé sur l'héliport de L'Éperon, d'où la vue sur la baie de Saint-Gilles et de Saint-Paul est réellement saisissante, Hélilagon propose plusieurs prestations coûteuses mais de qualité. Comptez 45min et 239€ pour apercevoir du ciel l'essentiel des beautés de la Réunion (les 3 cirques, le Volcan, la plaine des Cafres, la baie de Saint-Paul, le lagon) ; 35min et 220€ pour les 3 cirques seulement avec retour par le lagon ; 25min et 190€ pour une découverte de Mafate, de Salazie et du lagon ; ou 15min et 85€ pour une découverte de Mafate et de Saint-Paul avec retour par le lagon. *Altiport de L'Éperon 190, chemin Summer N°2 Tél. 02 62 55 55 55 www.helilagon.com*

Les environs de Saint-Gilles-les-Hauts

Trois-Bassins Trois-Bassins est un passage obligé de la route des Hauts (route Hubert-Delisle, D3). Il faut compter au moins 45min pour venir de Saint-Gilles-les-Bains, et le temps de parcours est à peu près équivalent si vous venez de Saint-Leu. Si le Visage pâle aux idées bien arrêtées n'est pas forcément le bienvenu, le touriste attentif et discret peut profiter d'un passage à Trois-Bassins pour approfondir sa découverte des Hauts (500m). À coup sûr, il sera gentiment orienté et conseillé. Pas de curiosités architecturales à voir dans le bourg (à part peut-être la charmante église de bois et son perron panoramique), simplement une atmosphère à humer, un mode de vie à appréhender. Cela justifie indéniablement une courte étape. En outre, le centre-ville dispose des services indispensables à un séjour agréable (station-service, distributeur automatique de billets, poste…). En l'absence d'OT, la mairie pourra s'avérer un point de renseignements précieux. **Mairie** *2, rue du Général-de-Gaulle* ***Trois-Bassins*** *Tél. 02 62 24 80 03 www.trois-bassins.re Ouvert lun.-jeu. 8h-12h15 et 13h-16h, ven. 8h-12h15 et 13h-15h*

CARNET D'ADRESSES

Restauration

très petits prix

Chez Christal Dans la catégorie snack, voici une adresse sans charme apparent, dans un petit centre commercial, mais extrêmement bien tenue et au calme. Trois tables sont installées dans la salle où le patron, discret derrière son comptoir, propose des plats du jour de qualité (5€ env.), comme le boucané pomme de terre et le classique cari poulet. *Route de Fatima* ***Le Bernica*** *(centre commercial à droite en arrivant dans le centre du Guillaume) Tél. 06 92 87 69 89 Ouvert mar.-dim. 9h-14h et 17h30-19h*

Law-Tho Self À la sortie du village, une case aux tons verts en contrebas de la route abrite un modeste restaurant chinois-créole. Nappes cirées, vaste salle de cantine, ambiance sympathique et plats généreux (poulet au gingembre, bœuf sauté, cari et rougail à partir de 7€ sur place, 6€ à emporter) font de cette adresse une étape amicale. *56, rue du Général-de-Gaulle* ***Trois-Bassins*** *Tél. 02 62 24 80 09 Ouvert lun.-sam. 11h-14h*

prix moyens

L'Imprévu Dans la case à l'ancienne, la salle décorée de fresques est intimiste, la grande terrasse bien abritée. La carte ici mélange cuisine créole et plats métros. Au choix on vous servira avec le sourire un cari (12 à 18€) ou une pizza (à partir de 9€), ou encore quelques préparations plus recherchées mais peut-être moins convaincantes, comme ce foie gras poêlé à la papaye, ou le poisson mariné. *72, rue Joseph-Hubert* ***Saint-Gilles-les-Hauts*** *(rue principale du bourg, après le garage) Tél. 02 62 55 36 34 Ouvert lun. 12h-14h30, mar.-ven. 12h-14h30 et 19h-22h30, sam. 19h-22h30*

Tikus Garden À mi-chemin entre Saint-Leu et la Saline-les-Bains, ne manquez pas le tout petit chemin

GAMME DE PRIX	RESTAURATION	HÉBERGEMENT
Très petits prix	moins de 8€	moins de 15€
Petits prix	de 8 à 15€	de 15 à 30€
Prix moyens	de 15 à 25€	de 30 à 50€
Prix élevés	de 25 à 40€	de 50 à 100€
Prix très élevés	plus de 40€	plus de 100€

(accessible seulement en venant de Saint-Leu) qui vous mène au Tikus Garden. Il serait dommage de passer à côté de ce magnifique restaurant. Dans le jardin tropical, vous apprécierez la décoration balinaise (certains meubles sont à vendre) et surtout la vue panoramique exceptionnelle sur l'océan. Le menu à 28€ affiche, par exemple, un carpaccio de poisson à l'huile d'argan (11€ à la carte), un magret de canard sur son caillou bouillant avec une sauce fruits rouges (24€) suivi d'une tarte au citron meringuée (6,50€). Et pour profiter un peu plus longtemps du charme du lieu vous pourrez vous offrir petit plongeon dans la piscine. *24, allée des Dauphins Souris-Chaude* ***Trois-Bassins*** *Tél. 02 62 26 88 21 www.restaurant-tikus-garden.fr Ouvert jeu.-sam. midi et soir, dim. uniquement midi*

Hébergement

prix moyens

Le Belvédère de la Gospa Une maison accueillante, reconnaissable à son toit vert. Une chambre sur les 4 existantes ouvre sur le lagon (double 45€, petit déj. 5€). Les amoureux des beaux panoramas pourront profiter pleinement du paysage sur la varangue, et les autres se prélasseront au bord de la piscine chauffée. Excellente table d'hôtes (25€). *24, chemin Desbassayns Bois-de-Nèfles Sud* ***Trois-Bassins*** *(en arrivant à Trois-Bassins de La Saline, tourner à droite vers Saint-Leu après la ravine. Après les champs de canne, suivre à gauche la route qui monte) Tél. 02 62 24 89 51 ou 06 92 65 50 94 www.belvederedelagospa.com*

prix élevés

La Christophine Maison d'hôtes, mini-hôtel, espace de relaxation, cet établissement est, disons-le tout net, décalé mais sympathique, à l'image de Jany et Dominique, les propriétaires qui vous accueillent en ami dans l'une des 7 chambres de la maison. Offrez-vous une pause détente dans le jacuzzi, puis un massage shiatsu, et vous dormirez comme un loir dans le silence des Hauts, bercé par le coassement des petits crapauds. Double 54€ (49€ à part. de 4 nuits), petit déj. 6,60€. *19/21, route Hubert-Delisle* ***Tan-Rouge*** *Tél. 02 62 32 87 60 www.la-christophine.com*

☺ **Côté Cannelle** Située au Bernica, cette maison d'hôtes ne désemplit pas. Ce franc succès, Patrick et Catherine le doivent à la qualité de leur accueil, mais également à des prestations remarquables. Cinq chambres magnifiquement agencées, avec douche à l'italienne, raviront les amoureux (notamment). Avec la nuitée, vous profiterez d'un petit déjeuner dans la somptueuse salle commune... et d'un accès à l'espace bien-être, avec piscine et spa. Tout cela pour 69 € (formule week-end à 129 € avec nuit, petit déjeuner, entrée au spa et dîner pour deux). Table d'hôtes le soir sur réservation (25€/pers. vin compris). Côté Cannelle propose également à la location, et à des tarifs imbattables, deux jolies villas pouvant héberger de 4 à 8 personnes (de 400 à 450 € la semaine). *63, route de Fatima* ***Le Bernica*** *Tél. 02 62 19 98 00 www.cotecannelle.fr*

La plaine des Cafres (p.268), et ses effondrements dus à l'érosion.

Fête de la Salette (p.179), en septembre à Saint-Leu.

CUIVRES
REVELATIONS
M. LACAILLE
TEL:
34.43.57

Temple chinois (p.211), culte bouddhiste, Saint-Pierre.

Cascades de Takamaka (p.247), près de Saint-Benoît.

École coranique, culte musulman, Saint-Denis.

Cirque de Mafate (p.320), dominé par le piton des Neiges.

Case créole, Piton Sainte-Rose (p.240).

Éruption du volcan de la Fournaise (p.274)

Temple du Colosse (p.258), culte hindouiste, Saint-André.

Lézard gecko, cirque de Mafate (p.320).

Saint-Leu (p.178), flamboyants en bord de plage.

Formica Léo, piton de la Fournaise (p.274).

Fleur de vanille, cultivée dans l'est et le sud de l'île.

Pêche aux bichiques, alevins de la côte est, Bras-Panon (p.253).

Maison créole à Hell-Bourg (p.292), cirque de Salazie.

☺ SAINT-LEU

97436

Vue du ciel – expérience que vous pourrez vivre en pratiquant le parapente –, Saint-Leu offre un visage original et tourmenté, bordé par un lagon à l'ouest, barré au nord et au sud par un chaos de roches noires basaltiques et veiné de grandes ravines à l'est. La ville, autrefois appelée Boucan-Laleu – un habitant y avait construit un cabanon (*boucan* en créole) –, est un des lieux de villégiature préférés des Réunionnais, avec sa grande plage où il fait bon se baigner ou surfer, et ses Hauts secrets que des chambres d'hôtes de belle qualité rendent hospitaliers. Des bâtiments de lave sombre (la mairie et la poste, par exemple), anciens entrepôts et bureaux de la Compagnie des Indes, rappellent le passé prestigieux de cette ville que l'on aime particulièrement pour son dynamisme et ses nombreuses manifestations. Si vous venez au mois de septembre, ne manquez surtout pas le pèlerinage de Notre-Dame-de-la-Salette.

LE THÉÂTRE D'UNE RÉVOLTE D'ESCLAVES MYTHIQUE À la fin du XVIIIe siècle, Saint-Leu est une ville prospère. Le vent commence à tourner en 1806 et 1807, lorsque deux cyclones consécutifs s'abattent sur l'ouest de l'île : la cité est touchée de plein fouet et les cultures de café sont dévastées. La colère gronde chez les esclaves, dont on exige toujours plus pour relever les rendements de l'agriculture. En 1811, alors que les Anglais occupent l'île après y avoir introduit la culture de la canne, tâche terriblement harassante, une poignée d'esclaves se révolte. Ils tentent de prendre la ville, pillent des habitations et tuent même des Blancs. Dénoncés par l'un des leurs, ils sont alors durement réprimés par l'armée. Trente d'entre eux sont condamnés à mort, tous les autres mis aux fers à perpétuité. Le calme revenu, seul subsiste le souvenir de l'unique soulèvement collectif de ces forçats du travail dans l'histoire de la Réunion.

MODE D'EMPLOI

accès

EN VOITURE
On arrive à Saint-Leu par la N1 (Route des Tamarins), que l'on vienne du nord ou du sud. Au départ des Hauts, on emprunte la D22 (depuis Saint-Christophe) ou la D12 par Les Colimaçons, de Trois-Bassins. Du sud, prendre la sortie Stella, puis le CD11, jusqu'au littoral. Du nord, prendre la sortie Colimaçons, puis la D12, jusqu'au littoral.

EN CAR
Cars jaunes Ils desservent Saint-Leu et Piton-Saint-Leu (lignes A, B et C). Entre Piton-Saint-Leu, les Colimaçons et La Chaloupe-Saint-Leu, emprunter la ligne E. Des bus Kar'Ouest montent également vers les Hauts depuis la gare rou-

tière, installée en face de la mairie. *Tél. 0810 123 974 www.cg974.fr*

Kar'Ouest Au départ de Saint-Leu, La ligne 46 dessert Les Colimaçons et La Petite Ravine ; la ligne 49, La Fontaine et La Chaloupe. *Tél. 0810 45 65 20 www.karouest.re*

orientation

Bien que le centre-ville, tout en longueur et enserré entre le front de mer et la nationale, ne soit pas très étendu, le plan de circulation à sens unique rend parfois la traversée du bourg délicate. Stationnez donc le long de la nationale et baladez-vous tranquillement au bord de la mer. Pour rejoindre les bourgs dépendant de Saint-Leu, dans les Hauts, il vous faudra reprendre votre véhicule ou emprunter le car.

informations touristiques

Office de tourisme Difficile de trouver un meilleur accueil ! Dans ce bâtiment de style Compagnie des Indes, les hôtesses de l'office de tourisme sont attentives aux demandes et disposent d'une documentation complète sur la commune et la région. Possibilité de réserver un gîte, une randonnée, un billet pour un spectacle ou encore une visite guidée, dont celle des salines de Saint-Leu, le matin en semaine (lun.-ven. départ 8h, durée 2h). *1, rue Barrelier (à l'angle de la rue principale Général-Lambert, à l'entrée de la ville après le premier rond-point) Tél. 02 62 34 63 30 Ouvert lun. 13h30-17h30, mar.-ven. 9h-12h et 13h30-17h30, sam. 9h-12h*

adresse utile

Laverie Océane *11, rue de l'Étang (à côté du palais d'Asie) Ouvert tlj. 7h-20h*

marchés, fêtes et manifestations

Marché forain *Pl. de la Mairie Sam. 6h-13h*

Brocante *Parc du 20-Décembre 3e dim. du mois (6h-13h)*

☆ **Fête du Sacré-Cœur** Pèlerinage des Colimaçons (p.183). *Juin*

Fête de la Salette Grand pèlerinage, foire et concerts. *Parc du 20-Décembre Sept.*

Tournoi de pelote basque *Rue Haute Oct.*

Parapente World Cup series *Oct. ou nov.*

Leu Tempo Festival Spectacles de clowns et d'acrobates, concerts, danse... Au séchoir, scène "andémik" de la Réunion (p.181). *Le Séchoir rue Adrien-Lagourgue Piton-Saint-Leu www.lesechoir.com 5 j. en mai*

Le Séchoir *28, rue Adrien-Lagourgue Piton-Saint-Leu http://lesechoir.com Page FB*

DÉCOUVRIR

Saint-Leu et ses environs

☆ **Les essentiels** La chapelle Notre-Dame-de-la-Salette et son pèlerinage, le jardin botanique national de Mascarin **Découvrir autrement** Faites un baptême de plongée dans le lagon, expérimentez le parapente à l'occasion d'un baptême biplace

Le bourg

☆ **Chapelle Notre-Dame-de-la-Salette** Si vous voyez deux adorables vieilles dames qui vendent des bouquets de fleurs sous une ombrelle, au départ d'un chemin de pierres noires qui serpente à flanc de colline, pas de doute, vous êtes au début du sentier pavé qui mène à Notre-Dame-de-la-Salette (XIXe s., reconstruite en 1958). De nombreux Réunionnais viennent tous les jours parcourir cet itinéraire ponctué de chapelles ; le plus souvent, ils y déposent une fleur en guise d'hommage. Ils continuent ainsi de vénérer Notre-Dame de la Salette qui, en 1859, alors qu'une épidémie de peste et de choléra sévissait sur l'île, protégea la ville après que les paroissiens et le curé eurent construit une modeste chapelle en haut de la butte. Personne ne fut touché à Saint-Leu ! Depuis, le bourg reçoit des milliers de personnes chaque année le 19 septembre, venues remercier la Vierge de son miracle. *Sentier de la Salette Tél. 02 62 34 81 29*

Baie de Saint-Leu L'immense plage de Saint-Leu, commune classée Pavillon Bleu en 2011, est un résumé du littoral de la Réunion. Vous trouvez d'abord les roches basaltiques sur lesquelles vient battre l'océan près de la pointe des Châteaux. Puis, vers le sud, vous apercevrez la "**Gauche**" **de Saint-Leu**, vague mythique qui se renouvelle perpétuellement pour la plus grande joie des surfeurs. On foule ensuite le sable blanc de la populaire **plage du Centre**, où il fait bon barboter après avoir longé la promenade aménagée. À mesure que l'on avance vers le sud au bord du lagon – bleu ou vert selon les endroits, et toujours protégé par le récif corallien –, le sable devient gris, puis noir, mélangé à de gros galets. Ici, la plage arbore une physionomie plus sauvage, avec ses filaos et ses palmiers sous lesquels se réfugient les touristes rougis par le soleil. C'est également le royaume de **quelques snacks** en dur, qui ont remisé les antiques camions-bars au rayon des souvenirs. Il vous faut enfin prolonger la balade vers la **pointe au Sel** (à 4km en longeant la route), où une authentique saline a été rouverte en 1995. Suite à de nombreux accidents, un arrêté municipal interdit désormais la baignade au minuscule bassin d'eau douce. En effet, la barrière de corail ne joue plus son rôle protecteur aux alentours du lieu-dit **La Caverne** où les courants de l'océan, extrêmement violents. Enfin, ne manquez pas d'admirer la pointe des Roches-Noires, où viennent se briser les vagues.

● Assister au ballet aquatique des tortues marines

☺ **Kélonia-observatoire des tortues marines** Les spécimens qu'abrite cet observatoire des tortues marines, sont protégés, étudiés, recueillis et soignés lorsqu'ils sont victimes de pollution ou de pêche accidentelle. Après avoir contourné les bâtiments appuyés sur un ancien four à chaux, on accède à différents bassins, dont l'un à paroi de verre laisse voir la nage déliée de ces imposants reptiles marins, parmi lesquels certains retrouveront le grand large. La visite se poursuit par une exposition à la scénographie interactive et didactique sur l'univers biologique, environnemental des tortues, leur place et leur exploitation dans les différentes cultures. Sur réservation (obligatoire), le site organise des conférences, des projections et, pour les plus jeunes, des ateliers pédagogiques. *46, rue du Général-de-Gaulle (à l'entrée nord de Saint-*

Leu) Tél. 02 62 34 81 10 www.kelonia.org Ouvert tlj. 9h-18h (fermeture billetterie 17h) Visite guidée (sans supplément de prix) tlj. 10h, 11h30, 14h, 15h15, 16h30 Tarif 7€, réduit 5€

Où manger sur le pouce, boire un verre ?

Les Rondavelles Côté plage, ces petits kiosques qui jalonnent le rivage offrent autant d'occasions de se rafraîchir qu'on le souhaite. Celui dit "des surfeurs" (le 3e en venant du sud) semble avoir les faveurs de la jeunesse locale. Le dimanche après-midi, ils s'animent d'orchestres qui rythment les pique-niques et bercent les siestes. *Sur le front de mer Ouvert tlj.*

Pâtisserie du Lagon Côté ville, cet établissement a bien moins de charme, mais ses quelques tables sur le trottoir sont bienvenues quand les snacks du centre ont baissé le rideau. *208, rue du Général-Lambert (à la sortie de la ville vers le sud) Tél. 02 62 34 80 87*

Où écouter de la musique, assister à un spectacle ?

Le Séchoir Une scène conventionnée qui programme tout au long de l'année des concerts éclectiques de jazz, électro, maloya, du théâtre, et accueille des artistes en résidence. *28, rue Adrien-Lagourgue Piton-Saint-Leu (6km au sud de Saint-Leu) Tél. 02 62 34 31 38 www.lesechoir.com*

Faire de la plongée avec bouteilles

Excelsus Un club réputé pour son sérieux. Excelsus a investi dans un catamaran à moteur et propose des sorties à la journée à la demande. L'accueil est chaleureux et pédagogique. Baptême 60€ et formation niveau 1 (5 plongées) 330€. Randonnées aquatiques derrière la barrière de corail à 20€. *ZA de la pointe des Châteaux 1, impasse des Plongeurs (accès : route des Colimaçons, à 5min du Port) Tél. 02 62 34 73 65 www.excelsus-plongee.com Ouvert tlj. 8h30-18h*

Affronter la "Gauche" de Saint-Leu

École de surf de Saint-Leu Ce spot réputé est réservé aux surfeurs extrêmement aguerris. Hans Ouvré, au palmarès de champion, vous emmènera plutôt sur les sites de La Tortue ou de La Cafrine, moins redoutables. Séance d'initiation (dès 5 ans) : 45€ ; stages de 3 séances d'1h30 : 95€ (matériel fourni et inclus dans le tarif). *22, chemin des Tourterelles (indiqué au rond-point d'entrée de la ville en venant du nord) Tél. 02 62 49 66 01 ou 06 92 65 44 92 www.surf-reunion.com*

Tenter le canyoning

Ricaric Prestataire confirmé, Ricaric est spécialisé dans l'organisation d'escapades aquatiques. Totalement encadrées par des moniteurs diplômés, les sorties sont l'occasion de découvrir des sites superbes comme le trou Blanc à Salazie (ludique pour les débutants), Fleurs-Jaunes à Cilaos (plus vertical, avec obligation de rappel) ou Takamaka et Trou-de-Fer (technique, réservé aux spécialistes). À partir de 50€ la journée, matériel inclus, mais transfert sur site non compris. Ricaric propose également de partir à la découverte des tunnels de lave avec des moniteurs titulaires d'un brevet d'État de spéléologie : sorties "Découverte" (3h sous terre, 50€), "Plein tube" (4h30 sous terre, 65€) et "Spéléo totale" (5h de canyoning, spéléo et marche, 110€). *15, chemin Fossy 97436* ***Saint-Leu*** *Tél. 06 92 86 54 85 www.canyonreunion.com Ouvert tlj. 8h-20h*

Les Hauts de Saint-Leu

☆ **Conservatoire-jardin botanique national de Mascarin** À l'air libre tel un musée en pleine nature, les 7ha du conservatoire dévoilent cinq collections de végétation : la collection "Plantes *lontan*" retrace l'histoire de l'introduction de plantes et cultures comme le café, la canne à sucre ou diverses épices ; la collection "Verger" rassemble plus de 50 espèces d'arbres fruitiers de la Réunion ; la collection "Succulentes" renseigne sur des végétaux capables de s'adapter à des conditions difficiles ; la collection "Palmiers" présente de nombreuses espèces, dont certaines endémiques ; et la collection "Réunion" donne une idée de ce qu'était la forêt semi-aride des Bas avant l'arrivée de l'homme. Celle-ci est l'occasion d'une visite guidée vivante et riche (45min-1h), où un animateur parcourt avec vous les différents étages de cette forêt, détaillant avec soin et pédagogie chaque étape. On découvre ainsi la patate-à-durand qui envahit les plages de sable noir ou le latanier rouge, désormais disparu à l'état naturel. Une plongée grandeur nature dans le patrimoine de l'île. Comptez au moins 2h pour une visite complète du domaine et du jardin d'agrément, les collections de bam-

La Réunion balnéaire

Au programme des passionnés de l'océan : une sortie de pêche au gros au large des lagons, une plongée à la découverte du récif corallien, une initiation au surf, une excursion à bord d'un bateau à fond transparent ou, enfin, une journée de douce paresse sur une plage de sable fin...

Sorties en mer, pêche sportive

Le Visiobul — 136
Le Grand Bleu — 136
Maevasion — 137
Réunion Fishing Club — 137

Dans l'eau, sur le sable

Plage de Boucan-Canot — 129
Plage des Roches-Noires — 133
Plage de La Saline — 139
Plage de sable noir (L'Étang-Salé) — 191
Plage de Saint-Pierre — 213
Grande-Anse (Petite-Île) — 219
Manapany-les-Bains (Saint-Joseph) — 220
Anse des Cascades (Sainte-Rose) — 240

Sur l'eau

Jet'Surf Club — 74
Ski-Club Saint-Paul — 120
Surfclub des Roches-Noires — 134
École de surf de Saint-Leu — 181
Canoë-Kayak Sud — 213

Sous l'eau

Mascareignes plongée — 136
Escapade plongée — 136
Sentier sous marin-réserve naturelle marine — 140
Excelsus — 181
Association nautique de Saint-Pierre — 213

bous et d'orchidées qui cernent l'ancienne et magnifique demeure aux beaux parquets marquetés de M. de Chateauvieux, grand industriel de la Réunion au XIXe siècle. Possibilité de se restaurer sur place au snack du conservatoire. *2, rue du Père-Georges Les Colimaçons Tél. 02 62 24 92 27 www.cbnm.org Ouvert mar.-dim. 9h-17h Tarif 7€, réduit 5€, inclut les visites guidées thématiques (mar.-ven. 11h : "collection Verger" ; mar.-dim. 14h : "collection Réunion" ; mar.-dim. 15h : "collection Plantes lontan")* **Café** *Ouvert mar.-jeu. et sam.-dim. 11h-17h, ven. 11h-16h*

Église du Sacré-Cœur-des-Colimaçons Tout droit sortie de l'imagination de M. de Chateauvieux, cette étonnante église en briques de pierre de lave, à l'aspect à la fois "industriel" et romantique, fut bâtie de 1860 à 1863. Celui qui fut son architecte et maçon y repose avec son épouse. Le parvis surplombe le lagon et offre un très beau point de vue. *Rue du Père-Georges Les Colimaçons (à côté du jardin botanique)*

● **S'initier au parapente** Le site des Colimaçons a la réputation d'être un spot de parapente particulièrement adéquat, grâce aux vents ascendants et au survol du lagon. Tous les matins, on peut observer les toiles multicolores qui traversent le ciel, et à 800m dans les Hauts on fait la queue pour décoller. Plus d'une quinzaine d'écoles de parapente, de l'initiation à la compétition (*world cup series*), se partagent le ciel de Saint-Leu et la concurrence est rude ! Certains prestataires possèdent leur propre aire de décollage plus haut vers La Chaloupe-Saint-Leu (1 600m).

Parapente Réunion Nous avons vu des septuagénaires revenir de leur baptême en arborant un sourire béat... Alors, pourquoi pas vous ? L'accueil s'avère très (trop ?) détendu, mais la sécurité est l'une des devises de la maison. Pour le reste, il faut faire confiance au moniteur et, bien sûr, ne pas souffrir du vertige. Baptêmes : survol "marmaille" (pour les moins de 12 ans, 65€), survol du lagon (75€), survol de la forêt primaire et du lagon (105€), vol au coucher du soleil (85€) ou vol sportif (110€). *1 et 103, rue Georges-Pompidou Les Colimaçons Tél. 02 62 24 87 84 ou 06 92 82 92 92 www.parapente-reunion.fr*

Parapente dé Z'îles Partager le ciel avec les "papangs", les "paille en ké"... et Jimmy Aubin. Ce Saint-Leusien passionné propose 3 envols de 20 à 30min environ des Colimaçons et de La Chaloupe-Saint-Leu. De 75 à 105€. *34, rue du Général-de-Gaulle* ***Saint-Leu*** *Tél. 02 62 24 08 23 ou 06 92 33 20 25 www.parapentedesziles.com*

Au sud de Saint-Leu

Musée du Sel À la sortie de Saint-Leu vers le sud, deux sites méritent un léger détour. Au bout d'un chemin caillouteux, derrière deux entrepôts de stockage miroitent les dernières salines de la Réunion. Une vingtaine de bassins où décante l'eau d'une des mers les plus salées du globe. Pas d'ambition ici de rendement industriel, mais le désir de protéger un site, un patrimoine humain, et de l'enrichir d'une réflexion pédagogique. C'est le rôle du musée du Sel, consacré à l'histoire du condiment – son exploitation, sa chimie et ses propriétés – ainsi qu'à l'écosystème spécifique des milieux salés. En venant sur place le matin (la luminosité et la chaleur sur cette langue de terre basaltique sont particulièrement ardentes), vous rencontrerez les sauniers heureux de partager leur savoir et de vous faire goûter quelques pincées de fleur de sel.

En prenant le sentier à travers la lande rase, vous approcherez du **trou du Souffleur**. Chaque forte vague qui s'engouffre sous la roche s'échappe en panache au sommet d'un étroit aven. Rafraîchissant ! *25 La Pointe au Sel les Bas* ***Saint-Leu*** *Tél. 02 62 34 67 00 Ouvert mar.-dim. 9h-12h et 13h30-17h*

CARNET D'ADRESSES

Restauration

petits prix

Le Lagon Côté rue, un snack sans originalité, avec sandwichs et paninis au choix (à partir de 4€). Côté plage, un restaurant sympathique avec terrasse et véranda. Entre les deux, un grand bar surmonté d'un lambrequin clair. La cuisine allie inspiration créole (nombreux caris à partir de 14€) et plats métros (à partir de 17€). On peut également se sustenter de salades généreuses (à partir de 11€). *2bis, rue du Lagon* ***Saint-Leu*** *Tél. 02 62 34 79 13 Ouvert mer.-lun. 12h-16h et 19h-22h*

Chez Stéphanie Stéphanie, vieille dame digne aidée par sa fille souriante, tient une institution toute simple où l'on se bouscule à midi pour goûter des plats créoles de bonne facture (cari thon, cari bringelle, cari boucané, rougail saucisse autour de 10€ sur place ou à emporter) et des samoussas faits maison le dimanche. Sans enseigne, la grande case blanche en bord de route abrite une dizaine de tables dans une vaste salle vert pomme, ainsi qu'un coin primeurs qui permet de repartir avec quelques légumes frais dans son cabas. Attention, le piment brûle ! *135, rue du Général-Lambert* ***Saint-Leu*** *Tél. 02 62 34 89 30 Ouvert tlj. 11h-15h et 18h-22h*

prix moyens

Villa Vanille Sous la tonnelle ombragée d'un "jardin à la plage", à deux pas du lagon scintillant, on compose son menu selon les suggestions d'une ardoise qui met en avant les grillades de viandes et les spécialités de poisson cru et fumé. Comptez 25€ pour un plat et un dessert le soir. Formule midi à 14,50€. Dans la journée entre deux baignades, on peut également s'offrir une pause fraîcheur et une coupe glacée à bien moindre coût. *69, rue du Lagon* ***Saint-Leu*** *(route des plages sortie sud de la ville) Tél. 02 62 34 03 15 Ouvert mer.-lun. 11h45-14h15 et 19h-22h*

Le Zat Dans ce restaurant du front de mer à l'ambiance décontractée, vous ne dénicherez pas le plat qui vous fera tomber à la renverse mais vous ne connaîtrez pas non plus de déception avec des classiques réunionnais bien préparés : tartare de thon à la moutarde à l'ancienne ou à la coriandre (16,50€), steak de kangourou (18€), mi-cuit de marlin (18€)... Et puis, quel bonheur de manger les pieds dans le sable

GAMME DE PRIX	RESTAURATION	HÉBERGEMENT
Très petits prix	moins de 8€	moins de 15€
Petits prix	de 8 à 15€	de 15 à 30€
Prix moyens	de 15 à 25€	de 30 à 50€
Prix élevés	de 25 à 40€	de 50 à 100€
Prix très élevés	plus de 40€	plus de 100€

en admirant le lagon ! Une fois rassasié, il suffit de marcher 10m pour piquer une tête en regardant tournoyer les parapentes dans les hauts de Saint-Leu. Que demander de plus ? *14, av. de la Compagnie des Indes* ***Saint-Leu*** *Tél. 02 62 42 20 92 Ouvert tlj. 9h-17h et parfois en soirée, le w.-e.*

prix élevés

La Varangue Vous voudrez certainement dîner ici, les pieds dans le sable, face au couchant sur le lagon… Et vous aurez raison, car le cadre, avec l'immense varangue, est vraiment enchanteur. Côté cuisine, vous apprécierez certainement les nombreuses spécialités créoles de crustacés et poisson, peut-être moins leur prix : le moindre cari est facturé 16€, celui de langouste grimpe à 50€ ! Un peu cher pour un repas complet qui s'élève à 30€ minimum. *52, rue du Lagon* ***Saint-Leu*** *Tél. 02 62 34 79 26 Ouvert mar.-sam. 11h30-14h30 et 19h-22h30, dim. 11h30-14h30*

Hébergement

L'hébergement est réservé aux gros budgets. Il faut quitter le littoral et s'aventurer dans les Hauts pour trouver des chambres d'hôtes aux tarifs plus accessibles.

prix moyens

Dodo Spot En bordure de nationale, à l'entrée de Saint-Leu, ce “spot” n'est pas uniquement réservé aux surfeurs. Tout un chacun peut occuper l'une des 3 chambres simple ou double avec salle de bains (29€ la nuit pour 1-3 pers.), l'un des 7 studios (de 44 à 74€ la nuit pour 2-6 pers.), ou l'un des 2 bungalows (79€/nuit pour 4 pers.) et profiter de cet enclos de bois à l'ambiance décontractée. Malgré le charme du patio, pratique pour boire un verre et échanger ses impressions avec les autres locataires, on regrette le bruit de la circulation qui couvre le chant des vagues. *67, rue du Général-Lambert* ***Saint-Leu*** *Tél. 02 62 34 76 98 ou 06 92 60 13 98 www.dodospot.com*

prix élevés

Iloha hôtel Village de bungalows disséminés dans un parc de 3ha sur les hauteurs de Saint-Leu, cet établissement joue la carte locale avec goût, même si tout cela paraît bien artificiel. Les chambres et bungalows sont très confortables et agréables, avec leur mobilier en rotin et leurs touches boisées discrètes. Comptez de 75 à 140€ pour une chambre double selon la saison et l'équipement (petit déj. 12€), et de 125 à 185€ le bungalow pour 2 à 6 personnes. Et aussi : deux piscines, deux restaurants et un bar. *Pointe des Châteaux* ***Saint-Leu*** *Tél. 02 62 34 89 89 www.iloha.fr*

prix très élevés

☺ **Blue Margouillat** Un de nos coups de cœur dans cette catégorie. Hôtel de charme 4 étoiles et havre de paix – le Blue Margouillat réussit le tour de force de tenir éloignés les bruits de la N1 ! –, cette case élégante et raffinée, au toit ondulé vert et au point de vue magnifique, charmera les romantiques… qui pourront débourser de 155 à 190€ pour une chambre double ou de 225 à 260€ pour une suite, selon la saison. Les chambres situées au 1er étage, avec leur terrasse panoramique, sont encore plus attrayantes. Pour passer une nuit dans une atmosphère douce et sereine, dans les senteurs d'encens. Le petit déjeuner est à 18€. Le dîner servi au bord de la piscine autour de 55€, mais on peut se contenter aussi des exquis amuse-gueules (7€ l'assiette). *Impasse Jean-Albany* ***Saint-Leu*** *(sur la gauche après la gendarmerie en sortant de Saint-Leu vers le sud, suivre le fléchage) Tél. 02 62 34 64 00 bluemargouillat.com*

Restauration, hébergement

Dans les Hauts

prix moyens

☺ **Le Moutardier Chez Mélanie Darty** Nous sommes tombés sous le charme de Mélanie, concentré de bonne humeur et de dynamisme. Elle tient avec soin quatre chambres simples avec douche (WC communs), dont deux s'ouvrent sur le jardin et, surtout, sur la magnifique baie de Saint-Leu (double 38€ petit déj. inclus). Sa table (20€ ou 25-30€ pour les non-résidents, et sur réservation), qui régale la région depuis 1986, n'a plus rien à prouver : sur la terrasse ouverte ou sous la varangue fermée protégeant du froid, on se régale d'une cuisine familiale sans prétention mais savoureuse et, rassasié, l'on goûte en fin de repas un rhum arrangé d'exception, fort de ses vingt plantes macérées. Mélanie, qui dîne toujours avec ses convives, prépare elle-même son foie gras, une curiosité dans cette partie du monde ! *16, chemin des Avocats, 419 CD3 Le Plate* ***Piton-Saint-Leu*** *(à la sortie du Plate, à droite en venant de Piton) Tél. 02 62 54 01 94 lemoutardier.free.fr*

Caz'Océane Au milieu d'un jardin arboré de 2 000m^2, une case moderne abrite 5 chambres empreintes de simplicité à des prix tout à fait imbattables : double avec douche privative de 40€ à 50€, petit déjeuner inclus (wifi gratuit). Vous apprécierez la vue sur les arbres fruitiers et le panorama sur le lagon visible du haut du balcon. Le propriétaire prépare une table d'hôtes qualifiée de "z'oreille-créole", autrement dit pas trop épicée, avec pour spécialités le poulet coco et le ti'jacques boucané (20€, sur réservation). Il vante également les mérites de ses confitures, en particulier celles de papaye verte, goyavier et mangue. *28, chemin Mutel La Chaloupe* ***Saint-Leu*** *(qui descend en face de l'école) Tél. 02 62 54 89 40 ou 06 92 74 63 94 www.lacazoceane.com*

Chez François Huet La maison réservée aux hôtes est ravissante, case immaculée où court un joli lambrequin au-dessus de la varangue. Celle-ci reçoit les grandes tablées (20€ le repas), où l'on déguste des mets créoles. On se repose ensuite dans l'une des 4 chambres (sdb et WC), deux d'entre elles offrant une magnifique vue sur la baie (58€, petit déj. compris), les deux autres se contentant d'un panorama sur la montagne (50€). La famille Huet loue également un gîte pouvant accueillir 4 personnes avec cuisine équipée pour 483€ la semaine. On s'y sent bien... *202, chemin Potier Bras-Mouton* ***Saint-Leu*** *Tél. 02 62 54 76 70 ou 06 92 67 62 54 www.gitehuet-reunion.fr*

Le Grand Large Une chambre d'hôtes à la décoration créole subtile, abritée par une case récente qui domine l'océan au bord d'un talus, et agrémentée d'une jolie piscine. Double 60€ (petit déj. inclus), repas à partir de 27€ (sur réservation). *97, chemin Barret* ***Piton-Saint-Leu*** *(à droite après la poste) Tél. 02 62 34 14 16 ou 06 92 86 82 68*

prix élevés

Villa Mascarine Home cinéma, piscine, jacuzzi, bois de teck et draps de percale… les amateurs de calme et d'agencement feng shui choisiront cette maison d'hôtes pour son charme, son confort et sa vue sur la baie de Saint-Leu. À l'étage, deux chambres doubles à partir de 188€ les deux nuits (durée minimum), petit déjeuner inclus ; au rez-de-chaussée deux studios à 200€ et 230€/w.-e. ou 511€ et 651€/sem. (petit déj. inclus, excepté pour les réservations à la semaine) et une suite à 260€/w.-e. ou 728€/sem. Cyrille d'origine lyonnaise concocte des dîners (30€, sur réservation) qui marient cuisine de son terroir et saveurs tropicales, servis dans une vaisselle spécialement réalisée pour la Villa mascarine. *396, rue Georges-Pompidou Les Colimaçons* ***Saint-Leu*** *(à 200m du conservatoire botanique de Mascarin) Tél. 02 62 55 73 17 ou 06 92 93 46 49 www.villamascarine.fr*

LES AVIRONS ET LE TÉVELAVE

97425

Deux communes réunies en une seule : en bas, Les Avirons, cité paisible de dix mille habitants et centre administratif qui s'élève en triangle vers les Hauts à partir d'une bande de sable noir de… 150m de large ; au-dessus des champs de canne à sucre, à près de 1 000m d'altitude, le charmant bourg agricole du Tévelave, refuge des P'tits Blancs des Hauts, belle et rafraîchissante étape. Son nom vient du malgache *tava lavy* qui signifie "la grande forêt". En effet, si l'on dépasse le village et qu'on emprunte la route forestière, on aura la joie de se retrouver au milieu d'une forêt de tamarins et de bois de couleurs, essences particulières de la Réunion. Une bouffée d'oxygène bienvenue dans une atmosphère qui peut devenir féerique lorsque la brume voile le territoire.

MODE D'EMPLOI

accès

EN VOITURE

Deux solutions pour rejoindre Les Avirons depuis le nord : passer par la N1 et bifurquer à gauche au lieu-dit Bois-Blanc à la pointe des Avirons ; ou prendre la D11 à gauche, à la sortie de Saint-Leu vers Piton-Saint-Leu. Du sud, la D11 est également une bonne solution à partir de L'Étang-Salé-les-Hauts. Pour rejoindre Tévelave, emprunter la D16 à partir des Avirons.

EN CAR

Cars jaunes Au départ de Saint-Denis, les lignes A, B et C desservent les Avirons. La ligne E fait la liaison entre la commune et La Chaloupe-Saint-Leu. *Tél. 0810 123 974 www.cg974.fr*

Bus Alternéo Les lignes 86 et 89 relient l'église des Avirons à la mairie de L'Étang-Salé. Pour monter à Tévelave, il faut emprunter les bus 85 ou 88 qui partent aussi de l'église des Avirons. *Tél. 0800 355 354 www.alterneo.re*

informations pratiques

Pas d'office de tourisme aux Avirons ni au Tévelave, vous devrez vous adresser à l'OT de l'Étang-Salé (p.190). Vous trouverez en revanche quelques commerces pour vous ravitailler, un distributeur automatique et un bureau de poste dans chacun des deux bourgs.

Mairie *61, av. du Général-de-Gaulle* **Les Avirons** *Tél. 02 62 38 02 66 www.mairie-avirons.fr Ouvert lun.-jeu. 8h-12h et 12h45-16h, ven. 8h-12h et 13h-15h*

fêtes et manifestations

Fête du Tévelave Animations, exposition-vente d'artisanat et démonstrations de savoir-faire, dégustation de produits du terroir, etc. *Mai*

DÉCOUVRIR

Les Avirons et Tévelave

Découvrir autrement Partez en balade sur le sentier des Tamarins

Forêt du Tévelave À défaut d'avoir le temps de parcourir en voiture la route forestière des Hauts "sous le vent" (RF9), qui fait la liaison entre Le Guillaume et Le Tévelave via la RF8, route forestière du Maïdo (p.123), une incursion à pied au cœur de cette jeune forêt de tamarins au bois jaune ou brun, replantée par l'ONF, se révèle une belle expérience.

Avec des enfants

Balades familiales

Loisirs et découvertes

Baignades sans risque

Sentier des Tamarins Tout au long de ce parcours frais de 2h30 environ, vous pourrez voir aussi, et souvent dans la brume, des fougères arborescentes (fanjan) dont la cime se perd dans la brume… Les sous-bois sont mousseux, glissants et exigent une certaine attention. Pour le reste, c'est un sentier facile, parfois bosselé en raison des quelques ravines à traverser. Le retour se fait par la route à partir de la ravine du Trou. Sur cette piste, une bifurcation par le sentier du Gol (boucle d'1h45) vous conduit à un beau point de vue sur les Makes. ***Accès*** *Sur les hauteurs de Tévelave, un "camp" (à 10km du village) permet de laisser sa voiture* ***Durée*** *2h30* ***Parcours*** *Boucle* ***Difficulté*** *Facile*

CARNET D'ADRESSES

Restauration, hébergement

prix moyens

Chez Mamie Une case blanche tout en longueur, 3 chambres (48€ la double) avec des lits coiffés d'un grand éventail colonial, une salle commune avec salon, cheminée et kitchenette : le décor est agréable, à l'image de l'accueil. Seul inconvénient : la vue est interdite aux hôtes, logés derrière la maison des propriétaires qui barre le point de vue sur l'océan. Ils se consoleront en dégustant le repas du soir (25€, tlj. sauf mar., jeu. et dim.). *371, route des Vacoas Le Tévelave* ***Les Avirons*** *Tél. 02 62 38 00 39 ou 06 92 82 55 27 www.chambres.chezmamie.name*

Ferme-auberge L'Écorce blanc Une adresse réputée dans la région. Corneille Blondel, le patron souriant, est entièrement dévoué à son auberge, grande case simple perchée au bout d'un chemin agricole, au sommet d'une butte surplombant la mer à 15km. Pour 22€, avec les produits de la ferme, il concocte un cari canard grillé ou poulet cacahuète, un sauté de légumes "façon écorce blanc" avec, par exemple, un gratin de chouchous en entrée et un gâteau de patates douces en dessert, auxquels il faut ajouter les beignets de l'apéritif et le café. L'auberge dispose de 4 belles chambres toutes simples à 50€, 70€, 160€ et, pour la suite prestige, 220€, et d'une terrasse panoramique. En attendant, au petit déjeuner, les hôtes poussent les tables dehors dès le moindre rayon de soleil… *46, rue Francis-Rivière Le Tévelave* ***Les Avirons*** *(à l'entrée de Tévelave, à droite devant le petit supermarché, continuer un bon kilomètre, puis tourner à gauche – fléchage – sur un chemin très pentu et parfois glissant ; compter encore 500m) Tél. 02 62 38 31 52 ou 06 92 02 16 30 www.lecorce-blanc.com*

GAMME DE PRIX	RESTAURATION	HÉBERGEMENT
Très petits prix	moins de 8€	moins de 15€
Petits prix	de 8 à 15€	de 15 à 30€
Prix moyens	de 15 à 25€	de 30 à 50€
Prix élevés	de 25 à 40€	de 50 à 100€
Prix très élevés	plus de 40€	plus de 100€

Auberge *Ouvert tlj. midi et soir sur réservation (obligatoire)*

Table d'hôtes-Chez Mme Tipary Personnage haut en couleur, Mary-Anne Tipary prépare une cuisine familiale à l'ancienne, dans une jolie case à bardeaux entourée d'un jardin créole typique. Comptez 25€ le repas (menu enfant 10€). *17, rte du Tévelave* ***Les Avirons*** *Tél. 02 62 38 00 71*

★ ☺ L'ÉTANG-SALÉ

97427

Contrairement aux apparences, ce village ne doit pas son nom à son lagon calme et accueillant, au bord de la plage de sable basaltique, mais à un vaste étang né autrefois de grandes marées qui allaient au-delà des dunes instables. Il est aujourd'hui comblé et planté de filaos. L'Étang-Salé fut d'abord agricole dans les Hauts, avant de se développer dans les Bas grâce à l'arrivée du train en 1881. Aujourd'hui, la ligne de chemin de fer étant désaffectée, c'est désormais le tourisme balnéaire qui contribue à l'expansion de ce bourg plaisant, encore préservé de l'urbanisation, comme Saint-Gilles-les-Bains. Outre sa plage, sûrement la plus agréable de la côte "sous le vent", L'Étang-Salé offre une escapade dans la plaine du Gol, au sud, connue pour ses champs de canne à sucre à perte de vue et ses chaises cannées en bois de filao ou de roseau.

MODE D'EMPLOI

accès

EN VOITURE
L'Étang-Salé-les-Bains est accessible par la route du littoral (N1a) via Saint-Leu (15km) et par celle des Tamarins (2x2 voies) reliant la commune à Saint-Paul en 34km. Pour rejoindre le village des Hauts, empruntez la D17E (échangeur depuis la N1).

EN CAR
Cars jaunes L'Étang-Salé-les-Bains est desservie par l'express entre Saint-Denis et Saint-Pierre (A) et les deux lignes omnibus (B par le littoral, C par les hauts) qui relient les deux villes. La ligne E permet en outre de gagner les hauts de Saint-Leu (Le Piton, La Chaloupe). *Tél. 0810 123 974 www.cg974.fr*

Bus Alternéo Huit lignes sillonnent L'Étang-Salé et les écarts (Roche-Carangue, Lambert, Canots, Le Maniron...) : lignes 41 à 45, 86, 88 et "Littoral". *Au départ de la mairie Tél. 0800 355 354 www.alterneo.re*

informations touristiques

Office de tourisme Vous pouvez vous adresser à l'OT installé dans l'ancienne gare, près de la plage principale pour vos réservations de gîtes. La documentation ne manque pas, et une boutique vous y propose de nombreux produits artisanaux. *74, rue Octave-Bénard Tél. 02 62 26 67 92 ou 08 92 70 22 01 sud.reunion.fr Ouvert lun.-sam. 9h-12h et 13h-16h30 (fermé j. fér.)*

fêtes et manifestations

Fête de la mer et de la forêt Animations autour des sport et loisirs organisées par des prestataires et sites touristiques : golf, sports de plage, découverte de la pêche, golf, VTT, randonnée, etc. *Rens. à l'OT Avr.*

Fête et jeux de la plage Fête foraine très courue, jeux de plages (Beach Foot, Beach Volley, Sandball, concours de châteaux de sable, tir à la corde, sauts en sac, initiation au surf, etc.) et animations musicales. *Champ de foire (face au camping) www.letangsale.fr Fin juil.*

DÉCOUVRIR
L'Étang-Salé et ses environs

☆ **Les essentiels** La plage de sable noir **Découvrir autrement** Contemplez de loin les vagues tumultueuses du Gouffre, tremblez en regardant les crocodiles dévorer leur repas au Croc Parc, arpentez les greens du golf de Bourbon dans un cadre naturel idyllique

☆ ☺ **Plage de sable noir** Tout d'abord, une précaution : le sable basaltique étant beaucoup plus chaud que le sable blanc, prenez garde de ne pas vous brûler les pieds. Ce léger désagrément mis à part, l'environnement de lagon bleu et de filaos par centaines est enchanteur. Sur la droite, les vagues permettent aux surfeurs en herbe d'aiguiser leurs planches, tandis que les baigneurs se mouillent plus à gauche, dans la zone surveillée. Vous pouvez ainsi profiter de quelque 5km de plage, encore épargnée par le tourisme balnéaire de masse. *En arrivant à L'Étang-Salé-les-Bains, prendre à droite au niveau du rond-point ; se garer sur le parking près des camions-bars*

Les environs

Le Gouffre Imaginez une ancienne coulée de lave avançant dans la mer, semblable à un Finistère miniature. Voyez maintenant l'océan, par vagues successives, qui vient heurter cette roche noire en s'engouffrant dans ses anfractuosités, et admirez comment l'eau rejaillit ensuite tel un geyser. Un spectacle saisissant ! *Rue Octave-Bénard L'Étang-Salé-les-Bains (sur la route littorale en direction de Saint-Louis)*

● Approcher des crocodiles

Croc Parc Plus de 160 crocodiles du Nil, essentiellement originaires de Madagascar, sont disséminés dans ce parc, comportant un village reconstitué haut en couleur et un parcours botanique. Le meilleur moment pour le visiter : les mercredi et dimanche à 16h, pour assister au fameux repas des crocodiles. Claquements de dents de croco et chair fraîche garantis ! *1, route Forestière (environ 300m après le golf à gauche) Tél. 02 62 91 40 41 ou 06 92 05 33 55 www.crocparc.re Ouvert tlj. 10h-17h30 Tarif 8€, 3-12 ans 6€*

Randonner à l'ombre des poivriers

Sentier du littoral Terrain plat, ou légèrement vallonné, piste ombragée, le sentier du littoral constitue une promenade de santé qui en 5km conduit jusqu'à l'étang du Gol en longeant l'océan (avec des variantes pour les promenades à VTT ou à cheval). **Accès** *Par la rue Octave-Bénard, le sentier est indiqué sur la droite juste à la sortie sud de l'Étang-Salé-les-Bains* **Parcours** *AR* **Durée** *4h* **Difficulté** *Facile* **Conseils** *Partez tôt le matin car le sentier est peu ombragé*

Jouer au golf

Golf Club de Bourbon Certainement le plus beau parcours de l'île : la piscine, les 3 cours de tennis en terre battue et l'élégant club-house complètent un cadre harmonieux, avec en toile de fond les montagnes. Tarif parcours 18 trous : 48€ en semaine, 60€ le w.-e., (27€ et 35€ le parcours 9 trous). *140 ZI Les Sables (sortie Les Sables depuis la N1, puis à gauche au rond-point) Tél. 02 62 26 33 39 www.golf-bourbon.com Ouvert lun. 12h-17h30, mar.-dim. 8h30-17h30*

CARNET D'ADRESSES

Restauration, hébergement

Pour manger sur le pouce, deux camions-bars stationnent devant la plage principale.

camping

Camping municipal Ce camping propre et ombragé est situé à 2min de la plage. Durant les vacances scolaires et les week-ends, des familles entières affluent "avec leur maison" : ambiance garantie ! Emplacement 22€ (hors vac. scol.). Tarifs dégressifs à partir de 10 nuits. *106, rue Guy-Hoarau* ***L'Étang-Salé-les-Bains*** *(1re à droite après l'office de tourisme) Tél. 02 62 91 75 86 ou 06 92 64 37 16 www.camping-reunion.com*

petits prix

Le Bambou Fresque naïve de la vie agricole à l'intérieur, vaste terrasse couverte dehors : choisissez votre cadre pour goûter à une cuisine très simple (pizzas, salades, crêpes aux alentours de 10€), qui change un peu des éternels caris. À midi, une aubaine : menu à 10€ avec plat créole, dessert et café. Le tout mené tambour battant grâce à un service efficace. *56, rue Octave-Bénard* ***L'Étang-Salé-les-Bains*** *Tél. 02 62 91 70 28 Ouvert jeu.-mar. 11h30-22h*

L'Été indien Exactement la même catégorie que le précédent, mais avec un peu plus de charme grâce à une terrasse entourée de canisses et de planchettes de bois évoquant des avirons – et d'où en fin de repas

GAMME DE PRIX	RESTAURATION	HÉBERGEMENT
Très petits prix	moins de 8€	moins de 15€
Petits prix	de 8 à 15€	de 15 à 30€
Prix moyens	de 15 à 25€	de 30 à 50€
Prix élevés	de 25 à 40€	de 50 à 100€
Prix très élevés	plus de 40€	plus de 100€

on prendra le temps d'admirer les beaux lambrequins qui ornent les villas situées de l'autre côté de la rue. Côté cuisine, le choix se fait entre les pizzas (10€-15€), les pâtes dédiées à la mer (tagliatelles à l'espadon ou au marlin fumé, 14€) ou les crêpes. Mais aussi : couscous (mer.), tajine (jeu.), moules-frites (mar. et ven.) et paëlla (sam.-dim.), et une trentaine de parfums de glaces, en dessert ou sur le pouce. *1, rue des Salines* ***L'Étang-Salé-les-Bains*** *Tél. 02 62 26 67 33 www.restaurant-ete-indien.fr Ouvert mar.-ven. et dim. 12h-22h, sam. 12h-23h*

prix moyens

☺ **Gîte Les Milles Fleurs** Osons le slogan : "Toute la Réunion dans votre assiette." De fait, cette table d'hôtes attire chaque année plus de monde, alléché par la cuisine de Sergine Hoareau, experte en gastronomie créole. À titre d'exemple, un repas à 20€ se compose du traditionnel punch accompagné de beignets, de roulés de viande à la banane verte, de brèdes au manioc et à la morue et d'un gâteau au manioc. Le tout servi, si le temps le permet, sur la terrasse qui domine le jardin avec vue sur la plaine du Gol et son horizon de champs de canne à sucre. Incontournable. Un paysage que vous pourrez également contempler de l'unique chambre avec salle de bains (double 40€, petit-déj. compris). *231, chemin du Maniron* ***L'Étang-Salé*** *(de Saint-Louis, passer l'usine sucrière et continuer sur l'ancienne nationale. Prendre la 1re à droite – D110 – après 2km, puis encore la 1re à droite. Monter ensuite la route à travers champs durant environ 3km) Tél. 02 62 26 41 07 ou 06 92 02 27 55 http://les-mille-fleurs.allonslareunion.com* ***Table d'hôtes*** *mar.-dim. midi sur réservation*

Chambres d'hôtes Chez Gisèle Mme Savigny et son fils ont aménagé deux chambres et un gîte dans une case aux reflets gris un peu triste. Leur sourire, le tarif avantageux (35€ avec clim., petit déj. inclus ; 434€/sem. pour le gîte) et le cadre sur les hauteurs sont une promesse de séjour plaisant. Pourtant, il nous reste comme un arrière-goût amer : est-ce le fait de devoir payer 5€ pour préparer soi-même un repas dans la cuisine mise à disposition ? Est-ce le fait qu'on nous a précisé seulement après une semaine de séjour que nous pouvions utiliser la machine à laver gratuitement ? (à partir de 5 jours)... *3, sentier des Prunes* ***L'Étang-Salé-les-Hauts*** *(de L'Étang-Salé-les-Hauts, prendre à droite la D19 – ou route des Canots – après la maison des Associations ; après environ 1km, suivre à droite le chemin des Lignes) Tél. 02 62 26 31 09 ou 06 92 00 91 46*

prix élevés

☺ **Zot Case en natte** À moins de 10 minutes de la plage par l'ancienne route qui traverse la forêt, ce meublé de tourisme est une belle et heureuse surprise. Un instant, très bref, on regrette que cette maison soit posée là, au milieu de pavillons sans grand charme, pour oublier aussitôt ce désagrément. Sitôt le seuil passé, le charme opère. On sent qu'on prendra ses aises comme chez soi sous les hauts plafonds où l'air circule librement. Réutilisant autant que faire se peut la structure d'une authentique case ancienne vouée à la ruine quelque part dans les Plaines, Signole a recréé ici une maison de famille, un rien surannée mais où ne manque aucun confort moderne. Une belle réussite ! Location pour 4/5 pers. : env. 270€/w.-e., env. 440€/sem. *3, impasse*

Alamanda, Route des Canots ***L'Étang-Salé-les-Hauts*** *Tél. 02 62 26 57 73 ou 06 92 82 33 26*

Le Floralys Le jardin de cocotiers, la piscine voisine du restaurant et l'accueil professionnel : autant d'atouts qui font de ce lieu un hébergement de qualité. Toutefois, on regrette sa situation en bord de route (quoique proche de la plage) et, surtout, le tarif des chambres doubles, un peu élevé pour le confort et les prestations proposées (100€ sans le petit déjeuner, en haute saison). Les appartements pour 4 pers. (130€) et les bungalows pour 6 (180€) se révèlent de meilleures options. *2, av. de l'Océan* ***L'Étang-Salé-les-Bains*** *Tél. 02 62 91 79 79 www.hotel-floralys.com*

LES MAKES

97421

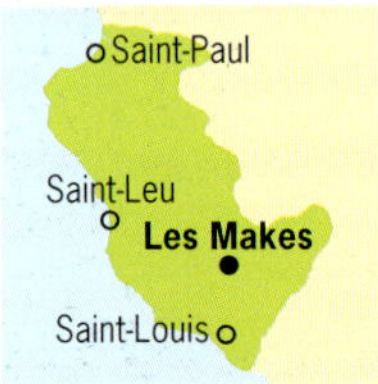

Vitrine des Hauts hospitaliers, ce charmant village situé près des étoiles – comme en témoigne la présence d'un observatoire astronomique (900m-1 200m) – recèle des trésors pour les voyageurs avides de découvertes : une chambre d'hôtes vraiment accueillante, un panorama saisissant sur le cirque de Cilaos, et un air... rafraîchissant. Autant de raisons de n'accorder à Saint-Louis, ville industrielle et poussiéreuse qu'une courte escale, pour rejoindre ce point d'altitude original.

MODE D'EMPLOI

accès

EN VOITURE

En arrivant à Saint-Louis depuis le nord, la route des Makes n'est pas toujours facile à trouver. Prenez la 1re sortie depuis la N1 (vers l'usine du Gol), puis la 1re à gauche en arrivant en ville, et suivez la direction de l'observatoire. La montée prend 30min au minimum.

EN BUS

Cars jaunes Saint-Louis est une ville de passage, aussi les lignes A, B et C du littoral s'y arrêtent-elles. La ligne E y fait un arrêt entre Saint-Pierre et L'Étang-Salé, et la F, entre Saint-Pierre et Entre-Deux. *Tél. 0810 123 974 www.cg974.fr*

Bus Alternéo Une dizaine de lignes circulent dans les hauts de Saint-Louis. Parmi elles, la n° 24 dessert les Makes, la 23 ou 25, le camp du Gol, et la 27, Maison-Rouge. *Tél. 0800 355 354 www.alterneo.re*

informations pratiques

Office de tourisme intercommunal du Sud-Antenne de Saint-Louis Il prendra vos réservations pour les gîtes de montagne, et, bien sûr, pourra vous fournir les informations touristiques nécessaires à votre séjour. Prévoyez également de vous munir d'argent liquide en passant à Saint-Louis. *28, av. Principale Tél. 02 62 24 20 25 ou 08 92 702 201 http://sud.reunion.fr Ouvert lun.-ven. 9h-12h et 13h-17h*

DÉCOUVRIR

☆ **Les essentiels** L'usine sucrière du Gol **Découvrir autrement** Observez le ciel étoilé de l'océan Indien à l'Observatoire astronomique, admirez le cirque de Cilaos depuis La Fenêtre, visitez le domaine de Maison-Rouge et son exposition sur le café

Les Makes

Observatoire astronomique On ne s'attend pas à trouver un observatoire dans ce village un peu perdu. Mais, à près de 1 000m d'altitude et au milieu de l'océan Indien, il bénéficie d'une situation extraordinaire par temps clair... ce qui n'est pas toujours le cas. Les visites, qui ont lieu le matin, permettent de découvrir durant 1h30 le parc scientifique, les téléscopes, les cadrans solaires, le planétarium et l'exposition permanente : en général, les enfants adorent ! L'observatoire organise également des visites nocturnes (21h-0h) plusieurs fois par mois ; on y observe la surface de Saturne, Jupiter... *18, rue Georges-Bizet Tél. 02 62 37 86 83 www.ilereunion.com/observatoire-makes Visite sur réservation lun.-sam. 9h30 et, certains soirs seulement, 21h : calendrier des visites nocturnes disponible sur le site Internet Tarif 4€ (nocturne 9€), réduit 2,50€ (5€)*

La Fenêtre (1 574m) La route forestière monte à partir du quartier Montplaisir jusqu'à un parking et une aire de pique-nique ombragée. Une marche de 5min vous mène ensuite au belvédère – le Pavillon –, à travers une forêt de cryptomerias et de tamarins. Il est préférable de l'atteindre tôt le matin (vers 7h), pour éviter les gros nuages blancs qui, telles de gigantesques volutes de fumée, montent du cirque. Lorsque l'espace qui s'ouvre devant vous est dégagé, le spectacle s'avère fascinant. Le cirque de Cilaos déploie ses charmes tourmentés, succession de ravines et de falaises recouvertes d'un tapis de végétation. Îlet-à-Cordes, blotti sur un plateau, est dominé par le Grand Bénare (2 896m) avec, en face, le piton des Neiges (3 070,50m). *Chemin Montplaisir*

● Randonner dans la forêt des Makes

Piton Cabris Envie de découvrir le cirque de Cilaos en avant-première et d'en haut ? Cette randonnée vers le piton Cabris (1 505m) qui chemine dans une forêt plantée de cryptomerias est faite pour vous. La forêt des Makes est le point de départ de 5 sentiers plus ou moins difficiles (de 2h à 8h). À Cilaos, vous pouvez tenter la balade de piton Cabris par Bras-Patates. Vous marchez d'abord en descente, parfois glissante, durant un bon quart d'heure, puis remontez sur la gauche une fois arrivé à Bras-Patates. À travers les bois de couleurs, continuez en pente douce jusqu'à laisser le chemin de La Fenêtre à votre gauche et atteindre bientôt le piton Cabris (les derniers mètres sont abrupts !). N'hésitez pas à faire une pause pour admirer le panorama sur Cilaos. Vous redescendrez ensuite sous les cryptomerias et tournerez à droite à la 1re bifurcation pour rejoindre le sentier emprunté à l'aller. ***Accès*** *Petit parking à droite sur la route forestière (à peu près 2km avant le belvédère)* ***Durée*** *2h30 environ* ***Parcours*** *AR de 5km* ***Dénivelé*** *300m* ***Difficulté*** *Facile*

Saint-Louis

En marge des circuits touristiques traditionnels, évincée par la brillante Saint-Pierre et meurtrie par les crises économiques, Saint-Louis est la “mal aimée” du Sud. Pourtant, c’est sans doute ici que l’on peut observer avec le plus d’évidence la pluralité ethnique, religieuse et culturelle de l’île. Même sans être particulièrement attractifs, quelques édifices méritent une brève visite : la **mosquée**, inaugurée en 2002, la monumentale **église Saint-Louis** et la **chapelle Notre Dame du Rosaire** – le plus ancien édifice religieux de la Réunion (rue de la Chapelle, ouverture aléatoire, se renseigner auprès de l’OT). Puis dirigez-vous vers la plaine du Gol. La prospérité de l’usine sucrière y fixa, au milieu du XIXe siècle, les communautés d’immigrés indiens. Témoin de la période de “l’engagement”, le **temple Pandialé**, le plus ancien de l’île, hélas sur terrain privé, jouxte la maison de l’Inde. Ce parcours hautement spirituel s’achève par le **cimetière du Père Lafosse**, où ce religieux abolitionniste repose, seul blanc parmi les esclaves (à l’arrière de l’usine du Gol).

UNE PAUSE AU BORD DE L’EAU
Très calme et remarquablement bien aménagé pour le pique-nique sur sa rive sud, l’**étang du Gol** est un rendez-vous apprécié des familles des environs. *De Saint-Louis, prendre la direction Bel-Air*

Maison de l’Inde Cet ashram consacré à Amma, sainte mère indienne (née en 1953) qui étreint ses fidèles, professe l’ouverture et l’œcuménisme. On peut y discuter culture et religion avec le *swami* Prémananda Puri, y découvrir une collection d’instruments de musique indiens et participer le jeudi soir à une méditation zen. *Camp du Gol 2, rue Pierre Mendès-France* ***Saint-Louis*** *(au rond-point du Gol, prendre dir. Saint-Louis, puis, à gauche, usine du Gol) Tél. 02 62 26 74 97 Ouvert tlj. 9h-12h et 14h-18h*

Domaine de Maison-Rouge-MADOI Cette propriété étagée sur quatre plates-formes est le dernier vestige encore visible d’un domaine caféière du XVIIIe siècle. La maison de maître, les bâtiments d’exploitation et les cases des esclaves sont autant de rappels d’un passé à la fois faste et cruel. Les écuries, seuls bâtiments d’ores et déjà réhabilités, accueillent les expositions temporaires du **musée des Arts décoratifs de l’océan Indien** (MADOI). Ces manifestations thématiques sont l’occasion de montrer une partie de sa riche collection d’objets et de mobilier. À l’histoire du café succède ainsi une évocation de l’art de vivre au XVIIIe et XIXe siècle à Bourbon, escale sur les routes des Indes et de Chine. En lisière des bâtiments, une caféière de Bourbon Pointu grandit sous une plantation de bois noirs (on la visite chaque 1er samedi du mois ou sur demande) *17A, chemin Maison-Rouge (à gauche en arrivant dans Saint-Louis par le nord ; fléchage) Tél. 02 62 91 24 30 Ouvert mar.-ven. 9h-12h et 14h-17h, sam. 14h-17h30 Entrée libre*

☆ **Usine sucrière du Gol** Avec celle de Bois-Rouge à Saint-André (p.258) la dernière sucrerie en activité à la Réunion. Le va-et-vient des camions de transport de cannes à sucre, surnommés les “cachalots”, est impressionnant de juillet à novembre, durant la période de coupe de la canne. C’est le moment idéal pour visiter cet espace industriel fait de cuves et de moulins. Il vous faudra absolument réserver, en respectant les horaires des visites guidées. Dégustation de rhum en fin de parcours. Visites nocturnes possibles. *Rond-Point du Gol (direction L'Étang-Salé par la N1) Tél. 02 62 91 05 47 visitesucrerie@gqf.com Ouvert juil.- déc. : mar.-mer. 8h30-16h (6 visites/j.), jeu.-sam. 8h30-19h (7 visites/j.) sur réservation uniquement Tarif 6€, réduit 4€ (visite nocturne jeu.-sam. : 8€ et 6€), interdit aux moins de 7 ans*

CARNET D'ADRESSES

Restauration, hébergement

petits prix

Snack Gangate Sympathique halte déjeuner au snack "zarabe" Gangate, à fréquenter autant pour la verve de Yahoub, le patron, que pour la saveur des plats indiens (le jeudi c'est *biriani* !) que cuisine son épouse. Prévoir 10-15€. *Rue du Marché* **Saint-Louis** *(face à la mosquée) Tél. 02 62 26 92 99 ou 06 92 14 98 29 Ouvert lun.-sam. 10h-17h30*

prix moyens

Le Z'étoile 4 heures Annick accueille chaleureusement autochtones et touristes dans sa maison. Pour vous consoler d'un panorama quasi inexistant, goûtez son généreux repas (25€) arrosé de divers punchs (celui à l'ananas est très bon), avec des beignets faits maison, deux plats, un dessert et un choix de rhums arrangés. Pour finir, demandez donc la signification du nom du restaurant. Également 3 chambres d'hôtes. *41, rue Paul-Hermann Les Makes (à gauche après le stade) Tél. 02 62 37 82 17 Sur réservation*

☺ **Le Vieil Alambic** À 15min de La Fenêtre, superbe point de vue sur Cilaos, cette chambre d'hôtes jouit d'un emplacement exceptionnel. Vous apprécierez, pêle-mêle, les savoureux beignets de carottes, le cari canard au maïs et le lapin à la vanille (sur réservation) de cette table d'hôtes recommandée (25€), la propreté des chambres situées dans une case en contrebas de la maison (55-60€/2 pers. avec le petit déjeuner, ou 105€ en demi-pension), la discrétion de Jean-Luc, qui cultive lui-même la plupart des produits cuisinés au feu de bois par Édith, d'une gentillesse mémorable. À vous de compléter cette liste... *55, chemin Montplaisir Les Makes (route de La Fenêtre) Tél. 02 62 37 82 77 ou 06 92 61 57 28 www.levieilalambic.com*

prix élevés

Noméolvidès En redescendant de La Fenêtre des Makes, profitez d'un

GAMME DE PRIX	RESTAURATION	HÉBERGEMENT
Très petits prix	moins de 8€	moins de 15€
Petits prix	de 8 à 15€	de 15 à 30€
Prix moyens	de 15 à 25€	de 30 à 50€
Prix élevés	de 25 à 40€	de 50 à 100€
Prix très élevés	plus de 40€	plus de 100€

havre de paix comme il en existe peu (pas ?) dans cette ville peu touristique. Dissimulé au cœur de saint-Louis, ce restaurant offre tout ce qu'il faut pour passer un moment des plus agréables : un cadre verdoyant, une jolie décoration, de belles et bonnes assiettes, des prix raisonnables. Après avoir siroté un cocktail au bar ou dans un canapé du salon extérieur, vous rejoindrez votre table, dressée sous la tonnelle ou sous les arbres, où vous vous régalerez : poisson grillé et glace poivron (18 €), carpaccio de bœuf au parmesan et basilic (16,50), brochette de cœur de canard sauce Carambar (17 €), kangourou rossini au caramel de cèpes et trompettes de la mort (28 €)... Le lieu accueille également des événements culturels (concerts, soirée contes, exposition, etc., consultez la page FB). *20, rue de la Poudrière* **Saint-Louis** *Tél. 02 62 26 23 70 Ouvert mar.-ven. midi et soir, sam. uniquement soir*

★ ☺ ENTRE-DEUX

97414

Nichée sur un plateau verdoyant à 400m d'altitude, la commune d'Entre-Deux est sise entre le bras de Cilaos et celui de la Plaine, formant en contrebas la rivière Saint-Étienne, frontière naturelle de la côte ouest et de la région de Saint-Pierre. Vous découvrirez un beau village créole, bien conservé grâce à un programme de réhabilitation de l'habitat. Il fait bon s'y promener, en observant les plants de café et les fleurs dans les jardins, ou à l'affût du plus subtil des lambrequins. Des artisans s'y sont installés, des citadins y viennent pour humer l'air pur à l'ombre du Dimitile (1 837m). Ce sommet, mythique en raison de son histoire liée au marronnage (il porte le nom d'un célèbre chef marron), est le théâtre de nombreuses randonnées à pied, à VTT et en 4x4, ces derniers troublant malheureusement presque chaque week-end la quiétude du bourg.

MODE D'EMPLOI

accès

EN VOITURE

Trois solutions. La plus simple : à partir de la N1, à Pierrefonds, prendre la direction d'Entre-Deux et parcourir les 10km restants (D26). La plus compliquée mais aussi la plus belle : de Saint-Louis ou Les Makes, se rendre à La Rivière et rejoindre la route du Ouaki par Le Bois-de-Nèfles qui descend vers l'embouchure du bras de Cilaos. Regagner ensuite la D26. Enfin, la plus féerique : emprunter l'impressionnant pont qui enjambe le bras de la Plaine en venant de l'est (La Plaine *via* Pont-d'Yves, Le Tampon...) ; le spectacle sur la ravine est magnifique.

EN CAR

Cars jaunes La ligne L effectue la liaison entre Saint-Pierre et Entre-Deux. *Tél. 0810 123 974 www.cg974.fr*

Bus CASUD Les lignes 37, 38 et 39, qui partent de l'église d'Entre-Deux, permettent de rejoindre trois quartiers sur les hauteurs du village (Le Serre, Bras-Long et La Ravine-des-Citrons). *Tél. 0800 000 253 www.casud.re/transport*

informations touristiques

Office de tourisme Il a élu domicile dans une superbe case jaune et verte à l'entrée du village, où l'on reçoit le meilleur accueil et une documentation bien fournie sur les artisans locaux et les grandes randonnées des alentours. Les amateurs de marche pourront s'y procurer un plan des 5 sentiers familiaux du village. Les hôtesses délivrent également les autorisations de circuler vers le sommet du Dimitile pour les 4x4 (obligatoire). *9, rue Fortuné-Hoarau Tél. 02 62 39 69 80 www.ot-entredeux.com Ouvert lun.-sam. 8h-12h et 13h30-17h Fermé j. fér.*

fêtes et manifestations

Brocante *Pl. de la Liberté 3e dim. du mois*

Marché la Kour Vente de produits du terroir. *Pl. de la Liberté 2e dim. du mois 7h30-12h*

Fête du choca Fête communale. *2 j. en juil.*

TransDimitile Course de montagne renommée. *Déc.*

DÉCOUVRIR

☆ **Les essentiels** Le balade du bras de la Plaine **Découvrir autrement** Fins gourmets, craquez pour les divines confitures du Verger de la Chapelle

Entre-Deux

● Rencontrer un "tisaneur"

Kakouk En breuvage de confort ou en potion contre les petits maux, les plantes sauvages de l'île relèvent la tête et les "tisaneurs" un temps dédaignés reprennent du service. Parmi ceux-ci, Frantz Ledoyen, dit Kakouk, saura vous concocter la tisane souveraine pour oublier les courbatures, ou stimulante pour affronter les dénivelés. *7, chemin de l'Argamasse La-Ravine-des-Citrons Tél. 02 62 39 57 82 ou 06 92 83 81 87*

● Où acheter des confitures divines ?

Le Verger de la Chapelle Créé en 1998, le verger de la Chapelle est une exploitation de 2ha conduite selon les principes de l'agriculture raisonnée. Laurent Fontanaud-Fontaine, pionnier en la matière et spécialisé dans l'arboriculture fruitière, ainsi que dans les plantes médicinales et aromatiques, s'est lancé dans la fabrication d'une belle gamme de produits aux saveurs aussi délicates qu'insolites : confitures cuites dans des bassines de cuivre (banane-chocolat, ou papaye-vanille par exemple), miel, et autres spécialités inédites – vinaigre de letchis, gelée de vin de Cilaos ou de café bourbon, etc. Pour compléter son activité et faire partager son cheval de bataille, le développement durable, le dynamique maître des lieux a aménagé dans un agréable environnement où se mêlent letchis et bambous, 4 emplacements de camping qui peuvent accueillir une vingtaine de personnes (10€/pers.). Une belle réussite labélisée "Clef verte", gage de garantie pour tous les convaincus de la cause environnementale. *28, chemin Dijoux* ***Entre-Deux*** *Tél. 06 92 12 37 85 www.vergerdelachapelle.fr Autres points de vente pour les produits du verger de la Chapelle : office de tourisme de l'Entre-Deux et au conservatoire-jardin botanique national de Mascarin*

Les environs d'Entre-Deux

Deux options : la balade familiale, facile et magnifique, ou les parcours de randonnée de plus haut niveau afin de contempler le cirque de Cilaos depuis le sommet du Dimitile.

● Marcher en famille, pique-niquer

☆ **Bras de la Plaine** La balade du bras de la Plaine débouche sur un superbe paysage au creux de gorges. Quittez le parking de départ. Le petit pont, que vous traversez afin de rejoindre un large sentier, est en très bon état. Vous descendez en pente douce vers les gorges, en 30min environ. Traversez le pont des Lianes pour vous retrouver sur la rive gauche de la rivière. À ce moment-là, cherchez le coin idéal pour pique-niquer. Le retour se fait par le même chemin. ***Accès*** *Parking devant la passerelle que vous aurez trouvée après avoir dépassé l'église (sur votre droite)* ***Durée*** *2h environ* ***Parcours*** *AR* ***Dénivelé*** *160m* ***Difficulté*** *Facile*

● Partir à l'assaut d'un sommet

Le Dimitile Au bout de l'effort, le sommet du Dimitile (1 837m) offre un magnifique panorama embrassant le cirque de Cilaos depuis le Sud-Est avec, en arrière-plan, le piton des Neiges qui se dresse majestueusement. Deux des itinéraires possibles (cf. Accès) se rejoignent après 2h de marche au lieu-dit Le Zèbre. Vous continuez alors votre éprouvante montée vers le sommet. ***Accès*** *Deux parcours possibles : chemin de la Grande-Jument (prendre la route de La Ravine-des-Citrons et tourner à gauche au niveau d'un ti'bon Dieu, environ 4km après le centre du village) ; sentier du Zèbre (se diriger également vers La Ravine-des-Citrons et tourner à gauche au bout de 1km vers une citerne, point de départ du parcours)* ***Durée*** *8h environ* ***Parcours*** *AR de 15km* ***Dénivelé*** *1 400m* ***Difficulté*** *Difficile*

CARNET D'ADRESSES

Restauration, hébergement

prix moyens

Chez Gilette et Daniel Seznec Ce couple sympathique a aménagé trois charmantes chambres (43€ petit déj. inclus) à l'étage d'une case bleue à bardeaux très bien restaurée. N'hésitez pas à demander l'une des deux avec balcon qui donne sur l'océan et le jardin potager. Celui-ci offre légumes et fruits à Gilette, qui prépare une table d'hôtes de belle qualité (22€, uniquement sur demande). *55, rue Maurice-Berrichon La Ravine-des-Citrons* ***Entre-Deux*** *Tél. 02 62 39 66 44*

Ranch Kikouyou Dans ce cadre reposant, deux chambres élégamment meublées (45€, petit déj. compris), dont l'une donne sur la ravine et l'océan, offrent un bon point de départ pour les randonneurs. *4, chemin Cinaire* ***Entre-Deux*** *(en arrivant à Entre-Deux, prendre à gauche avant le stade. Passer la salle des fêtes ; prendre ensuite à droite, puis à gauche et suivre le fléchage) Tél. 02 62 39 60 62 ou 06 92 78 51 60*

prix élevés

Chambres d'hôtes Mirest L'adresse vaut le détour, tant le style de cette case tranche dans ce village à l'ancienne. Les trois chambres sont extrêmement bien tenues, vastes et accueillantes, avec de belles salles de bains à carreaux multicolores (55€/nuit, petit déj. inclus). En outre, on nous a parlé en termes flatteurs de la table d'hôtes de Lucienne (25€). *1, chemin Source-Raisin* ***Entre-Deux*** *Tél. 02 62 39 65 43*

☺ **L'Arbre à palabres** Vos papilles ont goûté à l'exotisme et vous en redemandez ? Ce petit restaurant installé sur une jolie place comblera votre curiosité. Dans l'assiette les racines de la cuisine créole : des plats originaires d'Afrique – on vous recommande le bœuf à l'éthiopienne – d'Asie ou des Antilles... S'il pleut, on déserte le ravissant jardin ombragé par un imposant pied de letchis pour une grande véranda fermée au mobilier confortable. Le week-end l'ambiance très décontractée s'échauffe pour des concerts de jazz ou de maloya (entre autres) ou pour des soirées thématiques. À la carte comptez autour de 30€. *29, rue Césaire* ***Entre-Deux*** *Tél. 02 62 44 47 23 ou 06 92 92 75 26 Ouvert mar.-mer. et dim. 12h-14h, jeu.-sam. 12h-14h et 19h30-22h*

prix très élevés

Le Domaine des Pierres À 5min. en voiture de l'Entre-Deux, à une minute de la route des Tamarins, ce trois-étoiles bénéficie d'une situation privilégiée et d'un cadre exceptionnel, au cœur du Parc Exotica, un jardin botanique de 4h où vous vous promènerez au milieu des palmiers, cocotiers, anthuriums et autres spécimens exotiques... Les 41 chambres ultra-confortables (clim., accès Internet) sont réparties dans des villas de style colonial disposées autour de la belle piscine centrale. Un espace toboggan (avec supplément mais totalement désert !) fera même le bonheur des jeunes voire des moins jeunes. Une belle adresse, on regrette que le restaurant ne soit pas à la hauteur des prestations hôtelières. Double de 142 à 192€, suite familiale à partir de 205€ env., petit déj. 15€ (enfant 9€) *60 CD 26 Route d'Entre-deux* ***Saint-Pierre*** *(sur la commune de Saint-Pierre, mais à 3km au sud du centre bourg d'Entre-Deux) Tél. 02 62 55 43 85 www.domainedespierres.com*

GAMME DE PRIX	RESTAURATION	HÉBERGEMENT
Très petits prix	moins de 8€	moins de 15€
Petits prix	de 8 à 15€	de 15 à 30€
Prix moyens	de 15 à 25€	de 30 à 50€
Prix élevés	de 25 à 40€	de 50 à 100€
Prix très élevés	plus de 40€	plus de 100€

GEOREGION

LA CÔTE SUD ET SUD-EST

V

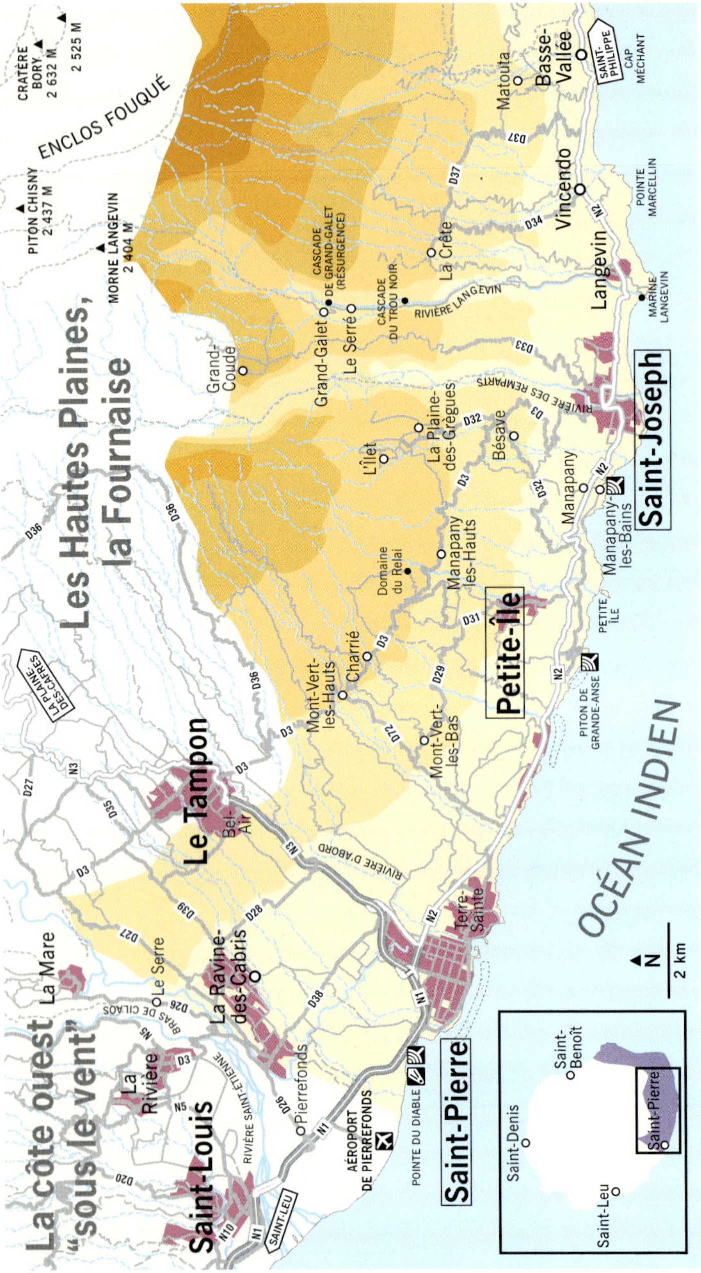

LA CÔTE SUD ET SUD-EST

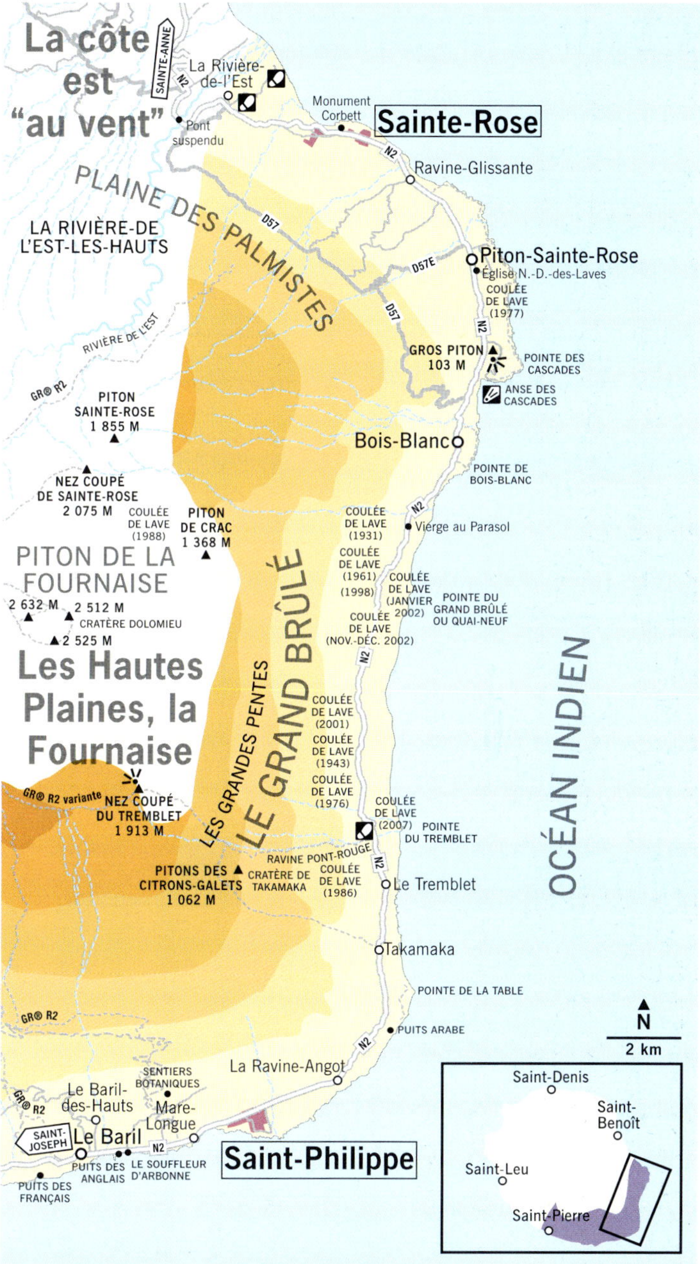
La côte est "au vent"
SAINTE-ANNE
N2
La Rivière-de-l'Est
Pont suspendu
Monument Corbett
Sainte-Rose
N2
Ravine-Glissante
PLAINE DES PALMISTES
D57
LA RIVIÈRE-DE L'EST-LES-HAUTS
D57E
Piton-Sainte-Rose
Église N.-D.-des-Laves
COULÉE DE LAVE (1977)
D57
N2
RIVIÈRE DE L'EST
GROS PITON 103 M
POINTE DES CASCADES
ANSE DES CASCADES
GR® R2
PITON SAINTE-ROSE 1 855 M
Bois-Blanc
POINTE DE BOIS-BLANC
NEZ COUPÉ DE SAINTE-ROSE 2 075 M
COULÉE DE LAVE (1988)
PITON DE CRAC 1 368 M
N2
COULÉE DE LAVE (1931)
Vierge au Parasol
PITON DE LA FOURNAISE
COULÉE DE LAVE (1961)
(1998)
COULÉE DE LAVE (JANVIER 2002)
POINTE DU GRAND BRÛLÉ OU QUAI-NEUF
2 632 M
2 512 M
CRATÈRE DOLOMIEU
2 525 M
COULÉE DE LAVE (NOV.-DÉC. 2002)
N2
Les Hautes Plaines, la Fournaise
LE GRAND BRÛLÉ
LES GRANDES PENTES
COULÉE DE LAVE (2001)
COULÉE DE LAVE (1943)
COULÉE DE LAVE (1976)
OCÉAN INDIEN
GR® R2 variante
NEZ COUPÉ DU TREMBLET 1 913 M
COULÉE DE LAVE (2007)
POINTE DU TREMBLET
RAVINE PONT-ROUGE
N2
PITONS DES CITRONS-GALETS 1 062 M
CRATÈRE DE TAKAMAKA
COULÉE DE LAVE (1986)
Le Tremblet
Takamaka
POINTE DE LA TABLE
GR® R2
PUITS ARABE
N2
N
2 km
La Ravine-Angot
SENTIERS BOTANIQUES
GR® R2
Le Baril-des-Hauts
Mare-Longue
SAINT-JOSEPH
Le Baril
N2
Saint-Philippe
PUITS DES ANGLAIS
LE SOUFFLEUR D'ARBONNE
PUITS DES FRANÇAIS
Saint-Denis
Saint-Benoît
Saint-Leu
Saint-Pierre

★ SAINT-PIERRE

97410

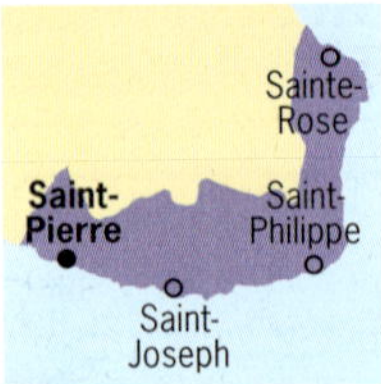

Si Saint-Pierre est considérée comme une ville frondeuse et indépendante en raison de sa longue rivalité avec Saint-Denis, vous la découvrirez surtout douce et tranquille, plaisante à vivre. Entre l'accueil chaleureux des gens du Sud, le front de mer aménagé avec sa plage où piaille la marmaille, et l'ambiance festive des week-ends, la cité, classée avec Saint-Louis "Pays d'art et d'histoire", offre plus d'un plaisir au visiteur de passage. Celui-ci peut également prendre le temps de partir à la recherche du glorieux passé de la Compagnie des Indes (la mairie, la préfecture, la médiathèque) ou visiter le charmant village de pêcheurs empreint de nostalgie qu'est Terre-Sainte. Aussi, avant de vous précipiter au Volcan ou vers le Sud sauvage, posez donc vos bagages dans une pension, trouvez une cantine créole et partez à la rencontre de la cité. Vous ne le regretterez pas.

DU PAYS DE MAHAVEL À UNE SOUS-PRÉFECTURE DYNAMIQUE Saint-Pierre se trouve en plein pays de Mahavel, "terre de vivres" pour les Malgaches. L'abondance de gibier (cabris, tortues, etc.) a encouragé les premiers colons à s'y établir au début du XVIIIe siècle. Ils y trouvèrent également une autre richesse : une rade paisible, à l'embouchure de la rivière d'Abord, qui permettait de mouiller les petites embarcations à l'abri de l'océan et d'avoir toujours à portée de main une précieuse réserve d'eau douce. En 1736, les habitants de ce qui n'est encore qu'un village refusent de payer les impôts à Saint-Paul. La ville de Saint-Pierre s'affirme, portant haut le prénom de son premier gouverneur, Pierre Benoît Dumas. Le café est planté aux alentours, la Compagnie des Indes s'y installe : la période devient prospère. Mais c'est surtout la culture de la canne à sucre, rendue possible par la construction d'un canal en 1826, qui assure la richesse de la ville jusqu'à la fin du XIXe siècle. De cette époque date aussi le port de commerce de Saint-Pierre, projet ambitieux maintes fois abandonné… et qui ne vivra finalement que quelques années. Saint-Pierre et ses habitants sortiront ruinés de ce chantier ambitieux. Aujourd'hui, c'est un port de plaisance moderne et plus modeste qui contribue au dynamisme de la "porte du Sud".

Tableau kilométrique

	St-Pierre	Entre-Deux	Le Tampon	L'Étang-Salé	Petite-Île	St-Joseph
Entre-Deux	16					
Le Tampon	9	24				
L'Étang-Salé	20	20	25			
Petite-Île	14	35	20	34		
St-Joseph	21	42	27	51	7	
St-Philippe	38	60	45	69	25	18

MODE D'EMPLOI

accès

EN AVION

Aéroport de Pierrefonds Aucun vol en provenance de métropole n'y atterrit. Vous pouvez y embarquer pour Madagascar, Mayotte ou l'île Maurice (Transports vers les pays de l'Océan Indien p.75). *Tél. 02 62 96 80 00 www.pierrefonds.aeroport.fr*

SEMITTEL Le service de navette aéroport vous dépose au centre de Saint-Pierre, derrière le marché, en 30min, ainsi que dans les villages avoisinants. Si vous prenez la navette dans le sens centre-ville-aéroport, pensez à réserver votre place la veille par téléphone. Tarif 3€. *Tél. 0800 355 354*

EN VOITURE

Comme pour Saint-Denis au nord, tous les chemins mènent à Saint-Pierre au sud : la RN1, bien sûr, qui passe juste en dehors de la ville, mais également la RN3 qui mène au Tampon et aux Grandes Plaines pour rejoindre Saint-Benoît sur la côte est. En venant de l'ouest, nous vous conseillons de prendre la première sortie, afin d'emprunter directement le front de mer et d'éviter ainsi le centre-ville. Comme à Saint-Denis, ici une rue sur deux est à sens unique, ce qui simplifie la circulation. Nous vous conseillons néanmoins de laisser votre véhicule dans le parking proche de la plage principale et de découvrir le centre-ville à pied.

EN CAR

Cars jaunes De la gare routière, on peut se rendre dans toutes les villes de l'Ouest et du Nord par les lignes A, B et C des Cars jaunes. La ligne I dessert Saint-Benoît par Saint-Philippe, la ligne H passe par les plaines. Le réseau vous permet également de rejoindre Entre-Deux (ligne L) et La Chaloupe-Saint-Leu via L'Étang-Salé et Les Avirons (ligne E). Enfin les bus Z1 desservent Saint-Denis sans arrêt, en 1h05. *Tél. 0810 123 974 www.cg974.fr*

Bus Alternéo Une dizaine de lignes parcourent la commune de Saint-Pierre et ses environs (Basse-Terre, La-Ravine-des-Cabris, Bassin Martin, Le Tampon...). *Tél. 0800 355 354 www.alterneo.re*

Navettes Karlavil' Deux minibus du réseau Alternéo circulent dans le centre-ville de Saint-Pierre et desservent les principales rues commerçantes (rues Marius-et-Ary-Leblond, des Bons-Enfants et Luc-Lorion). 1€ le ticket.

Gare routière (plan 6, C2) *Rue François-Isautier Tél. 02 62 35 67 28*

orientation

Il est aisé de se repérer dans ce damier de rues. Le centre historique et commerçant se situe entre le front de mer et la rue du Presbytère (plan 6, C1-2) et, d'est en ouest, de la rue Auguste-Babet qui descend vers le port (plan 6, C3) à la rue Luc-Lorion qui longe le cimetière.

informations touristiques

Office de tourisme intercommunal du Sud-Antenne de Saint-Pierre (plan 6, D3) Il prendra vos réservations pour les gîtes de montagne et, bien sûr, vous renseignera sur les visites du centre et de Terre-Sainte (5€/pers., réduit 3€, sur réservation). *26, rue Amiral Lacaze (à l'entrée de Terre-Sainte sur la gauche en contrebas du pont de la Rivière d'Abord) Tél. 02 62 25 02 36 ou 0892 702 201 Ouvert lun.-sam. 9h-12h et 13h-16h45*

Plan 6 Saint-Pierre

Bars et lieux de sortie (n°10 à 12)
Le Café de la gare-Africa Queen* — **11** C3
Le Malone's* — **10** C3
Le Zaza club — **12** D2

Restauration (n°1 à 7)
La détente-Chez Gros Louis — **3** C2
La Jonque Plus — **1** B2
Le Marin bleu — **5** D3
Le Pittoresque — **7** D2
Le Rétro — **6** C3
Restaurant des Bons Enfants — **4** C2

Hébergement (n°20 à 27)
Cap Sud — **26** B3
Chez Papa Daya — **20** C3
Hôtel Alizé Plage — **24** C3

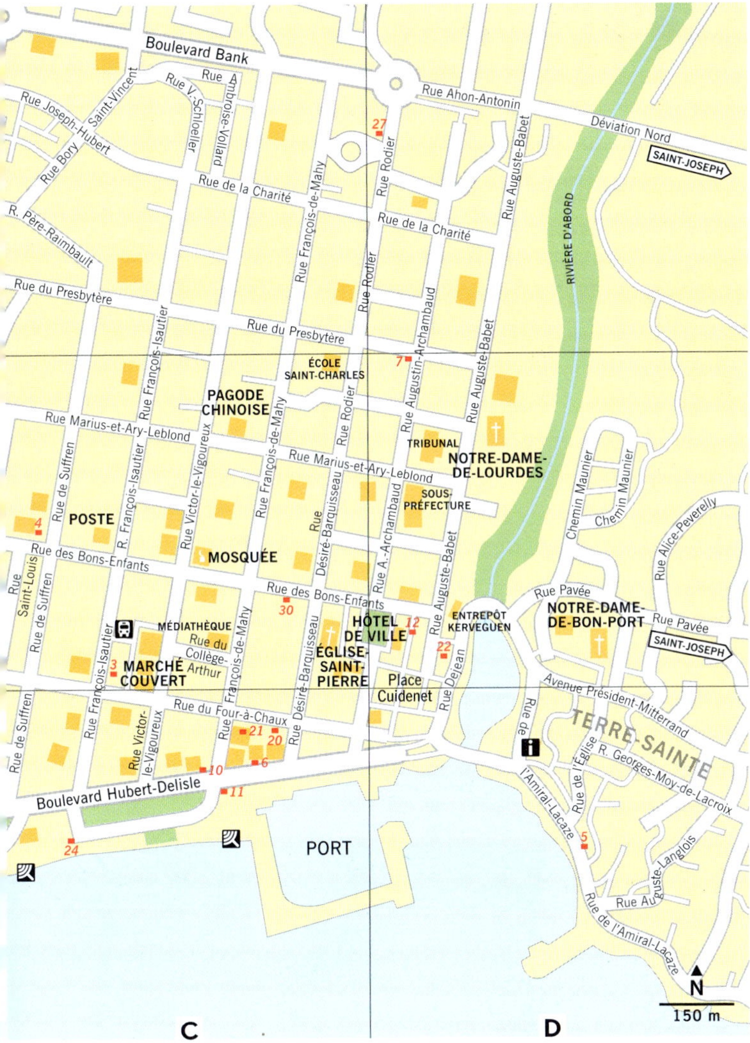

Le Nathania ____ **21** C3
Tropic hôtel ____ **22** D2
Villa Belle ____ **27** D1

Shopping (n°30)
Pardon !* ____ **30** C2

*À RETROUVER DANS LA PARTIE DÉCOUVRIR

marchés

Marché couvert (plan 6, C2) Stands alimentaires et d'artisanat malgache. *Rue Victor-le-Vigoureux Ouvert lun.-sam. 7h30-18h, dim. 7h30-12h*

Grand marché régional (plan 6, C3) Front de mer (attention, la circulation est bloquée sur une partie de la rue). *Ouvert sam. 5h-12h30*

Marché aux fleurs (plan 6, C2) Les fleuristes étalent leurs bouquets derrière le marché couvert. *Rue Victor-le-Vigoureux Mer.*

fêtes et manifestations

Nouvel an chinois *Fév.*

Nouvel an tamoul *Avr.*

Sakifo Musik Festival Une programmation très variée et une foultitude de concerts sur 3 jours : blues, reggae, pop, rock, variété, electro, rap, etc. *www.sakifo.com Juin*

Cinéma de jeunesse *www.ecranjeunes.re Oct.*

Fête de la fraise *Oct. ou nov.*

DÉCOUVRIR

Saint-Pierre

☆**Les essentiels** Le quartier de Terre-Sainte, la plage de Saint-Pierre
Découvrir autrement Faites un baptême de plongée, sautez dans le vide à 3 800m d'altitude avec le Paraclub de Bourbon, suivez la cadence des soirées rythmées de Saint-Pierre

Le centre-ville

Forte et fière de son passé, Saint-Pierre est jalonnée de souvenirs de l'âge d'or de la Compagnie des Indes. Le plan du centre-ville, quadrillage de rues rectilignes, témoigne de cette époque, tout comme plusieurs bâtiments, dont l'entrepôt Kervéguen, l'hôtel de ville et la médiathèque. La balade est également ponctuée de nombreux sanctuaires, car à chaque religion ses rites et ses lieux de culte.

Hôtel de ville (plan 6, D2) Installée dans un ancien grenier à café (1736), arborant une façade de chaux et de sable rehaussée par des volets verts, la mairie de Saint-Pierre voisine avec l'église et fait face à un agréable jardin planté de flamboyants. *Place de l'hôtel de ville / rue Méziaire-Guignard*

Entrepôt Kervéguen (plan 6, D2) Située sur la rive gauche de la rivière d'Abord, cette construction massive en moellons de basalte porte le nom d'un des grands propriétaires de l'île Bourbon qui fit fortune dans le Sud. Elle servait à entreposer les vivres et le café, première richesse agricole d'alors. Aujourd'hui, elle abrite les bureaux de l'Administration des Terres australes et antarctiques françaises. *Rue Gabriel-Dejean*

Sous-préfecture (plan 6, D2) En remontant la rue Auguste-Babet, puis en bifurquant dans la rue Marius-et-Ary-Leblond, vous déboucherez sur la sous-préfecture, superbe exemple d'architecture néoclassique (1815). À côté, la maison du sous-préfet se dévoile pour qui regarde à travers les bougainvilliers et admire la sobriété de la façade.

Église Notre-Dame-de-Lourdes (plan 6, D2) Les catholiques réunionnais naviguent souvent entre foi et superstition : cette église en est une belle illustration. Élevé au XIXe siècle, cet oratoire est devenu un lieu de pèlerinage depuis que, durant la Seconde Guerre mondiale, une vieille femme priant la Vierge dit en avoir vu bouger la statue. Juste à côté, remarquez un autel dédié à saint Expédit, emblématique des croyances réunionnaises. En continuant jusqu'à la rue Victor-le-Vigoureux, vous ne manquerez pas l'école Saint-Charles de pur style classique créole (fin du XVIIIe siècle).

Rue des Bons-Enfants (plan 6, B-C2) Non loin de cette artère commerçante animée, on ira jeter un coup d'œil à la médiathèque Raphaël Barquissau (rue du Collège Arthur, plan 6, C2). D'abord magasin de la Compagnie des Indes (1765) dévolu au stockage des denrées – café, riz, indigo, vanille, maïs, etc. –, puis hôtel du gouverneur (1825-1863), cet élégant bâtiment blanc et beige contraste avec les cases traditionnelles et leurs balcons ouvragés (la plupart sont en mauvais état), qui donnent à cette rue une atmosphère créole modeste et simple.

COULEURS CRÉOLES

Parmi les artistes et artisans de la galerie des Comptoirs du sud, ne manquez pas Charly Lesquilin. Ce peintre aux multiples talents (batteur et chanteur du groupe Gondwana) expose portraits, paysages et autres scènes de la vie créoles, des œuvres figuratives ou se mêlent subtilement tradition et regard contemporain.

Charly Lesquelin (plan 6, D3) *Comptoirs du Sud Port de plaisance Tél. 02 62 33 98 73 ou 02 62 37 11 25 www.charlylesquelin.com Ouvert mar.-sam. 9h30-12h et 14h-17h*

Mosquée Atyaboul Massâdjid (plan 6, C2) Après le catholicisme et l'hindouisme, la troisième religion la plus représentée à la Réunion est l'islam. Le modeste minaret qui se détache à peine au-dessus des toits signale la mosquée inaugurée en 1975. Derrière sa superbe porte sculptée peuvent se regrouper jusqu'à 1 200 fidèles. Au coucher du soleil, ses alentours résonnent de l'appel à la prière. À quelques pas de la mosquée, n'oubliez pas d'aller jeter un coup d'œil à la **pagode chinoise**, temple bouddhiste qui se tient rue Marius-et-Ary-Leblond (plan 6, C2). *45, rue François-de-Mahy Tél. 02 62 25 08 31 ou 02 62 35 67 41 www.masdjid.com*

☆ **Quartier de Terre-Sainte (plan 6, D3)** Peut-être le dernier authentique village de pêcheurs de toute la Réunion. Des cases basses multicolores, des filaos et des banians sous lesquels les hommes jouent aux dominos, des gamins qui étalent leur pêche au bord de la rue : ne manquez pas de faire connaissance avec cette terre-là, patrimoine de la Réunion en voie de disparition. Il ne faut pas hésiter une seconde à arpenter les ruelles sinueuses qui portent chacune le nom d'un pêcheur originaire du village. Les cases sont étroites et construites côte à côte, les *kours* sont réduites à leur plus simple expression, si bien que la rue devient un espace de rencontre, imprégnée d'une atmosphère familiale évidente, où chacun se salue et se connaît. Vous en ferez l'expérience en longeant la rue de l'Amiral-Lacaze, l'artère principale qui borde l'océan. Malheureusement, on voit de moins en moins les barques traditionnelles ramenant le marlin, le thon ou la daurade. Engouffrez-vous rue Auguste-Langlois, en face de la jetée. Montez à travers les anciens sentiers jusqu'à la croix des Pêcheurs. Au sommet, une chapelle blanc et bleu rappelle le sort parfois funeste des marins. De là, le panorama est magnifique.

Cimetière (plan 6, B3-A2) En plus des tombes datant du XIXe siècle, dont certaines s'apparentent à de véritables mausolées (celle de la famille Orré par exemple), le curieux s'intéressera à la sépulture rouge sang de Sitarane, célèbre assassin du début du XXe siècle (p.44). Si vous y trouvez des bouteilles, des cigarettes, voire des animaux sacrifiés, ne prenez pas peur : il s'agit de témoignages d'un culte de magie noire dont Sitarane fait encore l'objet plus d'un siècle après son exécution.

Temple Narassinga-Péroumal (plan 6, A2) Après le catholicisme, la deuxième religion de la ville est l'hindouisme. Les Réunionnais d'origine tamoule, arrivés en masse dans les régions sucrières en tant qu'"engagés", célèbrent leur culte dans ce temple, juste à côté de la Ravine-Blanch. Cet édifice construit en 1972, coloré de teintes pastel, est orné de formes allongées traduisant un culte voué à une divinité masculine. Non loin du précédent, un second temple, nommé Karli, rend hommage à la divinité féminine éponyme. *av. Luc-Donat Ouvert 6h-18h*

Où s'offrir un t-shirt graphique ?

Pardon ! (plan 6, C2 n°30) Décalée et résolument iconoclaste, la mode homme, femme, enfant, version Pardon a de l'humour. Démarrée en 1984, l'aventure "Aktivkultur", un brin potache, rigolarde comme le diablotin du logo de la marque, est aujourd'hui une "success story" commerciale. T-shirts, maillots, accessoires, le choix est vaste, l'inspiration sans limite et les prix plus qu'abordables. Plusieurs points de vente à la Réunion (Saint-Denis, Saint-Gilles, etc.), consultez la liste sur le site. Si vous devenez accro, pensez à demander votre carte de fidélité ! *Rue des Bons-Enfants Tél. 02 62 25 64 88 www.pardon.net Ouvert lun.-ven. 9h-12h30 et 14h-18h, sam. 9h-18h*

"Passer sur l'autre rive"

On sait peu de chose sur l'origine du nom de Terre-Sainte. Selon certaines sources, il viendrait de la déformation d'une expression malgache signifiant "passer sur l'autre rive". La proximité de la rivière d'Abord vient étayer cette thèse. Mais certains pensent que le quartier tirerait plutôt son nom de la présence d'un épineux appelé "bois de Sainte". Rien n'est moins sûr, puisque d'autres encore affirment que Terre-Sainte fut baptisé ainsi pour conjurer le sort à la suite d'une sanglante bataille entre chasseurs de primes et Noirs marrons.

● Où boire un verre en terrasse ?

Le Malone's (plan 6, C3 n°10) Un pub très élégant, avec son comptoir ouvragé aux boiseries de style colonial. La petite véranda sur le boulevard est plaisante, la grande salle climatisée plus calme pendant la journée. Le soir, durant le week-end, elle accueille quelques soirées à thème qui peuvent finir tard dans la nuit. *35, bd Hubert-Delisle Tél. 02 62 25 02 22 Ouvert tlj. 6h30-2h*

Le Café de la gare-Africa Queen (plan 6, C3 n°11) Vous ne pouvez pas le manquer ! Le Café de la gare, c'est le bâtiment le plus imposant et surtout le plus joliment restauré du front de mer, qui abrita jusqu'aux années 1950 la gare ferroviaire (eh oui, il y eut des trains à la Réunion !). Ses deux terrasses aux fauteuils confortables sont idéales pour une pause café en journée ou cocktail en soirée. Un seul bémol : pas de vue sur le lagon, mais sur le port ou sur la route habilement dissimulée toutefois par de belles plantes vertes. À partir de 23h, le Café de la gare monte le son et se transforme en discothèque : l'Africa Queen (p.215). À noter : concert le dimanche à 18h et cours de salsa les mardi, mercredi et jeudi. *17, bd Hubert-Delisle (pas de téléphone) Ouvert mer.-sam. 7h-2h, dim.-mar. 7h-0h*

Les plages

☆ **Plage de Saint-Pierre (plan 6, A3-B3)** Tout le "confort" balnéaire : snacks, parkings ombragés de banians et de raisins de mer, douches, poste de secours. À la lisière du centre-ville, cette plage de sable blanc est bien sûr très fréquentée les week-ends et pendant les vacances scolaires. Toutefois, elle est agréable, malgré les alizés qui balaient encore le littoral. La baignade y est tranquille, un peu plus agitée que dans les lagons de l'Ouest.

Pointe du Diable Pas question de vous y baigner, la houle risquerait de vous entraîner vers le large. Mais les deux langues de sable qui s'enfoncent au milieu de la roche noire, découpée au scalpel de l'océan Indien, offrent un espace propice pour bronzer. C'est aussi l'occasion d'observer les exploits des nombreux bodyboarders qui se lancent des défis du sommet des vagues. *À env. 3km du port de plaisance, suivre la direction Pierrefonds par la route du bord de mer parallèle à la nationale,*

● Faire de la plongée, de la voile ou du kayak

Association nautique de Saint-Pierre (plan 6, D3) Ici, pas de muscles bronzés ni de coiffures peroxydées à exhiber ! Seulement un sens de l'accueil et de la pédagogie à revendre. Modeste club, l'association nautique de Saint-Pierre propose des baptêmes de plongée (45€), des formations (niveau 1 en 6 plongées à 300€) et des sorties "explo" (265€ les 10, équipement fourni). Vous pouvez également acheter un forfait de 5 sorties en dériveur (à partir de 210€). Bref, profiter de tous les plaisirs de la mer dans une structure à dimension humaine. *7, rue Gabriel-Dejean Tél. 02 62 25 89 66 (voile) ou 06 92 86 83 18 (plongée) ou 06 92 82 20 10 www.ansp.re Ouvert lun., mer. et ven. 8h30-12h et 13h30-16h, sam. 8h30-11h30*

Canoë-Kayak Sud (plan 6, B3) Cours de kayak, de l'initiation (15€) au stage longue durée (90€). *Tél. 02 62 25 57 00 www.ckssaintpierre.fr.gd Ouvert lun.-mar. et jeu.-ven. 8h30-12h, mer. 8h30-12h et 13h30-17h (fermé l'ap.-midi pendant les vac. scol.) ; un samedi sur deux 8h30-12h (hors vac. scol.)*

Les faubourgs

La Saga du rhum-Distillerie Isautier Le projet "commercialo-muséal" de la maison Isautier – la plus ancienne distillerie familiale en activité –, auquel sont associées les distilleries du Mât (Saint-Benoît) et de Savanna (Saint-André), a pour objet de faire comprendre la tradition rhumière de la Réunion et… de booster les ventes. Malgré l'enthousiasme du guide ainsi que les films et images vidéo apportant quelque recul sur l'histoire du rhum et ses aspects humains, la visite qu'on suit du haut d'une coursive dominant le site de production, reste désincarnée. On y apprend cependant le processus de transformation de la canne, du broyage des tiges entre les dents du monumental moulin, aux très sophistiqués systèmes électroniques qui régulent les colonnes de distillation. Heureusement, l'automatisation n'étouffe pas les effluves et c'est dans le parfum chaud du rhum qu'on se plante devant une belle collection d'étiquettes anciennes avant la dernière pause au bar de dégustation. Dehors, à l'arrière de la distillerie, remarquez le mur peint par **Jace**, le plus célèbre graffeur de l'île. *Chemin Frédeline (à env. 6km du centre-ville, au premier rond-point de la ville en venant de Saint-Louis, reprendre le chemin inverse en passant sous la double voie et prendre à droite le Chemin Babanier) Tél. 02 62 35 81 90 www.sagadurhum.fr Ouvert tlj. 10h-18h Fermeture de la billetterie à 17h Visite guidée 10h, 11, 14h, 15h et 16h Tarif 8,50€, réduit 6€* **Graffeur Jace** *www.gouzou.net*

Domaine de Pierrefonds De la quatre-voies aux abords de la rivière Saint-Étienne entre Saint-Pierre et Saint-Louis, on n'aperçoit rien de bien saisissant. Pourtant, les ruines de Pierrefonds, ancienne usine sucrière, feront une forte impression sur le visiteur sensible à l'esthétique de certaines friches industrielles. Parmi les ferrailles enchevêtrées, entre les lézardes profondes, dans l'éboulis des mécanismes gigantesques, au milieu du grand silence traversé de chants d'oiseaux, on peut sentir la fièvre et le fracas que cette enceinte a connus tout un siècle d'exploitation intensive. Depuis 1970, les machines sont arrêtées. En 2004, la balance a fait sa dernière pesée. Des ouvertures haut perchées et aux vitrages brisés, il ne reste que les rosaces de bois sombre, ornements précieux et dérisoires. N'oubliez pas votre appareil photo ! Vous pourrez découvrir le site et en apprendre davantage sur l'histoire de la canne à sucre grâce aux visites thématiques menée par des guides conférenciers (téléphoner). *À 7km au nord-ouest de Saint-Pierre, dir. Pierrefonds/Bois d'Olives Tél. 0892 702 201 ou 02 62 25 02 36*

● Sauter en parachute

Paraclub de Bourbon Une opportunité pour découvrir l'île à 3 800m d'altitude ! L'association Paraclub de Bourbon, qui fait office de centre-école, propose un "module découverte" à 715€ (comprenant une formation théorique, trois sauts accompagnés et un stage de pliage) et un "module perfectionnement" à 510€ (4 sauts). Attention, une visite médicale auprès d'un médecin agréé est obligatoire. Accueil très sympathique. *Aéroport de Pierrefonds (7km à l'ouest de Saint-Pierre) Tél. 02 62 25 54 41 www.para-bourbon.com Ouvert mer.-sam. 7h-17h, dim. 7h-13h*

● Survoler l'île en avion

Aéroclub du Sud Adam-de-Villiers Trente minutes de survol de l'île pour un baptême (60€/pers., 3 minimum). Pas au-delà, car la raison sociale de l'aéroclub – une association – ne le permet pas. En revanche, le centre peut vous mettre en relation avec des pilotes privés qui satisferont vos envies d'altitude. Le centre propose également des vols d'initiation sous la direction d'un pilote instructeur (entre 145 et 255€, suivant le type d'avion). *Aéroport de Pierrefonds (7km à l'ouest de Saint-Pierre) Tél. 02 62 25 03 80 www.acdusud.franceserv.com Ouvert lun.-ven. 8h-12h et 13h-17h*

Zen Altitude cf. Voir le bas d'en haut (p.97). *Aéroport de Pierrefonds (7km à l'ouest de Saint-Pierre) Tél. 06 92 87 20 29 www.zenaltitude-ulm.com*

CARNET D'ADRESSES

Lieux de sortie

Danser sur les rythmes réunionnais

Africa Queen (plan 5, C3 n°11) À partir de 23 h, le Café de la gare (p.213) devient l'Africa Queen, un pub-boîte et un haut lieu de la nuit saint-pierroise. *17, bd Hubert-Delisle* ***Saint-Pierre*** *Tél. 06 93 00 97 21 Ouvert mer.-jeu. 23h-2h, ven.-sam. 23h-5h*

Le Zaza club (plan 6, D2 n°12) On nous a conseillé de nous rendre au Zaza, boîte presque exclusivement fréquentée par des Saint-Pierrois. C'est dire si l'atmosphère est chaude au son du séga. *16, rue Meziaire-Guignard* ***Saint-Pierre*** *(juste derrière la mairie) Tél. 02 62 96 40 61 Ouvert ven.-sam.*

Le Chapiteau La plus grande boîte de l'île. L'ambiance y est donc survoltée sur l'ensemble des sept pistes où l'on se colle sur du maloya, se déchaîne sur de la variété et plane sur de la dance. Un bon endroit où rencontrer de jeunes Réunionnais, un peu à l'écart des boîtes du littoral. *77 CD 29 Ravine-des-Cafres (à 8km de Saint-Pierre, direction Saint-Joseph, puis à gauche vers Mont-Vert) Tél. 02 62 31 00 81 ou 06 92 08 05 99 lechapiteau.re Ouvert ven.-dim. et veille de j. fér. Entrée 11€ (10€ dim.), 15€ avec une consommation*

Apollo Night La principale concurrente du Chapiteau, avec ses clubs destinés à tous les publics : fans de musique réunionnaise, amateurs de danses actuelles ou férus de rythmes des années 1960 à 1980. La population y est résolument locale, le lieu invariablement bondé. *15, rue Père-Maître La Ravine-des-Cabris Tél. 02 62 49 55 01 ou 06 93 50 10 14 www.apollonight.re Ouvert ven.-sam. et veille de j. fér.*

Restauration

très petits prix

La Jonque Plus (plan 6, B2 n°1) Certainement l'un des meilleurs restaurants chinois de Saint-Pierre et, surtout, l'un des moins chers. Plats de 7€ à 13€ (plat

GAMME DE PRIX	RESTAURATION	HÉBERGEMENT
Très petits prix	moins de 8€	moins de 15€
Petits prix	de 8 à 15€	de 15 à 30€
Prix moyens	de 15 à 25€	de 30 à 50€
Prix élevés	de 25 à 40€	de 50 à 100€
Prix très élevés	plus de 40€	plus de 100€

du jour env. 8€), rapidement servis dans la grande salle climatisée. Ici, pas de fioritures dans la décoration ou dans l'accueil : tout est dans l'assiette, à prix léger. La fréquentation atteste du succès de cette cantine située à 300m de la plage. *96, rue du Four-à-Chaux* ***Saint-Pierre*** *Tél. 02 62 96 09 09 www.restaurant-chinois-reunion-jonque-plus.fr Ouvert mar.-sam. 11h30-13h30 et 18h45-21h30, dim. 11h30-13h30*

Restaurant des Bons Enfants (plan 6, C2 n°4) Ambiance familiale chez ce chinois de quartier et plats de 6€ à 12€ (bœuf aux gros oignons, filet de poisson sauté au gingembre...). La déco est aussi simple que le service est efficace. Si vous êtes pressé, commandez un plat du jour dans la 1re salle et attablez-vous avec votre assiette : vous gagnerez du temps et 1€ sur le prix du plat. *114, rue des Bons-Enfants* ***Saint-Pierre*** *Tél. 02 62 25 08 27 Ouvert tlj. 10h30-14h et 17h30-22h*

petits prix

La détente-Chez Gros Louis (plan 6, C2 n°3) L'accueil affable engage à déjeuner ou dîner dans cette cantine pur jus. Bien entendu, la cuisine est créole et généreuse : cari poulet et rougail saucisse 10-11€, cari thon et ti'jacques boucané 11-14€. Évitez la terrasse lorsque le barbecue est de sortie si vous ne voulez pas manger un plat (en)fumé. *4, rue François-Isautier* ***Saint-Pierre*** *Tél. 02 62 25 66 77 Ouvert tlj. midi et soir*

prix moyens

Le Pittoresque (plan 6, D2 n°7) À midi c'est la cantine des travailleurs du quartier qui apprécient le plat du jour (de 8,50 à 12,50€), à l'heure du dîner c'est une ambiance amicale et les soirées s'éternisent autour des rhums arrangés. L'addition se rapproche alors des 25€. On y mange créole ou métro. Si Greg et Willy sont experts dans l'art des grillades, ne boudez pas les suggestions du jour de poisson, garanti frais du matin. *33, rue Archambaud* ***Saint-Pierre*** *Tél. 02 62 35 17 77 ou 06 92 67 89 23 Ouvert lun.-sam. 12h-14h et 19h-22h*

Le Rétro (plan 6, C3 n°6) Garçons en livrée, kiosque style Art déco, banquettes de moleskine : bienvenue dans une brasserie parisienne façon début XXe siècle installée en bordure de l'océan Indien ! Sous la climatisation légèrement réfrigérante, goûtez une cuisine de bonne qualité mi-créole, mi-métro, comme par exemple un tartare de poissons ou un filet de légine sauce vanille. Vous repartirez avec une addition frisant les 25€, à moins d'opter pour la généreuse salade créole avec samoussas et bouchons à 10€. Menu (déj.) 14,90€, menu touristique (midi et soir) 26,90€. Moules-frites du jeu. au sam. *34, bd Hubert-Delisle* ***Saint-Pierre*** *Tél. 02 62 25 33 06 www.restaurant-retro-reunion.fr Ouvert lun.-ven. 8h-15h et 18h-23h, w.-e. 8h-15h et 18h-0h*

☺ **Le Marin bleu (plan 6, D3 n°5)** À Terre-Sainte, cette très belle case constitue une étape gourmande de premier choix. Pour le cadre d'abord, avec sa vaste salle agrémentée de lambris clairs et ses bocaux de rhum arrangé qui trônent sur le bar. Pour la carte ensuite, spécialisée dans les poissons et fruits de mer : méli-mélo dorade et crevettes, millefeuille aubergine, poisson et magret fumé mozzarella. Pour le service enfin, gai et souriant. Comptez 15-20€ à midi en semaine, 35-40€ le soir. *45, rue de l'Amiral-Lacaze* ***Saint-Pierre*** *Tél. 02 62 35 61 65 Ouvert lun.-sam. 12h-14h et 19h-22h, dim. 12h-14h*

Hébergement

prix moyens

Le Nathania (plan 6, C3 n°21) Un établissement tout simple dans l'esprit pension hispano-créole, qui pratique des prix doux pour des chambres simples mais impeccables avec des petits plus appréciables (frigo, micro-ondes, TV, wifi, parking privé...). Double de 30 à 45€ selon confort. Un petit bémol : le rappel constant du règlement intérieur par des affichettes qui recouvrent les murs. C'est un peu agaçant... *12, rue François-de-Mahy* ***Saint-Pierre*** *Tél. 02 62 25 04 57 ou 06 92 70 87 60 www.hotelnathania.com*

Chez Papa Daya (plan 6, C3 n°20) On entre dans une sorte d'hacienda créole, dont les murs sont illustrés de fresques naïves. Puis à la réception, on est accueilli par Papa Daya en personne, qui trône tel un maître en sa demeure, et vous invite dans "sa" maison d'un tutoiement un rien condescendant. Le cérémonial de l'accueil ne doit cependant pas faire oublier la simplicité des chambres, toutefois équipées du wifi et d'un minibar, (30€ avec douches et WC communs, 40€ avec sdb et wc privatif) et l'ambiance "sac à dos". L'établissement dispose d'une terrasse et de l'air conditionné. Gare aux apparences : la cuisine est mise à disposition uniquement pour le petit déjeuner. Ce genre de détails ainsi que les slogans vantant les mérites du lieu sur la façade en nuancent l'attrait. *27, rue du Four-à-Chaux* ***Saint-Pierre*** *Tél. 02 62 25 64 87 ou 06 92 12 20 12 www.chezpapadaya.com*

Tropic hôtel (plan 6, D2 n°22) Une adresse où l'on ne traîne pas en journée tant les chambres pour la plupart sont exiguës et sombres (32€ avec douche mais WC communs, 40€ avec sdb, WC et clim.). On peut pourtant être séduit par le jardin intérieur, les communs colorés et l'atmosphère décontractée. Pour une ou deux nuits seulement. *2, rue Auguste-Babet* ***Saint-Pierre*** *Tél. 02 62 25 90 70 tropic.hotel@wanadoo.fr*

Cap Sud (plan 6, B3 n°26) On a apprécié l'accueil de Sophie et David, et les petites terrasses attenantes aux chambres climatisées, qui ouvrent sur un coin d'océan. À l'écart du cœur de Saint-Pierre mais encore central, il faut compter 50€ la nuit pour 2 pers. (petit déj. 6€). Parking gratuit dans la rue. *6, rue Caumont* ***Saint-Pierre*** *Tél. 02 62 25 75 64 ou 06 92 51 60 66 www.hotel-capsud-reunion.com*

prix élevés

Hôtel Alizé Plage (plan 6, C3 n°24) Honnêtement, nous n'aimons pas cette architecture de bois et de métal par endroits rouillé, qui dénature la plage. Mais avouons que se lever avec la vue sur l'océan sans vis-à-vis, depuis la grande terrasse commune, est un luxe appréciable. Pour profiter des chambres standard, avec TV, wifi et clim., prévoyez environ 95€ la double (110€ la triple) ainsi que 8€ pour le petit déjeuner. *7bis, bd Hubert-Delisle* ***Saint-Pierre*** *(plage de Saint-Pierre) Tél. 02 62 35 22 21 www.alizeplage.fr*

Le Vaïani située à la Ravine des Cabris, entre le sud et l'ouest, entre montagne et océan, entre ville et nature, entre hôtel et location meublée, le Vaïani offre un parfait compromis. Les logements bien équipés et confortables (TV, linge de maison, etc.) déclinent plusieurs formules : trois bungalows pour 2 personnes (de 50 à 73€ la nuit selon la saison), trois studios pour 2 à 4 personnes (de 50 à 73€ la nuit) et un appartement pour 4 à 6 personnes (de 85 à 110 € la nuit). Cette résidence touristique de qualité propose également un piscine avec vue sur l'océan et une cuisine extérieure pour préparer repas et apéros. Accueil délicieux. *626, allée des Béliers La Ravine-des-Cabris* ***Saint-Pierre*** *Tél. 02 62 25 11 49*

prix très élevés

Victoria hôtel L'intérêt de cet établissement réside dans son emplacement. À moins de 5km du centre de Saint-Pierre, vous y serez en prise directe avec l'océan. Aux villas qui entourent la piscine et à celles "vue sur mer"... et sur le parking, préférez les chambres situées à l'étage du bâtiment principal, moins chères et garantissant, sur leur terrasse privative, une réelle intimité. De 90€ la chambre double en rez-de-jardin à 190€ la suite avec vue sur mer, petit déjeuner à 10€ (8€ pour les enfants). Bungalow avec équipement cuisine à partir de 110€. *8/10, allée des Lataniers Grands-Bois* ***Saint-Pierre*** *Tél. 02 62 50 95 67 www.levictoria.re*

☺ **Villa Belle (plan 6, D1 n°27)** Après une carrière de chanteur baroque à travers le monde, Erik Gruchet est rentré au pays, dans la maison saint-pierroise de son enfance. Au cœur du parc aux allures de jardin botanique, il a aménagé avec un bon goût six vastes suites et leur cuisine attenante, dont une suite spa (sans cuisine) équipée d'un jacuzzi et d'un hammam. La décoration subtile tient sans doute dans le mariage de matériaux simples – lin, bois, ciment ciré, pierre. À cela n'oublions pas d'ajouter le raffinement des meubles de famille, le grand jardin où se mêlent essences multiples et anciennes, ou encore les hamacs autour de la piscine... Mille détails font de cette perle des maisons d'hôtes une résidence de confort abouti et de luxe sans ostentation. Suite 185-240€, suite spa 370€ (tarif dégressif dès la 3e nuit). Petit déjeuner continental à 20€, brunch à 40€. Pour le repas du soir, comptez 60€. *45, rue Rodier* ***Saint-Pierre*** *Tél. 06 92 65 89 99 ou 06 92 87 40 80 http://villabelle.e-monsite.com*

PETITE-ÎLE

97429

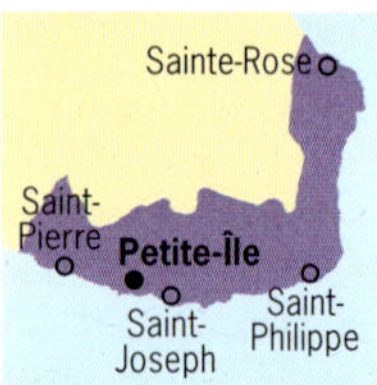

L'île en question est si petite, en effet, qu'elle s'apparente plutôt à un gros caillou, lancé à quelques longueurs de la côte... Ce morceau de roche noire, surmonté d'une calotte d'herbes folles qui surnage des flots, a pourtant donné son nom à un bourg de plus de onze mille habitants. Mais sa renommée, Petite-Île la doit surtout à ses agrumes et à la culture de l'ail, unique et surprenante à la Réunion. Le village attire également de nombreux visiteurs grâce à sa plage (Grande-Anse) et à celle, toute proche, de Manapany-les-Bains. Ce sont les dernières belles étendues de sable avant le littoral sauvage et escarpé du Sud. Une étape à Petite-Île comblera donc les amateurs d'espaces agricoles et de farniente balnéaire.

MODE D'EMPLOI

accès

EN VOITURE
Quasiment à mi-chemin entre Saint-Pierre (9km) et Saint-Joseph (7km), Petite-Île est facile d'accès par la RN2… lorsque les sorties de ces deux villes ne sont pas trop embouteillées.

EN BUS
Cars jaunes Le village est desservi par la ligne I reliant Saint-Pierre à la côte est via le Sud sauvage. *Tél. 0810 123 974 www.cg974.fr*
Bus Alternéo Les lignes 51-55, 57 et 59 du réseau desservent les environs de Petite-Île (Anse-les-Bas, Anse-les-Hauts, Piton-de-Bloc…), au départ de l'église. *Tél. 0800 355 354 www.alterneo.re*

informations touristiques

Office de tourisme intercommunal du Sud-Antenne de Petite-Île Au bord de la plage de Grande-Anse, accueil tout sourire, et quelques informations en particulier sur les artisans des alentours. *60, rue de Grande-Anse* ***Grande-Anse*** *Tél. 08 92 70 22 01 http://sud.reunion.fr Ouvert lun.-ven. 9h-12h et 13h-17h*
Parc national L'antenne sud du Parc national de La Réunion a établi ses bureaux à Petite-Île ; vous y trouverez des informations théoriques sur la forêt primaire. *Villa des Brises 96, rue Maxime-Payet* ***Manapany-les-Bains*** *Tél. 02 62 58 02 61 www.reunion-parcnational.fr*

fêtes et manifestations

Fête des agrumes *Juin*
Pèlerinage du Calvaire *Sept.*
Fête de l'Ail *Oct. ou nov.*
Boucan créole Danses, concerts et expositions organisées à l'occasion des fêtes de commémoration de l'abolition de l'esclavage. *Déc.*

DÉCOUVRIR

Petite-Île et ses environs

☆ **Les essentiels** La plage de Manapany-les-Bains **Découvrir autrement** Rendez visite aux artisans des Hauts

Grande-Anse Les optimistes verront dans les nombreux aménagements de la plage de Grande-Anse (WC, snacks, parking, barbecues) une façon de limiter la dégradation de ce lieu, encaissé entre deux promontoires de roche noire. Les pessimistes, eux, trouveront sûrement que ces constructions dénaturent la plage de sable blanc. En tout cas, cela n'empêche pas les Réunionnais d'y venir en nombre afin d'affronter une mer très agitée ou pour se baigner en sécurité dans la piscine naturelle à gauche de l'étendue sablonneuse. Malheureusement, l'eau n'y est pas profonde et donc peu propice à la natation. Puisque la baignade est difficile, vous pouvez paresser en tentant d'apercevoir un joli paille-en-queue blanc, reconnaissable à son plumage très fin à l'extrémité du corps. Il vole souvent au-dessus des cocotiers et des filaos qui apportent de l'ombre aux pique-niqueurs. *À droite à l'entrée de Petite-Île depuis la RN2 (suivre le fléchage)*

☆☺ **Manapany-les-Bains** Nous avons été charmés par la plage de Manapany-les-Bains, minuscule aire de détente aquatique, encaissée en bas d'une colline résidentielle, avec une vue superbe sur l'impressionnante falaise de basalte. Une **piscine d'eau de mer** y fait le bonheur du jeune public, qui peut s'y tremper en toute sécurité. Plus loin, les bodyboarders défient les vagues qui se fracassent en rouleaux violents sur la plage. Très chouette. *De Petite-Île, prendre la RN2 direction Saint-Joseph, puis tourner à droite après 3km (accès fléché)*

● Voir des artisans à l'œuvre, acheter des souvenirs 100% réunionnais

La maison du tourisme vante, à juste titre, l'intérêt d'une balade dans les Hauts qui donne l'occasion de rencontrer des artisans dans leur atelier. Ils travaillent le bois, le bambou, la roche volcanique, tressent le coco, décorent la porcelaine, forgent le métal ou bichonnent les abeilles. Arrêtez-vous, entre autres, chez Isabelle Biton qui décore de motifs créoles la porcelaine blanche, et chez Marie-Claire Mussard qui découpe et émaille la lave. **Dékocéan** *Isabelle Biton 41, rue Joseph-Suacot (dans le bourg, près du stade) Tél. 06 92 04 05 25 Ouvert lun.-jeu. et sam., ven. uniquement le matin* **Roche et couleurs** *Marie-Claire Mussard 9, chemin Leveneur Tél. 06 92 08 77 93*

● Manger sur le pouce en bord de mer

Chez Jo Ce restaurant idéalement installé au-dessus de la "piscine" de Manapany propose un service snack avec plats à emporter (p.221). *143, bd de l'Océan* **Manapany-les-Bains** *(de Petite-Île, prendre la RN2 direction Saint-Joseph) Tél. 02 62 31 48 83 Ouvert jeu. et dim.-mar. 12h-14h, ven.-sam. 12h-14h et 19h-21h Snack Ouvert en continu 9h-17h (21h ven.-sam.)*

● Pique-niquer en forêt

Domaine du Relais À près de 1 000m d'altitude, le domaine du Relais a été aménagé tout spécialement pour les amoureux des rendez-vous dominicaux : kiosques, barbecues, aires de sport, parcours de santé, sentiers de balades... Tout a été fait pour que chaque membre de la famille y trouve son compte. La forêt de bois de couleurs borde le domaine et offre la possibilité d'une escapade rafraîchissante. *5km au nord du bourg (de Petite-Île, prendre la D31 vers les Hauts, puis la D3 à droite, à Charrié, et à gauche 2km avant Manapany-les-Hauts, puis suivre le fléchage)*

CARNET D'ADRESSES

Restauration, hébergement

petits prix

Chez Ti Fred-Saveurs créoles Par ici le bon cari zourite, les cœurs de songe et les ti'jacques en saison ! Ti Fred revisite les standards de la cuisine créole et on est convaincu par le résultat et par le prix : env. 10€ le plat, copieusement servi dans la salle climatisée ou sur la minuscule terrasse. Si ses occupations au garage lui laissent le temps, il peut même vous organiser un pique-nique traditionnel, feu de bois et marmite sur la plage de Grande-Anse. *8, rue Cure* ***Petite-Île*** *Tél. 02 62 30 65 46 ou 06 92 85 50 77*

prix moyens

Chez Jo Il ne s'agit pas ici d'une étape gastronomique, mais d'une agréable pause créole juste au-dessus de la "piscine" de Manapany. Au menu : caris en pagaille, sandwichs divers et bon choix de salades. Comptez 13-15€ pour un plat ou 20€ pour un repas complet. La terrasse d'où l'on admire la berge ciselée est un observatoire de choix. Et aussi des plats à emporter. *143, bd de l'Océan* ***Manapany-les-Bains*** *(de Petite-Île, prendre la RN2 direction Saint-Joseph) Tél. 02 62 31 48 83 Ouvert jeu. et dim.-mar. 12h-14h, ven.-sam. 12h-14h et 19h-21h Snack Ouvert en continu 9h-17h (21h ven.-sam.)*

Le Vacoa On remarque la façade de rondins blancs de ce restaurant en empruntant la route qui descend à Grande-Anse. L'adresse est conseillée par les autochtones, notamment pour son excellent boucané à la papaye verte. Ceux qui n'ont jamais goûté de cari zourite verront également l'occasion de combler cette lacune : il est, paraît-il, divin. Menu touristique 23€. *5, rte de Grande-Anse* ***Petite-Île*** *Tél. 02 62 56 95 17 Ouvert lun. 10h-14h30, mar.-dim. 10h-14h30 et 18h30-21h Réservation obligatoire le soir*

prix élevés

Chambres d'hôtes Veremer Tout n'est que beauté au sein de cette propriété qui surplombe la splendide baie de Grande-Anse. Une piscine panoramique (utilisable tlj. sauf à l'heure du déj. et le dim ap.-m.) forme un tapis bleu devant l'élégante villa de même teinte. Les 3 chambres climatisées – "Vert"(50€), "la Cour" et "Mer" (60€), nommées en fonction de leur orientation vers l'océan ou le jardin, sont décorées dans un style marin un peu naïf et enfantin. Très réussi. Un bémol : on regrette que les propriétaires ne proposent pas de repas ; cependant, une cuisine équipée d'un micro-ondes et d'un réfrigérateur est mise à disposition. Accès wifi gratuit. Également un gîte (1 sem. minimum, 350€). *40, chemin Vitry* ***Petite-Île*** *Tél. 02 62 31 65 10 www.chambre-gite-veremer.com*

Ché Maoul On présente Yves Hoarau, dit Maoul, comme un personnage incontournable de Petite-Île. Passionné de maloya, musicien lui-même, il (en) chante les soirées au sein de sa propriété, nichée dans un coin de verdure à l'écart du centre. D'ailleurs, à l'entrée du jardin, on peut lire comme un slogan définitif : *Musique in té manzé po lo qèr* ("La musique nourrit le cœur"). Sa cuisine (tlj. sauf dim.), réalisée à base de produits du jardin et réputée dans la région, remplit quant à elle l'estomac : jus de fruits, amuse-gueule, rhum arrangé, entrée, cari, fricassée de brèdes, dessert, café et vin pour 25€ (27€ pour les non-résidents). On se repose d'un pareil dîner dans l'une des quatre chambres joliment apprêtées de bois (double à 60€ petit déj. inclus). En outre, la belle terrasse à l'étage et la piscine sont des luxes appréciables. *6, rue du Piton* ***Petite-Île*** *Tél./fax 02 62 56 82 26 www.chemaoul.re*

Lé Gaillard Assurément, cette expression créole ("bel et bon", voire "top" !) s'applique à souhait au panorama qu'offre cette maison d'hôtes sur la baie de Grande-Anse, par-delà la piscine et le jardin tropical minutieusement bichonné. Pour profiter du cadre : quatre chambres, peut-être un peu exiguës mais aménagées avec soin (wifi et accès à la cuisine équipée commune) et une suite douillette conçue pour un séjour en amoureux. Aux deux chambres situées à l'étage qui donnent sur une véranda fermée et partagent les sanitaires, nous avons préféré celles du rez-de-chaussée, qui encadrent la varangue, à une enjambée de la piscine, du hammam, du sauna et du jacuzzi. Dans la grande volière, le bavardage des deux perroquets de la maison fait oublier l'accueil plus professionnel que chaleureux, à l'image du règlement intérieur un rien tatillon. Double 75€ (ou 65€ à partir de 3 nuits), thé ou café et petits gateaux compris (pour un copieux petit déjeuner maison, prévoyez 20€/pers.), suite 150€. *26, Chemin Neuf Grande-Anse* **Petite-Île** *Tél. 02 62 56 77 68 ou 06 92 60 69 86 www.le-gaillard.net*

prix très élevés

Palm Hôtel & Spa Certes, le spectacle de l'océan est grandiose contemplé de la piscine à débordement en lisière du plateau auquel les arbres donnent ombre et cachet. Certes, vous serez reçu en hôte de marque avec cadeau personnalisé dans l'une des 65 chambres et suites réparties en 4 catégories, de la supérieure à la "lodge de luxe". Mais avouons-le tout net, ce 5-étoiles n'a pas recueilli tous nos suffrages, sans doute en raison de l'entretien qui paraît ici ou là un peu négligent. Puisque vous êtes parti pour débourser ici une somme rondelette, prenez soin de choisir l'emplacement de votre chambre. Évitez le rez-de-chaussée des premières villas où la vue sur la mer se réduit à une étroite percée, et certaines suites en bordure de domaine qui ne surplombent que des terrains en friche. Double de 210 à 570€ (petit déj. inclus) selon la catégorie et la saison. Consultez le site pour profiter des nombreuses offres spéciales et des forfaits "week-end", "voyage de noces", etc. Pour apprécier totalement l'atmosphère "détente zen" de l'établissement, prélassez-vous au spa, un rien théâtral, réservé aux résidents en soirée et le week-end. Le restaurant, qui se déploie sur 2 salles, propose une cuisine du monde à un tarif en rapport avec le standing des lieux : de 18 à 36€ le plat, formule du jour 33€, menus gastronomiques de 42€ à 95€. *Rue des Mascarins Grande-Anse* **Petite-Île** *(tourner tout de suite à droite dans la descente vers la plage de Grande-Anse) Tél. 02 62 56 30 30 www.palm.re*

SAINT-JOSEPH

97480

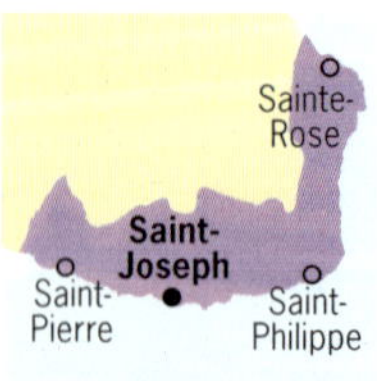

Vous flirtez enfin avec le vrai Sud sauvage, promesse de coulées de lave et de beaux points de vue sur ce littoral tourmenté. Mais, avant le grand saut, laissez-vous envoûter par les parages de Saint-Joseph : à Grand-Coude, où le géranium survit et le thé renaît, à La Plaine-des-Grègues, patrie du fameux curcuma, ou le long de la rivière Langevin, si fréquentée pour sa fraîcheur. Le centre-ville, ses embouteillages et sa grise modernité, ne reflètent pas les initiatives résolument écologiques que mène la commune dans les Hauts, où vous attendent de sympathiques fermes-auberges et autres

chambres d'hôtes. Établissez-y votre camp de base si une éruption est annoncée : vous pourrez ainsi vous rendre rapidement au pied du Volcan pour admirer le spectacle.

LE SUD, ÉTRANGE ET SAUVAGE C'est sûrement la zone du littoral la plus mystérieuse aux yeux des voyageurs, mais aussi des Réunionnais. Car cette bande de côte rocheuse découpée en incisives, mordue par les lames de l'océan Indien et dominée par la Fournaise, n'est habitée que depuis le milieu du XVIIIe siècle. Saint-Joseph fut le premier port d'attache de colons alors considérés comme des explorateurs. Les terres riches, le climat arrosé, la mer généreuse : les conditions sont parfaites pour une rapide extension de l'agriculture. D'immenses domaines voient le jour, dont celui du fameux M. de Kervéguen. Au XIXe siècle, ce riche Breton étend ses propriétés du rivage méridional jusqu'au milieu de l'île, pour finalement posséder plus du tiers de la Réunion ! Il bat même sa propre monnaie, le kreutzer importé d'Autriche, qui circule officiellement de 1859 à 1879. Aujourd'hui, sur le littoral sud-est de l'île, seule Saint-Joseph a la stature de véritable ville, les autres centres, Saint-Philippe et Sainte-Rose à l'extrémité nord, faisant plutôt figure de gros bourgs paisibles. Entre les deux se trouve la partie basse de l'enclos du Volcan, qui réceptionne les coulées les plus importantes. Elle demeure une frange presque inhabitée en raison du risque volcanique et, parfois, à cause du manque d'infrastructures. Ainsi, le hameau du Tremblet n'a eu l'électricité qu'en 1982 et l'eau courante deux ans plus tard… Enfin, belle caractéristique du Sud : on y trouve une végétation à nulle autre pareille dans l'île. Les bananiers semblent y pousser comme des mauvaises herbes, les cocotiers jouent les gratte-ciel naturels, le vétiver éclate en touffes vert et paille, et la vanille s'enroule en liane au fond des jardins.

MODE D'EMPLOI

accès

EN VOITURE

Par la RN2 qui longe l'océan depuis Saint-Pierre (à 20km). Attention aux embouteillages du centre, qui durent souvent toute la journée.

EN BUS

Cars jaunes La ligne I relie 3 fois/jour (2 fois le dim.) Saint-Joseph à Saint-Benoît. Comptez une quinzaine de liaisons (4 le dim.) avec Manapany, Petite-Île et Saint-Pierre. *Tél. 0810 123 974 www.cg974.fr*

Bus CASUD Les lignes 71 à 84 desservent l'ensemble de la commune de Saint-Joseph, des villages des Hauts aux bourgs côtiers. *Tél. 0800 000 253 www.casud.re/transport*

Gare routière *2, rue du Général-de-Gaulle (à la sortie est du centre-ville) Tél. 02 62 56 03 90*

informations touristiques

Maison du tourisme du Sud sauvage Vous y obtiendrez un fascicule recensant les curiosités de cette région et serez certainement reçu avec un large sourire. Quelques expositions d'artistes locaux égaient l'office tout au long de l'année. *3, rue Paul-Demange Tél. 02 62 73 09 05 www.sudsauvage.com Ouvert lun.-ven. 9h-17h, sam. 10h-17h* **Point Info** *15 allée du*

Four-à-Chaux ***Manapany-les-Bains*** *Tél. 02 62 37 37 11*

marchés, fêtes et manifestations

Marché forain du Sud Sauvage *Pl. François-Mitterrand Ven. 6h-12h*
Brocante *3e dim. du mois*
Komidi-Festival du Sud Sauvage *www.komidi.fr Avr. ou mai*
Manapany Surf Festival Cette compétition rassemble les meilleurs surfers dans la baie de Manapany. *www.manapanysurfestival.com Sept. ou oct.*
Fête du safran À La Plaine-des-Grègues *Nov.*
Les nuits du Piton Festivités musicales à l'occasion de la fête de l'abolition de l'esclavage. *www.saintjoseph.re Déc.*

DÉCOUVRIR

Saint-Joseph et ses environs

☆ **Les essentiels** La maison du Curcuma, le labyrinthe En-Champ-Thé à Grand-Coude **Découvrir autrement** Appréciez l'authenticité du village côtier Vincendo et des îlets haut perchés, admirez le panorama vertigineux du haut du Serré

Rivière des Remparts Elle se jette dans l'océan après avoir traversé une partie de Saint-Joseph et dévalé les flancs ouest du Volcan quasiment depuis les premiers cratères. Malheureusement, aucune route comme celle de la rivière Langevin ne permet de remonter son cours. Vous pouvez néanmoins fouler ses berges de galets à partir de Saint-Joseph et trouver un coin d'ombre pour pique-niquer. Seuls d'excellents et courageux marcheurs parcourent les 30km qui permettent de rejoindre **Roche-Plate** (p.328) et ses deux gîtes de montagne. L'îlet a failli disparaître en 1965 lorsqu'un pan entier de la montagne s'est effondré. À la suite de cet accident géologique, un barrage naturel s'est formé, créant un mini lac artificiel qui constituait une menace pour les habitants. Le village fut donc évacué bien que, peu à peu, l'eau se

Dormir dans un petit bout du monde

Les propriétaires des deux gîtes de **Roche-Plate** reçoivent avec convivialité les randonneurs et autres curieux de paysages authentiques. Au bout de la rivière des Remparts, ce hameau n'est accessible qu'en 4x4 depuis le littoral ou à pied depuis la route du Volcan.
Gîte de la rivière des Remparts Nuitée 16€, repas 17€ et petit déj. 5€. *Chez Jacqueline Morel Roche-Plate Tél. 02 62 59 13 94 ou 06 92 68 35 32 Réservation auprès de la centrale de réservation de l'IRT Tél. 0810 160 000 www.reunion.fr*
Le Mahavel Nuitée 20€ (petit déj. compris), repas 20€. *Chez Antoinette Duchemaine Roche-Plate Tél. 06 92 20 76 52 Ouvert mi-avr.-mi-déc.*

soit écoulée tranquillement sans le submerger. Resté longtemps dépeuplé, Roche-Plate est de nouveau habité, et on profitera sans vergogne du 4x4 d'un résident passant par là ; en voiture le trajet durera alors 2 bonnes heures !

● Rencontrer un céramiste de talent

Claude Berlie-Caillat Formé auprès de maitres d'art de renom (Jean Girel), le sculpteur céramiste Claude Berlie-Caillat a quitté sa Savoie natale pour s'installer à la Réunion. "Passionné par le rapport des Réunionnais avec le feu et le volcan", ce "pionnier des arts du feu" sur l'île crée l'association Art Feu dans année 1990. Depuis, il mène de nombreuses actions culturelles : initiation, formation à l'art de la terre, accueil d'artistes en résidence. À Saint-Joseph, vous pourrez découvrir son travail mais aussi les pièces d'autres artistes venus du monde entier pour s'initier auprès de lui aux techniques de fusion et d'émaillage du basalte. *Centre des Arts du Feu-Artsud 6, imp. du Bellay* ***Saint-Joseph*** *(à côté du supermarché) Tél. 02 62 56 67 21 ou 06 92 66 07 11 Ouvert lun.-ven. 8h-12h et 14h-17h*

La côte

Si vous souhaitez vous baigner, filez à l'ouest vers les plages de Manapany-les-Bains, à 3km à peine (p.220) ou de Grande-Anse (p.219), à une dizaine de kilomètres, pour profiter de leurs piscines naturelles peu profondes mais bien à l'abri de fougues de l'Océan. Sinon vers l'est, la baignade est bien trop risquée.

Marine Langevin À l'entrée du village, prenez la direction "Cascade Jacqueline". Vous arrivez bientôt dans un quartier constitué de quelques cases branlantes. La mer déchaînée se jette sur la roche noire et sur le ponton, où des barques multicolores attendent d'être mises à flôt. Il est intéressant de s'y rendre vers 13h-14h, au retour des pêcheurs, qui multiplient les efforts pour remonter leurs embarcations secouées par les vagues.

Vincendo Un charmant village côtier à la sortie est de Saint-Joseph. Les vacoas envahissent le rivage, tout comme les kiosques et les aires de pique-nique. Une Vierge, tournée vers le large, trône à côté d'une étendue de sable noir qu'on rechigne à désigner sous le nom de "plage". Nichée au creux d'une falaise, cette crique subit les assauts de l'océan Indien, très irascible dans cette région. Il ne faut surtout pas prendre le risque de s'y baigner. Prendre la direction du collège à droite et descendre en voiture à travers les champs jusqu'à l'océan

Les Hauts de Saint-Joseph

☆ **Maison du Curcuma** Au début des années 1990, le ministre des DOM-TOM doit se rendre sur les terres de Mémé Rivière. Mais celui-ci manque un rendez-vous avec le sous-préfet pour préparer cette visite. Il invente un alibi : il allait chercher des photos en vue d'une exposition sur le curcuma. Pris à son propre piège, Mémé n'a d'autre choix que de créer l'événement. Il y parvient : la maison du Curcuma naît finalement en 1996. On y apprend l'essentiel sur la culture de cette racine, ingrédient incontournable du cari. Longtemps appelée "safran pays", elle fut introduite à la Réunion par les "engagés" indiens à la fin du XIXe siècle. Le curcuma de Mémé Rivière est l'un des plus réputés de l'île. La visite de sa maison (accompagnée d'une dégustation de produits du terroir) est rapide, presque décevante, tant le personnage, lui, est haut en couleur et passionnant lorsqu'il parle de sa racine. Il a d'ailleurs élargi ses activités en aménageant un jardin de senteurs et de saveurs. *14, rue du Rond (fléchage)* **La Plaine-des-Grègues** *Tél. 02 62 37 54 66 www.maisondu-curcuma.fr Ouvert tlj. 9h-12h et 13h30-17h Entrée libre Visite du jardin et de la grotte 5€*

RÉCOLTE INSOLITE
En mars-avril, vous pourrez trouver à vendre aux bords des routes une bien originale récolte : des larves de guêpes, encore nichées dans leurs alvéoles. Frites, ces friandises réunionnaises sont, paraît-il, goûteuses !

☺ **Rivière Langevin** On emprunte la route qui longe la rive gauche de la rivière au niveau de l'aire de pesage et des ruines de l'ancienne usine de canne à sucre de Langevin (4km à l'est de Saint-Joseph). On remarquera déjà les nombreux kiosques où se regroupent les familles pour faire chauffer le cari du week-end. Si vous désirez aussi manger dans ce cadre reposant, quelque snacks proposent des plats créoles et des sandwichs. Vous passez bientôt sur la rive droite. La route s'éloigne un temps du cours d'eau et s'enfonce dans les fougères, qui lèchent la carrosserie de la voiture. De belles bananeraies vous escortent. Vous dépassez un barrage où des femmes viennent laver leur linge comme autrefois. Quelques pêcheurs taquinent également la truite. Juste après, un panneau "Trou noir" marque le début d'un sentier pour accéder aux cascades (30min de marche glissante). Au pied du rempart, le paysage est saisissant. Après un passage délicat (la voiture ne monte qu'en première), on découvre à droite les superbes cascades qui se jettent à grand bruit dans un bassin sombre. Les fleurs forment des taches discrètes, petites étoiles multicolores. Le site est magique ! Continuez en voiture (toujours en première car la route est très raide) et rejoignez le charmant îlet de Grand-Galet. Village du bout du monde, en équilibre sur une langue de terre rongée peu à peu par les flots, cerné par le Serré et le morne Langevin, il offre un visage fleuri et coloré. Une sorte de carte postale du hameau créole idéal.

Le Serré et Grand-Coude Vu du ciel, Grand-Coude est une sorte d'île qui flotterait à 1 000m d'altitude. On se rend compte de l'originalité du site en y montant et en s'arrêtant au Serré (13km de Saint-Joseph), où des points de vue ont été aménagés. À droite, on peut observer le splendide canyon creusé par la rivière Langevin avec, au fond, Grand-Galet et ses toits colorés. La falaise est en à-pic, la perspective impressionnante. Devant, le morne Langevin (2 404m) se dresse telle une muraille barrant le Volcan. Traversez la route et parcourez les 20m qui vous séparent du ravin occidental. C'est le même panorama ou presque : un dénivelé vertigineux avec, tout en bas, la rivière des Remparts qui semble couler des jours heureux. La route continue encore pendant 2km, souvent dans les nuages, pour atteindre le paisible village de Grand-Coude. Quelques alambics servant à la distillation du géranium sont toujours en activité, de nombreuses fermes élèvent poulets et vaches. Le plateau est vert, et la moindre parcelle cultivée. Le thé y est encore choyé. Il flotte ici comme un parfum d'autrefois, lorsque les saisons rythmaient la vie agricole. *De Saint-Joseph, prendre la D33 direction Grand-Coude*

● Où manger sur le pouce ? Plusieurs snacks satisferont les grosses faims. Nous vous en recommandons deux au bord de la rivière Langevin.
Les Pieds dans l'eau On achète sa barquette (6-12€) et on pique-nique sur les rochers au mitan de la rivière, les pieds dans l'eau fraîche. *34, rue de la Passerelle Langevin Tél. 02 62 37 13 64 ou 06 92 25 01 38*
Le Benjoin Même cadre et menu identique, un peu plus haut sur la route et un soupçon plus cher (cari à emporter autour de 8€, plat sur place à partir de 13€). *114, rue de la Passerelle Langevin Tél. 02 62 56 23 90 ou 06 92 60 87 76 Ouvert sam.-jeu. 11h-16h*

● Où se perdre dans un labyrinthe, prendre le thé ?
☆ **Labyrinthe En-Champ-Thé** Il y a une quinzaine d'années, Johnny cultivait du géranium. Puis il voulut remettre en valeur le thé, culture ancestrale de Grand-Coude et une plantation à l'abandon depuis les années 1970. Jouant des obstacles – les bambous qui ont envahi le sous-bois –, il dessina une exploitation en labyrinthe où aujourd'hui on joue à se perdre. En visite libre ou guidée, la découverte des lieux est aussi instructive que ludique. Jeux à thème, énigmes jalonnent le chemin avec ici et là des salons de nature pour se poser, humer l'air et lire un conte créole, et pourquoi pas pique-niquer. On déguste enfin un thé blanc sucré d'un miel péi exquis en révisant ses connaissances sur la cueillette et le séchage des feuilles de thé, les vertus des huiles essentielles. Une promenade sensorielle très séduisante pour petits et grands. *Chez Mme et M. Guichard Rue Émile-Mussard Grand-Coude Tél. 06 93 26 01 88* ***Visites libres*** *sam. 14h-17h, dim. 9h-17h (tlj. 9h-12h et 13h-17h pendant les vac. scol.) ;* ***visites guidées*** *en semaine sur réservation Tarif 5€, réduit 4€, visite guidée (1h30) 8€ et 4€*

CARNET D'ADRESSES

Restauration, hébergement

Vous ne trouverez aucune chambre d'hôtes ni aucun hôtel dans le centre-ville de Saint-Joseph. Les hébergements de ce type se trouvent sur les hauteurs de la ville, ou aux abords sur la bande littorale. Pour déjeuner vous pouvez aussi faire un saut à Manapany-les-Bains, à 3km à peine du centre de Saint-Joseph, Chez Jo (p.221).

prix moyens

Ferme-auberge Desprairies Chaudement recommandée par des habitants de Saint-Joseph. De fait, la cuisine sort des sentiers créoles traditionnels pour offrir aux papilles des saveurs originales : feuilleté de palmiste, canard fumé aux petits légumes et mousse de manioc au coulis de goyavier composent un superbe repas à 22€ (moins de 10 ans 11€, moins de 5 ans 6€). L'hébergement est légèrement en retrait, encore que tout à fait convenable avec ses vastes chambres simples et un peu kitsch (double 40€, petit déj. inclus). Dans ce hameau perdu au détour d'un virage sur les premiers contreforts boisés du Volcan, vous vous sentirez à votre aise. *44, rte de Matouta* **Saint-Joseph** *(À 13km à l'est de Saint-Joseph, indiqué à gauche entre Saint-Joseph et Saint-Philippe, RN2, puis à droite à travers les champs de canne) Tél. 02 62 37 20 27 www.ferme-auberge-desprairies.com*

Ferme-auberge Chez Elvina Turpin Avant tout, nous avons aimé le sourire timide et la douceur d'Elvina. Elle évoque son lapin aux goyaviers et son gratin de banane (22€ le repas) comme on dévoile des secrets, avec gourmandise et discrétion. Ce petit bout de femme entretient du mieux possible la grande bâtisse juchée au bout de la route et perchée à 10km de l'océan. Elle y améliore constamment quatre chambres en lambris, confortables et saines (40€ la double petit déj. inclus). Lorsqu'on loge dans la 1re chambre à l'étage avec vue sur le littoral, ou qu'on admire les plants de chouchous qui envahissent le jardin, on se dit vraiment qu'on a trouvé une adresse charmante. Repas sur réservation. *31, rue Édouard-Turpin La Crête* **Saint-Joseph** *(aller à Vincendo, 6km à l'est de Saint-Joseph par la RN2, prendre la D34 à gauche puis, une fois à La Crête, tourner à droite vers La Crête 2e village ; la ferme sur trouve dans une rue à gauche 250m avant la chapelle Notre-Dame-de-Lourdes) Tél. 02 62 37 40 62*

prix élevés

Chambres d'hôtes Chez Nathalie Hoareau On serait presque déçu par les chambres (55€ la double, 70€ la triple, petit déj. inclus), pourtant très propres et agréables, mais situées à l'arrière de la maison, sans vue. On aurait tellement aimé apprécier au saut du lit le superbe jardin créole, foisonnant à souhait, et le panorama vers le littoral. On est presque déçu également par l'absence de table d'hôtes, tant l'accueil de Nathalie est souriant. Elle a néanmoins pensé à ceux qui ne veulent pas reprendre la voiture le soir venu : une kitchenette est mise à disposition des voyageurs. Nathalie propose également un gîte pour 2 pers. (350€/sem.) Au bout du compte, on est tout de même content d'avoir trouvé une adresse où l'on se sent bien. *205, rue Edmond-Albius Bésave* **Saint-Joseph** *(7km au nord du centre-bourg, via la D3 qui longe la rive droite de la rivière des Remparts) Tél. 02 62 37 61 92 www.giterunsud.com*

Au Lapin d'or Trois chambres doubles (60€, petit déj. inclus) et une table d'hôtes qui met à l'honneur le lapin, assaisonné créole, et bien d'autres plats locaux que Rolande revisite avec inventivité et cuisine avec les produits de son exploitation. On apprécie également la variété des préparations de légumes (à partir de 25€ le repas). Si l'on ajoute à cela un billard et une hospitalité familiale, on tient la recette d'un séjour bien plaisant ! *55bis, rue Concession Grand-Coude* **Saint-Joseph** *Tél. 02 62 56 66 48 ou 06 92 70 09 18 rolande.sadehe@hotmail.fr*

SAINT-PHILIPPE

97442

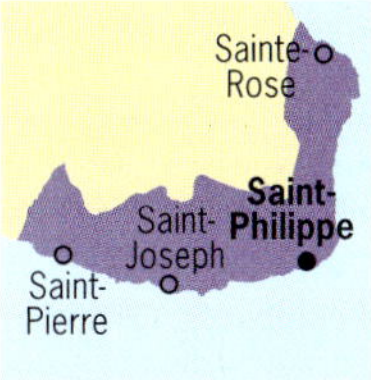

L'environnement de Saint-Philippe est séduisant à double titre. Côté Volcan, aux alentours du bourg, la superbe forêt primaire de Mare-Longue et ses bois de couleurs replantés. Côté océan, des sites impressionnants, comme le cap Méchant, avec ses vagues qui se fracassent sur les langues de lave noire. Ce village, habité dès 1735 mais indépendant de Saint-Joseph depuis 1830, est également la capitale incontestée du vacoa. Les feuilles séchées de cet arbre maritime servent à fabriquer les bertels, sacs à dos traditionnels utilisés par les paysans. Cet artisanat subsiste grâce à l'effort d'associations et de particuliers, en général de vieilles femmes, qui les vendent sur le pas de leur porte, le long de la nationale. Saint-Philippe continue aussi de cultiver la vanille, laquelle pousse souvent au fond des jardins dans de petites exploitations. Ne reniant rien de son passé, il n'oublie pas que le botaniste Joseph Hubert, qui y possédait une concession, introduisit nombre de plantes et d'épices au milieu du XXe siècle. Un héritage qui perdure.

DES LAVES INCANDESCENTES À LA FORÊT DE BOIS DE COULEURS La zone la plus sauvage et fascinante du Sud : ainsi se présente cette frange du littoral, située entre Saint-Philippe et Sainte-Rose, qu'on appelle le Grand Brûlé. C'est dans cet espace, très peu habité en raison du risque volcanique, que se déversent la plupart des langues de roche incandescente. Enchaînant les virages, la route nationale qui parcourt cette zone offre par endroits de superbes points de vue en plongée sur la côte balayée par les alizés et les vagues océaniques. Elle traverse – à moins que ce ne soit le contraire ! – des coulées de lave descendues des grandes pentes de la Fournaise. Il est toujours étonnant pour le néophyte de voir à quel point la végétation s'enracine vite sur les laves à peine refroidies. Une fois terminée, la coulée voit sa température chuter peu à peu pour finalement se figer en une roche noire. Ainsi se forme un tapis de basalte. Les premiers végétaux à coloniser cette avancée sombre sont les lichens, qui, sans racine ni tige, s'accrochent grâce à de minuscules "crampons". Le cycle de la vie végétale reprend. En mourant, ces plantes forment bientôt un tissu de débris organiques qui profitera à d'autres espèces. C'est le temps des mousses, qui s'installent dans les nombreuses fissures et aspérités de la roche brune. Viennent ensuite les fougères. De manière éparse, elles plantent leur tige (le stolon) et se multiplient. Dans le même temps, des graines de bois de couleurs s'insinuent dans les creux de la lave et commencent à germer. On voit alors surgir des arbustes de bois de rempart et de bois de source. Quelques filaos tentent de trouver une place. Les arbres poussent, un petit sous-bois apparaît. Les conditions sont réunies pour l'éclosion d'autres arbres : le bois de fer bâtard et le change-écorce débutent leur croissance. Le sol n'est plus rocailleux, les racines et les reliquats de plantes mortes ont formé une couche organique souple et fraîche. Les goyaviers fleurissent déjà. C'est donc une forêt dite "basse" qui prend forme avec des bois de rempart d'une dizaine de mètres de haut. Ils protègent la croissance d'autres arbres, comme le petit natte ou le bois de corail. Des lianes s'enroulent autour des troncs, la vigne marronne, une peste végétale, va proliférer. Le temps passe, la forêt devient luxuriante, dense et sombre. Sur les hauteurs, les fanjans forment d'immenses ombrelles. Après quelques décennies, plus rien ne rappelle la fureur du Volcan… jusqu'à la prochaine éruption.

MODE D'EMPLOI

accès

EN VOITURE
La RN2 vous conduit de Saint-Joseph à Saint-Philippe en 15min environ. Quelques radiers sont submersibles sur la route, qui devient dangereuse par temps de fortes pluies.

EN BUS
Cars jaunes Saint-Philippe se situe sur la ligne I, entre Saint-Pierre et Saint-Benoît. *Tél. 0810 123 974 www.cg974.fr*
Bus CASUD Deux lignes au départ de la mairie de Saint-Philippe : la STD (vers Mare-Longue, Basse-Vallée, Pointe du Tremblet...) et la STE (Mare-Longue, Chapelle du Tremblet, Le Baril...) *Tél. 0800 000 253 www.casud.re/transport*

informations touristiques

Office de tourisme de Saint-Philippe Installé dans une belle case créole. Peu d'informations, sinon un plan touristique pas très clair. *62, rue Leconte-de-Lisle (RN2) Tél. 02 62 97 75 84 officedutourismesaintphilippe@yahoo.fr Ouvert lun.-ven. 9h-12h et 13h-17h, sam. 10h-12h et 13h-17h*

guide de montagne

Juanito Boyer *1 RN2 Le Tremblet Tél. 02 62 98 91 85 ou 06 92 92 14 34*

fêtes et manifestations

Grand Raid Réunion Également appelée la "Diagonale des fous", cette manifestation sportive rassemble plus quelque 2 600 participants qui s'élancent de Saint-Philippe pour rallier Saint-Denis à pied et d'une seule traite. Plus de 10 000m de dénivelés avec les trois cirques, le piton des Neiges, parfois la pluie et la boue : un programme pour le moins exténuant. Il va sans dire qu'il est exclusivement réservé aux sportifs surentraînés ! *www.grandraid-reunion.com Fin oct.*
Fête du Vacoa *Mi-août*
Festival de la Mer *1er w.-e. de déc.*

DÉCOUVRIR

Saint-Philippe et ses environs

☆ **Les essentiels** Le cap Méchant, le jardin des Parfums et des Épices
Découvrir autrement Baignez-vous au puits des Anglais, faites une randonnée insolite sur une coulée de lave

Saint-Philippe

Écomusée Au bon roi Louis Un modeste mais intéressant petit musée privé. Inauguré en 1998, il rassemble des objets *lontan* qui jalonnent un parcours thématique et chronologique de l'histoire du Sud. De 1735, date de l'implantation des premiers colons à Saint-Philippe, à 1950, alors que la Réunion est devenue un département français, on navigue entre souvenirs de famille et outils d'artisans, pièces d'antiquaire et témoignages du passé. Cette belle case de 1850 abrite notamment une collection de pièces de monnaie (du XVe au XXe siècle), des vestiges d'un navire anglais échoué sur la côte en 1897, etc. La visite est guidée, vivante et, surtout, passionnée. *1, rue de la Marine (angle RN2, à côté de l'office de tourisme) Tél. 02 62 37 16 43 ou 02 62 37 12 98 Ouvert lun.-sam. 9h-12h et 14h-16h30 (dim. et j. fér. sur réservation) Tarif 5€, réduit 2€*

☆ **Cap Méchant** En arrivant, on se dit que ce cap n'est pas si méchant que cela. En effet, qu'y découvre-t-on ? Un vaste espace boisé de filaos et de surprenants pandanus aux racines aériennes, agrémenté de tables pour le pique-nique. Mais, à mesure que l'on s'approche du rivage, le littoral se fait moins doux, pour devenir finalement tumultueux. La force des vagues, qui déferlent sur de longues avancées de roches sombres, est saisissante. Le contraste entre le blanc de l'écume et le noir profond de la côte est superbe. On peut fouler ces roches qui s'enfoncent vers l'horizon et sentir les embruns sur son visage. Par mer agitée, cette balade exige la plus grande prudence. *Basse-Vallée (à Basse-Vallée, sur la droite, 8km avant Saint-Philippe en venant de Saint-Joseph)*

Puits des Anglais Un réservoir d'eau douce construit en pierre au début du XIXe siècle. Rien de bien impressionnant en soi. C'est plutôt pour le site qu'on fait une halte à cet endroit. Pour la **piscine d'eau de mer** d'abord, ouverte à tous et surveillée de 10h à 18h30 (sauf le mardi) juste au-dessous du snack P'tit Lu. Elle offre une des rares occasions de se tremper dans les eaux de l'océan Indien de cette région. On y vient également pour apprécier la belle opposition entre la roche volcanique aux reflets merle et les vagues agitées à la teinte cristalline. *Le Baril (en venant de Saint-Joseph, à la sortie du Baril à droite)*

☆ **Jardin des Parfums et des Épices** Une belle et très vivante visite d'environ 1h30. Patrick Fontaine, autodidacte et amoureux de la forêt, consacre son temps et son énergie à faire vivre ce merveilleux jardin. Ses fiertés : un letchi bicentenaire, des nattes de cent cinquante ans, un bombarde (arbre au tronc creux dont on fait des percussions) ou encore un bois noir. Mais plutôt que de dresser un palmarès, Patrick préfère initier les touristes et les scolaires à la flore et à la faune de l'île. Il vante par exemple les vertus du longose, considéré comme une peste végétale, mais, assure-t-il, également pourvoyeur de pollenisateurs essentiels aux cycles de la reproduction. Pendant la saison, le parcours est ponctué de dégustations de fruits à même l'arbre (goyaviers, manguiers...). Le clou de cette étape réside peut-être dans la découverte d'une centaine d'espèces d'orchidées dont, malheureusement, vous ne pourrez pas faire de bouquets… *7, rte forestière Mare-Longue (fléchage) Tél. 02 62 37 06 36 ou 02 62 37 15 08 Visites guidées sur réservation tlj. à 10h30 et 14h30 Tarif 6,50€*

Sentiers botaniques de Mare-Longue Entre Mare-Longue et Le Baril, deux sentiers aménagés par l'ONF permettent de découvrir une forêt en partie déclarée "réserve naturelle" depuis 1981. Elle constitue une des seules occasions de voir des bois de couleurs des Bas, qui poussaient autrefois en nombre jusqu'à 800m d'altitude. Aujourd'hui, la main de l'homme a énormément raréfié ces espèces endémiques et indigènes. Le premier sentier, qui se parcourt en 1h, permet de mieux connaître la forêt primaire, notamment grâce à des panneaux pédagogiques. Le second itinéraire, un peu plus haut, vous amène au sein d'un espace de reboisement en bois de couleurs, comme le bois de pomme ou le bois maigre, initié voici près de trente-cinq ans. Vous pourrez également découvrir le change-écorce qui, comme son nom l'indique, voit son tronc "peler" par larges plaques : étonnant ! *Mare-Longue (en venant de Saint-Philippe, emprunter la RF4 sur la droite, puis suivre le fléchage)*

● **Où acheter des sacs *bertels* ?** Quatre associations tentent de perpétuer la tradition du vacoa tressé, à travers une exposition de sacs et autres objets tressés par des femmes de la commune. Vous serez reçu avec un sourire radieux et pourrez poser toutes les questions qui vous passent par la tête. Démonstration et initation sur réservation. **La Bertelle** *47, rue Général-de-Gaulle Le Baril (4km env. de Saint-Philippe, dir. Saint-Joseph) Tél. 06 93 91 66 52 http://labertelle.fr Ouvert dim.-ven. et j. fér. 9h-17h* **Vacoa Sud** *8 RN2 Le Baril (4km env. de Saint-Philippe, dir. Saint-Joseph) Tél. 02 62 37 16 96 Ouvert lun.-sam. 9h-17h* **Cass'le coin** *57, rue de Labourdonnais Basse-Vallée (7km env. de Saint-Philippe, dir. Sain-Joseph) Tél. 06 92 19 48 66 Ouvert lun.-sam. 10h-16h* **Kreolivan** *56 RN2 Le Tremblet (10km de Saint-Phillippe, dir. Sainte-Rose) Tél. 06 93 40 03 14 Ouvert mar.-dim. 9h-17h*

☆ Sur la route du Grand Brûlé

La RN2, qui se fraie un chemin entre le rivage et les pentes du Volcan, constitue le meilleur moyen pour découvrir ce **circuit touristique de 31km**. Vous pouvez également le parcourir en car, la ligne I des Cars jaunes marquant des arrêts à chaque site (attention toutefois, certaines liaisons ont leur terminus au Tremblet). Lors de cet itinéraire, si l'on excepte les alentours de coulées très récentes, ne vous attendez pas à traverser un paysage désolé et uniquement rocheux. Vous serez en effet surpris d'observer à quel point la nature reprend vite ses droits sur ces pentes carbonisées, formant bientôt une dense forêt primaire. Et, sait-on jamais, vous aurez peut-être la chance suprême de vous trouver au bon endroit au bon moment, c'est-à-dire lorsqu'une éruption vous coupe la route. Ces jours-là, le plus grand risque est souvent de rester bloqué dans les embouteillages provoqués par l'afflux de milliers d'amateurs de sensations fortes… Les grandes attractions de cette route sinueuse qui navigue entre océan et Volcan sont bien sûr les coulées de lave. Les plus grosses éruptions du piton de la Fournaise se traduisent souvent par des coulées qui finissent au-delà de la nationale, parfois dans l'océan. À chaque fois, vous remarquerez que le tracé de la route a changé, reconstruite le plus rapidement possible dès que le graton a refroidi. Certains écoulements de lave se déversent hors enclos, comme celui de 1986 qui a agrandi la Réunion de près de 30 ha. Une sorte de polder naturel en somme ! La traînée de roche en fusion se scinda en deux bras distincts, l'un se frayant un chemin jusqu'à Takamaka, cf. Randonner sur une coulée de lave (p.234) et l'autre jusqu'à Citrons-Galets, quelques kilomètres plus à l'est. Juste avant d'observer ce phénomène en partie recouvert de végétation, vous pouvez vous arrêter au Puits arabe, site qui constitue le départ d'un superbe parcours pédestre rejoignant les laves de 1986 au niveau de la pointe de la Table. Peu après, vous observez une coulée qui s'est arrêtée comme par magie au-dessus de la route. C'est celle de juillet 2001. Bref répit pour les hommes chargés de l'équipement puisque, à côté, la coulée de novembre-décembre 2002 a atteint l'océan, soulevant d'immenses nuages de vapeur après avoir coupé la nationale. Vous pouvez continuer votre parcours jusqu'aux coulées de mars-septembre 1998. Issues du piton Kapor, elles ont rougeoyé sur les flancs du Volcan durant près de six mois. Du jamais vu de mémoire d'homme ! Elles n'atteignirent néanmoins jamais la RN2. Un peu plus loin, la coulée de janvier 2002 fut plus inquiétante. Large et impressionnante, elle faillit déborder de l'enclos, si bien que sept cents habitants de Bois-Blanc furent évacués à titre préventif. Gagnant 80m sur l'océan, cette avancée de lave a bien failli faire une victime : la fameuse Vierge au parasol. En effet, celle-ci dut être déplacée à la hâte afin de ne pas

Plonger dans les entrailles du volcan

Volcano Run-Randonnée Roby Soriano Il serait dommage de manquer la randonnée insolite que propose Roby Soriano, un baroudeur au grand cœur qui a adopté la Réunion et en explore tous les recoins, sur terre, dans les airs et dans ses profondeurs. La balade intitulée “20 000 lieues sous les laves”, absolument féerique, vous conduit ici le long des tunnels que creuse le fleuve de lave. Après une dizaine de minutes de marche sur le “graton”, c'est une surprenante sensation de fraîcheur qui accueille le visiteur dans la première galerie. La végétation qui doucement reprend vie à l'air libre y plonge ses longues racines perlées d'eau. Sous le faisceau des lampes torches apparaît un monde figé au reflet de moire. Stalactites comme faites de chocolat fondu, longues banquettes nervurées de basalte, sculptées en colonnes effondrées, roches cordées et plantes statufiées se succèdent passant de vastes salles à des passages plus étroits. Sans doute grâce au guide très à l'écoute du tout petit groupe, l'exploration n'est jamais oppressante. Inutile de rappeler ici que cette expédition ne peut se faire qu'accompagné, les risques de s'égarer étant réels.
Uniquement sur réservation. Tarif 50€. Cf. Hôtel les Aloès (p.314)
Tél. 02 62 31 81 00 ou 06 92 16 20 90
www.hotel-aloes.com

être engloutie par le graton dévastateur, les fidèles ayant jugé à juste titre que son parasol ne lui serait pas d'une grande protection. Elle attend auprès de l'église de Sainte-Rose une accalmie prolongée de la Fournaise pour retrouver sa place sur la croûte noire du volcan ; datant des années 1950, elle avait déjà été victime du Volcan en 1961, puis reconstruite (un pèlerinage lui rend hommage tous les 15 août). Et le phénomène se poursuit : le 22 août 2004, la RN2 fut coupée par une nouvelle coulée à trois endroits différents, sans pour autant causer de dégâts majeurs : en février 2005, mais surtout en avril 2007, les coulées atteignirent l'océan tout en coupant, à nouveau, la RN2. *Pour vous tenir informé des éruptions et coulées de lave, consultez le site : http://volcan.reunion.fr*

● Où trouver une des meilleures vanilles du monde ?

☺ **L'Escale bleue** Une halte s'impose à l'Escale bleue, où Aimé Leichnig exploite en sous-bois une plantation de vanilliers dans le plus grand respect des traditions et de la nature. D'une voix douce il explique posément le travail de pollinisation confié aux doigts menus des femmes, la cueillette et les différentes phases de séchage. Dans l'atelier à l'air saturé d'arôme, on écoute et on déguste une sélection d'excellents rhums arrangés. *7, RN2 Le Tremblet (à env. 10km au nord de Saint-Philippe par la RN2, maison blanche et bleue sur la gauche en venant de Saint-Philippe) Tél. 02 62 37 03 99 Ouvert lun.-ven. 9h30-17h30 Tarif visite découverte 3,50€*

● Randonner sur une coulée de lave

Nez coupé du Tremblet-coulée de Takamaka Le parcours Nez coupé du Tremblet (1 913m)-coulée de Takamaka constitue un programme exceptionnel, avec la traversée de la forêt basse de bois de couleurs et la découverte d'une partie de la coulée de 1986. Vous empruntez le sentier du Tremblet en pénétrant rapidement dans la forêt de bois de couleurs des Bas, constituée notamment de surprenants change-écorce et de bois de natte. Vous continuez votre chemin en longeant la ravine Pont-Rouge. Il vous faudra environ 2h30 de marche pour sortir de la forêt et atteindre un terrain dégagé. Remarquez les fameux palmistes rouges et leurs feuilles en forme de plume légère. La pente devient plus raide. L'absence de végétation fournie permet d'avoir un beau point de vue sur l'océan qui s'étend à l'arrière jusqu'à l'horizon. Après 1h supplémentaire de marche ardue, vous rejoignez l'abri du Tremblet (1 227m d'altitude). Les plus sportifs peuvent continuer tout droit en direction du Nez coupé du Tremblet, distant d'environ 2h30 (soit 4h aller-retour). Pour fouler la coulée de Takamaka, prenez le sentier qui part sur la gauche. Attention, le sol spongieux constitué de mousses fragilise les appuis. En 45min de descente, vous atteignez le cratère de Takamaka d'où une partie de la lave a jailli en mars 1986. S'il pleut, vous pouvez vous protéger sous un abri. Là, le sentier est caractéristique des coulées, encore recouvert de scories et de gratons instables. Vous randonnez durant 2h30 sur ce terrain difficile avant d'atteindre la RN2. Empruntez-la sur votre gauche afin de récupérer votre voiture 3km plus haut. ***Accès** Parking situé entre le hameau du Tremblet et la pointe du même nom, la variante du GR© R2 commence en face (sur la gauche de la RN2) **Durée** 7h30 **Parcours** Boucle de 15km **Dénivelé** 1 100m **Difficulté** Très Difficile*

CARNET D'ADRESSES

Restauration, hébergement

petits prix

La Mer cassée On s'y arrête une première fois, séduit par le nom et la végétation foisonnante de cette oasis, si rafraîchissante après une escapade au pied du volcan. On y retourne parce qu'on se souvient du déjeuner rassasiant (10-12€ env.) – servi à l'ombre des filaos et à quelques mètres de la mer grondeuse –, ainsi que de l'excellent rhum arrangé, des gousses de vanille fraîches et dodues qui attendent de macérer dans le rhum Charrette. *101, RN2 Mare-Longue* ***Saint-Philippe*** *Tél. 02 62 46 56 18 Ouvert ven.-mer. 9h-16h*

prix moyens

Le Pinpin Un restaurant modeste très réussi aux murs en bardeaux et à la terrasse en bois. Celle-ci donne sur un surprenant jardin exotique, planté de fougères et de bananiers. Un endroit protégé où il fait bon goûter les spécialités régionales et les produits du terroir proposés à la carte : chou vacoa boucané (12€), chou vacoa crevettes (16€ sur réservation) ou crevettes sautées palmistes (17€). Après le déjeuner, une balade digestive au cap Méchant, tout proche, offre une heureuse conclusion à cette étape agréable. *11, rue de l'École Basse-Vallée* ***Saint-Philippe*** *Tél. 02 62 37 04 19 Ouvert jeu.-mar. 12h-14h30 (le soir uniquement sur résevation)*

L'Étoile de mer Donnant directement sur l'océan au cap Méchant, la vaste salle, sorte de terrasse couverte, exhale le feu de bois utilisé pour la cuisine. Des mets dans la grande tradition créole, donc : chou vacoa boucané (15€), cari d'espadon (15€) ou cari de poisson rouge (25€). Pour les bourses plus modestes, des plats chinois comme le poulet à l'ananas (10€) figurent à la carte. *13, rue de l'École Basse-Vallée* ***Saint-Philippe*** *Tél. 02 62 37 04 60 Ouvert tlj. 11h-14h30 et 18h-21h (réservation obligatoire le soir)*

Le Jardin des délices Vous êtes ici chez la fille de Mme Guimard, propriétaire d'une table d'hôtes (cf. ci-après). Elle a été à bonne école, et son snack en face de l'hôtel Le Baril a l'allure pimpante d'une maison de Barbie. Comme chez maman, les produits y sont sains et parfaitement accommodés. Sur réservation, on vous préparera un excellent cari de cardinal, macabi et doré, poissons frétillants de fraîcheur en direct de la marine de Saint-Philippe. Comptez 25€ pour un repas complet. Plats à emporter à partir de 6€. *65, RN2 Le Baril* ***Saint-Philippe*** *Tél. 06 92 30 13 42 Ouvert mar. et jeu.-sam. 11h-14h et 18h30-21h, mer. et dim. 11h-14h*

GAMME DE PRIX	RESTAURATION	HÉBERGEMENT
Très petits prix	moins de 8€	moins de 15€
Petits prix	de 8 à 15€	de 15 à 30€
Prix moyens	de 15 à 25€	de 30 à 50€
Prix élevés	de 25 à 40€	de 50 à 100€
Prix très élevés	plus de 40€	plus de 100€

Table d'hôtes-Chez Mme Guimard Au menu, volailles et légumes. Toutes les saveurs de votre assiette viennent de la *kour*, potager et basse-cour de la maison. On y goûte donc une cuisine 100% péi : canard vanille, palmiste frais, vacoa, beignets et rhums arrangés faits maison. Comptez environ 25€ pour un repas complet (vin et café compris). *4, route Forestière Mare-Longue* ***Saint-Philippe*** *(à côté du jardin des Parfums) Tél. 02 62 37 09 63 Ouvert tlj. uniquement midi (sur réservation la veille au matin)*

La Marmite du pêcheur Ce restaurant fait salle comble le dimanche pour son rituel buffet très varié et à volonté (25€/pers.). On apprécie le grand choix de desserts et surtout la spécialité du lieu, le fameux riz "pilé". Cet assortiment de caris : zourite, palmiste, poulet et poisson (35€ pour 2 pers.), servi dans une feuille de bananier, se déguste avec les doigts ! *18, RN2 Ravine Ango* ***Saint-Philippe*** *Tél. 02 62 37 01 01 ou 06 92 85 24 84 Ouvert jeu.-mar. 11h30-14h30 (réservation conseillée le dim.)*

prix élevés

Le Baril Si nous persistons à signaler cet hôtel dont le restaurant était naguère fort réputé, c'est pour la situation exceptionnelle des chambres (ventilées ou climatisées) du front de mer taillées dans la pierre volcanique (de 55 à 60€ avec vue sur la mer, petit déjeuner 7€). Quelques mètres à peine les séparent des vagues écumeuses qui assaillent les rochers. Un Finistère tropical. Reste que l'établissement, restaurant compris, mériterait une mue radicale pour retrouver son charme et son étoile perdue. Wifi dans le salon commun. *62, RN2 Le Baril* ***Saint-Philippe*** *Tél. 02 62 37 01 04 www.lebaril-reunion.com*

Le Pinpin d'amour Si la grande salle à manger fait plutôt dans le rustique, les 6 chambres d'hôtes (double 60€ petit déj. inclus) sont d'une élégante sobriété, avec mobilier verni et couleurs pastel. En posant le sac de voyage, on s'y sentirait tout de suite à l'aise, si l'accueil n'était un brin distant au début. Pour 29€, on découvre les spécialités culinaires de la région, dont le pinpin, fruit du vacoa. En plus, la vue sur les pentes recouvertes de cannes à sucre qui s'étalent jusqu'à l'océan est magnifique. *56A, chemin Paul-Hoareau Le Baril* ***Saint-Philippe*** *(en venant de Saint-Joseph à l'entrée du Baril à gauche, monter durant 5min) Tél. 02 62 37 14 86 ou 06 92 67 91 37 www.pinpindamour.com*

SAINTE-ROSE

97439

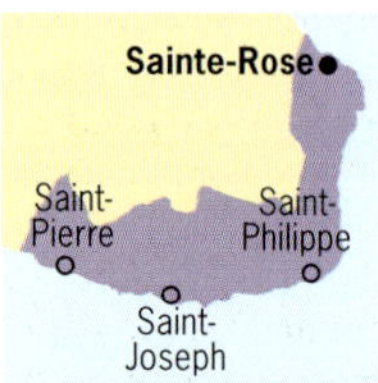

Cette paisible bourgade marque le terminus d'un voyage dans le Sud sauvage. Le centre se résume à quelques bâtiments récents parmi lesquels se distinguent de belles cases créoles traditionnelles. Tournée vers la mer, Sainte-Rose est adossée au flanc oriental du Volcan, en marge du delta formé par la capricieuse rivière de l'Est. De son passé calme et longtemps en retrait de l'agitation de l'île, la ville a gardé une atmosphère nonchalante, vivant de la pêche (poisson rouge notamment) et de l'agriculture (vanille, palmiste, canne à sucre...).

Mais il arrive parfois que cette quiétude soit troublée par un événement exceptionnel, comme ce fut le cas en 1977, lorsque la matière en fusion surgit à quelques kilomètres plus au sud : Notre-Dame-des-Laves est là pour en témoigner, encerclée alors par une surprenante avancée magmatique. C'est aujourd'hui l'église la plus renommée de l'île…

MODE D'EMPLOI

accès

EN VOITURE

Sainte-Rose se trouve à 31 km au nord de Saint-Philippe par la RN2. et à 18km au sud de Saint-Benoît.

EN CAR

Cars jaunes On s'y rend par la ligne I qui fait la liaison entre Saint-Pierre (3 cars/j.) et Saint-Benoît (de 3 à 5 cars/j.). *Tél. 0810 123 974 www.cg974.fr*
Réseau Estival Deux lignes desservent les environs de Sainte-Rose : n°48 (Pont suspendu, Cages-aux-Lions) et n°49 (Bois-Blanc, Saint-Benoît). *Tél. 02 62 94 70 00 www.cirest.fr*

informations pratiques

Vous ne trouverez pas d'office de tourisme à Sainte-Rose. Les informations concernant les loisirs et l'hébergement sont fournies par l'OTI-Est, dont l'antenne la plus proche se trouve à Sainte-Anne (*Tél. 02 62 47 05 09*), cf. p.246.

DÉCOUVRIR

☆ Les essentiels Le pont suspendu, l'église Notre-Dame-des-Laves **Découvrir autrement** Organisez un pique-nique à l'anse des Cascades, baladez-vous sur le sentier du Gros-Piton, assistez au retour des pêcheurs à Piton Sainte-Rose

Sainte-Rose

☆ **Pont suspendu** Ce bel ouvrage de 1884 a permis le désenclavement de la ville en assurant le franchissement de la rivière de l'Est, très large à cet endroit. Ses deux immenses portants de pierre sont séparés par une passerelle de 106m qui enjambe la ravine où les crues sont dévastatrices. Il a servi au passage des voitures jusqu'en 1979, avant que le département ne décide de la construction d'un pont moderne à portée unique. Aujourd'hui, réservé aux seuls piétons, le pont suspendu permet d'avoir un beau point de vue sur l'océan à l'est et sur le canyon creusé par la rivière dans les flancs du Volcan, à l'ouest. *À droite de la RN2, 4km après la sortie nord de Sainte-Rose*

Marine-Monument Corbett Ce modeste port fut le théâtre de la bataille qui opposa Français et Anglais en 1810. Des canons pointés vers le large, tout comme le monument Corbett, élevé en l'honneur du capitaine britannique qui livra combat et fut tué par les hommes du capitaine français Bouvet, commémorent l'événement. Le lieu est calme, quoiqu'un peu

GEOPLUS

La route du Volcan en deux jours

Le Sud sauvage et puissant, comme la vanille qui s'entortille ici aux bois de couleurs, annonce les champs de lave qu'expulse le volcan de la Fournaise.

1er jour

MATINÉE

9h **Saint-Pierre** (p.206) De la pagode chinoise aux entrepôts de la Compagnie des Indes, des villas coloniales aux cases du quartier de Terre-Sainte, la "capitale du sud" recèle des trésors architecturaux. Si vous avez le temps profitez d'une des **visites guidées** organisées par l'OT (p.207). Sinon, allez piquer une tête dans l'océan ou respirer les effluves de rhum à la **distillerie Isautier** (p.214).
Déjeuner **au Marin Bleu** (p.216) Au menu, d'excellents poissons servis face au rivage où quelques enfants barbotent entre les barques de pêche.

APRÈS-MIDI

14h **La plaine des Cafres** (p.268) En 40km, on découvre à 1 600m un plateau montagneux champêtre et une plaisante douceur de vivre.
15h Sur la D36, faites un arrêt à **Notre-Dame-de-la-Paix** (p.270) : suivez le sentier botanique qui vous mènera au cœur d'une forêt de bois de couleurs des Hauts. Les marcheurs les plus endurants fileront sur Bois-Court (D70) pour s'attaquer à la randonnée (difficulté moyenne) qui les mènera à l'îlet de **Grand-Bassin**, où ils ne résisteront pas à une rafraîchissante baignade dans les eaux cristallines de la cascade (p.270).

SOIRÉE

Dîner et nuit **Le Vieux Bardeau** (p.272) Dans un environnement paisible et fleuri, on se régale (sur réservation) d'une délicieuse cuisine au feu de bois.

2e jour

MATINÉE

8h À l'assaut du volcan ! Commencez la journée par la **randonnée** (facile) et pique-niquez au **Piton de l'Eau** (p.280). Après quelques efforts, on jouit d'un splendide spectacle sur le seul lac volcanique de la Réunion.

"20 000 LIEUES SOUS LA LAVE" Cf. Plonger dans les entrailles du volcan (p.233) Cette randonnée souterraine vous conduira au cœur des étranges galeries que creusent les ruisseaux de lave : stalactites comme de chocolat fondu, longues banquettes nervurées de basalte... un spectacle insolite et captivant ! Attention, il faut réserver à l'avance, cette visite n'est possible que sur demande.

CONSEIL Prévoyez des vêtements chauds et des chaussures de marche pour votre séjour dans les Hauts mais aussi de quoi vous protéger du soleil.

13h30 La Maison du Volcan (p.269) Incontournable et passionnant : pour comprendre l'histoire géologique de l'île et plus particulièrement celle du "chaudron du Diable".

APRÈS-MIDI

15h Cap au sud Reprenez la RN3 en direction de Petite-Île. Là, laissez-vous tenter par une **baignade** dans la piscine d'eau de mer de **Manapany-les-Bains** (p.220) ou ralliez **Saint-Philippe**, pour une étape à l'**Escale bleue** (p.234) : au terme d'une visite captivante, on y achètera l'une des meilleures vanilles de la Réunion.
16h30 Le Grand Brûlé (p.232) De Saint-Philippe à Sainte-Rose, la route côtière sinue au pied du volcan. Le contraste est saisissant entre le paysage de désolation dans les parages des coulées récentes et la dense forêt primaire qui reprend racine sur le sol carbonisé.
18h Notre-Dame-des-Laves (p.240) Miracle ou bienheureux hasard, l'éruption de 1977 l'encercla sans la détruire. À ses côtés, la Vierge au parasol, est elle aussi, une "multi-"rescapée de la Fournaise. Le charme de l'une et de l'autre mérite une halte.

SOIRÉE

Dîner et nuit Matilona (p.242) Après un plongeon réparateur dans la piscine, on partage un dîner qui réunit, dans une convivialité sincère, hôtes et invités sous le kiosque.

dénaturé par l'usine hydroélectrique. Un snack permet de se désaltérer en regardant l'horizon. *Du centre-ville, descendre vers la côte en direction du monument (fléchage)*

● Où trouver l'introuvable ?

Bazar d'antan "Vrai bazar de nos ancêtres", le Bazar d'antan réveillera le chineur qui sommeille en chacun. Dans cette caverne d'Ali Baba, installée au bord de la route, où on trouve pêle-mêle des sacs de tous styles, des chaussures, des niches à chien et cages à oiseaux, des photos de pin-up des années 1960, des machettes, des bouteilles de gaz, des chats endormis, des nattes... Si vous parvenez à vous faufiler entre ce qui pend du plafond et ce qui jonche le sol, vous trouverez à n'en pas douter l'introuvable ! *RN2 (en sortant du bourg dir. Sainte-Anne) Ouvert tlj. 7h-12h et 14h-18h*

Piton Sainte-Rose

☆ **Église Notre-Dame-des-Laves** L'église la plus célèbre de la Réunion. Le 5 avril 1977, une coulée exceptionnelle déborde de l'extrémité orientale de l'enclos. Graton et lave fluide dévalent les pentes depuis le Dolomieu. Les autorités décident d'évacuer Piton-Sainte-Rose. Le 11, les laves sont en vue du village. Celles-ci avancent inexorablement, atteignent la route et… encerclent l'édifice religieux. Une langue de magma s'introduit même à l'intérieur de l'église. Mais le monument reste debout, comme sauvé par un miracle divin. Aujourd'hui, l'église aux tons pastel roses et bleus semble construite à même la roche refroidie. On peut voir quelques photos de cet événement à l'intérieur de Notre-Dame-des-Laves, ainsi qu'un récit chronologique de l'éruption. Au fond de la salle, un tronc d'arbre sauvé des flammes sert de mémorial à cette colère du Volcan (quelques maisons furent tout de même emportées !). *RN2 Piton Sainte-Rose*

● Pique-niquer dans un petit coin de paradis

☺ **Anse des Cascades** Ce site propice à la détente, offre un cadre superbe : de hauts et fiers palmiers vous accueillent en bordure de cette crique enchâssée dans les falaises de basalte. La végétation s'accroche tant bien que mal à ces à-pics fendus par plusieurs cascades, très fournies durant la saison humide. Le flot d'eau douce déversé forme ainsi un écho aux vagues océaniques qui se brisent sur les énormes galets noirs. Au centre, un plan incliné en béton permet aux barques multicolores de mouiller afin de ramener la pêche du jour. Les plus chanceux verront les pêcheurs débarquer leurs prises au moment du déjeuner. Comme souvent à la Réunion, l'endroit est truffé d'aménagements pour le pique-nique. *Piton Sainte-Rose (3km au sud de Piton Sainte-Rose – fléchage)*

● Partir pour une balade panoramique

Sentier du Gros-Piton Afin d'admirer l'anse des Cascades depuis le sommet du piton, vous grimpez rapidement la côte un peu raide du sentier du Gros-Piton. La pente s'adoucit bientôt et s'enroule en coquille d'escargot jusqu'au sommet (179m d'altitude). Avant de l'atteindre, vous traversez une forêt constituée notamment de bois de pommes d'Ako, reconnaissables à leurs fruits jaunes. Après avoir passé un superbe point de vue sur l'anse et ses cascades, vous continuez le chemin de petite rocaille pour atteindre le but de la balade. Vous découvrirez un magnifique panorama sur l'océan Indien, d'un côté, et sur les grandes pentes du Volcan, de l'autre. La descente s'effectue par le même itinéraire. **Accès** *Sur la route empruntée depuis la RN2 pour descendre à l'anse des Cascades, s'arrêter à l'avant-dernier virage. Un chemin part sur la droite* **Durée** *1h* **Parcours** *AR* **Dénivelé** *140m* **Difficulté** *Facile*

CARNET D'ADRESSES

Restauration, hébergement

prix moyens

Auberge de campagne Le Joyau des laves Perchée en surplomb de la nationale, cette grande villa moderne abrite 4 chambres aux noms évoquant la Fournaise : "Aventurine" (43€), "Malachite" et "Émeraude" (53€), ainsi que "Volcane" (70€), suite élégante en chêne avec un très beau panorama sur l'océan. Sa table est également renommée pour ses spécialités respectant le terroir régional. Les plats au babafigue, au palmiste et au chou vacoa issus de l'exploitation agricole du propriétaire composent ainsi l'essentiel des six menus, entre 20€ (menu découverte) et 45€ (menu festif). À titre d'exemple, nous nous sommes régalés d'un savoureux et simple porc aux palmistes sur l'agréable terrasse donnant sur la côte. Nous avons également été charmés par le service. *474ter, RN2* ***Piton Sainte-Rose*** *(500m avant l'anse des Cascades à gauche) Tél. 02 62 47 34 00 www.joyaudeslaves.com Ouvert basse saison : ven.-mar. 11h45-14h15 ; haute saison : tlj. 11h45-14h15 ; soir 19h sur rés.*

Ferme-auberge La Cayenne Trois bonnes raisons de séjourner dans cette auberge sise au cœur d'un beau jardin et réputée pour sa cuisine régionale (20-25€ sur réservation). En premier lieu, il y a les deux chambres doubles (45€). Élégantes, avec lambris et plafond à la créole, elles ouvrent par une grande baie vitrée sur l'océan. On y entend le ressac des vagues et le souffle des alizés. Ensuite, la longue terrasse couverte en surplomb du rivage, où l'on prend son petit déjeuner "à la fraîche" (5€). Enfin vous bénéficiez d'un accueil qui est aussi doux que la côte, en contrebas de la maison, est sauvage... Attention, nous vous conseillons de réserver absolument les deux chambres doubles donnant sur la mer, les autres sont sombres, sans vue, et partagent les mêmes WC... et ce pour le même prix. *317, RN2 Ravine-Glissante* ***Sainte-Rose*** *Tél. 02 62 47 23 46 www.ferme-auberge-lacayenne.fr*

GAMME DE PRIX	RESTAURATION	HÉBERGEMENT
Très petits prix	moins de 8€	moins de 15€
Petits prix	de 8 à 15€	de 15 à 30€
Prix moyens	de 15 à 25€	de 30 à 50€
Prix élevés	de 25 à 40€	de 50 à 100€
Prix très élevés	plus de 40€	plus de 100€

L'Anse des Cascades Ce restaurant à l'esprit marin, avec ses tons bleus et son mobilier de bois, bénéficie du superbe environnement de l'anse des Cascades. On goûte un cari baba-figue (11€), un cari zourite (14€), un espadon combava (12,50€) ou des crevettes sautées aux palmistes (20€). Une adresse qu'on conseillerait sans hésiter si l'accueil n'était pas, certains jours, aussi indifférent. Accès personnes à mobilité réduite. *6, chemin de l'Anse-des-Cascades* ***Piton Sainte-Rose*** *Tél. 02 62 47 20 42 Ouvert sam.-jeu. uniquement midi*

Chambres et table d'hôtes La Roseraye Bien qu'en bordure de route, cette maison créole du XIXe siècle enfouie dans un parc magnifique demeure calme et propice à la détente. Il faut dire que les deux chambres "Tamarin" et "Baldaquin" (50€ petit déj. inclus), ainsi que la suite "Liane aurore" (100€/4 pers.), ont été étudiées pour qu'on s'y sente bien, avec salle de bain privée et patio pour la dernière. Quant aux repas (20€, 25€ pour les non-résidents), qui privilégient les produits de la mer, ils incitent à flâner sous la varangue après avoir dégusté d'excellentes glaces maison. *206, RN2* ***Sainte-Rose*** *Tél. 02 62 47 21 33 ou 06 92 67 97 44 christian.adv@wanadoo.fr*

prix élevés

☺ **Matilona** Qu'avons-nous le plus apprécié ? L'esprit maison et le sourire chaleureux ? La décoration du salon, son billard et sa bibliothèque fournie et éclectique, l'ordinateur à disposition ? Le kiosque aux belles colonnes indiennes où l'on partage le petit déjeuner ? Le dîner à la bonne franquette ? Ou encore la piscine ? Mais faut-il vraiment choisir ? Double 58€ (petit déj. inclus), studio pour deux 295€/sem., grande suite familiale 83€/3 pers., ou 128€/6pers. Table d'hôtes sur réservation (30€, vin et apéritif compris). *84, chemin du Petit-Brûlé* ***Sainte-Rose*** *(devant l'église prendre la route à gauche en surplomb de la nationale) Tél. 06 92 85 86 86 monsite.orange.fr/matilona*

Hôtel-restaurant La Fournaise L'accueil sympathique, la vingtaine de chambres climatisées et méticuleusement tenues, la vaste piscine et les prix très honnêtes de cet établissement font oublier sa décoration tristounette et sa situation au bord de la route – bien peu passante la nuit, reconnaissons-le. Double de 65 à 85€ (selon la saison), petit déjeuner 10€. *154, RN2* ***Sainte-Rose*** *Tél. 02 62 47 03 40 www.hotellafournaise.fr*

GEOREGION

V

LA CÔTE EST "AU VENT"

Saint-Denis et ses environs
SAINTE-SUZANNE
Quartier français
Sucrerie de Bois-Rouge
D63
N2
Cambuston
D46
Petit-Bazar
D47
Saint-André
Le Colosse
Bras-des-Chevrettes
D46
Le Champ-Borne
D47
RIVIÈRE DU MÂT
D48
Ravine-Creuse
N2
D48
D47
RIVIÈRE DU MÂT
Rivière-du-Mât-les-Bas
POINTE DE LA RIVIÈRE DU MÂT
Bras-Panon
Coopérative de vanille
La Rivière-des-Roches
RIVIÈRE DES ROCHES
BASSIN DE LA PAIX
Beauvallon
RIVIÈRE DES ROCHES
BASSIN DE LA MER
N2
La Marine
D53
Bethléem
CHEMIN DE GRAND FONDS
TAKAMAKA
RIVIÈRE DES MARSOUINS
D54
Saint-Benoît
D53
OCÉAN INDIEN
LAC DE BARRAGE VOLCANIQUE DE GRAND-ÉTANG
CASCADE DU BRAS D'ANNETTE
La Confiance
N3
Chemin-de-Ceinture
RAVINE SÈCHE
N2
Pont-Payet
N3
LA PLAINE-DES-PALMISTES
Sainte-Anne
N
2 km
PLAINE DES PALMISTES
Saint-Denis
Saint-Benoît
Saint-Leu
Saint-Pierre
N2
La Rivière-de-l'Est
Pont suspendu
RIVIÈRE DE L'EST
LA RIVIÈRE-DE-L'EST-LES-HAUTS
SAINTE-ROSE
Monument Corbett

SAINT-BENOÎT

97470

Capitale de la côte "au vent", Saint-Benoît est la dernière ville d'importance avant le Sud sauvage, et un carrefour pour accéder aux Hautes Plaines et au Volcan par le versant est. Le centre, incendié dans les années 1950, présente peu d'attraits avec ses habitations bétonnées. En revanche, ses alentours sont propices à de superbes excursions. Vous aurez ainsi le choix entre une montée à Takamaka, qui a la réputation d'être le site le plus humide de l'île, une balade au lac volcanique de Grand-Étang ou une pause sous les letchis de Bethléem. Le littoral, malgré les dangers de la baignade en raison des courants violents, offre également une alternative heureuse à ces escapades sur les hauteurs de la ville. L'occasion, par exemple, d'observer quelques pêcheurs de bichiques, petits alevins qui s'approchent de l'embouchure des cours d'eau aux changements de lune et, plus au sud, de découvrir Sainte-Anne, village qui a conservé son charme créole d'antan, avec ses cases colorées et sa tranquillité toute réunionnaise.

MODE D'EMPLOI

accès

EN VOITURE

Par la RN2, Saint-Benoît se trouve à 18km de Sainte-Rose en passant par Sainte-Anne (5km). Vous pouvez aussi rejoindre Saint-Benoît depuis Sainte-Anne par les Hauts, en tournant à gauche à l'entrée du village, puis en prenant la direction Chemin-de-Ceinture pour rejoindre la RN3 (15km environ, soit 30min). Saint-Benoît se trouve également, par la RN2, à 42km de Saint-Denis.

EN CAR

Cars jaunes Les lignes I (Saint-Benoît/Saint-Pierre par le sud), H (Saint-Benoît/Saint-Pierre par les Plaines), F, G et Z2 (Saint-Benoît/Saint-Denis) ont leur terminus à la gare routière de la ville. Vous pouvez également y trouver un car pour vous rendre dans les Hauts. *Tél. 0810 123 974 www.cg974.fr*

Tableau kilométrique

	St-Benoît	Bras-Panon	Plaine-des-Palmistes	St-André	Ste-Anne	Ste-Rose
Bras-Panon	8					
Plaine-des-Palmistes	20	28				
St-André	16	4	34			
Ste-Anne	5	13	25	21		
Ste-Rose	17	25	39	31	12	
Ste-Suzanne	22	13	43	9	27	5

Réseau Estival Une douzaine de lignes (n° 11-21, 49, 65) sillonnent Saint-Benoît et ses environs. *Tél. 02 62 94 70 00 www.cirest.fr*
Gare routière *Av. François-Mitterrand Tél. 02 62 50 10 69*

informations touristiques

Vous ne trouverez pas d'office de tourisme à Saint-Benoît. Les informations concernant les loisirs et l'hébergement sont fournies par l'OTI-Est, dont l'antenne la plus proche se trouve à Sainte-Anne.
Office de tourisme de Sainte-Anne Dans l'ancien atelier du chantier de l'église. *Pl. de l'Église Sainte-Anne Tél. 02 62 47 05 09 http://est.reunion.fr Ouvert lun.-sam. 9h-12h et 13h-17h30*

marché, fêtes et manifestations

Marché *Rue du Stade-de-l'Îlet Ouvert sam. 6h-12h*
Fête du Pongal Rassemble les communautés hindoues autour de défilés et de marches sur le feu. *Fin janv.*
Énergie nature Permet de découvrir l'ensemble des activités de plein air proposées dans la commune. *Nov. ou déc.*

DÉCOUVRIR
Saint-Benoît et ses environs

☆ **Les essentiels** Sainte-Anne **Découvrir autrement** Visitez une rhumerie, admirez la vue vertigineuse du haut de Takamaka, inscrivez-vous pour une demi-journée de rafting, marchez jusqu'au lac de Grand-Étang

Le bourg

Temples tamouls Hormis l'église blanche cernée de basalte noir, son campanile tronqué et la fresque de l'abside, ce sont les temples tamouls qui constituent l'attrait touristique de Saint-Benoît. Pas de visite organisée dans les deux sanctuaires. Vous devrez donc vous en remettre aux fidèles pour y pénétrer ou vous renseigner auprès de l'association Siva Soupramanien sur les dates des fêtes qui s'y déroulent très régulièrement. **Temple de la Marine** *Rue de la Marine* **Temple de Beaufonds** *ZI de Beaufonds (près de l'usine désaffectée, rond point sud de la ville)* **Association Siva Soupramanien** *8, rue de la Marine Tél. 02 62 50 72 52*

● En savoir plus sur la distillation, déguster un rhum

Distillerie Rivière du mât Entre cuves géantes et alambics hautement automatisés, la visite de la distillerie Rivière du mât dure environ 1h. On assure ses connaissances en visionnant un film sur le processus qui transforme la mélasse en breuvage ambré, avant une pause dégustation à la boutique. *Chemin Manioc ZI de Beaufonds (au rond-point des Plaines, prendre la direction Sainte-Anne ; après 2km, tourner à gauche) Tél. 02 62 50 27 32 ou 06 92 67 46 41 www.rdm.gqf.com Ouvert mars- déc. Visites sur réservation mar.-sam. 9h, 10h30, 14h et 15h30 Tarif 5€, réduit 3€*

Les environs de Saint-Benoît

Takamaka À elle seule, la route qui y mène est un voyage : 15km (30min en voiture), d'abord au milieu des champs de canne sur une voie très étroite, puis à travers une magnifique et luxuriante forêt. Vous longez la **rivière des Marsouins** et prenez de l'altitude pour vous retrouver dans une impasse au niveau de la station EDF. Une superbe cascade apparaît sur le rempart d'en face, déversant ses mètres cubes dans le canyon profondément encaissé. Vous êtes au-dessus du **"quatrième cirque"**, celui des Marsouins, comblé depuis par des coulées de lave millénaires. Le spectacle vaut le déplacement car la perspective est vertigineuse. Méfiez-vous cependant, le niveau d'hygrométrie est parmi les plus élevés de l'île, ce qui rend le terrain extrêmement boueux.

☆ **Sainte-Anne** Un des derniers villages créoles "authentiques", avec ses modestes cases en bois et son atmosphère nonchalante. Il règne ici une ambiance paisible, qu'on aime ressentir en longeant les petites *kours* ou en flânant sur la place de l'**église**. Celle-ci offre une façade tout à fait exceptionnelle. Plutôt banale d'abord, elle fut remaniée sous l'impulsion du père Daubenberger, originaire d'Alsace. De 1921 à 1946, ce dernier la transforme en une monumentale église baroque, foisonnant de sculptures et de motifs. L'intérieur, en revanche, malgré un classement aux Monuments historiques, est décevant. Pour la petite histoire, François Truffaut l'a choisie comme décor d'une scène de son film *La Sirène du Mississippi* (1969). À pied, par la route de Saint-Benoît, on peut ensuite rejoindre en haut d'un escalier la **grotte de Lourdes**, qui fait face à l'océan. En 1862, alors qu'un raz-de-marée déferle sur la côte, les habitants trouvent refuge dans la grotte qui accueille aujourd'hui la chapelle. Tous survivront à la vague monumentale. Depuis, de nombreux pèlerins viennent y déposer cierges et offrandes. *Par la RN2, à 5km au sud de Saint-Benoît*

● Se baigner en eau douce

Bassin Bleu Situé à Sainte-Anne, le bassin Bleu est une belle retenue d'eau douce. Une résurgence a formé cette étendue au milieu des roches et de la végétation, à quelques centaines de mètres de l'église. Il est très facile d'accès... et par conséquent très fréquenté ! *De l'église de Sainte-Anne, prendre la direction de Sainte-Rose puis tourner à gauche à la station-service*

● Randonner à cheval

Ferme équestre du Grand-Étang De Grand-Étang au bassin Bleu, de la montagne à la mer, pour quelques heures ou sur plusieurs jours avec bivouac, les randonnées que propose Ricco Nourry, un homme sage, sont toujours adaptées à vos capacités de cavalier et à la saison. Car il s'agit avant tout de découvrir autrement les paysages, les abords du volcan quand les arômes sauvages éclosent, les plantations de vanille lorsqu'elles sont en fleur... Par niveau et en petits groupes (à partir de 2 pers.), comptez 45€ la demi-journée. Baptême poney pour les plus petits de 5 à 10€, cours d'équitation en pleine nature 20€/h. *RN3 Pont-Payet (env. 10km au sud-ouest de Saint-Benoît par la RN3) Tél. 02 62 50 90 03 ou 02 62 50 98 35 ou 06 92 86 88 25 Ouvert tlj. 8h-16h*

● Affronter les rapides

Oasis Eaux Vives Îlet Coco... Le lieu-dit porte merveilleusement bien son nom. Au milieu des letchis qui ont fait la renommée de la contrée, un micro village de quelques cabanes et chemins de terre où s'activent les poules en liberté. Au frais, accompagnés du chant des oiseaux, on s'équipe sous le carbet d'Oasis Eaux vives, base nautique les pieds dans l'eau de la rivière des Marsouins : casques et combinaisons (en hiver la rivière est à 15°). Hervé et ses moniteurs, tous brevetés, vous attendent pour explorer cascades vives et bassins tranquilles à l'unique condition : savoir nager. On choisit le confort et la grande sécurité du rafting (dès 6 ans), ou les sensations du kayak jump (à partir de 14 ans) et de la randonnée aquatique (11 ans minimum). Formule découverte du rafting 1h30 à 35€/pers. (moins de 12 ans, 30€), formule classique 2h à 40€ (moins de 12 ans, 30€), formule aventure de 1h30 à 2h30 à 45€ (moins de 12 ans, 40€), randonnée aquatique de 2h30 à 50€ ; kayak jump 1h30 à 2h30 : 50€. *115, chemin de la Muscadière Îlet Coco (au rond-point nord de Saint-Benoît, prendre dir. Bras-Canot : fléchage rafting) Tél. 06 92 00 16 23 www.oasisev.com*

● Randonner le long de la rivière des Marsouins

☺ **Bethléem** Goûter des letchis en saison, découvrir un îlet désert ou vous baigner dans la rivière des Marsouins. Et pourquoi pas les trois à la fois ? Pour cela, empruntez directement depuis l'aire de stationnement le chemin bétonné

La Réunion vue du ciel

Dans ce décor d'à-pic et de pitons, il faut savoir prendre de la hauteur ! Laissez-vous tenter par un survol en hélicoptère, en parapente ou encore en parachute ; sillonnez les routes de montagnes ponctuées de splendides points de vue. Enfin, n'hésitez pas à réserver une chambre en altitude, avec une vue à couper le souffle.

Les plus beaux panoramas

Dans les airs

Chambres avec vue

qui descend abruptement sur la gauche. Les fougères et de belles grappes de bambous, qui craquent sous l'action du vent, vous escortent le long du sentier. En 15min, vous atteignez cet îlet abandonné. Au XVIIIe siècle, jusqu'à six cents personnes s'y étaient installées pour fuir les fréquentes attaques des forbans. Les habitants y menaient une vie à l'écart de la civilisation, rythmée par les travaux agricoles et la pêche. En 1855, l'épouse du gouverneur Hubert Delisle y fonde un ouvroir occupé par des sœurs. Une paroisse voit le jour et l'église est consacrée en 1860. Mais, peu à peu, l'îlet se désertifie. Aujourd'hui, même si le lieu de culte fonctionne toujours, le site est un peu délaissé. Il s'en dégage une atmosphère étrange de village fantôme à l'environnement bucolique, avec ces ruines envahies par les herbes folles et le parfum des letchis. C'est une destination privilégiée des habitants des environs, qui aiment s'y réunir pour barboter dans la rivière des Marsouins et cueillir les fruits abondants dès le mois de septembre. Sans oublier, naturellement, le pique-nique dominical avec marmites à cari et parfois instruments de musique. Une fois en bas, dépassez le gîte abandonné, en piètre état, et empruntez la passerelle pour atteindre la magnifique bambouseraie. En contrebas de l'église, engagez-vous sur l'un des sentiers et, après 30m, choisissez le plus beau rocher pour étendre votre serviette de bain. La rivière des Marsouins est là, à vos pieds, fraîche et sans risque pour la baignade. Sur le chemin du retour (le même qu'à l'aller), on se dit qu'on a fait là une bien belle promenade. **Accès** *Depuis la RN2 en bordure de Saint-Benoît, en remontant vers le nord, tourner à gauche (fléchage) et s'enfoncer dans les champs de canne. Vous atteignez le parking au-dessus de l'îlet de Bethléem en 10min par une route étroite* **Durée** *1h* **Parcours** *AR* **Dénivelé** *90m* **Difficulté** *Facile*

Forêt des Ravenales Une balade facile, une fois dépassé un court raidillon qu'on emprunte gaillardement sous les ombrages. Le sentier se faufile dans le sous-bois, entre ravenales (arbres du voyageur), fougères arborescentes et jamroses, jusqu'à la ravine qu'on traverse pour accéder à un talus verdoyant qui domine Saint-Benoît et l'océan. **Accès** *Chemin de Ceinture (de Saint-Benoît prendre la direction Plaine des Palmistes, au rond-point de Chemin de Ceinture prendre à droite ; parking, kiosques de pique-nique et panneau d'informations)* **Durée** *1h30* **Parcours** *Boucle* **Difficulté** *Facile*

Lac de Grand-Étang Le lac de barrage naturel de Grand-Étang est une curiosité géologique qu'il ne faut pas manquer. D'autant qu'au mois de mai, les goyaviers poussent à profusion le long du chemin. Au fond du parking, derrière une barrière, débute le sentier caillouteux. En légère montée au début, le chemin s'aplanit ensuite tandis qu'un rempart se dresse à gauche. Au bout de 15min, vous descendez vers l'étang, belle tache bleu-vert au fond d'une vallée encaissée. C'est, à 500m d'altitude, un havre de paix, à l'abri des habituels excès de la température tropicale. Vous pouvez alors continuer votre marche pour contourner le plan d'eau. Il s'est formé sur des coulées de lave du piton des Neiges, qui ont comblé le cirque

SUIVEZ LE GUIDE ! Président de l'association Guid'A Nou, Dominick Cerveaux s'est spécialisé dans la balade de Grand-Étang. Il raconte ainsi l'histoire de ce lac de barrage volcanique et de la magnifique vallée creusée en V par la rivière. Sortie d'une journée réservée aux plus de 12 ans. **Dominick Cerveaux** *Tél. 06 92 86 32 88*

GEOPLUS

De la côte est aux cirques en un jour

Verdoyante et agricole, cette région peu touristique au ciel souvent plombé offre une palette de couleurs chatoyantes qui se prête à la contemplation.

MATIN

9h **Sainte-Rose** (p.236). Du **pont suspendu**, braquez votre objectif de toutes parts ; le panorama sur l'impressionnant canyon est grandiose. Reprenez la route vers le nord en faisant une courte halte à **Sainte-Anne** (p.247), village paisible dont l'église à la façade baroque paraît incongrue au voisinage des cases modestes.

11h Au niveau de Saint-André, empruntez la route qui longe **la rivière du Mât** (D48) et rejoint facilement le **cirque de Salazie** et **Hell-Bourg** (p.292). Joyau de cette bourgade attachante, la maison Folio (p.294) mérite largement une visite tant pour le charme des lieux que pour la rencontre avec le propriétaire.

12h **Déjeuner Chez Alice** (p.296). Chouchou dans tous ses états, caris de toutes sortes, les mille facettes du savoir-faire culinaire du cirque dans la case à bardeaux ou, au calme, sous la véranda.

APRÈS-MIDI

14h **Le Voile de la mariée** (p.270). Impressionnantes à la saison des pluies, les cascades qui dévalent la paroi évoquent une mousseline transparente posée sur une tenture verte. Pour les observer et les photographier, empruntez, à l'entrée de Salazie, la route en direction de Grand-Îlet. Le panorama n'est qu'à 3km.

16h30 **Saint-André** (p.256). Sa population majoritairement malbar, est très pratiquante comme en témoignent les magnifiques **temples tamouls** et la **maison Valliamée** (p.258). Rendez-vous à la **sucrerie de Bois-Rouge** (p.258), un casque de chantier sur la tête, où vous parcourrez, de passerelle en échelle, ce lieu fabuleux de la mémoire industrielle de l'île. Le clou de cette visite : une dégustation de rhum ou de jus de canne extrafrais !

SENSATIONS FORTES ! la côte est, région d'eaux vives et de bassins paisibles, est le paradis de la baignade en eau douce et du canyoning. Sur la rivière du Mât et des Marsouins, **Oasis eaux vives** (p.248) propose des sorties d'initiation douce au rafting ou des expéditions kayak jump beaucoup plus sportives.

SOIRÉE

Dîner et nuit en chambre d'hôtes chez **M. et Mme Vitry** (p.255). Leur charmante maison créole avec piscine, est un véritable havre de paix.

des Marsouins. L'itinéraire est plat, sans aucune difficulté, hormis les flaques de boue, nombreuses en saison humide. À mi-chemin, observez de plus près la jolie cascade du Bras d'Annette. Vous pouvez également atteindre celle-ci en 20min environ, en empruntant le sentier qui part sur la droite après avoir franchi une passerelle 100m plus tôt. Il vous faudra environ 2h pour effectuer la boucle au milieu des goyaviers et au pied des remparts, celui de Takamaka se situant sur la droite. Attention toutefois : le sentier qui longe les berges de l'étang dans la seconde partie est souvent inondé. Il est alors préférable de prendre de la hauteur pour rejoindre un itinéraire plus sec. Des échelles sont installées à cet effet, parfois délicates à escalader. Sur le chemin du retour, après 5min de côte, vous pouvez bifurquer à gauche pour atteindre un très beau point de vue sur la vallée encaissée. Vous surplombez alors Grand-Étang, en essayant d'oublier les lignes à haute tension qui gâchent le paysage sur la droite. Ensuite, rebroussez chemin pour rejoindre le parking. **Accès** *Après avoir passé La Confiance puis l'intersection avec la route de Cambourg sur la RN3, tourner à droite à l'arrêt de bus "Grand-Étang" (ligne H des Cars Jaunes), au niveau du lieu-dit Pont-Payet. Vous empruntez alors une étroite route agricole qui requiert de l'attention jusqu'au parking que vous atteignez en 10min* **Durée** *3h* **Parcours** *AR* **Dénivelé** *80m* **Difficulté** *Facile*

CARNET D'ADRESSES

Restauration

petits prix

Pizza de la Source Tous les jours à partir de 18h30, la camionnette se gare à côté de la poste de Sainte-Anne. Les pizzas cuites sur place sont variées et savoureuses. Deux tailles (33 et 40cm), de 7 à 15€ selon la garniture. *À hauteur du n°156, RN2* ***Sainte-Anne*** *Tél. 06 92 23 09 29 Ouvert tlj. 18h30-21h*

Auberge créole On peut se sentir un peu perdu dans la salle de restaurant, bien plus adaptée aux grands banquets de communion qu'aux dîners en tête à tête, et regretter que la grande terrasse caressée par le vent de mer ne soit pas exploitée. Mais on se console vite devant le repas, bon et rassasiant : des caris, des rougails bien sûr, mais aussi des pizzas, des grillades, et des spécialités chinoises, tout cela à des prix honnêtes : comptez 13-18€ pour un repas complet à la carte et 15€ pour le menu du jour. *1, chemin du Case* ***Sainte-Anne*** *(centre-ville, au fond d'une allée en contrebas de la route principale) Tél. 02 62 51 10 10 Ouvert mar.-dim. 12h-14h30*

prix moyens

Le Régal'Est D'un côté on a vue sur les étals du marché couvert, de l'autre sur une modeste esplanade avec en arrière-plan le minaret de la mosquée. Bien ventilé, ce restaurant propose, midi et soir, une cuisine créole et métro bien plus élaborée que les snacks de la ville – par ailleurs peu nombreux – et pour un prix fort raisonnable : comptez 16€ le menu du jour (entrée, plat, café). *Marché couvert 9, pl. Edmond-Albius* ***Saint-Benoît*** *Tél. 02 62 97 04 31 Ouvert lun.-sam. 12h-15h30 et 19h-22h*

Le Beau Vallon On ne saurait trop vous conseiller cette étape simple et de bonne qualité, d'autant que le service est à l'avenant. Le restaurant se situe sur la commune de Saint-Benoît, à la frontière avec Bras-Panon, juste avant de franchir la rivière des Roches. La vaste pièce lambrissée, façon salle de réception, est agréablement fraîche au bord de l'océan lorsque les fenêtres ouvertes laissent entrer les embruns. De la terrasse, la vue sur la mer et la rivière est imprenable. Une atmosphère paisible pour déguster des spécialités comme le fameux cari bichiques (25€) ou des crevettes au palmiste en plat principal (15€). La carte propose des plats créoles, chinois ou métros entre 10€ et 25€. Buffet à 19€ le dimanche. *Route du Stade Raymond-Arnoux Rivière-des-Roches* ***Saint-Benoît*** *(env. 7km au nord du centre-bourg) Tél. 02 62 50 42 92 ou 06 92 66 35 62 Ouvert tlj. 10h-15h*

prix très élevés

Les Letchis Sa réputation gastronomique, ses spécialités de "fruits de rivière" et le cadre sincèrement enchanteur, font de ce restaurant niché au cœur d'un jardin touffu, dont les tables s'avancent au ras de la rivière des Marsouins, un incontournable de la région. Un seul regret, il n'ouvre que sur réservation et le plus souvent pour des groupes constitués. Un conseil : renseignez-vous sur les dates déjà retenues, pour profiter des trop rares ouvertures du lieu. Menus 45-80€. *42, chemin de l'Îlet-Danclas Îlet-Coco* ***Saint-Benoît*** *(env. 4km à lest du centre-bourg par la D54) Tél. 02 62 50 39 77 ou 06 92 66 55 36 www.lesletchis.com Ouvert mar.-dim. 11h30-16h uniquement sur réservation*

Hébergement

prix élevés

Facinie Un verger généreux, des plantes médicinales, des fleurs à foison, des poulettes en liberté... Le grand jardin d'où la vue s'échappe, ici vers l'océan, là vers la montagne, constitue l'attrait principal de cette maison d'hôtes qui propose deux chambres de plain-pied indépendantes. Comptez 53€/nuit pour 2 pers. (dégressif dès la 3e nuitée, petit déj. compris). Supplément de 15€ pour un enfant (moins de 13 ans) dans la chambre des parents. Repas créole le soir sur réservation 23€ (14€ moins de 13 ans). *Marie-Colette Guichard 339, RN2 Les Orangers* ***Sainte-Anne*** *(à 4km au sud de Sainte-Anne direction Sainte-Rose) Tél. 06 92 18 51 44 ou 02 62 51 19 23 facinie.cabanova.com*

Le Saint-Alexandre Sur un grand terrain solidement sécurisé, en limite d'un jeune verger, les teintes vives des 7 bungalows aux noms d'agrumes exotiques claquent comme des drapeaux. Les différentes cultures de la Réunion – indienne, chinoise, africaine, malgache – ont inspiré la décoration intérieure des modules. Conçus pour 2 à 4 personnes (38 ou 63m²), certains communiquent pour accueillir de plus grandes tribus. Pour 2 à 4 personnes comptez 70€

GAMME DE PRIX	RESTAURATION	HÉBERGEMENT
Très petits prix	moins de 8€	moins de 15€
Petits prix	de 8 à 15€	de 15 à 30€
Prix moyens	de 15 à 25€	de 30 à 50€
Prix élevés	de 25 à 40€	de 50 à 100€
Prix très élevés	plus de 40€	plus de 100€

à 120€ la nuitée, 180€ à 250€ le week-end, et de 370 à 390€/sem. Deux grands bungalows (75m²) à 120€ la nuité, et de 470 à 490€/sem., peuvent accueillir 5 personnes. En haute saison, réservation pour 4 nuits minimum. *Chez Roland Ah-Ting 14, chemin de Pont-Payet Grand-Étang* ***Saint-Benoît*** *(indiqué à droite avant le pont en venant de Saint-Benoît) Tél. 02 62 50 90 43 ou 06 92 64 17 92 ou 06 92 60 80 25 www.saintalexandre974.com*

La Topaze Bardeaux joliment repeints, pièces d'un autre âge cloutés sur le seuil en guise de porte-bonheur, cette maisonnette joue la carte des constructions *lontan*. Deux chambres doubles et leurs vastes salles de douche indépendantes encadrent une salle à manger où sont servis les petit déjeuner et dîner (à commander la veille). Autour, le jardin, bien tenu, laisse tout de suite place aux champs de canne, aux petites fermes. Quant à la route très proche, plus un chat n'y passe dès la tombée de la nuit. Comme on aurait aimé discuter davantage avec la maîtresse de maison qui s'éclipse, si discrète, dès son service – impeccable – terminé. Sur ce plan, seul, on reste sur sa faim ! Comptez 72€ pour une chambre double, petit déjeuner copieux inclus (tarif dégressif selon la durée du séjour), et 23€ pour le repas du soir. *150, chemin de Ceinture* ***Saint-Benoît*** *(env. 7km au sud-ouest du centre-bourg, prendre la RN3 puis tourner à gauche au rond-point de Chemin-de-Ceinture ; si vous arrivez à la nuit tombée faites attention aux passages de ravines étroits et peu sécurisés) Tél. 02 62 51 06 31 ou 06 92 66 78 18 la.topaze@hotmail.fr*

BRAS-PANON

97412

Serré entre la rivière du Mât, au bout du cirque de Salazie, et la rivière des Roches, connue pour ses pêcheurs de bichiques, le village devrait son nom à une mésaventure arrivée à un riche propriétaire au bord de ce cours d'eau : on raconte que M. Panon, de la grande famille Panon-Desbassayns, alors qu'il se promenait sur ses terres, fit une chute et se cassa le bras. Ainsi fut baptisée la concession de Bras-Panon... Aujourd'hui, vous traversez une cité coupée en deux par la nationale. Pour fuir la circulation, rien de mieux que de rejoindre le bassin de la Mer, sur les hauteurs, ou de flâner sur le rivage bordé de vacoas et prisé des pique-niqueurs.

MODE D'EMPLOI

accès

EN VOITURE

Situé juste à la sortie nord de Saint-Benoît (7km), Bras-Panon est accessible par deux itinéraires : l'ancienne nationale qui longe le littoral et rejoint l'embouchure de la rivière des Roches, ou la voie rapide (N2) qui borde la ville à l'ouest.

EN CAR

Cars jaunes Par les lignes G et F (liaisons Saint-Benoît/Saint-Denis). *Tél. 0810 123 974 www.cg974.fr*

Réseau Estival 6 lignes urbaines (n°2 à 7) parcourent le territoire de Bras-Panon. *Tél. 02 62 94 70 00 www.cirest.fr*

informations touristiques

Pas d'office de tourisme à Bras-Panon, adressez vous à l'OT de Saint-André (p.257), à seulement 6km au nord.

fêtes et manifestations

Foire agricole Bras-Panon vibre au rythme de la fête foraine qui accompagne la plus grande foire agricole de l'île. *Mai*

Fête des bichiques Des animations sont mises en place autour du cycle naturel des bichiques, alevins très prisés. *Oct.*

DÉCOUVERTE

Bras-Panon et ses environs

☆**Les essentiels** La coopérative de vanille **Découvrir autrement** Marchez jusqu'au bassin de la Mer, profitez du calme près d'une cascade

☆ **Coopérative de vanille** Une étape à privilégier entre juin et décembre, lors de la récolte, car le site est plus animé et la visite plus attrayante. On rencontre les ouvriers qui trient et assemblent les gousses séchées en bottes, on visionne un film de 10min sur les différentes étapes de la production et on repart la plupart du temps avec un échantillon acheté à la boutique. Un itinéraire très instructif de 40min environ, consacré à la découverte de cette précieuse orchidée qui fit la richesse de la ville. *21, RN2 Tél. 02 62 51 71 02 Ouvert lun.-sam. 8h30-12h et 13h30-17h Visite 9h, 9h45, 10h30, 11h15, 14h, 14h45,15h30, 16h15 Tarif 5€, moins de 9 ans gratuit*

● Pique-niquer dans l'Éden

L'Éden C'est dans le quartier de rivière du Mât que vous entamez cette balade en voiture tout d'abord, direction la plaine des Lianes en suivant les champs de canne, puis en contrebas la **ravine Terre rouge**. Après la **cascade du Chien**, la piste redoutable pour le bas de caisse s'arrête près de kiosques où, le dimanche, on pique-nique en famille. Le sentier de 1,3km s'enfonce entre les goyaviers aux fruits rouges acidulés jusqu'à un panorama grandiose : la côte est à vos pieds. Une **table d'orientation** et des panneaux fournissent informations sur ce lieu où la culture du thé fut autrefois florissante. De jeunes plants y ont été réintroduits par une association de protection du site. Les marcheurs très aguerris et aventureux pourront tenter la boucle de retour jusqu'à la Caroline, après s'être assurés de l'accessibilité du sentier. ***Durée*** *1h* ***Parcours*** *AR* ***Dénivelé*** *Moins de 100m* ***Difficulté*** *Facile mais quelques passages glissants*

● Se baigner dans une cascade

Bassin de la Paix Le but de cette courte promenade : une superbe baignade. Prévoyez un itinéraire de 15min qui vous conduira au bassin de la Paix, ou plutôt au-dessus du bassin par l'accès aux 182 marches vermoulues. Prenez le pont qui traverse la rivière des Roches et bifurquez à droite pour atteindre le haut de l'escalier. Autant que vous le pouvez depuis cet endroit, admirez la belle cascade et les orgues basaltiques si originales. Le lieu est exotique à souhait. De là, vous pouvez prolonger la balade jusqu'au bassin de la Mer. *Chemin de la Paix (accessible par la N2002 à hauteur de la rive sud de la rivière des Roches ; roulez env. 4km : parking au bout de la route)*

Bassin de la Mer Pour un pique-nique sympathique avec vue sur la cascade, empruntez le sentier dans le prolongement du parking, au-delà de la barrière. Durant 10min, vous marchez au milieu des champs de canne avant de pénétrer dans une forêt plus fraîche. En 20min, vous atteignez une véritable voûte de végétation, les arbres formant un superbe berceau de verdure. Là, vous traversez un ruisseau sur la droite avant de descendre vers le bassin de la Mer. Ce petit tronçon (environ 5min) est très raide et glissant, il faut parfois s'agripper aux racines. Le bassin se trouve à gauche, avec sa large cascade. Pour y accéder en longeant la paroi, vous devrez vous déchausser. Plus loin, un autre bassin où se déverse également une cascade est très difficilement accessible. Sur les hauteurs, des arbres semblent saluer le visiteur. L'environnement est frais, souvent humide et idéal les jours de soleil pour une marche somme toute facile. Le retour se fait par le même chemin. ***Accès** Bassin de la Paix **Durée** 1h15 **Parcours** AR **Dénivelé** 120m **Difficulté** Facile*

CARNET D'ADRESSES

Restauration, hébergement

prix moyens

Le Médinilla-Chez M. et Mme Vitry On oublie très rapidement la proximité de la route pour se laisser vivre dans ce qui s'avère être un véritable havre de paix. Les 4 chambres (50€ petit déj. inclus) sont coquettes, décorées ici en style créole, là selon une inspiration plus orientale. Chaque détail a été pensé, de la fleur séchée ornementale à la climatisation bienfaisante, en passant par les élégants carreaux multicolores des salles de bains. Attention toutefois, des lecteurs nous ont fait part de leur déception quant à la propreté des lieux... ce qui n'a pas été le cas lors de notre passage. On apprécie aussi la gentillesse de Jean-Maurice et de son épouse, qui reçoivent avec un jus de fruits frais sous la véranda. Pendant que lui prépare un repas de grande qualité (28€), elle continue la conversation alors que les enfants nous rejoignent à table. Le lendemain, après avoir pris le meilleur petit déjeuner de la Réunion, vous pourrez plonger dans la piscine creusée au bout de la terrasse, juste au bord du très agréable jardin. *105, route N2002 **Bras-Panon** (1re maison à l'entrée*

GAMME DE PRIX	RESTAURATION	HÉBERGEMENT
Très petits prix	moins de 8€	moins de 15€
Petits prix	de 8 à 15€	de 15 à 30€
Prix moyens	de 15 à 25€	de 30 à 50€
Prix élevés	de 25 à 40€	de 50 à 100€
Prix très élevés	plus de 40€	plus de 100€

nord du village, à droite) Tél. 02 62 37 30 42 ou 06 92 64 56 20 www.fleursdesoleil.fr

Ferme-auberge Chez Éva Annibal Attention, institution ! Éva est une célébrité de l'île pour avoir, sinon inventé, en tout cas popularisé le fameux canard à la vanille en gagnant le concours culinaire de la foire de Bras-Panon en 1986. Même si désormais la dame se fait rare derrière les fourneaux, le diplôme un peu jauni est toujours accroché au mur de la salle à manger de son auberge. Cette adresse demeure une référence pour la cuisine créole traditionnelle (23€, 11,50€ pour les enfants de moins de 10 ans). L'accueil est toujours aussi souriant. On est plus réservé sur l'hébergement situé à une centaine de mètres, très ordinaire, et composé de 4 chambres (40€, petit déj. inclus). *Chemin de La Rivière-du-Mât* ***Bras-Panon*** *Tél. 02 62 51 53 76 www.annibal.eva.sitew.com Ouvert lun.-sam. 12h-13h et 19h-20h, dim. 12h-13h Réservation obligatoire*

SAINT-ANDRÉ

97440

La particularité de Saint-André tient principalement dans la composition de sa population : héritière des nombreux "engagés" indiens qui firent les beaux jours des usines sucrières à la fin du XIXe siècle, celle-ci est majoritairement tamoule, et très pratiquante, comme en témoignent les magnifiques temples hindouistes qui colorent le paysage. Il en résulte un brassage unique, symbolisé par la devise de la ville : "Plusieurs races, un seul cœur ! " L'attrait touristique de cette commune de près de 55 000 habitants réside quant à lui dans son agréable quartier du Champ-Borne : le littoral y est aménagé des ruines de l'église (soufflée par un raz-de-marée en 1962) jusqu'aux abords de Bois-Rouge et son usine sucrière. Tout autour, les champs de canne s'étendent à perte de vue alors que le cirque de Salazie se dresse au loin.

L'UNIQUE VANILLE BOURBON La côte "au vent" et, dans une moindre mesure, le Sud sauvage continuent tant bien que mal de cultiver cette merveilleuse orchidée qu'est la vanille. On dit que celle de l'île est l'une des meilleures du monde. Toutefois, la concurrence des parfums de synthèse et l'absence de traçabilité constituent un réel problème, puisque l'appellation Bourbon ne correspond à aucune reconnaissance officielle. Pourtant, si Madagascar, l'île Maurice et Mayotte peuvent aussi se vanter d'en produire, la vanille de la Réunion est unique à plus d'un titre : outre une valeur gustative exceptionnelle, elle possède une histoire originale. Certainement introduite par le commandant Philibert en 1819, cette liane originaire du Mexique s'adapte parfaitement au climat et à la terre. Malheureusement, aucune gousse n'apparaît, la fécondation de cette plante hermaphrodite étant impossible en l'absence de la mélipone, abeille fertilisatrice. En 1841, eurêka ! Edmond Albius, esclave de son état, élabore une méthode pour obtenir enfin la saveur tant recherchée : grâce à l'enseignement de son maître, réputé fin botaniste, il met en contact les pollinies et le stigmate pour féconder la fleur. Le tour est joué, la production à grande échelle peut commencer. Plus incertaine, la légende veut qu'Edmond, mécontent de son sort, ait en fait piétiné une liane de vanille dans un accès de colère et découvert par hasard le procédé... Quoi qu'il en soit, cette technique de fécondation artificielle existe toujours et est confiée aujourd'hui à des ouvrières agricoles joliment appelées les "marieuses". Néanmoins, demandant une nombreuse main-d'œuvre, la vanille demeure chère à l'achat et subit de plein fouet la concurrence de pays comme l'Indonésie ou la Chine.

MODE D'EMPLOI

accès

EN VOITURE

Par la 4-voies (N2), Saint-André se trouve à 25km de Saint-Denis. La ville est également distante de 6km de Bras-Panon et de 15km de Saint-Benoît, toujours par la RN2, mais cette fois en venant du sud.

EN CAR

Cars jaunes La ville est desservie par les 3 lignes qui relient Saint-Benoît à Saint-Denis (F, G et Z2). *Tél. 0810 123 974 www.cg974.fr*

Réseau Estival 14 lignes (n°30-42 et 80) au départ de la gare routière de Saint-André desservent les villages des environs. *Tél. 02 62 94 70 00 www.cirest.fr*

Gare routière *Pl. de la Liberté Tél. 0810 123 974*

orientation

Si le centre est assez resserré autour de la mairie et de l'avenue de la République, ce n'est pas le cas pour les autres quartiers (Cambuston, Petit-Bazar ou Le Champ-Borne). Le mieux est de traverser le centre en voiture et de suivre la direction du Champ-Borne, puis de tourner à gauche une fois arrivé à l'océan. Au bout, vous vous retrouverez au Petit-Bazar et aurez fait le tour du "grand" Saint-André.

informations touristiques

Maison Valliamée La célèbre demeure (p.258) abrite également l'antenne locale de l'office de tourisme intercommunal de l'Est. Accueil particulièrement charmant. *1590, chemin du Centre Tél. 02 62 46 16 16 est.reunion.fr Ouvert lun.-ven. 9h-17h*

marché, fêtes et manifestations

Marché forain et alimentaire *Pl. de la Liberté Ouvert ven. 6h-12h*

Fêtes religieuses En raison de sa nombreuse population d'origine indienne, la ville est très animée lors des grandes manifestations des marches sur le feu dédiées à la déesse Pandialé, entre fin décembre et début janvier, le Cavadee et sa procession de pénitents (en janvier ou en février suivant les années) et le Dipavali, fête de la Lumière célébrée fin octobre-début novembre. Attention : beaucoup de ces célébrations sont organisées dans un cadre privé. Lorsque c'est le cas, veillez à obtenir une autorisation pour y assister et, surtout, pour prendre des photos.

DÉCOUVRIR
Saint-André

☆**Les essentiels** Les temples tamouls, la Maison Valliamée, la sucrerie de Bois-Rouge et la distillerie de Savanna, la plantation Vanille Roulof **Découvrir autrement** Déambulez dans les champs de canne, admirez le paysage à la pointe du Champ-Borne

☆**Temples tamouls** Certains des plus beaux lieux de culte hindou de la Réunion se trouvent à Saint-André. Tout d'abord, le fameux temple du Colosse, dédié à Pandialé. Vous pourrez y admirer, de l'extérieur seulement (ou de l'intérieur à l'occasion d'une visite guidée avec l'OT), son architecture bariolée et sa multitude de statuettes représentant des divinités. L'autre grand lieu de culte tamoul de la ville est le temple Siva Soupramanien, qui ne passe pas non plus inaperçu, si coloré au milieu de maisons plutôt ternes. Avec de la chance et après une discussion courtoise avec le gardien, vous pourrez peut-être le découvrir non sans avoir vérifié que vous ne portez aucun vêtement de cuir, et vous être déchaussé. Le quartier de Bois-Rouge et celui de Ravine-Creuse possèdent également de beaux exemples du même type. **Temple du Colosse** *Chemin Colosse (à mi-chemin entre Le Champ-Borne et Petit-Bazar) Tél. 02 62 46 91 63* ***Visites*** *contacter l'OT* **Temple Siva Soupramanien** *Ave. d'Île-de-France Tél. 02 62 58 63 62* ***Visites*** *contacter M. Gogalsingh*

☆**Maison Valliamée** Cette belle maison Art déco, construite au milieu des tamarins en 1925, fut considérablement transformée dans les années 1950. À cette vitrine de la prospérité et de la piété des Valliamée, de riches propriétaires malbars, on a adjoint plusieurs "shapels", dont il reste un petit autel dédié à Soulien (aile droite). Sol, lambrequins, pointes de faîtage sont embellis de motifs symboliques en l'honneur de Siva. Les 54 effigies du panthéon hindou ont disparu, mais le carrelage de la varangue conserve la trace des nombreux sacrifices d'animaux offerts à Kali. *1590, chemin du Centre Tél. 02 62 46 91 63 Ouvert lun.-ven. 9h-17h Visite guidée 9h30, 10h45, 13h45, 15h Tarif 8,50€, moins de 12 ans 5€ (collation offerte)*

Musée Dan'tan lontan Un petit musée privé qui rassemble de nombreux objets anciens : un phonographe, un moulin à maïs, une charrue, une multitude d'outils forment l'essentiel d'une collection éclectique que l'on découvre au cours d'une visite guidée. Si cette brève incursion dans le passé vous tente, prenez soin de téléphoner, afin de vous assurer que le propriétaire est bien dans les lieux. *2208, chemin du Centre (fléchage) Tél. 02 62 58 47 89 ou 06 92 82 97 79 Ouvert mar.-dim. 9h-16h Tarif 4€, 6-12 ans 2€, moins de 6 ans gratuit*

☆**Sucrerie de Bois-Rouge et distillerie de Savanna** Du tourisme industriel intelligent et passionnant. L'ancienne distillerie de Saint-Paul, qui a migré à Saint-André en 1992, produit 5 sortes de rhums : le léger pour la préparation de punchs, le traditionnel ou "charrette", le grand arôme pour la cuisine, le vieux vieilli de 3 à 10 ans en fût de chêne et le paille, qui ne reste pas plus de

3 ans en foudre. La visite, fort agréable en raison d'un encadrement de qualité, se fait casque de chantier sur la tête, si bien qu'on se prend tout de suite au jeu. L'itinéraire permet de comprendre les étapes de la production, de la préfermentation à la mise en fût en passant par la fermentation et la distillation proprement dite. Plus captivant encore, le parcours au sein de la sucrerie. Là, les passerelles et les échelles cliquettent au passage quotidien des trois cents camions lors de la saison de coupe de juin à septembre. L'environnement de ferraille s'impose à nous tel un monstre d'acier et de vapeur. On découvre ainsi l'activité bruyante et étouffante des ouvriers saisonniers qui travaillent à la réception de la canne, puis à l'extraction du jus, à l'épuration et à la décantation et enfin à la fabrication du sirop. Viennent ensuite la cristallisation, le malaxage, la séparation de la mélasse (qui servira au rhum) et le séchage. Ils obtiennent ainsi du sucre roux ou un sucre blanc raffiné. Cette visite peut se faire de nuit, puisque l'usine tourne 24h/24 au moment de la campagne sucrière (juil.-déc.). Dernier intérêt du site : la boutique Tafia & Galabé située dans une maisonnette où l'on peut visionner un documentaire en dégustant les rhums produits à l'usine ainsi que du jus de canne tout frais. Un conseil : mesdames, chaussez des tennis (les chaussures à talons sont proscrites) et évitez de porter une jupe ou une robe. *Bois-Rouge (depuis la 4-voies sortie "Quartier français" à droite au rond-point puis à gauche après 500m) Tél. 02 62 58 59 74 tereos-oceanindien.com www.distilleriesavanna.com Ouvert jan.- juin : lun.-ven. 9h-18h ; juil.- déc. : lun.-ven. 9h-20h, sam. 9h-18h Réservation obligatoire Tarif 10€, 12-18 ans 5€, 7-12 ans 2,50€*

☆ **Vanille Roulof** C'est de septembre à janvier, et de bon matin, que la visite de la plantation est la plus intéressante. C'est en effet la période de floraison des vanilliers et l'occasion de voir à l'œuvre les "marieuses", qui d'un geste vif et précis pollinisent les fleurs sélectionnées. Le reste de l'année, il faut se contenter de la visite des serres et de l'atelier où les gousses, après échaudage et séchage, entament leur lente maturation dans des malles bien closes. On ne résiste pas à tant de parfum, et on repart avec son fagot : 5€/12g (3 à 5 gousses). *470, rue Deschanets Tél. 06 92 10 87 15 www.lavanilledelareunion.com Ouvert lun.-sam. Visites guidées 11h, 14h, 15h, 16h Tarif 4€, moins de 12 ans gratuit*

● Où acheter un sari ?

Magasin Ponama Saris, tuniques, *salwars*, bijoux fantaisie, brûle-parfum, petits livres de prière en sanscrit et en créole, on trouve dans le grand bric-à-brac de Pomana une foule d'idées de souvenirs à rapporter dans ses bagages. À partir de 1,50€. *629, rue de la Gare Tél. 02 62 58 04 13 Ouvert mar.-sam. 8h30-12h et 14h-18h*

● Se détendre au bord de l'eau, manier la pagaie

Parc touristique du Colosse En pleine expansion, le centre nautique Parc du Colosse fait de snacks, de boutiques et de fontaines, construit à une centaine de mètres de l'océan (on ne s'y baigne pas !), accueille régulièrement des animations (concerts, événements sportifs, etc.). On peut y pratiquer la voile et le canoë grâce à une association qui a implanté sa cahute au bord de l'étang, mais aussi, depuis 2011, l'ULM. De nombreuses familles s'y retrouvent le week-end et investissent les aires de pique-nique. *Le Colosse Tél. 02 62 97 14 10 Ouvert tlj. 8h30-23h Parc et aires de jeux gratuit, activités payantes*

Assister à un combat de coqs Traditionnels et très populaires, les "batay kok" sont peu mis en avant par les offices de tourisme, et les gallodromes changent d'adresse régulièrement. Ceux de Saint-André (situés chemin Lagourgue et à Ravine Creuse lors de notre passage) attendent les visiteurs endurcis dans une ambiance surchauffée. Les combats ont lieu régulièrement (surtout le samedi) mais sans date arrêtée. Renseignez-vous sur place auprès de votre hébergeur, dans les cafés et chez les commerçants.

CARNET D'ADRESSES

Restauration, hébergement

petits prix

Le Cantonais Cette grande cantine attire un monde fou. Comme dans tous les bons snacks de l'île, la cuisine asiatique côtoie les plats créoles. Mais ici on ne lésine pas sur la variété. On compose son menu (13€ mar.-ven. midi, 15€ ven. soir-dim.) parmi une trentaine de plats proposés en buffet et des salades composées. On s'installe ensuite à l'intérieur ou sur la vaste terrasse qui surplombe un carrefour assez passant (rien n'est parfait !). Également des repas à la carte sur la terrasse (plat à partir 6€) et des plats à emporter (à partir de 4,80€). *620, rue de la gare **Saint-André** Tél. 02 62 58 39 13 www.lecantonnais.fr Ouvert mar.-jeu. et dim. 9h30-14h, ven.-sam. 9h30-14h et 18h-22h*

prix moyens

Auberge Le Désert Les 8 chambres doubles (40€) situées dans la maison d'Éric et de sa famille sont l'occasion d'une étape paisible avec vue sur un très beau et vaste jardin créole. Détente assurée sur la terrasse ou dans la piscine. Créole, le repas à 20€ l'est également, préparé avec doigté et avec les produits de l'exploitation. Réservation impérative pour les non-résidents. *2606, chemin Bras-des-Chevrettes **Saint-André** (accès par la D46) Tél. 02 62 46 64 43 ou 06 92 85 68 01*

Auberge Savriama Une imposante case moderne, au cachet certain, se dresse au bout d'une allée bordée de cocotiers. Une belle entrée en matière pour rejoindre l'une des 4 chambres (41€ pour plus de 3 nuits ; pour des séjours plus courts, prévoyez 45€, petit déj. compris). Carrelées de blanc, simples et impersonnelles, sombres à cause des moustiquaires qui obstruent les fenêtres, elles disposent toutes d'une salle de bain privative. Deux d'entre elles, situées au 2e étage, possèdent une belle vue sur le quartier résidentiel et, au-delà, vers l'océan. Les repas (20€), servis sur

GAMME DE PRIX	RESTAURATION	HÉBERGEMENT
Très petits prix	moins de 8€	moins de 15€
Petits prix	de 8 à 15€	de 15 à 30€
Prix moyens	de 15 à 25€	de 30 à 50€
Prix élevés	de 25 à 40€	de 50 à 100€
Prix très élevés	plus de 40€	plus de 100€

réservation, alternent cuisine créole et créations culinaires indiennes. *1084, chemin Quatre-Vingt Rivière-du-Mât-les-Bas* ***Saint-André*** *(sur la route du Champ-Borne, laisser les ruines de l'église à gauche. Continuer la route environ 2km avant de tourner à gauche) Tél. 02 62 46 69 84 auberge-savriama@wanadoo.fr*

Au P'tit Coin exotique Suzy, qui a longtemps hébergé des enfants "difficiles", sait ce que recevoir signifie. Au sein de sa grande maison récente entourée d'un joyeux fouillis végétal, elle fait montre, avec son époux, d'une remarquable gentillesse. Si les 4 chambres sont seulement sobres et fonctionnelles (double sans clim. 48€, avec clim. 55€ ; petit-déj. compris), les repas en revanche se révèlent extrêmement généreux : samossas, gratin de chouchous, cari morue et civet de coq... Une table à 23€, que l'on quitte repu et heureux d'avoir rencontré un couple si attachant. Le repas est également possible pour les non-résidents, sur réservation uniquement. *460, ruelle Virapatrin* ***Saint-André*** *(prendre la direction Petit-Bazar en sortant de la 4-voies, la 1re à droite après le pont – il y a un café au coin –, puis la 3e à gauche) Tél. 02 62 46 46 07 www.au-petit-coin-exotique.re*

Canyoning, cascade de Takamaka (p.247).

GEOREGION

LES HAUTES PLAINES, LA FOURNAISE

V

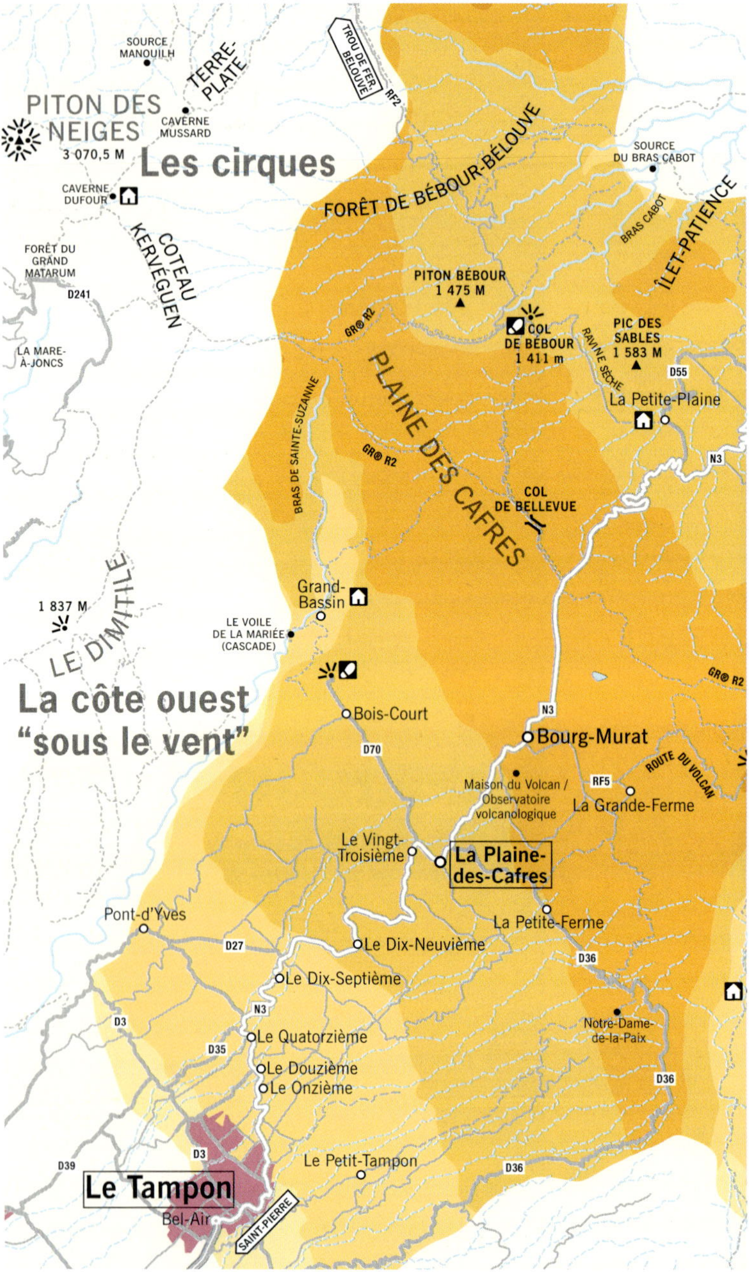
SOURCE MANOUILH
TERRE-PLATE
TROU DE FER, BÉLOUVE
RF2
PITON DES NEIGES
3 070,5 M
CAVERNE MUSSARD
Les cirques
CAVERNE DUFOUR
FORÊT DE BÉBOUR-BÉLOUVE
SOURCE DU BRAS CABOT
BRAS CABOT
ÎLET-PATIENCE
FORÊT DU GRAND MATARUM
COTEAU KERVÉGUEN
D241
PITON BÉBOUR
1 475 M
GR® R2
COL DE BÉBOUR
1 411 m
RAVINE SÈCHE
PIC DES SABLES
1 583 M
D55
LA MARE-À-JONCS
PLAINE DES CAFRES
La Petite-Plaine
BRAS DE SAINTE-SUZANNE
N3
COL DE BELLEVUE
Grand-Bassin
1 837 M
LE DIMITILE
LE VOILE DE LA MARIÉE (CASCADE)
La côte ouest "sous le vent"
Bois-Court
N3
Bourg-Murat
D70
ROUTE DU VOLCAN
RF5
Maison du Volcan / Observatoire volcanologique
La Grande-Ferme
Le Vingt-Troisième
La Plaine-des-Cafres
Pont-d'Yves
La Petite-Ferme
D27
Le Dix-Neuvième
D36
Le Dix-Septième
N3
D3
Notre-Dame-de-la-Paix
Le Quatorzième
D35
Le Douzième
Le Onzième
D36
D3
D39
Le Petit-Tampon
D36
Le Tampon
Bel-Air
SAINT-PIERRE

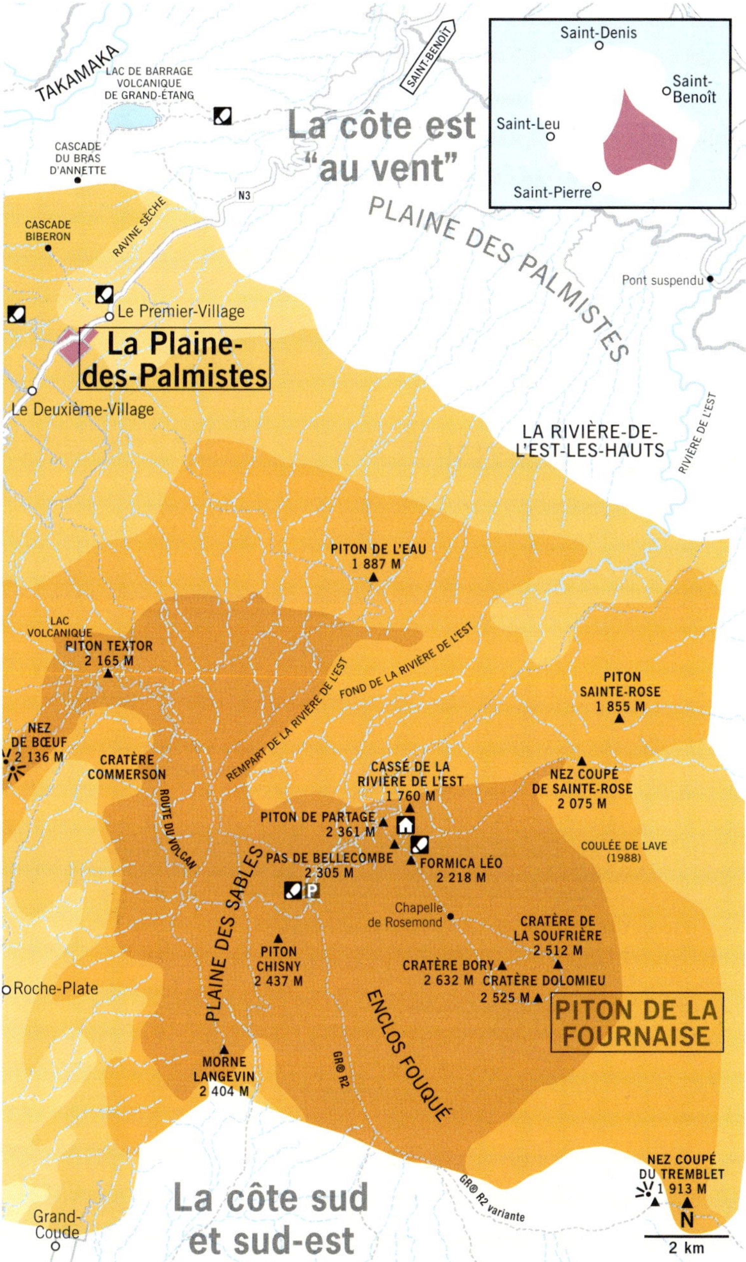
Saint-Denis
Saint-Benoît
Saint-Leu
Saint-Pierre
TAKAMAKA
LAC DE BARRAGE VOLCANIQUE DE GRAND-ÉTANG
SAINT-BENOÎT
La côte est "au vent"
CASCADE DU BRAS D'ANNETTE
N3
PLAINE DES PALMISTES
CASCADE BIBERON
RAVINE SÈCHE
Pont suspendu
Le Premier-Village
La Plaine-des-Palmistes
Le Deuxième-Village
LA RIVIÈRE-DE-L'EST-LES-HAUTS
RIVIÈRE DE L'EST
PITON DE L'EAU 1 887 M
LAC VOLCANIQUE
PITON TEXTOR 2 165 M
FOND DE LA RIVIÈRE DE L'EST
REMPART DE LA RIVIÈRE DE L'EST
PITON SAINTE-ROSE 1 855 M
NEZ DE BŒUF 2 136 M
CRATÈRE COMMERSON
ROUTE DU VOLCAN
CASSÉ DE LA RIVIÈRE DE L'EST 1 760 M
NEZ COUPÉ DE SAINTE-ROSE 2 075 M
PITON DE PARTAGE 2 361 M
PAS DE BELLECOMBE 2 305 M
FORMICA LÉO 2 218 M
COULÉE DE LAVE (1988)
PLAINE DES SABLES
P
Chapelle de Rosemond
CRATÈRE DE LA SOUFRIÈRE 2 512 M
PITON CHISNY 2 437 M
CRATÈRE BORY 2 632 M
CRATÈRE DOLOMIEU 2 525 M
Roche-Plate
ENCLOS FOUQUÉ
PITON DE LA FOURNAISE
MORNE LANGEVIN 2 404 M
GR® R2
GR® R2 variante
NEZ COUPÉ DU TREMBLET 1 913 M
La côte sud et sud-est
Grand-Coude
N
2 km

LE TAMPON

97430

Tirant son nom du mot malgache *tampoany*, qui signifie "où l'on voit de loin", Le Tampon jouit d'une perspective splendide sur le littoral sud. Située sur la route des plaines qui relie Saint-Pierre (côte sud) à Saint-Benoît (côte est), à 630m d'altitude, cette bourgade constitue une étape sans grand intérêt sur le chemin du Volcan à la notable exception de son climat, frais et attrayant, à l'origine de son succès. Ainsi, de nombreux Saint-Pierrois migrent et s'y installent en été, ou en janvier le temps de la manifestation Miel vert, LA foire agricole de l'île.

MODE D'EMPLOI

accès

EN VOITURE
Par la RN3 depuis Saint-Pierre (8km) ou Saint-Benoît (39km).

EN BUS
Cars jaunes Le Tampon se trouve sur la ligne H, qui relie Saint-Benoît à Saint-Pierre, et sur la ligne I2 à destination de Petite-Île. *Tél. 0810 123 974 www.cg974.fr*
Bus CASUD Une quinzaine de lignes desservent les environs du Tampon (Trois-Mares, Bras-Creux…) et la plaine des Cafres. *Tél. 0800 000 253 www.casud.re/transport*
Bus Alternéo La ligne 2 du réseau Alternéo dessert l'université du Tampon et Saint-Pierre via les hauts. *Tél. 0800 355 354 www.alterneo.re*

informations pratiques

Pas d'office de tourisme au Tampon Il faudra vous rendre à celui de la Plaines-des-Cafres (p.269).

marché, fêtes et manifestations

Marché forain *Esplanade Benjamin-Hoarau Ouvert ven. 6h-13h*
☺ **Fête du Miel vert** Le rendez-vous populaire de l'été austral, avec une vente des produits du terroir dans toute la région. *Jan.*
"Fait main" Exposition annuelle d'artisanat. *Déc.*

Tableau kilométrique

	Le Tampon	Entre-Deux	Plaine des Palmistes	Saint-Pierre
Entre-Deux	24			
Plaine des Palmistes	31	51		
Saint-Pierre	8	16	40	
Petite-Île	20	35	58	14

DÉCOUVRIR

Le Tampon

Découvrir autrement Baladez-vous dans le jardin des senteurs de la Coopérative agricole des huiles essentielles (Caheb)

Coopérative agricole des huiles essentielles de Bourbon-Caheb Une séance de rattrapage pour ceux qui n'ont pu visiter les fabriques d'huiles essentielles du Maïdo (p.126). Environ 45 minutes de visite guidée pour découvrir le jardin des senteurs avec le géranium rosat et le vétiver, matières premières des huiles. Vous pouvez également accéder à la distillerie qui propose une découverte olfactive et gustative à partir de plantes et de produits Péi (1h, min. 5 pers.) *83, rue Kervéguen (du Tampon prendre la direction du Petit-Tampon puis à droite à la 1re intersection) Tél. 02 62 27 02 27 www.geranium-bourbon.com Visites lun.-ven. 15h sur réservation Tarif 3€*

CARNET D'ADRESSES

Restauration, hébergement

Franchement, nous vous déconseillons de passer une nuit au Tampon, les chambres d'hôtes de La Plaine-des-Cafres et les hôtels de Saint-Pierre nous ayant paru plus attrayants. Voici toutefois quelques adresses, dont une chambre d'hôtes charmante.

prix moyens

Sud-Hôtel Le meilleur hôtel de la ville, malheureusement au bord de la nationale. Un perroquet vous fait signe d'entrer dans le hall, haut de plafond et cossu. Demandez une chambre sur l'arrière du bâtiment : elle sera moins bruyante et donnera sur la piscine, coincée entre les ailes de l'établissement, heureuse surprise de cette adresse, qui possède également un hammam et un jacuzzi. Double avec sdb à partir de 58€, chambre familiale avec 2 grands lits à 87€ ; petit déjeuner compris. *106, rue Marius-et-Ary-Leblond* ***Le Tampon*** *Tél. 02 62 27 07 90*

Fleur de vanille Dans leur vaste maison qui domine Le Tampon, les propriétaires ont aménagé et décoré avec goût 4 chambres d'hôtes dans le prolongement de leur maison. À partir de 72€ la double. Table d'hôte à 27€ (sur réservation seulement). *227C, rue Georges-Pompidou Le Quatorzième* ***Le Tampon*** *(env. 5km au nord du centre-bourg, de la route principale tourner*

GAMME DE PRIX	RESTAURATION	HÉBERGEMENT
Très petits prix	moins de 8€	moins de 15€
Petits prix	de 8 à 15€	de 15 à 30€
Prix moyens	de 15 à 25€	de 30 à 50€
Prix élevés	de 25 à 40€	de 50 à 100€
Prix très élevés	plus de 40€	plus de 100€

entre la boulangerie et l'arrêt de bus) Tél. 02 62 59 17 43 ou 06 92 11 61 18 fleur-de-vanille.allonslareunion.com

prix élevés

☺ **Le Rosier** On commence avec un jus de fruits pour parler cuisine avec la charmante Élisemay ou rando avec Jean-Marie (spécialiste de la course en côte lorsqu'il ne cultive pas ses champs). Puis on emprunte une originale passerelle de bois, qui enjambe le jardin où voisinent orangers et anthuriums, pour se rendre dans une des 4 chambres (avec sdb privative) au mobilier des Indes (double 55€ petit déj. inclus, avec ananas frais et confitures maison). On a juste le temps de jouir de la vue sur le Dimitile et les remparts de Cilaos, et c'est déjà celui de savourer la cuisine, subtile et généreuse à la fois (25€). En résumé : courez-y ! *19H, chemin des Bibaffiers* ***Pont-d'Yves*** *(env. 10km au nord du Tampon, au rond-point du 14ème, prendre la direction Pont d'Yves, rouler sur 4 km, passer le village et à 500 m à gauche, prendre le chemin des Bibassiers, accès fléché) Tél. 02 62 57 19 64 ou 06 92 69 24 26 rosier4@wanadoo.fr*

LA PLAINE DES CAFRES

97418

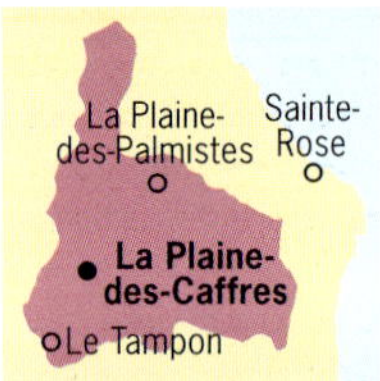

Coincée entre les cirques, le piton des Neiges à l'ouest et la Fournaise à l'est, cette antique accumulation de lave qui culmine à 1 600m relève plus du plateau de montagne que de la véritable plaine en pente douce. Refuge historique des Noirs marrons puis des P'tits Blancs, la plaine des Cafres s'étend sur 15km de la sortie du Tampon à Bourg-Murat, hameau considéré comme un carrefour touristique, avec son incontournable maison du Volcan, qui a fait peau neuve. Vous serez surpris par le nom peu romantique des bourgs qui jalonnent la nationale (Le Dix-Septième, Le Vingt-Quatrième... désignant la distance à laquelle chaque village se trouve de la mer). Et vous serez certainement séduit par les paysages presque alpins du côté des hameaux de La Grande-Ferme ou de Notre-Dame-de-la-Paix, juste à l'écart de Bourg-Murat. En tout cas, vous pourrez y trouver un bel environnement pour installer votre camp de base avant de partir à la conquête du Volcan mythique ou pour vous promener le long des nombreux sentiers.

MODE D'EMPLOI

accès

EN VOITURE

Par la RN3 de Saint-Pierre, ou de Saint-Benoît et La Plaine-des-Palmistes.

EN BUS

Cars jaunes La ligne H dessert l'ensemble des bourgs de la RN3. *Tél. 0810 123 974 www.cg974.fr*

Bus CASUD Les lignes T02, T03, T11 et T12 circulent entre la mairie du

Vingt-Troisième et les environs de La Plaine des Cafres. *Tél. 0800 000 253 www.casud.re/transport*

informations touristiques

Office de tourisme du Tampon/ Plaine des Cafres On vous y fournira une liste des hébergements, des restaurants et des activités liées au Volcan. *160, rue Maurice et Katia-Krafft (RN3) Tél. 02 62 27 40 00 www.tampontourisme.re Ouvert lun.-ven. 9h-12h30 et 13h30-17h, sam. 9h-12h30*

fêtes et manifestations

Fête du Miel vert cf. Le Tampon (p.266). *Jan.*

Marché du Belvédère de Bois Court *Ouvert dim. 8h-12h*

DÉCOUVRIR

La plaine des Cafres

☆**Les essentiels** La maison du Volcan, l'horloge hydraulique **Découvrir autrement** Surprenez vos papilles en goûtant de nouveaux fromages, marchez jusqu'à Grand-Bassin et allez vous rafraîchir au pied du Voile de la mariée

☆☺ **Maison du Volcan** Un arrêt obligé pour comprendre celui que les anciens appelaient le "chaudron du Diable". Mais ici, point de légendes, seulement des faits et une histoire scientifique superbement mise en scène dans ce musée entièrement rénové et équipé des dernières technologies (sol interactif, tables multi-touches, simulateur de séisme), et doté d'une nouvelle galerie artistique avec tunnel de lave et jeux de lumière, et de deux salles de projection en 3D et 4D. On y découvre, au fil des espaces, l'histoire de la Fournaise, bien sûr, mais toujours en rapport avec les autres types de systèmes volcaniques du monde. Un survol instructif de la flore et de la faune sur les pentes régulièrement enflammées du Brûlé démontrera à quel point la nature sait reprendre le dessus sur les éléments, fussent-ils destructeurs. En fait, on réunira ici de nombreuses pièces du puzzle qui compose l'île – n'oublions pas que le piton des Neiges est également un volcan –, tant la Réunion et le Volcan sont géologiquement et sentimentalement liés. *184, RN3* ***Bourg-Murat*** *Tél. 02 62 59 00 26 www.maisonduvolcan.fr En rénovation jusqu'a fin 2013*

☆ **Belvédère de Bois-Court et horloge hydraulique** N'hésitez pas à faire un crochet par ce point de vue dominant l'îlet de Grand-Bassin : d'en haut, les cases miniatures se détachent à peine au milieu de la végétation, et on devine le Voile de la mariée, belle cascade qui se déverse dans un bassin bleu. En arrivant au panorama, vous ne pouvez manquer l'horloge hydraulique, déconcertante sur cet à-pic de bout du monde. Elle fonctionne grâce à un système de vases communicants qui rend le mouvement de la montre perpétuel : observez-la attentivement afin de pénétrer l'ingéniosité du mécanisme. Vous apercevrez également le téléphérique qui ravitaille la dizaine d'habitants vivant encore au fond de cette vallée perdue qu'est Grand-Bassin (ils étaient au moins 250 au début du XXe siècle), où l'on expérimente aujourd'hui les technologies de transmission d'énergie sans fil. *De la RN3, prendre direction Bois-Court au niveau du Vingt-Troisième*

Où acheter du fromage ?

Palais du Fromage Ni d'Auvergne ni de Normandie, mais de la plaine des Cafres ! À l'ail, au gingembre, au combava, accompagnés de miel, de caramel ou de fruits secs : tous ces spécialités au lait de vache sont curieux à goûter. En direct du producteur au consommateur. *Rue Alfred-Picard* **Bourg-Murat** *Tél. 02 62 59 27 15 Ouvert mer.-ven. et dim. 9h-17h, sam. 9h-15h*

Randonner dans la plaine des Cafres

Grand-Bassin - Le Voile de la mariée Découvrir le dépaysant îlet de Grand-Bassin , puis vous baigner dans le plan d'eau où se jette une cascade cristalline... Pour cela, descendez par le sentier de sous-bois (souvent glissant), afin d'accéder rapidement au rempart, que vous longerez. La pente, bien qu'assez forte (pensez au retour !), ne pose pas de difficultés particulières. Pour les bons marcheurs, comptez environ 1h30 pour atteindre Grand-Bassin(703m) et ses quelques jardins fleuris. Pour rejoindre le **Voile de la mariée**, traversez la passerelle à l'entrée du hameau, puis le bras de Sainte-Suzanne à gué. Suivez alors le cours d'eau jusqu'à cette cascade idyllique et son bassin d'eau fraîche. La meilleure solution est de rester dans le village, car la remontée vers Bois-Court par le même sentier s'avère difficile et longue (au moins 2h30). ***Accès*** *Bois-Court (à gauche juste avant d'accéder au belvédère ; sentier indiqué à 200m à droite)* ***Durée*** *4h* ***Parcours*** *AR* ***Dénivelé*** *670m* ***Difficulté*** *Moyenne* ***Hébergement*** *Gîtes de montagne, cf. encadré Dormir à la croisée des chemins de randonnée*

Se promener en forêt, pique-niquer au frais

Sentier botanique Notre-Dame-de-la-Paix Le sentier botanique Notre-Dame-de-la-Paix vous entraîne au cœur des bois tortueux des forêts des Hauts, dernières reliques de la forêt primaire. Bornes et panneaux (hélas souvent vandalisés) jalonnent le chemin afin de reconnaître le change-écorce, le petit mahot et autres essences endémiques. Après l'aire de pique-nique, la piste se scinde en deux rejoignant sur la droite, un point de vue sur la rivière des Remparts, le village de Grand-Coude et l'éboulis de Mahavel, et sur la gauche

Dormir à la croisée des chemins de randonnée

À Grand-Bassin (676m d'altitude), accessible uniquement à pied, vous trouverez plusieurs maisons d'hôtes et gîtes avec lits en dortoir et chambres. Qualité d'hébergement, cuisine (créole au feu de bois) et tarifs sont à peu près identiques (35€/pers., dîner et petit déj. compris), mais nous ne sommes pas les seuls à préférer Le Paille-en-queue et son jardinet fleuri. **Le Paille-en-queue** *Tél. 02 62 59 03 66* **L'Oasis** *Tél. 02 62 27 51 91 ou 06 92 65 38 89* **Auberge de Grand-Bassin** *Tél. 02 62 59 21 99 ou 02 62 59 10 34* **La Vieille Tonnelle** *Tél. 02 62 59 20 27* le sentier ONF. **Accès** *Prendre la D36 vers Notre-Dame-de-la-Paix puis, à la patte-d'oie, Grand-Tampon, un parking et des panneaux de l'ONF marquent l'accès au sentier* **Parcours** Boucle de 3km **Durée** 1h30 **Difficulté** Facile (accessible aux "marmailles")

● Galoper de volcan en pâturages

Écuries Notre-Dame-de-la-Paix Vous êtes un cavalier confirmé ? Parfait ! Vous vous tenez en selle mais manquez d'expérience ? Parfait également. Patrick et Aurélie, qui élèvent avec passion une trentaine de merens et de new forest, des chevaux tout terrain aux sabots très sûrs, sauront vous proposer une balade adaptée à votre niveau et votre curiosité selon la saison. Pour un simple tour dans les vastes prairies (20€/h ; 50€/3h) comme pour une grande randonnée de plusieurs jours autour du volcan (à partir de 110€/j. et supplément de 30€ pour une nuit en gîte). Chaque parcours est élaboré en fonction de la demande. *37, chemin de la chapelle Notre-Dame-de-la-Paix (env. 7km du centre-bourg, emprunter la D36 dir. Notre-Dame-de-la-Paix ; dans le hameau, prendre à droite le chemin de la Chapelle sur 2km) Tél. 02 62 59 34 49 ou 06 92 61 46 79*

CARNET D'ADRESSES

Restauration

Outre les tables d'hôtes, la plaine des Cafres compte nombre de restaurants et d'auberges qui régaleront les amateurs de cuisine créole.

petits prix

Le Tinto Deux options dans cet établissement : pour les petites faims une formule snack rapide (4€ la crêpe bien garnie), et pour les bons appétits des menus montagnards très complets à partir de 12,50€ (raclette et fondue 17€). On s'installe sous la terrasse abritée – et chauffée – et quelle que soit la formule choisie, on profite d'un accueil toujours chaleureux. *11bis, rue Jean-de-Fos-du-Rau (RN3)* ***Le Vingt-Troisième*** *Tél. 02 62 59 13 03 Ouvert mer.-sam. 11h30-14h et 18h30-21h, dim. 11h30-20h*

prix moyens

La Fermette Juste à côté des chambres en enfilade, les boiseries de la grande salle à manger de cette auberge (p.273) servent de décor à un repas créole de bonne réputation : 17€, avec salade "folle", steak d'espadon et banane "bonne maman" ; 19,50€ avec un cari crevette en plat de résistance. Si l'appétit vous manque, vous pouvez opter pour un cari espadon (12€). *40, rue Raphaël-Douyère* ***Bois-Court*** *(env. 200m après le centre vers le belvédère à droite) Tél. 02 62 27 50 08 Ouvert jeu.-mar. 11h45-13h15 (le soir sur réservation)*

☺ **Ti resto lontan** Un restaurant incontournable et très couru ! Lieu de rendez-vous dominical des familles des hauts, cette table est providentielle pour une pause après une randonnér au volcan ou, simplement, après la visite de la Maison du volcan toute proche. Les caris cuisinés au feu de bois sont divins. Nous vous conseillons notamment le rougail saucisses gros piments (8,50 €), le poulet palmistes (15€) et le boucané baba figues (9,50€). Les gourmets et gros appétits seront comblés : en plus d'être succulents, les plats sont très copieux. Attention tout de même à ne pas avoir les yeux plus gros que le ventre : en prenant des foies de volaille (6€) en entrée, vous risquez d'êtres rassasié ! Réservation vivement conseillée le week-end. *209, rue Maurice et Katia-Krafft* ***Bourg-Murat*** *Tél. 02 62 43 90 42 Ouvert mer.-lun. midi et soir*

Auberge du Volcan Si vous n'y avez pas dormi (p.273), vous pouvez y manger. L'esprit "nappe à carreaux" et gîte de montagne ne doit pas faire oublier que des cars entiers déversent leur flot de touristes dans la grande salle à manger. Votre repas, surtout à midi, sera donc plus animé qu'intime. Vous pourrez néanmoins apprécier une cuisine familiale (menu 18€ avec, suivant la saison, terrine, pintade rôtie et glace) ou plus sophistiquée (menu à 33€ qui varie au fil des saisons : gratin de cœurs de palmier, cari queue de langouste et pêche melba, par exemple). *194, RN3* ***Bourg-Murat*** *Tél. 02 62 27 50 91 Ouvert mar.-dim. 12h-14h et 19h-21h (soir sur réservation)*

Restaurant Les Géraniums De grandes fenêtres s'ouvrant sur la vallée éclairent une vaste salle un peu sombre et impersonnelle, avec son carrelage de cantine. Toutefois, on y savoure des plats plus qu'honorables, comme le suprême de pintade crème aux cèpes, le magret de canard au goyavier ou le cari d'agneau aux arômes exotiques (attention, la carte change souvent). Menu à partir de 22€. *RN3* ***Le Vingt-Quatrième*** *(fléchage sur la gauche en montant) Tél. 02 62 59 11 06 www.hotellesgeraniums.com Ouvert lun.-sam. 19h-21h, dim. 12h-14h et 19h-21h*

Le Vieux Bardeau Une case créole aux tons doux, une terrasse ombragée en rez-de-jardin suffisamment en retrait de la route pour en oublier les (modestes) nuisances, une varangue fermée à la décoration feutrée pour les dîners en tête à tête, un service charmant... Le Vieux Bardeau a conservé une atmosphère de maison de famille. La cuisine créole traditionnelle et au feu de bois y est également sans reproche. Le buffet très varié permet de composer un menu complet pour 22€. Un restaurant très agréable. *RN3* ***Le Vingt-Quatrième*** *Tél. 02 62 59 09 44 www.levieuxbardeau.fr Ouvert mar. et dim. 12h-14h, mer.-sam. 12h-14h et 19h-20h30*

Hébergement

Étant donné la superficie de la région, les hébergements sont dispersés au fil des hameaux, mais se trouvent au maximum à 1h30 de voiture du pas de Bellecombe, point de départ des randonnées vers le Volcan.

prix moyens

Chez Thérèse Mussard Une chambre d'hôtes perdue dans la nature. Au sein des pâturages verdoyants du hameau de Notre-Dame-de-la-Paix, se niche une modeste case un peu décatie. Ne vous arrêtez pas à vos premières impressions, car les chambres en lambris verni ont incontestablement du cachet, notamment celle qui s'ouvre sur la baie de Saint-Pierre (35€ avec sanitaires communs). En outre, la toujours souriante Thérèse a le cordon bleu au bout des doigts pour préparer une table dont le poulet vanille est l'emblème (14-17€ le déjeuner, pour les résidents seulement). Si vous êtes de passage en septembre ou octobre, venez admirer le jardin merveilleusement fleuri. *180, CD36* ***Notre-Dame-de-la-Paix*** *(de la RN3 prendre la route de La Petite-Ferme – au PK23 à droite* *en montant –, continuer sur 6km, puis tourner à droite après l'école – fléchage) Tél. 02 62 27 57 59*

La Fermette Une case blanche tout en longueur domine la cour où flânent les chats, frôlant indolemment les fleurs. À peine si l'on entend les ronronnements de la route depuis l'une des 10 chambres simplissimes et propres (40€, sdb privée, petit déj. 5€). Une étape intéressante pour qui veut descendre à Grand-Bassin. *40, rue Raphaël-Douyère* ***Bois-Court*** *(environ 200m après le centre vers le belvédère à droite) Tél. 02 62 27 50 08*

Hôtel du Volcan À Bourg-Murat, juste en face du restaurant et de la maison du même nom. Au bord de la nationale, cette case reconnaissable à son toit rouge se compose de 15 chambres en lambris, de style "chalet", au confort honnête compte tenu du prix (42€ la double avec sdb privée, petit déj. 5€). Ce n'est pas l'hébergement le plus dépaysant, mais très pratique, au départ de la route qui mène à la Fournaise. Également 5 bungalow. *194, RN3* ***Bourg-Murat*** *Tél. 02 62 27 50 91*

Les Zakacias C'est un trou de verdure où coule... la vie hors du temps. Perché en haut d'un sentier abrupt, un bungalow à bardeaux sombres (49€, sdb privée et petit déj. inclus), des canards qui "gambadent", des fleurs qui envahissent la pelouse, la montagne qui se dévoile au-delà des arbres... offrent une imagerie de carte postale absolument charmante. On y passerait des jours et des soirées entières – ce qui tombe bien puisqu'on a droit à une réduction à partir de la 2e nuit (2 nuits 92€, 3 nuits 125€) ! Les propriétaires proposent une table d'hôtes sur demande (20€). *89, CD36* ***La Petite-Ferme*** *(sur la gauche en allant vers Notre-Dame-de-la-Paix, fléchage) Tél. 02 62 59 20 59 ou 06 92 87 36 60*

prix élevés

La Ferme du Pêcher gourmand Ce serait pécher que de ne pas aller au Péché ! Car cette auberge d'inspiration créole respire le grand air, bâtie sur le plateau qui domine la vallée. On dort au calme dans les chambres de la case aux tons verts, un peu exiguës mais d'une tenue irréprochable (double 78€ – 55€ le dim. –, sdb privée et petit déj. inclus), ou dans le chalet indépendant (93€). Les repas y sont aussi de bonne tenue, avec des produits de la ferme. La lecture des menus (23€), ou encore de la carte, met d'avance en appétit : vin de pêche, galantine de canard, gâteau maison. *141, rue Alfred-Lacroix (RN3)* ***Le Vingt-Cinquième*** *(2km après l'église à gauche en montant) Tél. 02 62 59 29 79 www.pechergourmand.re*

☺ **Crypto-Sign** Derrière ce nom à première vue obscur se dissimulent quatre grands chalets tout en bois (dont le cryptomeria) parfaitement intégrés au cadre environnant. Ici, la construction, comme l'aménagement, répond aux normes HQE (haute qualité environnementale) et témoigne de l'authentique engagement écologique de Signole Lauret, la propriétaire. Cette jeune femme dynamique et cordiale semble avoir pensé à tout : finitions soignées, souci des moindres détails et une décoration avisée. Un jardin en pente agrémenté de bosquets assure l'intimité à chacun des gîtes. Adossés au vallon avec pour lointain horizon l'océan et Saint-Pierre, ils offrent une garantie de total dépaysement et de grand confort. Le plus grand – le plus beau ! – (accessible aux handicapés) possède cinq chambres et peut accueillir jusqu'à 14 personnes ; comptez 1 211€/sem., 670€/w.-e. Le gîte de 3 chambres est loué 504€/sem. et 300€/w.-e. ; celui comportant 2 chambres est à 413€/sem., 260€/w.-e. Le gîte "Toi+Moi", spécialement conçu pour les couples, abrite une grande suite avec baignoire balnéo pour deux. À noter une délicate attention : une bouteille de champagne offerte. Comptez 430€ le w.e. et 830€/sem. *48, chemin de la chapelle Notre-Dame* ***Notre-Dame-de-la-Paix*** *Tél. 02 62 26 57 73 ou 06 92 82 33 26 waro-lauret@wanadoo.fr*

L'Écrin Un hôtel qui se veut l'"étape de luxe" de la plaine. Un peu en retrait de la RN3, ce grand chalet créole propose des chambres en bungalow, que l'on jugera un peu trop standard et impersonnelles, mais qui toutefois sont confortables en regard du prix demandé : 82€ (petit déj. inclus). Une adresse de dépannage plus que de séjour. *RN3* ***Bourg-Murat*** *Tél. 02 62 59 02 02 www.hotel-ecrin.re*

Hôtel Les Géraniums Si vous faites une étape dans cet hôtel à l'étrange paillote en guise d'entrée, demandez impérativement une chambre qui donne sur le jardin et le piton des Neiges : les autres, au même prix, ont vue sur le superbe... parking ! Vous pouvez affiner votre choix grâce aux noms évocateurs : "tamarin", "bois natte" ou "d'olive", etc. Double 82-85€, petit-déjeuner inclus. *RN3* ***Le Vingt-Quatrième*** *(fléchage sur la gauche en montant) Tél. 02 62 59 11 06 www.hotellesgeraniums.com*

★ ☺ LE PITON DE LA FOURNAISE

Unique, sublime, totalement dépaysant... Les superlatifs abondent pour qualifier le piton de la Fournaise, que tout Réunionnais appelle le Volcan, avec la majuscule qu'on lui doit. Cet espace presque entièrement minéral contraste radicalement avec ce que l'on connaît par ailleurs de l'île, sa végétation luxuriante et ses cours d'eau omniprésents. Culminant à 2 632m, la Fournaise constitue donc un voyage en soi, une parenthèse à l'intérieur d'un autre monde : celui de la Terre en pleine évolution. Il est émouvant de poser le pied sur une roche si jeune, de fouler ces coulées de lave parfois à peine refroidies, tout en dégradés de marron. Ou d'admirer – suprême cadeau ! – une éruption en cours, même s'il est désormais interdit d'accéder à l'enclos lorsque le volcan se met à rugir. Si vous ne devez faire qu'une randonnée durant votre séjour, chaussez vos meilleurs godillots et montez jusqu'aux cratères. Vous ne regretterez pas cette expérience.

UN VOLCAN HYPERACTIF MAIS TARDIVEMENT OBSERVÉ La Fournaise est l'un des volcans les plus actifs du monde. De type hawaïen, c'est-à-dire non explosif, il constitue une excroissance du massif du piton des Neiges (p.10). En activité depuis près de 600 000 ans, ce jeune "volcanbouclier" se caractérise par des coulées de lave de basalte fluides et peu chargées en gaz, consécutives à des éruptions non explosives. La formation du massif de la Fournaise peut être résumée en trois temps. Après les éruptions originelles et un glissement de l'île vers l'est, une première caldeira (autrement dit un cratère d'effondrement) se forme il y a 280 000 ans. La rivière des Remparts marque aujourd'hui la limite de cette zone. Il y a 40 000 ans, un autre affaissement se produit à l'intérieur du premier : un deuxième niveau, comme la marche inférieure d'un escalier géant, voit le jour. C'est la plaine des Sables, encaissée au pied du rempart de la rivière de l'Est. Puis vient le tour de l'enclos Fouqué, il y a 5 000 ans : alors qu'un plateau recouvrait l'ensemble du Volcan en une vaste étendue au niveau du pas de Bellecombe, le terrain s'est écroulé sur une hauteur de 130m. Il forme désormais un arc de cercle presque parfait en contrebas du parking. Aujourd'hui, il est le déversoir naturel de la majorité des coulées de lave. À l'intérieur de l'enclos, on distingue deux cratères principaux, formant deux demi-cercles imbriqués l'un dans l'autre. Inactif depuis 1971, le cratère Bory provient d'un effondrement du cône sommital, dû à un appel de matière de la chambre magmatique, qui

Écotourisme

Conscients de leur patrimoine naturel et culturel, les Réunionnais multiplient les initiatives dans le domaine du développement durable, notamment dans le maintien et la mise en valeur d'activités traditionnelles et par le biais du tourisme vert.

Productions locales artisanales et savoir-faire

Écotourisme culturel, loisirs

Hébergement

se trouve au-dessous, à la verticale. Jouxtant le Bory, le Dolomieu est encore actif. Des coulées s'échappent régulièrement de ce trou de 100m de profondeur et de près de 300m de diamètre. Environ une fois tous les dix ans, la lave incandescente atteint l'océan en se frayant un chemin hors de l'enclos protecteur, comme ce fut le cas notamment en 1977. C'est à la suite de cette tragique coulée, qui détruisit en partie le village de Piton-Sainte-Rose, que les autorités décidèrent de fonder l'observatoire volcanologique situé à Bourg-Murat, et dont la mission est d'ausculter le "monstre" jour et nuit. Une révolution lorsqu'on se remémore le temps où les Créoles refusaient catégoriquement de se rendre au Volcan. Le littoral au pied de ses pentes demeurait alors peu peuplé et aucun Réunionnais ne se risquait sur ses flancs. Il a fallu attendre les années 1750 pour que des expéditions menées par des métropolitains explorent cette mystérieuse montagne. Aujourd'hui, près de 200 000 personnes goûtent chaque année aux joies et aux beautés d'une promenade sur le Volcan.

MODE D'EMPLOI

accès

EN VOITURE

Construite en 1971 et 1972, la route forestière (RF5) est signalée dès la maison du Volcan à Bourg-Murat (à droite au rond-point en venant de la plaine des Cafres). Les panneaux "Route du Volcan" indiquent la route jusqu'au piton. Tournez donc à droite au second rond-point, puis bifurquez tout de suite à gauche. Il vous faudra au moins 45min pour traverser d'abord un paysage de prairies vallonnées, où paissent des troupeaux de bovins (en laissant le lieu-dit La Grande-Ferme sur votre droite), puis pour arriver à un décor beaucoup moins verdoyant fait de brandes (sorte de bruyère) et de roches. Au bout d'environ 30min, vous atteignez le pas des Sables, d'où vous découvrez l'étonnant paysage rougeâtre et minéral de la plaine des Sables, effondrée il y a 40 000 ans. Vous traversez cet environnement "martien" par la piste jonchée de nids-de-poule (15min) et atteignez enfin le parking juste en bordure de l'enclos Fouqué, qui entoure le Volcan proprement dit. Depuis Saint-Benoît sur la côte est, comptez environ 1h35 par la RN3 et la plaine des Palmistes, cf. Mode d'emploi (p.282).

informations touristiques

Office de tourisme du Tampon/ Plaine des Cafres cf. Mode d'emploi (p.268)

www.fournaise.info Site complet sur le Volcan : actualités, randonnées, photos...

DÉCOUVRIR

Le piton de la Fournaise

☆ **Les essentiels** Le tour du Volcan, la falaise du Cassé de la rivière de l'Est

● **Randonner au plus près du Volcan** Vous ne trouverez pas de guides directement au Volcan. Si vous désirez avoir un accompagnateur, renseignez-vous auprès des prestataires cités dans ce guide (p.66), ou auprès de l'Office de tourisme du Tampon/Plaine des Cafres (p.269) ou de l'IRT (p.66). ***Conseil*** *Renseignez-vous auprès de l'OT du Tampon/Plaine des Cafres pour connaître les dernières informations concernant l'accès aux sentiers ou sur le site www.fournaise.info*

☆ **Tour du Volcan** Aller à la rencontre de ce véritable mythe et admirer ses deux principaux cratères entourés de laves refroidies est le rêve de beaucoup de randonneurs. Hélas, en raison de l'activité quasi constante du volcan, l'accès au sentier contournant les cratères Dolomieu et Bory, est parfois interdit aux marcheurs. Le grand parcours tel que nous le décrivons ci-dessous peut parfois se trouver modifié par de nouvelles coulées de laves, et être accessible seulement partiellement. Renseignez-vous auprès de l'office de tourisme du Tampon/Plaine des Cafres pour connaître les dernières informations concernant l'accès aux sentiers. Dans tous les cas, pour le grand tour ou pour les randonnées de substitution que nous vous indiquons, votre point de départ sera nécessairement le **parking du pas de Bellecombe**. Longez l'enclos vers la gauche pour atteindre en 5min le seul accès possible. Passé la grille (fermée à chaque alerte d'éruption), un **escalier** taillé à flanc de rempart permet de rejoindre le bord inférieur de l'enclos en 30min. En bas, le contraste est saisissant entre la paroi et ses brandes vertes sur le haut, et l'environnement de lave que l'on foule pour la première fois. Vous êtes au pied de l'**enclos Fouqué**. L'itinéraire mène rapidement au **Formica Léo**. Montant en pente douce, vous observez un bel exemple de lave cordée formant une sorte de drapé, assez intriguant. Vous marchez ensuite environ 45min avant d'arriver au niveau de la **chapelle de Rosemond**, superbe cumulus de lave en partie effondré. Deux sentiers aboutissent à la Fournaise. Celui de gauche s'élève tranquillement jusqu'au sommet qu'il contourne par l'est. En face, l'ascension est plus raide durant une petite heure et aboutit directement au **cratère Bory** (2 632m). Nous vous conseillons de privilégier ce trajet qui, bien qu'un peu plus sportif, permet rapidement d'apprécier les cratères ainsi que le superbe panorama au-delà de l'enclos Fouqué. Après cette portion parfois difficile pour les chevilles (les appuis peuvent être délicats sur les nombreuses

Trecks sur les versants du volcan

Dominick Cerveaux Ce guide accompagnateur organise une fois par mois des trecks de 1 à 3 jours sur les versants du Volcan. Il vous propose de partir à la découverte de la forêt, des tunnels de lave, ou d'aller à la rencontre des habitants en visitant un village créole. Relativement difficiles, ces randonnées s'adressent à un public entraîné. Le prix comprend les repas, et l'hébergement en gîte (le transport reste à la charge des randonneurs). Formules de 1 j./1 nuit (à partir de 150€) à 3 j./2 nuits (370€) pour des groupes de 6 à 12 pers. (tarifs dégressifs en fonction du nombre de pers.).
Tél. 06 92 81 70 10 ou 06 92 86 32 88
www.guid-a-nou.com

FOURMI-LION
Cône atypique, de type strombolien, le Formica Léo est formé d'une accumulation de scories ocre et rouge datant de 1753. Bien que le cratère s'érode rapidement, il est toujours possible de grimper sur cet amas en forme d'entonnoir, dont le nom évoque le fourmi-lion, insecte dont les larves creusent des trous dans le sable pour attraper leurs proies.

aspérités et rondeurs de la lave), vous atteignez le premier des deux principaux cratères, le Bory. C'est le moment de se retourner vers Bellecombe. Par beau temps, on aperçoit le dos arrondi du piton des Neiges et le sommet plus aigu, sur sa gauche, du Grand Bénare qui borde la façade ouest du cirque de Mafate. Plus proche de vous, également sur la gauche, vous pouvez admirer le sommet rouge du piton Chisny, ancien cratère aujourd'hui éteint, ayant donné naissance à la magnifique plaine des Sables. Mais, au bord du Bory, votre attention sera immédiatement aimantée par ce trou gigantesque : vertigineux ! Continuez à suivre le marquage blanc vers le sud, tout en remarquant les failles impressionnantes qui partent du centre pour se prolonger hors du cratère. On accède bientôt au bord du monumental **cratère Dolomieu**, que les dernières éruptions (avr. 2007, déc. 2008-fév. 2009, janv. 2010) ont profondément modifié : effondrement du plancher et disparition du cratère de la Soufrière. Attention ! Il est strictement interdit d'y descendre. L'itinéraire contourne le Dolomieu. Prenez le temps d'observer tout autour les dégradés de marron, réellement sublimes. Au loin, on aperçoit les Grandes Pentes qui plongent vers l'océan et, un peu sur la gauche, vers l'est, le village de Sainte-Rose qui se trouve hors de l'enclos cf. La côte sud et sud-est (p.203). Le retour se fait par l'est, en suivant toujours les marques blanches jusqu'à la chapelle de Rosemont (30min env.), après quoi il faut encore compter une bonne heure pour atteindre le parking. ***Accès*** *Parking du pas de Bellecombe* ***Durée*** *env. 5h* ***Parcours*** *Boucle balisée en blanc* ***Dénivelé*** *480m* ***Difficulté*** *Moyenne* ***Conseils*** *Ne pas s'écarter de l'itinéraire balisé par temps de brouillard, il est ensuite extrêmement difficile de retrouver son chemin en raison d'un environnement uniforme* ***Hébergement*** *Gîte du Volcan* *cf. ci-après Carnet d'adresses*

Kapor À défaut de pouvoir approcher le Dolomieu et le Bory, découvrez le Kapor, cratère trapu apparu lors de la longue éruption de 1998 qui donna naissance, 5 ans plus tard, à un rejeton : le Payankë. Le sentier débute sur la gauche à l'entrée de l'enclos Fouqué. L'itinéraire balisé en blanc s'écarte progressivement du rempart et les laves cordées cèdent la place aux coulées de "gratons" rendant la progression plus difficile. Au pied du piton parsemé des éclats mordorés des olivines, le balisage conduit sur la droite à un belvédère de l'ONF qui surplombe les flancs lisses du Kapor et la crête hérissée du Payankë. ***Accès*** *Parking du pas de Bellecombe* ***Durée*** *3h* ***Parcours*** *6km AR balisé en blanc et flèches dans le sens du retour* ***Dénivelé*** *300m* ***Difficulté*** *Moyenne*

Cratère Rivals Alternative au grand tour des cratères, un sentier qui contourne la Fournaise par l'ouest conduit en 8,5km au cratère Rivals né d'une éruption en 1937. À partir de l'enclos on rejoint la chapelle de Rosemont. Le balisage bifurque sur la droite, alternant coulées de "gratons" et dalles de lave sur des pentes qui s'accentuent pour franchir deux cols aux abords des cratères Caubet et Rivals. On est récompensé par une vue grandiose sur les cratères La

Paix – apparu lors de l'éruption de 2006 – et Château Fort, au sommet crénelé. **Accès** *Parking du pas de Bellecombe* **Parcours** *9,5km AR* **Durée** *5h30* **Difficulté** *Moyenne à délicate* **Conseils** *Par temps de brouillard, ne vous écartez pas de l'itinéraire balisé, il est ensuite extrêmement difficile de retrouver son chemin en raison d'un environnement uniforme* **Hébergement** Gîte du Volcan *cf. ci-après* Carnet d'adresses

☆ **Cassé de la rivière de l'Est (1760m)** Vous avez aimé fouler le Volcan ? Alors découvrez-le sous un autre jour en passant par l'impressionnante falaise du Cassé de la rivière de l'Est. Le sentier débute juste en contrebas du **parking du gîte** (2 246m), sur la gauche. Balisé de blanc, il descend doucement au milieu de la végétation typique du volcan, majoritairement des brandes formant de petits bosquets. La pente vous amène, au bout de 15min, à un sous-bois qui s'étoffe de plus en plus pour laisser place à une **forêt de tamarins**, très reconnaissables à leur tronc qui s'entortille sur lui-même sous l'effet du vent. Le sentier se fait plus raide à mesure que vous vous enfoncez dans cet environnement frais et ombragé. Vous passez plusieurs ravines, en général faciles à franchir. Le sol s'avère souple et reposant à fouler malgré la pente. Cette descente très agréable vous mènera en 1h30 au **camp Marcellin** (1 770m), qui marque le début proprement dit du fond de la rivière de l'Est, avec son rempart sur la gauche. Le décor a changé : vous vous trouvez au milieu d'une magnifique plaine aux herbes folles où vous croiserez peut-être quelques vaches en train de brouter. Attention, le sol, très spongieux, est parfois marécageux et colle aux semelles. Passez devant l'abri fermé et continuez tout droit. La randonnée devient encore plus aisée, puisque le terrain reste plat jusqu'au bout du sentier, à savoir jusqu'au **Cassé** (1 760m). Il vous faudra environ 45min pour l'atteindre. Vous découvrez alors, protégé par un garde-corps en bois, une falaise monumentale qui s'ouvre sur une gorge flanquée de deux remparts. Le panorama est vraiment époustouflant : la rivière de l'Est a creusé un étroit canyon dans le fond, l'à-pic est vertigineux. **Accès** *Parking du gîte du Volcan* **Durée** *6h* **Parcours** *Boucle balisée en blanc* **Dénivelé** *600m* **Difficulté** *Difficile* **Conseils** *Renseignez-vous auprès du gîte du Volcan sur l'état du sentier qui mène au Nez coupé, car celui-ci n'est pas entretenu régulièrement* **Hébergement** *Gîte du Volcan cf. ci-après Carnet d'adresses*

Nez coupé de Sainte-Rose (2 075m) Cette randonnée peut s'effectuer pour elle-même ou constituer la prolongation de la précédente. Dans ce cas, assurez-vous que vous êtes d'attaque pour une randonnée de 9h environ et rebroussez chemin durant 15min pour retrouver la belle prairie croisée à l'aller (un panneau y indique le Cassé). Tournez à gauche en **direction du rempart de l'enclos Fouqué**. Là, les marques blanches ont malheureusement un peu disparu. Aussi, dirigez-vous plutôt vers le sud-est, passez une seconde prairie et entamez la montée à travers les brandes. Le sentier, en principe entretenu par l'ONF, se dessine au milieu de la végétation. Comptez au moins 1h30 pour accéder au **sommet du rempart**. Le chemin, quasiment en ligne directe, est par endroits extrêmement raviné par les précipitations et oblige souvent à s'aider des branches et des racines qui jalonnent le parcours. Il est donc pénible à gravir, voire périlleux lors de la saison des pluies. Mais la récompense est au bout de l'effort : une fois en haut, prenez à gauche vers le **point de vue du Nez-coupé de Sainte-Rose** (2 075m). Depuis cette plate-forme, par temps clair et si le vent n'est pas de la partie, le panorama sur les

Grandes Pentes est surprenant. On domine tout le flanc est du volcan et ses nombreuses coulées de lave. On admire l'océan Indien au large. Vous pourrez également apercevoir, à mi-pente, le **piton de Crac**, dont la faille gigantesque découle, non pas d'une éruption, mais de la formation de la caldeira. Après cette pause bien méritée, revenez en arrière et empruntez le sentier qui longe le bord du rempart pour vous rendre au **pas de Bellecombe**. Au milieu d'une végétation faite de petits tamarins des Hauts et de bosquets, vous pouvez apercevoir quelques terriers de tangues. Le sentier monte encore une bonne heure, un peu en montagnes russes. Il devient moins accidenté et en légère descente alors que le sol se fait plus minéral. Au bout de 30min pendant cette dernière heure de marche, vous passez le point dit du "**piton de Partage**" (2 361m), qui indique le début des **Grandes Pentes**. En observant l'intérieur de l'enclos, vers le bas, vous distinguez clairement cette cassure, avec une forte déclivité qui plonge d'un seul coup vers la mer. Peu avant le pas de Bellecombe, au niveau de l'accès à l'enclos que vous laissez à gauche, bifurquez à droite afin de rejoindre le parking du gîte. ***Accès*** *Parking du gîte du Volcan* ***Durée*** *4 à 5h* ***Parcours*** *Balisé en blanc* ***Dénivelé*** *700m* ***Difficulté*** *Difficile* ***Conseil*** *Renseignez-vous auprès du gîte du Volcan sur l'état du sentier qui n'est pas entretenu régulièrement ou téléphonez* ***Hébergement*** *Gîte du Volcan cf. ci-après Carnet d'adresses*

Randonner aux alentours du Volcan

Piton de l'Eau Seul lac volcanique de l'île, le Piton de l'Eau (1 887m) vous tend les bras lors de cette courte balade. Après avoir quitté la route du Volcan, vous pouvez normalement encore rouler 5km jusqu'à une barrière qui interdit la piste d'accès. Si celle-ci est ouverte, surtout ne la franchissez pas en voiture, vous pourriez vous retrouver bloqué en revenant de la balade. Le sentier se continue donc à pied en très légère descente, tranquillement, au milieu de pâturages et de prairies. Au bout d'une heure environ au sein de cet environnement quasi alpestre, il vous faudra gravir un escalier afin de découvrir ce cratère inactif depuis soixante mille ans, aujourd'hui l'unique lac

La Fournaise sous le soleil

Il est très difficile de prévoir le temps qu'il fera au Volcan. Alors même que la plaine des Cafres et/ou des Palmistes sont sous les nuages, la Fournaise peut bénéficier d'un superbe ensoleillement. Le contraire se vérifie également. La règle veut néanmoins qu'on privilégie les randonnées très tôt le matin (à partir de 6h), pour avoir le plus de chance possible de voir le site sous le soleil. À site exceptionnel, équipement sérieux ; rappelons ici aux plus tête en l'air que shorts, débardeurs et tongs sont ici totalement déplacés, qu'une bonne réserve d'eau est indispensable, qu'un encas énergétique, des gants pour affronter la rugosité de la roche et un coupe-vent/pluie sont fortement recommandés (toutes les randonnées flirtent avec les 2 000m d'altitude !).

de ce genre à la Réunion. Les endroits pour pique-niquer sont nombreux, et l'atmosphère champêtre. **Accès** *Sur la route du Volcan, prendre une piste à gauche après avoir dépassé le piton Textor (fléchage)* **Durée** *2h30* **Parcours** *AR* **Dénivelé** *200m* **Difficulté** *Facile* **Hébergement** *Gîte du Volcan cf. ci-après Carnet d'adresses*

CARNET D'ADRESSES

Restauration, hébergement

Au pas de Bellecombe, un snack permet de commander un café ou toute autre boisson avant ou après l'ascension. Il ouvre ses portes de 6h à 16h. Pratique.

gîte de montagne

Gîte du Volcan Presque aussi célèbre que le Volcan lui-même, ce gîte est très bien tenu. Avec ses bardeaux, l'édifice principal, qui abrite la réception et la salle à manger, a l'allure d'un chalet à la mode créole. Juste en contrebas, après avoir passé des haies taillées en forme d'animaux ou de canapé (très réussi), on accède à trois bâtiments. Le premier, très joli, en bois de tamarin, abrite quatre chambres de quatre personnes et une chambre de deux. La bâtisse en contrebas, tout en bois également, abrite un dortoir de douze places et une chambre de quatre personnes. Celle sur la gauche, plus moderne, accueille une chambre de quatre, une de six et une de dix personnes avec cheminée et coin cuisine. Pour la douche, il est nécessaire de se procurer un jeton (1,50€/5min d'eau chaude) et, conseil du gardien, d'éviter de l'introduire mouillé afin de ne pas bloquer le système ! Au total, il vous en coûtera 16€ la nuit (petit déj. 6€) et 19€ pour un repas complet servi à partir de 19h. Les plus aisés et/ou amoureux peuvent opter pour la chambre dite "nuit de noces" (50€ avec petit déj. à réserver directement auprès du gîte), située derrière la réception et agrémentée d'une tenture au motif panthère : tout un programme... En outre, il est possible de déjeuner sur réservation 48h à l'avance (menu à 20€ avec cari, dessert et café, plats de 12€ à 16€). *Rte forestière du Gîte du Volcan* **Pas de Bellecombe** *(à gauche, 500m avant le Pas de Bellecombe) Tél. 06 92 85 20 91 (pour réserver la chambre "nuit de noces" ainsi que les repas) www.legiteduvolcan.com Sinon, réservation des nuitées exclusivement auprès de l'IRT Tél. 0810 160 000 www.reunion.fr*

GAMME DE PRIX	RESTAURATION	HÉBERGEMENT
Très petits prix	moins de 8€	moins de 15€
Petits prix	de 8 à 15€	de 15 à 30€
Prix moyens	de 15 à 25€	de 30 à 50€
Prix élevés	de 25 à 40€	de 50 à 100€
Prix très élevés	plus de 40€	plus de 100€

LA PLAINE DES PALMISTES

97431

À 1 000m d'altitude et soumis aux fortes précipitations océaniques, le versant oriental des Hautes Plaines étonne par sa végétation abondante : les fanjans (fougères arborescentes) règnent sur le sommet des remparts, semblables à d'immenses parasols, les pitons sont recouverts d'un tapis de verdure, les tamarins peuplent la forêt de Bébour-Bélouve, espace unique où croissait autrefois en abondance le palmiste rouge qui a donné son nom à la plaine. Cet arbre aux feuilles en forme de plumes, après avoir été décimé à des fins culinaires (son cœur étant fort apprécié), est désormais protégé et son abattage strictement réglementé. La plaine des Palmistes, région agricole où le chouchou et le goyavier sont rois, a également donné son nom à une commune de 5 200 âmes héritières de P'tits Blancs, qui s'étire le long de la nationale, et qui devrait accueillir prochainement la Maison du Parc national qui abritera un espace d'accueil et d'information pour le grand public. Entre deux petits ronds-points, le deuxième village concentre la majorité des activités, dont les restaurateurs qui n'ont pas oublié les traditions du pays : une bonne raison, outre les possibilités de randonnées, d'y faire une étape.

MODE D'EMPLOI

accès

EN VOITURE

Par la RN3, il vous faudra environ 20min pour rallier La Plaine-des-Palmistes de Saint-Benoît (19km). Du sud, 30min seront nécessaire pour venir de Bourg-Murat en passant le col de Bellevue, qui marque la transition entre un univers plutôt sec et un environnement beaucoup plus verdoyant. Par cet itinéraire, le Volcan se trouve à 1h15 environ.

EN BUS

Cars jaunes Le réseau fait la liaison entre Saint-Benoît et Saint-Pierre en traversant la plaine des Palmistes grâce à la ligne H. Divers arrêts jalonnent cette portion de la nationale. *Tél. 0810 123 974 www.cg974.fr*

Réseau Estival Les lignes 64 (Piton-des-Songes), 65 (Saint-Benoît) et 66 (Petite-Plaine) partent au départ de la mairie de La Plaine des Palmistes *Tél. 02 62 94 70 00 www.cirest.fr*

informations touristiques

Office de tourisme Installé au domaine des Tourelles, l'antenne locale de l'office de tourisme intercommunal de l'Est vous fournira avec un sourire cordial tous les renseignements sur les randonnées à faire au départ du bourg et les possibilités d'hébergement. Vous pourrez également demander un plan de la commune, indispensable pour localiser les adresses et vous repérer dans vos déplacements. *Domaine* *des Tourelles 260, rue de la République Tél. 02 62 41 17 70 est.reunion.fr Ouvert lun. et mer.-ven. 9h-18h (17h30 juin-sept.), mar. 9h-17h, w.-e. 10h-17h*

marchés, fêtes et manifestations

Marché forain La place de l'église accueille un modeste marché. *Dim. 6h-12h*

Sainte Agathe Fête patronale. *Fév.*
Fête de la Croix glorieuse Messe et pélerinage au piton des Songes. *Sept.*
Fête des goyaviers Début juin, période où la région regorge de ce petit fruit rouge légèrement amer, on célèbre le goyavier : défilés, animations, concerts, concours culinaires, etc. *www.fetedesgoyaviers.fr Juin*
Marché aux fleurs *RN3/Pl. de la Mairie Nov.*

DÉCOUVRIR
La plaine des Palmistes

☆**Les essentiels** Le domaine des Tourelles **Découvrir autrement** Retournez en enfance auprès de la cascade Biberon, baladez-vous en famille au piton Bébour, dégustez des goyaves en admirant le paysage

☆**Domaine des Tourelles** Cette vaste demeure créole de 1927, encadrée par deux tours recouvertes de bardeaux, était la résidence secondaire d'Alexis de Villeneuve, grand propriétaire à Saint-Benoît. Dans les années 1950, son épouse la cède aux Œuvres laïques, avant que le Conseil général ne la récupère, décidant de la restaurer en 1993. Elle accueille aujourd'hui l'"Îlot de l'archipel réunionnais des métiers d'art", qui regroupe un apiculteur, un fondeur d'art, l'atelier d'un liquoriste et un salon de thé. De nombreux objets artisanaux y sont mis en vente. Certains artisans proposent des ateliers à la demi-journée. Le parc de 5ha est également un lieu de découverte botanique. On peut s'inscrire à diverses sorties thématiques : sentier botanique, plantes médicinales, atelier bouturage… *260, rue de la République Tél. 02 62 51 47 59 www.domaine-tourelles.com Ouvert lun. et mer.-ven. 9h-18h, w.-e. 10h-16h (fermeture de la boutique à 18h) Visite botanique sur réservation Tarif 3€, réduit 1,50€*

● Où boire un verre, manger sur le pouce ?

Le Délice des Plaines Vous y retrouverez à la pause déjeuner de nombreux habitants ou travailleurs de la commune, installés sur la vaste terrasse. Au menu, les traditionnels caris (5 à 6€ à emporter), mais aussi une formule buffet (8€ en sem., 15€ le w.-e.) proposant caris, brèdes, nouilles sautées... *333, rue de la République Tél. 02 62 41 45 63 Ouvert mar.-dim. 10h-21h*
Café des Arts Face à la mairie, ce café propose des salades (5€ à emporter, 6€ sur place), des sandwichs à partir de 2,50€, des gauffres et des crêpes à partir de 2€. Autre avantage pratique pour les accros de la Toile, il jouxte l'espace Internet de la mairie, avec connexion gratuite. *325, rue de la République Tél. 06 92 65 57 41 Ouvert mer.-lun. 9h-19h* **Cyber base** *Tél. 02 62 51 28 33 Ouvert lun.-sam. 9h-12h et 13h-17h (18h ven., 16h sam.)*

Se baigner dans une cascade

☺ **Cascade Biberon** Outre ses eaux claires et fraîches, et son accès facile, la cascade Biberon offre une balade très agréable. Le sentier mène à la ravine Sèche qui, comme son nom l'indique, se traverse normalement sans se mouiller les pieds. Vous suivez bientôt le torrent en légère montée. La cascade se profile alors, haute de près de 250m, joli filet d'eau trouant une végétation verdoyante où croissent des fleurs sauvages. Vous pouvez vous offrir une baignade revigorante (15°C environ sous la cascade) et sans risques dans le bassin. Au retour, c'est le moment de sacrifier au rituel de la cueillette des goyaves (à partir du mois de mai), délicieuses en confiture. ***Accès*** *Au bout de la Rue Cascade-Biberon* ***Durée*** *1h* ***Parcours*** *AR* ***Dénivelé*** *70m* ***Difficulté*** *Facile*

Explorer la forêt

Guide PEI Luco Sautron En une journée ou une demi-journée, Luco vous convie à un voyage au cœur de la forêt de Bébour-Bélouve (p.284), ensemble unique au monde, peuplé d'espèces endémiques. Tamarins, bois de couleurs, palmistes rouges et orchidées : vous repartirez avec, en tête, un véritable manuel du parfait botaniste. *Tél. 02 62 51 48 88 ou 06 92 28 87 19*

Randonner dans la plaine des Palmistes

De la forêt de Bébour-Bélouve au Trou-de-Fer cf. p.295

Piton Bébour (1 475m) Afin de vous permettre de découvrir différents aspects de la végétation de la plaine des Palmistes, le sentier contourne le piton Bébour (1 475m). Très bien aménagé par l'ONF, il est jalonné de panneaux explicatifs sur l'environnement de cette région. En tout, vous vous arrêtez à dix stations pédagogiques, qui vous expliquent la formation du site, son histoire, l'influence des cyclones, la diversité et l'endémisme végétal, les plantes "épiphytes" (qui vivent sur d'autres plantes), le palmiste, le cryptomeria, les pestes végétales, les fanjans, ainsi que la structure géologique du paysage. Une balade facile, familiale et intéressante, particulièrement belle lors de la floraison des hortensias. ***Accès*** *En voiture, passer par La Petite-Plaine pour rejoindre la route forestière de Bébour-Bélouve (RF2). Après le col de Bébour (1 411m) puis un virage à droite, un parking se trouve sur la gauche* ***Durée*** *1h30* ***Parcours*** *Boucle de 2,5km* ***Dénivelé*** *100m* ***Difficulté*** *Facile*

Trou-de-Fer Un but de promenade immanquable de la Réunion avec, au bout, une vue en contre-plongée sur la plus impressionnante chute d'eau de l'île. Le sentier traverse une forêt plantée de cryptomerias, puis s'enfonce dans la forêt primaire. Le clou de l'itinéraire : le point de vue sur les chutes vertigineuses du Trou-de-Fer (plus de 600m). C'est un site remarquable pour le canyoning, mais réservé aux plus aguerris. Vous pouvez revenir par le même sentier ou emprunter celui de l'École normale (fléchage), qui vous ramène sur la route forestière au sud du gîte de Bélouve en passant par l'étang de Grande-Mare. ***Accès*** *Le sentier débute en contrebas du gîte de Bélouve. En semaine, on y accède quasiment en voiture, une barrière interdisant le passage aux véhicules environ 500m plus loin. Le week-end (ven. midi-lun. 7h), laisser la voiture à près de 3km de là, ce qui allonge la randonnée d'environ 45min* ***Durée*** *3h* ***Parcours*** *AR de 10km balisé en bleu* ***Dénivelé*** *300m* ***Difficulté*** *Facile* ***Hébergement*** *Gîte de Bélouve (p.285)*

CARNET D'ADRESSES

Restauration

prix élevés

La Ferme du Pommeau Ambiance chalet de montagne autour de la cheminée ou dans le petit salon. Le bois ajoute une note chaleureuse à la vaste salle où sont servis les trois menus proposés (de 24 à 38€). Nous avons particulièrement apprécié, en entrée, le flan de cœur de songe et, en plat principal, le rougail boucané aux gros piments, servis avec une gentillesse discrète. Soirée piano-bar le vendredi ou samedi ; les autres jours, l'ambiance y est un peu plus feutrée. *10, allée des Pois-de-Senteur* ***La Plaine-des-Palmistes*** *(fléchage à gauche en montant) Tél. 02 62 51 40 70 www.pommeau.fr Ouvert tlj. 12h-14h (le soir à 19h sur réservation)*

Hébergement

gîtes de montagne

Gîte de Bélouve Aux confins de la route forestière de la forêt de Bébour-Bélouve, plus proche de Hell-Bourg que de La Plaine-des-Palmistes, vous trouverez un hébergement charmant, bon point de départ de randonnées. Pour les amateurs de pleine nature et de calme, ce gîte confortable est une aubaine, puisqu'il est pour ainsi dire accessible en voiture la semaine. En tout, 30 lits (16€/pers.) et deux chambres doubles (33€) avec salle de bains commune. Le petit déjeuner est en sus (6€). Vous devrez réserver votre repas du soir (18€) directement auprès des sympathiques gérants et pourrez même y déjeuner lors d'une rapide excursion en une journée (18€, sauf le mercredi). ***La Plaine-des-Palmistes*** *Au bout de la RF2 (à 20km au nord-ouest du centre de La Plaine-des-Palmistes) Tél. 02 62 41 21 23 Réservation des nuitées obligatoire auprès de la centrale de réservation de l'IRT Tél. 0810 160 000 www.reunion.fr*

Gîte du Pic-des-Sables Un chalet de bois, un jardin avec le chouchou qui pousse à l'entrée et, surtout, le magnifique pic des Sables en toile de fond : voici un hébergement au cadre agréable et à l'ambiance très "randonneurs". Au dortoir d'une capacité de 10 lits (20€, petit déj. 5€) s'ajoute une chambre pouvant accueillir jusqu'à 4 pers. (25€/pers.). Le repas créole complet (20€) et la possibilité de louer des vélos (18€) sont les petits plus appréciables de cette adresse. *2, allée des Filaos* ***La Plaine-des-Palmistes*** *Tél. 02 62 51 37 33 ou 06 92 64 54 97*

prix élevés

Gîte des Remparts Au pied du rempart, une case en dur et toit de tôle, à l'arrière de la maison des propriétaires, a été aménagée en 2 chambres

GAMME DE PRIX	RESTAURATION	HÉBERGEMENT
Très petits prix	moins de 8€	moins de 15€
Petits prix	de 8 à 15€	de 15 à 30€
Prix moyens	de 15 à 25€	de 30 à 50€
Prix élevés	de 25 à 40€	de 50 à 100€
Prix très élevés	plus de 40€	plus de 100€

sobres et fonctionnelles. Comptez 350-440€/sem. selon la saison, avec chauffage, sdb et petit déj. Le repas (20€) est servi chez Kléber et son épouse. Ils reçoivent dans la cuisine ou dans l'immense salle à manger. *50, rue des Remparts* ***La Plaine-des-Palmistes*** *(prendre la 1re intersection à droite sur la route de La Petite-Plaine, puis continuer sur environ 500m et suivre le fléchage) Tél. 02 62 51 37 15 ou 06 92 64 48 00*

Les Héliotropes Nous avons été charmés par le superbe jardin ainsi que par l'accueil discret d'Henriette. En revanche, les 3 chambres de sa maison moderne – avec salle de bains commune – sont sans attrait particulier. Double 50€ (petit déj. inclus). Quant au repas (28€ apéritif compris), il respecte la tradition : créole et complet. *43, rue Dureau* ***La Plaine-des-Palmistes*** *(fléchage) Tél. 02 62 51 33 79*

L'Échelle Dans un quartier en retrait de la route nationale, Nicole Plantec vous reçoit avec un large sourire dans une grande maison récente à l'entretien irréprochable. Les quatre chambres de plain-pied avec salle de bains privée s'ouvrent sur un jardin soigné. Double 53€, petit déjeuner 5€. Pour les familles, une suite composée de deux chambres communicantes avec salle de bains commune (100€/4 pers.). Repas (25€) sur réservation uniquement. *16, allée des Agapanthes* ***La Plaine-des-Palmistes*** *(prendre, face à la mairie, la rue Louis-Carnon, puis la 2e à droite) Tél. 02 62 51 48 55 ou 06 92 08 99 38*

La Ferme du Pommeau Dotée de deux bâtiments, cette ferme aux murs roses tient plus de l'hôtel que de l'exploitation agricole reconvertie en auberge. Mais l'accueil y est cordial, les prestations sont de bon niveau, la piscine avec vue sur la montagne, et les 15 chambres en excellent état, confortables avec chauffage (à partir de 56€, sdb privée, petit déj. 8,50€). Demandez une chambre donnant sur la montagne et non sur le parking : le site est à l'écart de la route, il est donc bon d'en profiter pleinement ! *10, allée des Pois-de-Senteur* ***La Plaine-des-Palmistes*** *(fléchage à gauche en montant) Tél. 02 62 51 40 70 www.pommeau.fr*

LES CIRQUES

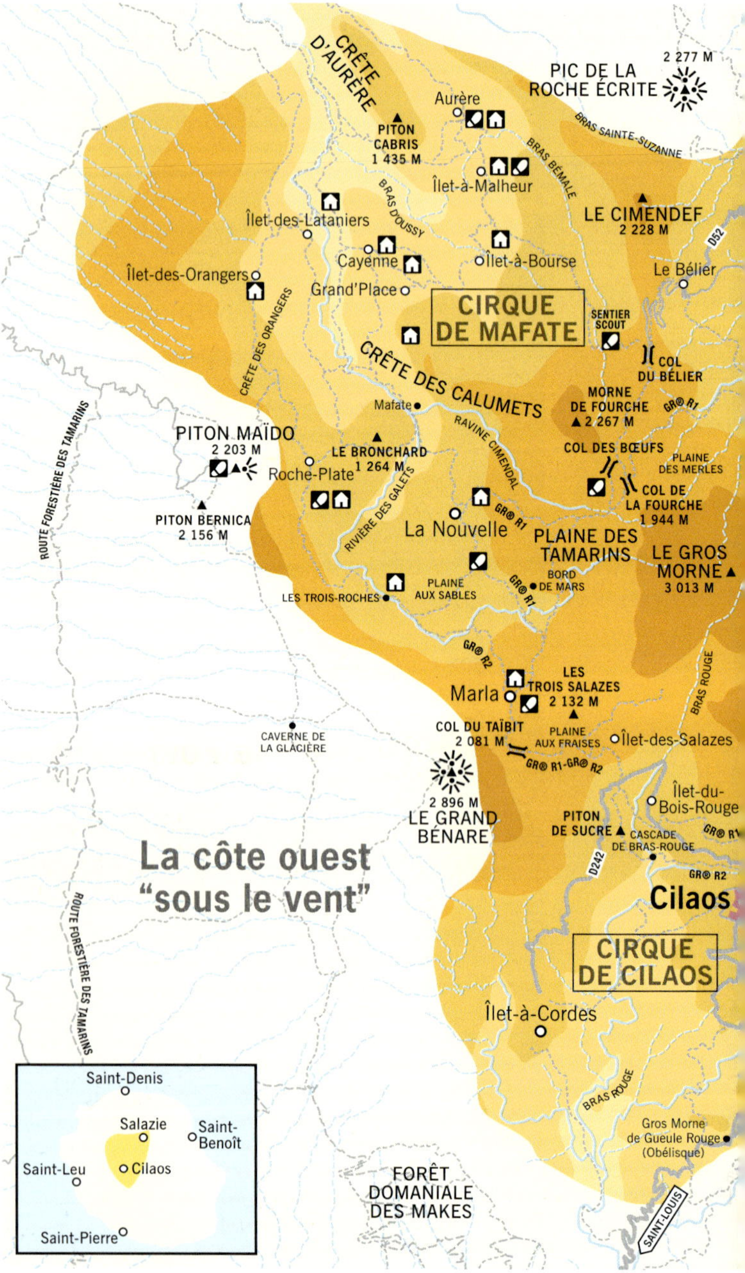
CRÊTE D'AURÈRE
PIC DE LA ROCHE ÉCRITE
2 277 M
Aurère
PITON CABRIS
1 435 M
BRAS SAINTE-SUZANNE
BRAS BÉMALE
Îlet-à-Malheur
BRAS D'OUSSY
Îlet-des-Lataniers
LE CIMENDEF
2 228 M
D52
Cayenne
Îlet-à-Bourse
Le Bélier
Îlet-des-Orangers
Grand'Place
CIRQUE DE MAFATE
SENTIER SCOUT
CRÊTE DES ORANGERS
CRÊTE DES CALUMETS
COL DU BÉLIER
MORNE DE FOURCHE
2 267 M
GR® R1
Mafate
PITON MAÏDO
2 203 M
LE BRONCHARD
1 264 M
RAVINE CIMENDAL
COL DES BŒUFS
PLAINE DES MERLES
Roche-Plate
ROUTE FORESTIÈRE DES TAMARINS
RIVIÈRE DES GALETS
COL DE LA FOURCHE
1 944 M
PITON BERNICA
2 156 M
La Nouvelle
GR® R1
PLAINE DES TAMARINS
LE GROS MORNE
3 013 M
BORD DE MARS
PLAINE AUX SABLES
LES TROIS-ROCHES
GR® R1
GR® R2
BRAS ROUGE
LES TROIS SALAZES
2 132 M
Marla
COL DU TAÏBIT
2 081 M
PLAINE AUX FRAISES
Îlet-des-Salazes
CAVERNE DE LA GLACIÈRE
GR® R1-GR® R2
2 896 M
LE GRAND BÉNARE
Îlet-du-Bois-Rouge
PITON DE SUCRE
CASCADE DE BRAS-ROUGE
GR® R1
La côte ouest
"sous le vent"
D242
GR® R2
Cilaos
ROUTE FORESTIÈRE DES TAMARINS
CIRQUE DE CILAOS
Îlet-à-Cordes
Saint-Denis
BRAS ROUGE
Salazie
Saint-Benoît
Gros Morne de Gueule Rouge (Obélisque)
Saint-Leu
Cilaos
FORÊT DOMANIALE DES MAKES
SAINT-LOUIS
Saint-Pierre

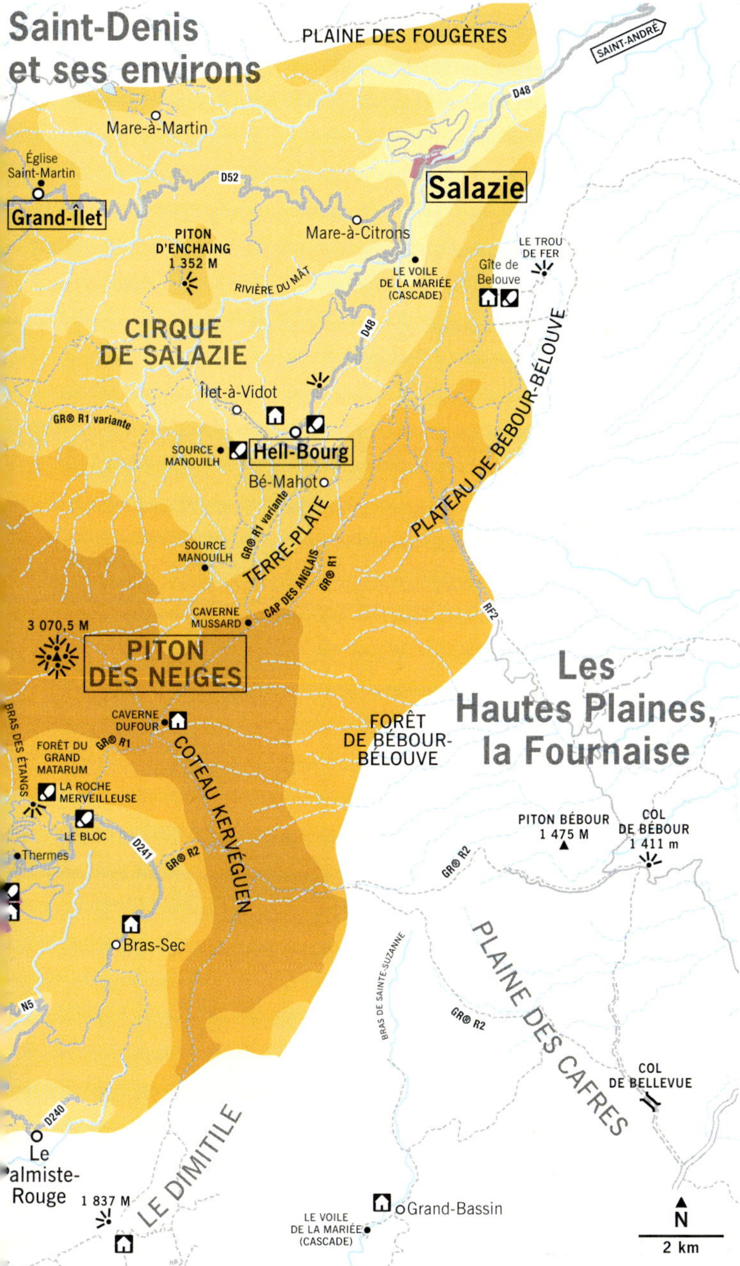
Saint-Denis et ses environs
PLAINE DES FOUGÈRES
SAINT-ANDRÉ
D48
Mare-à-Martin
Église Saint-Martin
Grand-Îlet
D52
Salazie
Mare-à-Citrons
PITON D'ENCHAING 1 352 M
RIVIÈRE DU MÂT
LE VOILE DE LA MARIÉE (CASCADE)
LE TROU DE FER
Gîte de Belouve
CIRQUE DE SALAZIE
Îlet-à-Vidot
GR® R1 variante
SOURCE MANOUILH
Hell-Bourg
Bé-Mahot
PLATEAU DE BÉBOUR-BÉLOUVE
TERRE-PLATE
CAP DES ANGLAIS
GR® R1
CAVERNE MUSSARD
RF2
3 070,5 M
PITON DES NEIGES
Les Hautes Plaines, la Fournaise
CAVERNE DUFOUR
COTEAU KERVÉGUEN
FORÊT DE BÉBOUR-BÉLOUVE
BRAS DES ÉTANGS
FORÊT DU GRAND MATARUM
LA ROCHE MERVEILLEUSE
LE BLOC
Thermes
D241
GR® R2
PITON BÉBOUR 1 475 M
COL DE BÉBOUR 1 411 m
Bras-Sec
PLAINE DES CAFRES
BRAS DE SAINTE-SUZANNE
N5
COL DE BELLEVUE
D240
LE DIMITILE
Le Palmiste-Rouge
1 837 M
Grand-Bassin
LE VOILE DE LA MARIÉE (CASCADE)
N
2 km

LES CIRQUES

SALAZIE

97433

Au débouché de la route qui vient de Saint-André, juste à l'entrée du cirque dont l'évasement évoque un entonnoir de verdure, le modeste village de Salazie est immanquable. Vous remarquerez d'emblée son église avec sa façade encadrée de deux tours à créneaux. Le Voile de la mariée jaillit du rempart de Bélouve qui se profile en arrière-plan. Sur les berges de la rivière du Mât, qui s'écoule en contrebas de Salazie, quelques producteurs de cresson perpétuent une tradition locale. Afin de goûter aux bienfaits de ce légume, faites donc une pause rapide pour déjeuner dans le centre, histoire de profiter pleinement de vos premiers pas dans le cirque.

LE CIRQUE DE SALAZIE Le cirque est dominé au sud par le grand plateau de Bébour-Bélouve qui rejoint le massif du piton des Neiges (3 070m), frontière avec Cilaos. En remontant, Salazie est séparé de Mafate par une barre montagneuse occidentale, de laquelle se détachent le morne de Fourche (2 267m) et le Cimendef (2 228m). Cette limite naturelle se termine en rejoignant la Roche-Écrite (2 277m). Salazie se referme au nord grâce aux parois abruptes de la plaine des Fougères, dont le piton du même nom culmine à 1 800m. Le cirque, ellipse orientée à l'est, forme un cul-de-sac où viennent s'engouffrer les nuages poussés par les alizés. Il en résulte des précipitations proches des records de l'île, soit environ 7m par an ! Celles-ci favorisent la formation de cascades, qui veinent la plupart des remparts en de multiples raies blanches fendant l'impressionnante et verdoyante couverture. Au centre se dresse le piton d'Enchaing (1 352m). On le distingue des autres pics qui hérissent la cuvette de Salazie grâce à son sommet plat recouvert d'un tapis de végétation.

1, 2, 3... cirques

Résultat spectaculaire de l'effondrement de la voûte de l'un des volcans du massif, les cirques de Salazie, Cilaos et Mafate s'articulent autour du piton des Neiges. Sculptés par les rivières et l'érosion du vent, ils découvrent de profondes ravines et des cascades majestueuses, pour le plus grand bonheur des amateurs de sports extrêmes en eaux vives. Hell-Bourg, véritable joyau d'architecture créole, et "capitale" du cirque de Salazie, dégage une atmosphère surannée. Du haut de ses 3 070m, le piton des Neiges, destination privilégiée des randonneurs, domine l'ensemble de l'océan Indien, le cirque de Cilaos à ses pieds. Plus à l'ouest, le cirque de Mafate et ses îlets du bout du monde, sans doute le plus sauvage des trois, enchantera les amoureux de marche à pied.

MODE D'EMPLOI

accès

EN VOITURE

Une seule route mène à Salazie : la D48, à partir de Saint-André, distant de 15km. L'itinéraire est facile et, bien évidemment, très beau lorsque la route débouche sur l'ouverture du cirque. Remarquez, quelques kilomètres avant le village, un "pisse-en-l'air" au lieu-dit La Roche-qui-Pleure dont les gouttelettes tombent continuellement sur les voitures.

EN CAR

Cars jaunes Au départ de Saint-Denis ou Saint-Benoît, les lignes F, G et Z2 desservent la gare routière de Saint-André, d'où partent les bus du réseau Cirest (Estival) à destination de Salazie. *Tél. 0810 123 974 www.cg974.fr*
Réseau Estival La ligne 80 fait la liaison entre Saint-André et Salazie. De Grand-Îlet, empruntez la n°82 et de Hell-Bourg, la n° 83. *Tél. 02 62 94 70 00 www.cirest.fr*

informations touristiques

Les bureaux de l'Office de tourisme installés à Hell-Bourg rassemblent les différentes informations sur le cirque (p.293).

adresses utiles

Salazie est le seul village du cirque à disposer d'une station-service (à l'entrée du village en venant du littoral). À la poste vous aurez accès à un distributeur automatique de billets.
CyberSalaze Connexion Internet 3,50€/30min *140, rue Georges-Pompidou* ***Salazie*** *Tél. 06 92 05 62 24*

DÉCOUVRIR

Salazie

☆**Les essentiels** Le Voile de la mariée **Découvrir autrement** Lézardez en regardant s'écouler la rivière du Mât, savourez du cresson frais au P'tit Bambou

☆ **Voile de la mariée** Plutôt qu'un voile, ce sont en fait plusieurs cascades qui s'échappent du rempart situé à l'arrière du village de Salazie. Gonflées et impressionnantes à la saison des pluies, elles évoquent en effet une

Tableau kilométrique

	Salazie	Bras-Panon	Grand-Îlet	Hell-Bourg	Saint-André
Bras-Panon	21				
Grand-Îlet	15	36			
Hell-Bourg	7	28	22		
Saint-André	18	7	32	25	
Saint-Benoît	27	7	43	35	13

mousseline transparente posée sur une tenture verte. Pour les observer ou les photographier, empruntez la route en direction de Grand-Îlet (à droite à la sortie de Salazie). Après deux ou trois virages, vous pouvez garer votre véhicule sur le bas-côté et laisser libre cours à votre âme de reporter. Les plus entreprenants bifurqueront après la station-service vers l'Îlet-Bananier. Deux kilomètres de route puis 15min de marche à travers les cressonnières les amèneront au pied des cascades.

● Taquiner le tilapia, pique-niquer au bord de l'eau

Les abords de la **Mare-à-Poule-d'Eau** ont été aménagés pour accueillir les pique-niqueurs et les pêcheurs du dimanche. Dépassez l'embranchement vers Grand-Îlet et continuez sur 3km jusqu'au chemin bétonné menant à un petit parking, situé après un pont. Garez votre voiture. En 5min de marche à travers bambous et pieds de songes, vous rejoignez le plan d'eau où, par temps dégagé, se reflètent les cimes environnantes.

CARNET D'ADRESSES

Restauration

prix moyens

Le P'tit Bambou Situé juste en face de l'église, ce restaurant offre l'occasion rêvée pour déguster la spécialité de Salazie : le cresson. Nous vous conseillons tout particulièrement le sauté de porc sur lit de cresson, vraiment succulent. Vous pouvez également goûter les autres sautés (bœuf ou poulet) ou un plat du jour, tel ce prometteur cari coq fermier. Demandez à manger si possible sur la terrasse couverte en retrait de la route, meilleur endroit pour tester une cuisine de grande qualité. Carte autour de 15-20€. *166, rue Georges-Pompidou* **Salazie** *Tél. 02 62 47 51 51 Ouvert jeu.-mar. 11h30-14h (et le soir sur rés.)*

★ ☺ HELL-BOURG

97433

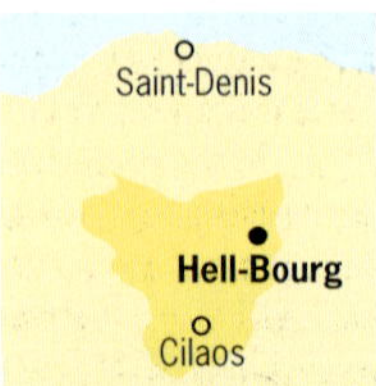

À 900m d'altitude, Hell-Bourg est la véritable capitale du cirque. Elle est surtout un magnifique joyau créole lové au pied du plateau de Bébour-Bélouve, avec le piton des Neiges pour gardien. Avec ses cases parfaitement restaurées qui bordent la rue principale, parsemant de couleurs vives un environnement montagnard tourmenté, le bourg séduira le plus blasé des voyageurs. Le seul à être classé "plus beau village de France" d'outre-mer, Hell-Bourg porte depuis 1842 le nom du gouverneur de Hell, qui administra Madagascar et ses dépendances. Il y règne une atmosphère d'autrefois, au temps où les curistes en costumes et robes élégantes venaient se ressourcer dans les thermes chics de la bourgade. Une ambiance sportive et décontractée également, avec tous ces

randonneurs fatigués mais réjouis à leur descente du piton des Neiges. À n'en pas douter, une des plus charmantes étapes de la Réunion.

L'ÉPOQUE BÉNIE DU THERMALISME À partir de 1830, les Noirs marrons ne sont plus les seuls à peupler le cirque. Des terrains sont attribués à de modestes paysans blancs. Une dynamique qui s'accélérera après 1848, lorsque l'esclavage est aboli : les agriculteurs les plus pauvres viennent y chercher des terres riches dans l'espoir d'échapper à la misère. Mais le véritable essor du cirque, et plus précisément de Hell-Bourg, coïncide avec la découverte de sources ferrugineuses aux vertus bénéfiques, en 1832. L'engouement est réel, de riches familles du littoral y installent bientôt leurs maisons de "changement d'air", et un hôpital militaire – l'hôtel des Salazes, bientôt transformé en hôtel de luxe – est fondé. Les premiers établissements thermaux voient le jour à partir de 1852. De belles villas sortent de terre, comme la maison Folio (1870), classée aux Monuments historiques. La période de grandeur de Hell-Bourg s'arrête en 1948 : le "cyclone du siècle" provoque des glissements de terrains qui obstruent les sources, laissant le village presque ruiné. À l'initiative de quelques-uns de ses habitants dont M. Folio et le médecin du bourg, une association de sauvegarde et de rénovation du patrimoine œuvre à redonner au village son lustre d'antan.

MODE D'EMPLOI

accès

EN VOITURE
De Salazie, une seule route possible : la D48 sur 7km. Un itinéraire facile (pas plus de 15min). De Saint-André, comptez 30min, sauf embouteillages !

EN CAR
Réseau Estival La ligne 83 assure 8 rotations/j. (4 le dim.) entre Salazie et Hell-Bourg. Pour atteindre Salazie, il vous faudra au préalable emprunter le ligne 80 au départ de Saint-André. *Tél. 02 62 94 70 00 www.cirest.fr*

orientation

Le plan quadrillé hérité de la période coloniale facilite l'orientation dans Hell-Bourg, d'autant que le village est assez ramassé. Quelques rues perpendiculaires coupent l'artère principale, la rue du Général-de-Gaulle, où sont situés des hôtels, restaurants et services, la plupart bien indiqués. En continuant la route qui traverse le bourg, vous rejoignez Îlet-à-Vidot, écart (hameau périphérique) distant de 2,5km.

informations touristiques

Office de tourisme intercommunal de l'Est-Antenne de Salazie Vous y trouverez toutes les informations sur les randonnées et les hébergements dans le cirque : fiches descriptives des randonnées – dont vous pourrez évaluer le parcours sur une grande carte murale en relief –, coordonnées des accompagnateurs, ainsi que la liste des hébergements. On vous remettra gratuitement un plan de Hell-Bourg répertoriant les nombreuses cases créoles du village. *47, rue du Général-*

de-Gaulle Tél. 02 62 47 89 89 ou 06 92 09 31 88 est.reunion.fr Ouvert lun.-sam. 8h30-12h et 13h-17h30

guides de montagne

Maham Séjour nature L'hôtel-spa Les Jardins d'Héva (p.298) organise des circuits à la journée. Vous pourrez réserver un parcours de randonnée dans Salazie, mais également à Mafate ou sur le Volcan : 70€/jour avec transfert, 50€/jour sans transfert, pour 4 pers. minimum. *Hôtel Les Jardins d'Héva 6, rue Auguste-Lacaussade Tél. 02 62 47 87 87 www.jardinsdheva.com*

adresses utiles

Que les randonneurs distraits qui ont oublié leur pique-nique se rassurent : il y a toujours une **épicerie** ouverte à Hell-Bourg. Pas un grand choix, des tarifs élevés, mais le nécessaire pour dépanner. La poste est équipée d'un **distributeur automatique** de billets.

fêtes et manifestations

Fête du chouchou *Mai ou juin*
Cimasalazienne Traversée extrêmement sportive des trois cirques (Salazie, Cilaos et Mafate). *Fin août*

DÉCOUVRIR
Hell-Bourg

☆**Les essentiels** La maison Folio **Découvrir autrement** Contemplez les sommets du haut du panorama du Point-du-Jour, trouvez une randonnée à votre niveau dans le cirque de Salazie, laissez-vous bercer par l'ambiance rétro du bourg

☆ **Maison Folio** Emblème de Hell-Bourg, cette superbe villa, ouverte au public mais toujours habitée par la famille qui l'a acquise il y a une cinquantaine d'années, propose une plongée dans l'époque faste du village et l'organisation de la vie domestique de la bourgeoisie créole. En une petite heure, guidé par le fils du propriétaire et sa femme, vous admirerez le mobilier estampillé Compagnie des Indes et le "lit du pirate" en fer forgé qui fut détourné en pleine mer, l'ensemble datant des années 1850. Vous apprendrez aussi comment lustrer les parquets anciens avec une demi-noix de coco ou comment on tresse le chouchou. Poursuivez les découvertes au jardin, qui offre un bel échantillon des espèces du cirque, du pok-pok au gingembre, du songe à l'anthurium en passant par l'incontournable géranium. Par la suite, vous contournerez la maison des invités et l'enclos des tortues, résidentes traditionnelles des jardins créoles, pour visiter la cuisine à l'ancienne et une exposition de meubles et d'objets anciens. Sont également présentés quelques bois de couleurs et de tamarins, qui ont servi autrefois à la construction de la maison. Vous aurez éventuellement la chance de croiser M. Folio, élégant vieillard et figure du village. Quelques mots échangés avec lui

CIRCUIT DES CASES CRÉOLES

Freddy Lafable, guide PEI, évoque l'histoire et l'architecture des cases de Hell-Bourg au cours d'une visite promenade du village (Tarif 8€, réduit 6€). **Guide PEI Freddy Lafable** *Tél. 06 92 15 32 32 Jeu.-lun. 9h, 10h30, 14h* vous laisseront le regret de ne pouvoir passer une soirée en compagnie de cet amoureux de Hell-Bourg, qui est une véritable mine d'informations et incarne à la perfection l'art de recevoir à la créole. *20, rue de l'Amiral-Lacaze Tél. 02 62 47 80 98 ou 06 92 26 24 83 Ouvert tlj. 9h-11h30 et 14h-17h Tarif 5€*

Point-du-Jour Un point de vue superbe qui englobe l'ensemble du cirque. Droit devant, le piton d'Enchaing semble flotter sur un tapis de canne à sucre et de chouchous. *En contrebas du village, à environ 1km du centre sur la D48 à droite en montant*

Le Bé-Mahot Dominant la bourgade de Hell-Bourg sur laquelle veille le piton d'Enchaing (1 352m), une table d'orientation permet de se repérer parmi toutes ces aiguilles couvertes de végétation et d'apercevoir le Cimendef ou la Roche-Écrite On y accède à pied (1h15 AR) ou en voiture (5min). *Au bout du village, prendre après le stade la direction Terre-Plate*

● Randonner dans le cirque de Salazie et la forêt de Bébour-Bélouve

De la forêt de Bébour-Bélouve au Trou-de-Fer Deux programmes en un : la découverte de la forêt primaire et la vue sur la magnifique cascade du Trou-de-Fer. Remontez la rue André-Fontaine vers le plateau de Bébour-Bélouve. Vous êtes sur le **GR® R1**, le balisage est donc clair et précis. Vous atteignez très rapidement les pentes qui mènent au plateau depuis une maison forestière. Comme souvent à Salazie, la difficulté ne provient pas du dénivelé mais de l'instabilité des appuis sur un sol détrempé, malgré la pose, par endroits, de caillebotis par les agents de l'ONF. Le sentier en lacet monte de façon régulière. Les virages offrent des points de vue magnifiques sur Hell-Bourg et le cirque. Il vous faudra au maximum **2h** pour rejoindre le **gîte de Bélouve** ainsi que le plateau et sa forêt. De là, vous pouvez vous rendre au Trou-de-Fer par un sentier (balisage bleu) présentant peu de difficultés, mais souvent boueux en saison humide, ou en suivant la route forestière de l'École normale, sans doute moins riche en trésors botaniques mais plus accessible par tout temps (p.284). **Accès** *Depuis la mairie annexe de Hell-Bourg, rue André-Fontaine* **Durée** *8h30* **Parcours** *AR*

La légende du papangue

Enchaing, comme nombre de pitons, porte le nom d'un esclave marron réfugié dans le cirque de Salazie après avoir fui son maître établi à Saint-Pierre. Il s'installa à proximité du sommet avec sa compagne, Héva, afin d'éviter les représailles, en observant tous les mouvements suspects dans le cirque. Mais le célèbre traqueur de fugitifs, Bronchard, retrouva sa trace. Pour échapper à l'arrestation, on rapporte qu'Enchaing se jeta du haut du piton ; la légende veut qu'il se soit changé en papangue, majestueux rapace endémique de la Réunion, et que son âme plane désormais au-dessus du cirque. Peut-être est-ce elle qui veille sur la douceur de vivre de Salazie, dont le nom malgache, *salazy*, signifie, avec à-propos, le "bon campement".

balisé en rouge et blanc pour le GR® R1 (jusqu'à Bélouve) et bleu pour le sentier du Trou-de-Fer ***Dénivelé*** *800m* ***Difficulté*** *Difficile si vous choisissez d'effectuer l'AR au Trou-de-Fer dans la journée* ***Hébergement*** *Gîte de Bélouve* (p.285)

Terre-Plate et source Manouilh Pour dominer le cirque de Salazie, puis apprécier la source ferrugineuse Manouilh, cette randonnée se révèle idéale. Le sentier s'élève rapidement (variante du GR® R1). Vous êtes assez vite au-dessus de Hell-Bourg, dont les toits multicolores se détachent dans la verdure. Des filaos d'abord, puis des goyaviers et des bois de songe aux larges feuilles en éventail vous accompagnent sur ce chemin caillouteux. En **30min**, vous atteignez un **belvédère** : le panorama sur le cirque, avec le piton d'Enchaing qui trône au beau milieu, est alors saisissant, cf. Le Bé-Mahot (p.295). Continuez la variante du GR® R1 durant environ **1h15** vers Îlet-à-Vidot, avant de bifurquer à gauche vers la source Manouilh. Le terrain est relativement plat, à peine vallonné au sein de la forêt de cryptomerias de Terre-Plate, la bien nommée. Une fois engagé sur le **sentier de la source**, vous descendez vers la **rivière du Mât**. Les cascades ruisselant du rempart font du site un endroit enchanteur. Après **1h30** de pente négative facile, vous traversez à gué la rivière pour atteindre enfin la source ferrugineuse, légèrement chaude, reconnaissable aux marques rouges d'oxyde de fer qu'elle laisse autour d'elle. Rebroussez alors votre chemin pour revenir au dernier embranchement. Prenez à gauche le sentier qui mène à Îlet-à-Vidot. Vous atteignez bientôt la D48, sur laquelle passe également le GR® R1. Tournez à droite afin de récupérer votre voiture. ***Accès*** *Au bout de la rue du Général-de-Gaulle, prendre à gauche vers Îlet-à-Vidot. Stationner le véhicule le long du stade sur la droite de la route* ***Durée*** *4h* ***Parcours*** *Boucle de 8,5km balisée en rouge et blanc pour le GR® R1 et sa variante* ***Dénivelé*** *310m* ***Difficulté*** *Moyenne à difficile en raison du terrain souvent boueux et glissant*

Le piton des Neiges depuis Hell-Bourg Une des entrées vers le piton via le cap des Anglais. Comptez 2 jours avec une nuit au gîte de la caverne Dufour, cf. Randonner au piton des Neiges (p.318).

CARNET D'ADRESSES

Restauration

petits prix

Chez Alice Une institution de Hell-Bourg. Cette cuisine familiale ne fait pas dans l'esbroufe, mais elle ravit, à petits prix, les randonneurs affamés. Chouchou dans tous ses états (en gratin, en tarte, farci...), caris de tous styles (crevettes, poissons, ti'jacques...) auxquels s'ajoute la truite à toutes les sauces (meunière, aux poireaux...) : pour environ 15€, vous êtes confronté aux mille facettes du savoir-faire culinaire du cirque, dans la charmante ambiance d'une case à bardeaux ou sous une véranda au calme. Service efficace et particulièrement rapide. Également 4 chambres meublées à louer (env. 35€). *1 rue des Sangliers* ***Hell-Bourg*** *Tél. 02 62 47 86 24 ou 06 92 68 57 17 Ouvert mer.-dim. 11h30-13h45 et 18h30-20h*

Ti'chouchou Le Ti'chouchou, case à l'intérieur joyeux en plein centre du village, a beaucoup de charme. La carte en possède également, avec en vedette sa truite et son poulet combava. Le plat du jour à 11€ vous offre la perspective d'un repas excellent et bon marché. À vous de goûter ! *42, rue du Général-de-Gaulle* **Hell-Bourg** *Tél. 02 62 47 80 93 ou 06 92 04 51 43 Ouvert tlj. 11h30-14h30 et 18h30-20h30*

Hébergement

camping

Camping à la ferme Le Relax En contrebas de son exploitation, Rose-Marie Técher a aménagé 26 emplacements (11€/pers./nuit et petit déj. sur réservation 3€). En cas de bivouac impromptu, elle vous louera une tente (6€). *21, chemin Bras-Sec* **Hell-Bourg** *Tél. 02 62 47 83 06 ou 06 92 31 29 52*

gîte de montagne

Gîte La Mandoze Belle case blanc et bleu, au milieu d'un grand jardin peu arboré situé au-dessus de la route. Deux dortoirs de 6 à 7 lits (16€/pers.) et trois chambres doubles en lambris clairs (38€/chambre), au confort tout à fait honorable, avec sanitaires communs à l'extérieur. Le petit déjeuner est à 6€, le dîner à 20€. Par ailleurs, le propriétaire, Patrick Manoro, ancien guide PEI à Hell-Bourg, est toujours prompt à dégainer sa guitare le soir. L'occasion de chanter et de recueillir de précieux conseils sur le cirque. *14, chemin de l'École* **Hell-Bourg** *Tél. 06 92 65 65 28*

Gîte de Bélouve Un hébergement de charme pour ceux qui randonneront sur le sentier de la forêt de Bébour-Bélouve (p.285).

prix élevés

☺ **Le Relais du gouverneur** Varangue aux lambrequins alambiqués, parfum de cire des parquets lustrés à l'envi, jardin odorant et fleuri, on pense de prime abord avoir posé ses valises dans une authentique case. Pourtant ici tout est neuf ; mais le propriétaire, François Boyer, fort de son savoir-faire dans le bâtiment, a su créer l'illusion. Cinq chambres pour 2 à 4 personnes (52€/2 pers.) et deux suites pleines de charme à 70€ (4 pers.), petit déjeuner inclus. Copieuse table d'hôtes à 23€ (le soir uniquement et sur réservation). *2, rue de l'Amiral-Lacaze* **Hell-Bourg** *Tél. 02 62 47 76 21*

Le Relais des cimes Un 2-étoiles indéniablement bien tenu, qui manque malheureusement encore de chaleur, tant du point de vue de l'accueil que de la décoration. Mais les chambres (double 76€, petit déj. inclus) sont de belles dimensions, et bien équipées avec TV et salle de bains (pour le même prix, préférez celles dotées d'une baignoire, salvatrice pour les courbatures !) Notez que le restaurant est souvent triste le soir (menu 20€, carte à partir de 16€). *67, rue du Général-de-Gaulle* **Hell-Bourg** *Tél. 02 62 47 81 58 www.relaisdescimes.com*

LES CIRQUES

GAMME DE PRIX	RESTAURATION	HÉBERGEMENT
Très petits prix	moins de 8€	moins de 15€
Petits prix	de 8 à 15€	de 15 à 30€
Prix moyens	de 15 à 25€	de 30 à 50€
Prix élevés	de 25 à 40€	de 50 à 100€
Prix très élevés	plus de 40€	plus de 100€

prix très élevés

Les Jardins d'Héva Autoproclamé "hôtel vernaculaire", cet établissement situé au-dessus du village se réclame d'une authenticité indigène qu'il décline dans les 10 chambres distribuées en bungalows. Il y a donc du bois – parfois aux essences entêtantes – et de la couleur pour évoquer les styles malgache, indien, créole, chinois ou "belle de France". On regrette cependant que les petites varangues attenantes s'ouvrent sur un talus et que seule la salle de restaurant profite de la somptueuse vue sur le cirque. Alors, quitte à manquer le panorama, autant profiter d'une séance hammam, spa ou sauna, de 45min, incluse dans la formule. Comptez 95€ pour deux pers. avec le petit déjeuner, 145€ en demi-pension. *16, rue Lacaussade-chemin de Bellevue* ***Hell-Bourg*** *Tél. 02 62 47 87 87 www.jardinsdheva.com*

GRAND-ÎLET

97433

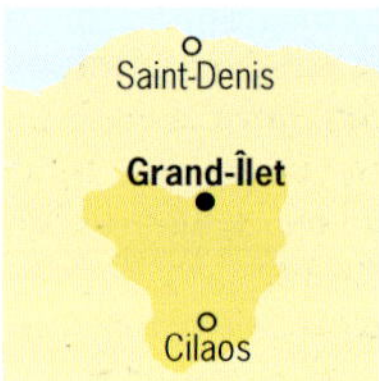

À l'abri du Cimendef et de la Roche-Écrite, le village de Grand-Îlet, situé à 1100m d'altitude, cultive un art de vivre rural, bien loin de l'agitation touristique de Hell-Bourg. Les élevages intensifs de poulets s'y entassent, ce qui provoque parfois quelques effluves nauséabonds, les treilles à chouchous décorent chaque jardin, tandis que la vie s'écoule au rythme des saisons. Seuls les randonneurs rejoignant Mafate par le col du Bélier et quelques curieux venus admirer l'église Saint-Martin viennent troubler cette agréable quiétude.

MODE D'EMPLOI

accès

EN VOITURE
À la sortie du village de Salazie, empruntez la D52 sur la droite, direction Mare-à-Citrons et Grand-Îlet. Les 15km de cette route, belle et tortueuse, se parcourent en 25min environ. Comptez près de 45min si vous venez de Hell-Bourg.

EN CAR
Réseau Estival Le bus 82 du réseau Estival relie Grand-Îlet au village de Salazie, lequel est desservi par la ligne 80 au départ de Saint-André. *Tél. 02 62 94 70 00 www.cirest.fr*

informations pratiques

Pas d'office de tourisme, ni de distributeur automatique de billets ou de station-service à Grand-Îlet. En revanche, des **épiceries** sont ouvertes tous les jours (sauf dim. après-midi). Les randonneurs y trouveront de quoi s'approvisionner pour le pique-nique.

fêtes

Fête de la Saint-Martin Le village organise une kermesse en l'honneur du saint patron protecteur de Grand-Îlet. *Nov.*

DÉCOUVRIR
Grand-Îlet et ses environs

☆ **Les essentiels** L'église Saint-Martin **Découvrir autrement** Échappez-vous vers le charmant îlet de Mare-à-Martin, faites une randonnée dans le cirque de Salazie, reposez-vous dans une des chambres d'hôtes du village

☆ **Église Saint-Martin** Certainement l'une des plus belles églises de l'île. Tout en nuances de gris, le bardeau s'enroule autour de l'édifice qui pointe sa flèche brune à l'entrée du village. L'intérieur possède un superbe parquet lustré et une architecture de bois élégante. Datant de 1873 et agrandie en 1901, l'église fut endommagée plusieurs fois au cours du XXe siècle, avant d'être soufflée par le cyclone Hollanda (1994). Elle fut donc entièrement reconstruite, à l'identique, pour un coût que certains habitants jugent exorbitant. *Chemin de l'Église-Saint-Martin*

Îlet de Mare-à-Martin Charmant hameau perdu, aux cases merveilleusement fleuries. Pour y accéder, empruntez en voiture la route qui descend sur la droite environ 50m après l'église. Quelques points de vue sur le cirque jalonnent le parcours qui mène à la fameuse mare. Là, vous rencontrerez certainement des pêcheurs. Continuez durant 2km pour atteindre le petit bourg qui semble somnoler au pied du plateau des Fougères. Une échappée sympathique à la découverte de l'âme du cirque. *Chemin de Mare-à-Martin*

● **Randonner dans le cirque de Salazie** Grand-Îlet est le principal point de départ pour se rendre à La Nouvelle, dans le cirque de Mafate. Une route forestière monte jusqu'au col des Bœufs (1 988m) qui surplombe ledit cirque. Cette voie bétonnée, qui aurait dû continuer jusqu'à La Nouvelle si les habitants ne s'y étaient radicalement opposés, met le randonneur à 2h de

Le chouchou, roi de Salazie

On l'appelle le cochon végétal car, comme dans le porc, tout est bon dans le chouchou ! Les fanes, ou brèdes, dont on fait des fricassées, sa "patate" que l'on cuisine en gratin ou en gâteau, et jusqu'à ses tiges qui, séchées, sont tressées en savates ou en chapeau. Or, à Salazie, il est le roi : au bord des routes, sur une minuscule parcelle de terre, sur une treille, au fond d'un jardin : il pousse partout. Appelée "christophine" aux Antilles et "chayotte" en Provence, cette plante originaire du Mexique a trouvé à Salazie un environnement parfait pour prospérer. Aujourd'hui, le cirque produit plus de 90% des chouchous de la Réunion. Bien sûr, les restaurants ici le servent sous toutes ses formes. Il n'est pas rare, lors d'un repas, de goûter en entrée une salade de chouchous, puis un gratin de chouchous qui accompagne un cari, pour finir par un gâteau de chouchous...

marche du cirque. Gros avantage : un parking gardé vous permet de laisser votre véhicule en toute sécurité (10€/nuit, 2€/journée). Ne vous posez pas de questions : si vous souhaitez retrouver votre voiture intacte, vous ne regretterez pas votre investissement.

La Nouvelle par Grand-Îlet et le col des Bœufs C'est l'entrée la plus accessible vers Mafate, tout en descente... à condition de vous rendre en voiture jusqu'au col des Bœufs. La ligne 82+ du réseau Estival dessert ce col, cf. Le cirque de Mafate (p.322). *Rte forestière 13 du Haut-Mafate*

Du col du Bélier à Aurère par le sentier Scout Un des accès au cirque de Mafate avec, bien sûr, un point de vue magnifique. Et aussi une surprise en cours de route : une impressionnante passerelle à traverser ! Si vous avez laissé votre voiture au parking du col des Bœufs, redescendez à pied la route forestière durant près de 30min. Le départ du sentier Scout se trouve sur la gauche en descendant, au lieu-dit Grand-Îlet. La première demi-heure est très agréable, bien que souvent humide, parmi les bois de couleurs et les fougères. Vous atteignez la ravine du bras Bémale qui marque le début d'un raidillon menant à Deux-Fesses, superbe point de vue sur le cirque de Mafate. Vous continuez dans la forêt du plateau de la Sale (1 530m) pour vous retrouver bientôt à Grand-Rein. Faites une pause, car le panorama est époustouflant : le piton Cabris (1 435m), la crête d'Aurère et, au loin, le port qui se distingue dans l'ouverture créée par la rivière des Galets. Magnifique ! Vous abordez ensuite une descente sinueuse mais sans grandes difficultés : 45min de virages et de beaux points de vue. La pente se fait un peu plus raide dans la dernière partie qui relie un réservoir d'eau (captage Grimaud) au lieu-dit La Plaque (877m). Continuez en face vers Îlet-à-Malheur, sur le GR® R2 que vous avez maintenant rejoint (à gauche, le sentier mène à Grand'Place). Vous traversez deux ravines, la seconde demandant un peu d'escalade sur les rochers. Le sentier s'élève ensuite légèrement pour atteindre Îlet-à-Malheur (859m), hameau charmant et tranquille à l'ombre des filaos. Vous traversez l'îlet pour entamer une descente d'un dénivelé de 100m au bout de laquelle se trouve le bras Bémale. Moment de choix, il vous faut emprunter une passerelle, remplacée en 2012, qui enjambe la ravine de 55m de profondeur. Avis aux personnes sujettes au vertige ! Le reste du chemin semble donc bien paisible avec une montée d'environ 15min vers Aurère. ***Accès** À mi-chemin entre Le Bélier et le parking du col des Bœufs **Durée** 5h **Parcours** AS avec balisage blanc (en partie GR® R2) **Dénivelé** 200m en positif, 1 000m en négatif **Difficulté** Moyenne*

CARNET D'ADRESSES

Restauration, hébergement

petits prix

Chez Serge Chamand On trouvera dans ce snack, installé en contrebas de la route, de quoi se sustenter jusqu'à 20h. Plat du jour à 10,50€ (6€ à emporter), repas complet à 17€. *48, rue Père-Mancel* ***Grand-Îlet*** *Tél. 02 62 47 71 19 Ouvert tlj.*

Chambres d'hôtes Chez Arlette Maillot Dans le haut du village, Arlette vous convie timidement à séjourner dans sa belle case fleurie. Les trois chambres (27€ petit déj. inclus), très modestes et bien tenues, se partagent les sanitaires et la salle de bains (chambre avec sdb privée 36€). Et, surtout, elles surplombent Grand-Îlet et son église. Une vue agréable que vous apprécierez particulièrement à l'heure du petit déjeuner qui se prend sous la véranda. Malheureusement, Arlette ne sert pas de repas. Elle se propose néanmoins de vous en réserver un chez un confrère, et met une petite cuisine à disposition. *16, chemin des Corbeilles-d'Or* **Grand-Îlet** *(en montant vers Le Bélier, à droite après la pharmacie : fléchage) Tél. 02 62 47 70 92*

prix moyens

La Campierelle Une belle étape. À côté de sa maison, Christine Boyer a aménagé une charmante case créole aux teintes vert pomme, dominée par le rempart. L'endroit est calme, et l'on apprécie le confort honnête des quatre chambres de plain-pied (40€, petit déj. inclus), avec sanitaires privés. Avant l'excellent repas créole 20€), on flâne sur la petite terrasse en admirant le paysage. *14, chemin Camp-Pierrot* **Grand-Îlet** *Tél. 02 62 47 70 87*

Chambres d'hôtes Chez Liliane Bonald Liliane est la fille de Christine, propriétaire de La Campierelle. Elle habite juste en face, dans une grande demeure aux volets verts. Les cinq chambres à l'étage (40€ avec sdb privative), bien que confortables et disposant d'une belle vue, nous ont paru manquer de rangements dans le cas d'un séjour prolongé. On regrette aussi que l'accueil soit parfois dépourvu de chaleur. Table d'hôtes à 22€. *17, chemin Camp-Pierrot* **Grand-Îlet** *Tél. 02 62 47 71 62 ou 06 92 82 84 83*

Ferme-auberge La Tourte dorée Cette maison récente en bois, joliment décorée d'un lambrequin, accueille 6 chambres dotées de sanitaires privés et classées en 2 catégories. Celles du rez-de-chaussée, les moins chères (45€, petit déj. inclus) sont assez sombres. Celles du 1er étage (50€) s'avèrent bien plus agréables, avec un balcon donnant sur Mare-à-Martin en contrebas. Pour le repas, composé avec des produits de la ferme, les hôtes se réunissent dans la grande salle à manger où sont servis quiche aux brèdes et chouchous, cari canard ou porc aux légumes, gâteau chouchou, le tout arrosé de vin, de rhum arrangé et d'un café (20€). *Réservation obligatoire pour les repas midi et soir Rue du Père-Jouanno* **Grand-Îlet** *Tél. 02 62 47 70 51 www.latourtedoree.com*

Le Cimendef La vaste demeure blanc et jaune porte bien son nom : elle fait face au Cimendef. Les voyageurs de passage apprécieront sans aucun doute ce cadre si séduisant. Les 4 chambres aux boiseries élégantes et à la vue superbe (doubles 45€, petit déj. compris), avec salle de bains privée, ainsi que le repas créole (20€), satisferont les plus exigeants, notamment grâce à l'accueil de Noëline Campton et de son mari. Notre préférence va à la suite prestige (90€) pour la vue imprenable qu'offre son petit balcon et pour la balnéo qui devrait faire oublier les pires courbatures. *735, RD52 Casabois* **Grand-Îlet** *(en direction du Bélier) Tél. 02 62 47 73 59 ou 06 92 69 71 60 www.chambresdhotecimendef.com*

★ CIRQUE DE CILAOS

97413

Par beau temps, le piton des Neiges se découpe dans un ciel pur, semblant lancer un défi aux randonneurs venus se mesurer aux 80km de sentiers qui parsèment le cirque. D'ailleurs, Cilaos entretient sa réputation dans le domaine de l'excursion pédestre grâce à son jumelage avec la ville savoyarde de Chamonix et la présence d'un peloton de gendarmes de haute montagne. Mais Cilaos et, plus généralement, le cirque donnent également l'occasion de découvrir des traditions remarquables : lentille goûteuse, vin fruité et broderie fine, trois spécialités du village, qui poussent à y demeurer quelques jours. Et pourquoi pas un peu plus, puisque Cilaos vient du mot malgache tsilaosa signifiant le "pays que l'on ne quitte pas" ?

LE CIRQUE DE CILAOS, SES SOURCES ET SA ROUTE AUX "400 VIRAGES" L'histoire et l'essor de Cilaos sont intimement liés à ses sources. En 1815, Paulin Técher, officiellement chasseur de cabris, mais par ailleurs traqueur de Noirs marrons, découvre des sources d'eau chaude gazeuse, déjà connues des esclaves en fuite qui vivent dans le cirque. Dès 1819, ces résurgences sont analysées et apparaissent bientôt comme dotées de vertus curatives. Elles attirent les premiers curistes aux alentours de 1835. L'année suivante, un sentier est tracé, qui permet d'y accéder depuis le village, qui n'est encore qu'un simple hameau. Le cirque, jusque-là enclavé et presque exclusivement peuplé de Noirs marrons, voit bientôt arriver des Blancs, parmi lesquels riches curistes et paysans démunis, espérant profiter de l'afflux d'argent, se côtoient. Au milieu du XIXe siècle, la première "route" d'accès à Cilaos est construite : c'est en fait un chemin de terre qui relie Rivière-Saint-Louis au village, le fameux sentier de cap Noir. Notables et bourgeois montent pour la plupart en chaise à porteurs, lesquels se relaient deux jours durant pour gravir une trentaine de kilomètres. Un travail de titan ! Mais cette épuisante activité va cesser, puisqu'en 1927 la construction d'une route est décidée pour mettre fin à l'isolement de Cilaos et donner un nouveau souffle à la bourgade. Cinq années d'efforts vont être nécessaires pour que deux chantiers se rejoignent, le premier, parti des faubourgs de Saint-Louis, le second du village. On raconte que lorsque les deux équipes se rencontrèrent, les deux portions… n'étaient pas au même niveau ! On finit tant bien que mal le tronçon : la route aux "400 virages" était née. Elle s'accroche aux remparts, semble survoler le vide creusé par le bras de Cilaos, donne le tournis aux conducteurs. Grâce à elle, Cilaos se développe malgré le relief du cirque, si chaotique avec ses pitons en aiguilles et ses effondrements vertigineux. Un centre thermal de luxe est construit, le village s'agrandit. Mais le terrible cyclone de 1948 marque la fin de cet essor. Les sources sont comblées du jour au lendemain par des éboulis. Cilaos remise ses rêves de grandeur, l'activité décline. Il faut attendre 1966 pour que, sous l'impulsion d'Irénée Accot, figure politique du village, des fouilles soient entreprises. Jusqu'en 1976, de nombreux forages sont réalisés, qui aboutissent à un agrément ministériel en 1982. Cilaos peut à nouveau vanter ses sources thermales. La demande pour ces eaux s'envole. En 1984, un nouveau centre est construit sur les hauteurs du village, hors de portée des glissements de terrain. Les sources "Irénée" et "Véronique" sont désormais acheminées par un système de canalisations. La route, elle, continue de fasciner par sa splendeur, bien que sujette aux caprices de la météorologie.

UN "JOUR" À CILAOS Au début du xxe siècle, Angèle, la fille du docteur Mac Auliffe, rejoint son père à Cilaos. Celui-ci travaille au centre thermal. La jeune femme décide bientôt de transmettre un art, celui de la broderie fine, qu'elle a appris seule dans sa jeunesse. Elle choisit quelques jeunes filles qui, sous sa direction, commencent à en maîtriser les techniques. La tâche lente, minutieuse et studieuse, permet, selon Mlle Mac Auliffe, d'inculquer une bonne éducation à ces femmes souvent analphabètes. Ainsi naissent les premiers "jours" de Cilaos, délicates broderies laissant passer la lumière à travers leurs motifs élégants de papillons ou de fleurs de grenadier. Les napperons ou autres mouchoirs sont créés sur un "tambour" : la pièce à broder est tendue, puis déplacée entre les deux cadres au fur et à mesure que le travail avance. Cette technique n'a quasiment pas évolué depuis. Aujourd'hui, pour fabriquer un drap, une ouvrière met toujours six mois environ ! Aux alentours de 1910, une sorte de coopérative se met en place et en 1953, l'Ouvroir de Cilaos est créé par l'institution religieuse Notre-Dame-des-Neiges. Une centaine d'ouvrières sont ainsi formées à la broderie, commençant à perpétuer un savoir-faire dont la renommée a déjà franchi les remparts du cirque. Une reconnaissance qui augmente en 1983 lorsque Marie-Hélène Técher, sœur Anasthasie en religion, connue en tant que fondatrice de l'Ouvroir, reçoit la médaille d'or du Concours du meilleur ouvrier de France. Aujourd'hui, elles sont encore une cinquantaine de femmes à pérenniser l'héritage d'Angèle Mac Auliffe, faisant de Cilaos un centre mondialement connu pour ses petites mains.

MODE D'EMPLOI

accès

EN VOITURE

De Saint-Louis, sur la côte ouest, emprunter la RN5 (37km ; env. 50min pour les plus rapides). Attention : c'est une route délicate, avec trois tunnels où il faut laisser passer le véhicule déjà engagé. De plus, les virages en épingle à cheveux obligent à klaxonner afin d'avertir les éventuelles voitures roulant à contresens. Les passagers, plus que le conducteur, apprécieront le parcours grandiose.

EN CAR

Bus Alternéo Au départ de Saint-Louis, la ligne 60 dessert Cilaos ville (12 rotations lun.-sam., 8 le dim.). Les bus 61 (entre Cilaos et Îlet-à-Calebasse), 62 (Îlet-à-Cordes) et 63 (Îlet-Gueule-Rouge) circulent dans le cirque. *Tél. 0800 355 354 www.alterneo.re*

Gare routière de Cilaos (plan 7, A2) *Rue des Glycines*

orientation

Le village tout en longueur, s'articule autour de la rue du Père-Boiteau (à sens unique), où se trouvent la plupart des commerces. La deuxième rue importante, la rue Saint-Louis, est parallèle à la précédente, sur la droite en descendant. En prolongeant celle-ci, vous rejoignez la Mare-à-Joncs, agréable étang proche du centre.

informations touristiques

Office de tourisme intercommunal du Sud-Antenne de Cilaos (plan 7, A1) En plus des renseignements strictement touristiques (hébergement, restauration...), le personnel vous éclaire sur l'état des sentiers et prend vos réservations pour les gîtes et refuges gérés par la centrale de réservation de l'IRT (p.66). À voir : les expositions et, dans une salle annexe, l'antique chaise à porteurs qui trône, dernier vestige d'une époque à jamais révolue. *2, rue Mac-Auliffe Tél. 0820 203 220 sud.reunion.fr Ouvert lun.-sam. 9h-12h30 et 13h30-17h, dim. 9h-12h*

adresses utiles

Il n'existe qu'un seul distributeur automatique de billets, celui de la poste en face de l'OT, et une station-service, rue des Trois Mares, à côté du stade. En outre, malgré la présence d'une poignée de commerces (boulangeries, marchand de légumes et petit supermarché), pensez à faire vos courses avant de monter à Cilaos, où les prix sont au moins 20% plus élevés que sur le littoral.

accès Internet

Espace Cyber-base (plan 7, A2) *4, rue des Écoles Tél. 02 62 47 07 46 Ouvert lun. 9h-17h, mar. et ven. 9h-16h, mer. 10h-17h, jeu. 9h-12h*

fêtes et manifestations

Fête de la vigne *Avr.*
Cross du piton des Neiges Créée en 1988, la plus ancienne course de montagne de la Réunion est devenue l'une des plus prisées au monde. Avec une longueur de 15km364 et un dénivelé de 1 900m, ce cross est réservé aux sportifs entraînés et en parfaite condition physique. Les meilleurs arrivent au sommet en moins de 2h. *www.avalasse.fr (Rens. et inscription) Début mai*
Fête de la montagne *Sept.*
Fête des lentilles *Oct.*

DÉCOUVRIR
Le cirque de Cilaos

☆ **Les essentiels** Le chai de Cilaos-maison des Vins, l'îlet des Trois-Salazes
Découvrir autrement Prenez un bain de jouvence aux thermes, initiez vos enfants à la végétation de l'île sur le sentier de la Roche-Merveilleuse, partez à l'assaut du cirque

Cilaos

Située à 1 200m d'altitude, Cilaos est une petite bourgade charmante, étirée sur un plateau cerné de magnifiques pics d'effondrement. Dominé par son église toute blanche, la seule de la Réunion à posséder un carillon, le village est un lieu de séjour idéal, notamment grâce à ses possibilités d'hébergement et à ses restaurants.

Maison de la Broderie (plan 7, A2) Ce centre artisanal est géré par une association fondée en 1983, afin de sauvegarder et développer la tradition de la broderie fine de Cilaos. Les "jours", comme on les appelle communément, sont créés par des apprenties dont on apprécie en direct le travail minutieux à l'étage. Au rez-de-chaussée, vous pourrez sinon acheter, du moins admirer différents ouvrages fort coûteux étant donné le nombre d'heures passées sur chaque pièce. La visite est rapide, peut-être un peu terne et succincte, notamment en ce qui concerne l'histoire de cet artisanat. Elle permet toutefois de découvrir une tradition qui fait la renommée du cirque. *4, rue des Écoles Tél. 02 62 31 77 48 Ouvert lun.-sam. 9h30-12h et 14h-17h, dim. et j. fér. 9h30-12h*

● Où acheter les lentilles de Cilaos ?

Association des producteurs de lentilles de Cilaos (plan 7, A2) Le long de la route, et plus encore à Îlet-à-Cordes, des panneaux plantés par des producteurs vous indiquent les points de vente des lentilles de Cilaos. Mais nous vous recommandons l'Association des producteurs de lentilles, modeste structure dont le but principal est de donner un label à la lentille cultivée dans le cirque. Au sein de leur local, vous pouvez acheter un échantillon de la production (environ 12€/kg). L'accueil s'avère fort aimable. *Place du Marché Tél. 02 62 31 61 28 Ouvert lun.-sam. 8h-12h et 13h-16h*

● Déguster le vin de Cilaos

☆☺ **Chai de Cilaos-maison des Vins (plan 7, A2)** Comme pour les lentilles, un certain nombre de producteurs vendent directement le produit de leur vignoble. Prenez tout de même garde à la qualité de certaines productions locales, notamment le vin doux issu du cépage isabelle qui monte facilement à la tête… Le chai de Cilaos est en fait une coopérative qui regroupe l'ensemble des vignerons du cirque. Vous y visionnerez un film (10min) retraçant les grandes

Le "vin qui rend fou"

L'implantation de la vigne dans le cirque date de 1850 environ. Dix ans plus tard, l'introduction du cépage isabelle, très résistant aux maladies, participe au développement de la viticulture. Bien qu'il soit d'une piètre qualité, ce vin doux fait vite le bonheur des habitants. Pourtant, comme il faut ajouter du sucre lors de la vinification, le taux de méthanol s'élève fortement, rendant le breuvage dangereux. En 1975, l'État en interdit la culture. Malgré cela, on trouve toujours des vignes et vous verrez sans doute des paysans vendant leur production de "vin pays" sur le bord de la route. C'est l'occasion de tester, avec la plus grande modération, ce vestige de l'histoire agricole du cirque. Aujourd'hui, le vignoble est affaire de véritables viticulteurs, avec l'introduction de cépages nobles comme le pinot noir et le malbec pour le rouge, et le chenin pour le blanc. La production, commencée en 1998, demeure confidentielle mais profite de l'établissement du chai, d'un œnologue et d'une volonté affichée de créer un vin de qualité.

étapes de l'implantation de la vigne à Cilaos. Vous pouvez déguster les trois productions : le blanc, le rosé et le rouge. Méfiez-vous toutefois : durant la période qui suit les vendanges (de février à mai), il est courant de ne plus trouver ni rouge (à peine 1 000 bouteilles par an) ni blanc, la production ayant déjà été entièrement vendue. Possibilité de visiter les caves au moment de la vinification (2€), sur réservation uniquement. *34, rue des Glycines Tél. 02 62 31 79 69 chaidecilaos.reunion.fr Ouvert lun.-sam. 9h-12h et 14h-17h30*

● Prendre un bain de jouvence

Thermes (plan 7, A1) Les sources qui jaillissent à une température allant de 31°C à 37°C sont directement amenées par d'énormes tuyaux dans ce complexe ultramoderne. Celui-ci présente un avantage non négligeable : vous pouvez y bénéficier de soins sans être curiste ou sans prescription médicale, une simple réservation suffit. Ainsi, un bain hydromassant de 20min vous coûtera 15€, et une simple douche à l'eau thermale, en complément d'un soin, 10€/10min. De nombreux forfaits complètent cette offre, fort agréable après plusieurs jours de marche. *Route de Bras-Sec Tél. 02 62 31 72 27 www.cg974.fr/thermes Ouvert lun.-mar. et jeu.-sam. 9h-18h, mer. 9h-12h, dim. 9h-17h Fermé 25 déc. et 1er jan.*

● Randonner au rythme des contes et légendes

☺ **Volcano run-Randonnées Roby Soriano (plan 7, A3)** Si la randonnée en solitaire vous rebute, prenez contact avec Roby Soriano. Cet ancien para qui arpente méthodiquement l'île vous fera découvrir le cirque d'îlet en îlet, vous emmènera à l'assaut du piton des Neiges, vous guidera vers Mafate, décrivant en chemin plantes et roches, racontant souvenirs et légendes. Nul doute que vous serez conquis, comme nous, par son entrain et son professionnalisme et que vous signerez illico pour une nouvelle aventure du côté de la Fournaise (p.233). *14, rue Saint-Louis Tél. 02 62 31 81 00 ou 06 92 16 20 90 www.hotel-aloes.com http://tunnelsdelave.re*

● S'initier au canyoning

Run Évasion (plan 7, A2) Quelques exemples de sorties : la cascade Gobert (45€/demi-journée/pers.), la cascade des Fleurs-Jaunes (65€, 2 pers. minimum) pour les débutants. Les plus aguerris y passeront la journée pour 84€ en individuel, 80€ pour un groupe de 2 à 5 pers., ou encore 69€ pour 6 ou 7 pers. *23, rue du Père-Boiteau Tél. 02 62 31 83 57 ou 06 92 64 65 33 www.canyon-reunion.fr Ouvert lun.-sam. 8h-12h et 14h-18h, dim. et j. fér. 8h-12h et 15h-18h*

Cilaos aventure (plan 7, A2) Communiquer la passion du canyoning, de l'escalade, de la randonnée, ou d'une formule mixte, voici l'ambitieux projet de cette équipe de guides accompagnateurs, aussi enthousiastes que rigoureux en matière de sécurité. On les suit sur des parcours reconnus, comme Gobert ou Fleurs-Jaunes en intégral ou par portion, ou moins recherchés tel que le Trou blanc du cirque de Salazie. Les expéditions sont a priori ouvertes à tous à condition toutefois de savoir bien nager, d'avoir le goût de l'aventure et bien entendu d'ignorer – ou de maîtriser – le vertige. À partir de 45€ la demi-journée ; de 50 à 150€ la journée. *12, chemin de la Chapelle Tél. 06 92 66 73 42 www.cilaosaventure.com*

Daniel Ducrot (plan 7, B2) L'ex-gendarme spécialiste du sauvetage en montagne a acquis au cours de sa carrière une solide connaissance des différents sites

LES CIRQUES

Plan 7 Cilaos

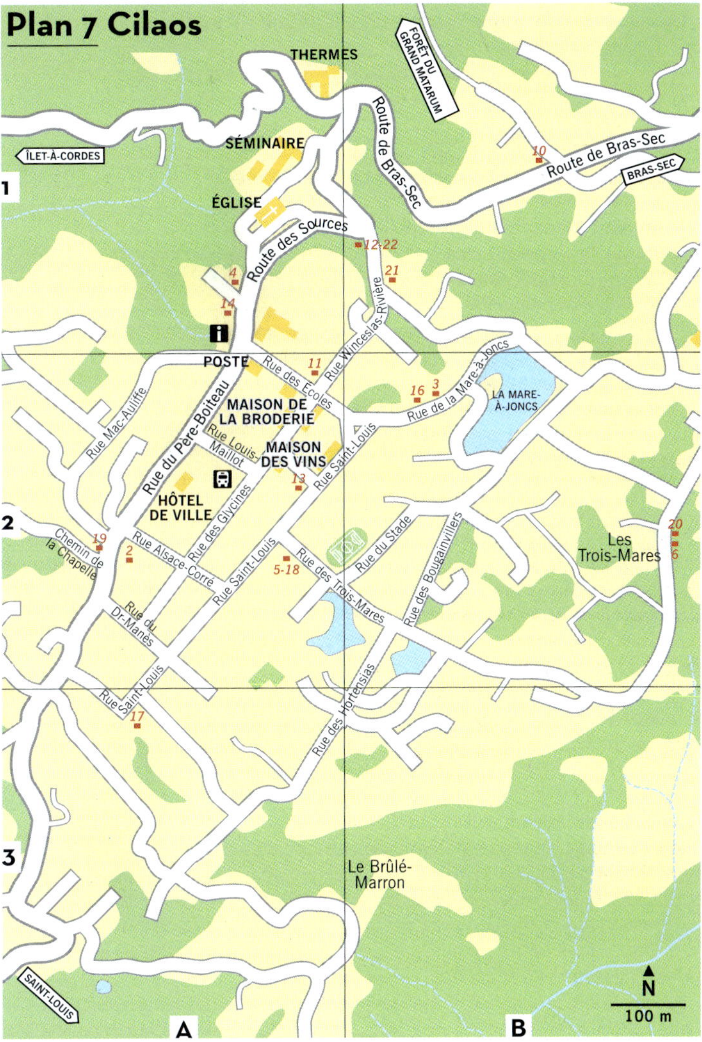

Restauration (n°2 à 6)

- Chez Noé — **2** A2
- Le Marla — **3** B2
- Le Vieux Cep — **5** A2
- Les Physalis — **6** B2
- Les Sentiers — **4** A1

Hébergement (n°10 à 22)

- Chambres d'hôtes Chez Liliane Nassibou — **10** B1
- Chambres d'hôtes Les Cimes — **13** A2
- Chez Le Graveur — **12** B1
- Clair-de-Lune — **11** A2
- Gîte de la Roche Merveilleuse — **21** B1
- Hôtel des Neiges — **16** B2
- Hôtel Le Bois rouge — **22** B1
- Hôtel Les Aloès — **17** A3
- Hôtel Les Chenets — **20** B2
- Hôtel-restaurant Le Vieux Cep — **18** A2
- Hôtel Tsilaosa — **19** A2
- Le Petit Randonneur — **14** A

d'escalade et de canyoning dans les cirques. Exigeant sur la sécurité, il propose des sorties adaptées au niveau des participants, en particulier sur des circuits comme Fleurs-Jaunes ou Bras Rouge. Tarifs de 45 à 80€. *30, Chemin des Trois-Mares Tél. 06 92 65 90 67 www.canyoning-cilaos-reunion.com*

Le cirque de Cilaos

● Partir en "expédition" dans la forêt de bois de couleurs

☺ **Sentier de découverte de la Roche-Merveilleuse** Une balade tout indiquée pour les familles avec des enfants en bas âge. Au cœur de la réserve biologique du Matarum, zone de 808ha recelant des bois de couleurs, une tamarineraie et une végétation d'altitude en contrebas du piton des Neiges, l'ONF a mis en place un parcours pédagogique permettant de découvrir les mille facettes de cette forêt. Sur le parcours, arrêtez-vous quelques instants pour admirer le point de vue sur le village planté au milieu du cirque. ***Accès*** *Sur la route du Bras-Sec, prendre à gauche la 2ème route forestière après le centre thermal Parking* ***Durée*** *1h* ***Parcours Boucle*** *1,4km* ***Difficulté*** *Facile*

● Randonner dans le cirque

Cascade de Bras-Rouge Une boucle superbe pour aller pique-niquer en haut d'une belle cascade, sur une grande dalle en pierre. Empruntez la passerelle derrière l'office de tourisme, puis la rue qui rejoint le sentier des Porteurs sur la gauche. Aménagé avec des marches bétonnées et joliment fleuri, il permet d'accéder aux anciens thermes aujourd'hui désaffectés. Situés dans une ravine, ceux-ci ont été en partie détruits par le cyclone de 1948. Au loin, on aperçoit la cascade du bras des Étangs qui se jette dans le **bassin Bleu**, site de canyoning fréquenté. Passez devant l'**oratoire de Notre-Dame-de-Lourdes**, dont la source a la réputation d'être miraculeuse. Prenez les escaliers pour arriver sur la route, continuez à gauche sur 200m pour trouver le départ du sentier. Après la rivière de Bras-Rouge, que vous aurez traversée à gué, continuez sur le GR® qui vous conduira à une bifurcation. prenez à droite et passez une nouvelle fois la rivière, traversez la route pour prendre la direction de Cilaos. Vous arrivez à côté du nouvel établissement thermal. (Une variante à l'itinéraire traditionnel : après l'église, remontez vers la départementale que vous emprunterez vers la gauche. Continuez sur la route en voiture environ 20 minutes, garez vous et empruntez le chemin en sens inverse pour économiser la partie haute du sentier). De là, vers le sud, vous pouvez observer le **bras des Étangs,** une langue de terre rongée par l'érosion. Quelques rares maisons subsistent, dont on se dit qu'elles pourraient bien verser au bas de la falaise... Après le virage suivant, vous découvrez au loin le **piton de Sucre**, reconnaissable à son "chapeau" minéral et à sa base verdoyante. Dans une échancrure, juste à sa droite, la cascade des Fleurs-Jaunes, site de canyoning équipé, fend la roche en une trouée claire. La route passe ensuite au-dessus du **radier de Ferrière**. Au bout de 45min, empruntez le sentier à gauche en suivant le panneau indiquant le col du Taïbit (GR® R1, balisage rouge et blanc). Le chemin descend au milieu des néfliers (bibasses) abondamment fleuris au mois d'août et reconnaissables à leurs longues feuilles vert profond, très luisantes. Durant 20min, les pierres forment des marches stables. Le chemin monte ensuite sur la droite, un escalier de rondins a été aménagé, ce qui n'empêche pas les glissades par

SUIVEZ LE GUIDE ! Véritable défricheur de l'île, Pascal Colas a fait ses preuves depuis de nombreuses années en organisant différentes activités à la portée de tous, comme une randonnée d'une demi-journée dans la forêt de Bélouve ou à l'anse des Cascades (44€). Certains parcours s'adressent aux sportifs entraînés : canyoning à Gobert, 69€/la journée. ☺ **Pascal Colas** *Tél. 06 92 60 58 66 www.pascalcolas.com*

temps de pluie. Un passage d'autant plus difficile que le raidillon est abrupt. À peine 10min de marche supplémentaire et vous atteignez le lieu-dit **Les Champs-Élysées** au niveau de Bras-Rouge, où une immense dalle de pierre accueille l'eau d'une petite cascade. Traversez la ravine à gué. Au passage, vous ne pouvez manquer les marques rouges laissées par une eau riche en fer, qui donnent son nom à la rivière, ni les vestiges d'un pont, emporté par une crue en 1985. Continuez le sentier quelques mètres et prenez à gauche, à l'opposé de la direction du Taïbit. D'énormes aloès et goyaviers bordent le sentier légèrement vallonné qui mène à une modeste ravine facile à franchir. Peu de temps après, on atteint la **faille Gobert** (site de canyoning). Attention, elle s'avère délicate à traverser en cas de pluies abondantes. Plus loin, le sentier de cailloux et de pierres se fait plus rude : profitez-en pour vous retourner vers Cilaos. Votre regard embrasse ses environs, le panorama est unique. On repère le bras de l'Étang et ses maisons en équilibre sur la droite, puis le piton des Neiges sur la gauche. Sur les flancs du **piton de Sucre**, on grimpe intensément durant 30min en surplomb du canyon de Bras-Rouge, au milieu des lantaniers, à floraison rose durant l'hiver austral. Arrivé sur le plateau, prenez à gauche le sentier (GR® R2) pour la cascade de Bras-Rouge dans un sous-bois de bois de couleurs. Remarquez ainsi le bois de chandelle, sorte de tige hérissée de longues feuilles, utilisé comme tuteur pour des plants de vanille. Un peu en montagnes russes, le sentier aménagé de rondins continue durant 30min au milieu des bringelliers, des songes qui poussent directement dans l'eau, des longoses aux belles fleurs jaunes. La montée aura duré environ 1h. C'est le moment de donner du repos à vos mollets en descendant vers la **cascade de Bras-Rouge**, que l'on aperçoit en contrebas. Après 20min, vous arrivez dans une splendide étendue d'aloès et découvrez le sommet de cette chute d'eau (2h30 au total). Au milieu des arbres, de larges pierres permettent de dresser le pique-nique alors qu'on écoute l'eau tomber avec fracas à 60m, juste en contrebas. En vous retournant vers Mafate, vous pouvez distinguer par beau temps la **Tête du chien**, dont le profil fait inévitablement penser au Pluto de Walt Disney. Pour rejoindre Cilaos, engagez-vous dans les sous-bois, de l'autre côté du cours d'eau (GR® R2). Après 10min d'une montée raide, vous traversez une jolie ravine avec quelques petites cascades fraîches. Vous atteignez bientôt le **plateau de Cilaos**, grand faux plat qui mène au village en 1h environ. Le terrain, large et agrémenté de marches en rondins, est agréable à fouler. Vous avancez tranquillement au milieu des longoses, en progressant par paliers. Au détour d'un virage, une quarantaine de minutes après la cascade, remarquez en contrebas la **source Piment**, résurgence ferrugineuse qui doit son nom au léger picotement qu'elle laisse dans la bouche. N'hésitez pas à la goûter, bien qu'elle soit parfois tarie durant la saison sèche. Il reste alors 20min de marche pour rejoindre le village. Juste avant d'arriver aux thermes, observez les vestiges de murets sur le côté gauche du chemin : c'est l'emplacement du village originel de Cilaos. **Accès** *Derrière l'OT* **Durée** *5h* **Parcours** *Boucle de 10km balisée en rouge et blanc pour les GR® R1-R2* **Dénivelé** *400m* **Difficulté** *Moyenne*

Le piton des Neiges depuis Cilaos Les passionnés de randonnée se rendent spécialement à Cilaos pour parcourir cet itinéraire mythique. Pour tous les détails, cf. Le piton des Neiges (p.318).

De Cilaos à Marla par le col du Taïbit Cette randonnée est décrite dans le sens Marla-Cilaos cf. Randonner dans le cirque de Mafate au départ de Marla (p.326). **Accès** *Vous pouvez éventuellement partir de l'OT pour rejoindre la route d'Îlet-à-Cordes*

☺ Îlet-à-Cordes

Une langue de terre qui s'accroche au Grand Bénare par-dessus les effondrements et les ravines : comme en équilibre instable, Îlet-à-Cordes, situé à 1 100m d'altitude, est un de ces hameaux qui semblent presque oubliés par le temps, confinés dans une tradition séculaire d'élevage et d'agriculture. Le village devrait son nom aux lianes, ou "cordes", auxquelles il fallait s'accrocher pour accéder à ce coin perdu : un chemin éprouvant, avant que la route ne soit construite, dans les années 1970. Celle-ci, avec ses lacets surplombant le cirque, vaut à elle seule le voyage. Vous trouverez à Îlet-à-Cordes ce qui fait le ciment d'un séjour parfait : des hébergements chaleureux, une gastronomie unique et un cadre saisissant. Attention, ici, vous ne trouverez pas de distributeur automatique de billets ni de station-service. Toutefois, les randonneurs pourront faire des provisions de nourriture dans l'une des trois épiceries. **Accès en voiture** *12km d'une route très sinueuse, à frôler les falaises, à éviter les éboulis tombés sur le macadam, à tenter de profiter, malgré tout, du paysage magnifique. Il vous faudra environ 30min pour rallier Îlet-à-Cordes depuis Cilaos, ce parcours valant à lui seul le déplacement* **Accès en car** *Bus Estival n°62. De Cilaos, vous trouverez 9 liaisons quotidiennes en semaine de 5h50 à 19h05, et 4 le dim. entre 7h15 et 15h55. Depuis Îlet-à-Cordes, il y a également 9 cars en semaine dont le premier part à 5h17, le dernier à 18h02 ; dim. 4 navettes entre 6h35 et 16h45*

Îlet-à-Cordes, le grenier de Cilaos

À côté de quelques champs de maïs, les lentilles semblent pousser naturellement, les plants envahissant la moindre parcelle de terrain. Introduites à la Réunion au milieu du XIXe s., elles ont trouvé sur cette terre volcanique un sol idéal pour se développer. L'hygrométrie modérée et l'ensoleillement de bonne qualité du cirque ont permis une adaptation si absolue qu'elles sont désormais endémiques à l'île. Semées en avril et récoltées en septembre, vous les reconnaîtrez facilement car elles sont petites d'aspect et très douces au goût. Longtemps cultivées et récoltées à la main, au prix d'efforts physiques considérables, les lentilles de Cilaos sont de plus en plus exploitées grâce à des machines, batteuses et trieuses, qui facilitent grandement le travail des hommes.

● Se perdre dans le jardin d'un tisaneur

Association Îlet Chicot Une étape étonnante sur la route pleine de sensations entre Cilaos et Îlet-à-Cordes. Après une grimpette d'une dizaine de minutes, on débouche sur un petit plateau, un îlet auquel Pascal et Maryline Hoarau redonnent vie. Plantes aromatiques et médicinales pour entretenir la tradition familiale de tisaneur, potager et verger, une jolie treille enfin, sous laquelle on peut partager un repas. On peut même y dormir : les quatre cases de paille attendent les nostalgiques d'un mode de vie très lontan lontan (15€/pers., 40€ avec dîner et petit-déj., réservation impérative). *Le sentier fléché, part à hauteur du second arrêt de car en venant de Cilaos Tél. 02 62 31 79 13 ou 06 92 72 27 17 Ouvert mar.-sam. 10h-15h, dim. sur rdv. (compter 1h de visite)*

☆ Îlet des Trois-Salazes

Deux solutions pour rallier cet îlet : à pied par le sentier du col du Taïbit au départ de Cilaos (GR®1), sinon en voiture par la route de Îlet-à-Cordes, à la hauteur du 1er arrêt de car sur la route d'Îlet-à-Cordes (parking près des kiosques à pique-nique) comptez 45min de marche pour y accéder. Sur place, quelques panneaux discrets vous invitent à des actes simples ou insolites, comme arracher les pousses des plantes envahissantes et les piétiner au centre du chemin pour freiner leur dispersion, ou bien verser votre eau dans les petites canalisations qui abreuvent les ravines pelées jusqu'à la roche. Faites-le sans crainte : au prochain tournant vous reconstituerez votre réserve à une source claire. Surprenant mais d'une portée avérée.

LES CIRQUES

Randonner dans les cirques

Sentiers faciles

Sentiers de difficulté moyenne

Sentiers difficiles

CARNET D'ADRESSES

Restauration

De l'autre côté de la Mare-à-Joncs, vous pourrez avaler un sandwich ou un cari au snack du Cirque et au Cass'Dale, rendez-vous des collégiens à midi.

prix moyens

Les Sentiers (plan 7, A1 n°4) Cette case comme *lontan* abrite une salle avec poutres et parquet, moderne et aérée. On s'y rassasie de caris traditionnels, mais également de quelques plats plus originaux tels que le cari d'espadon aux légumes, les côtes de porc fumé aux lentilles de Cilaos, ou encore le sauté de crevettes à l'ananas, d'inspiration chinoise. Si le temps et la température le permettent, une terrasse accueille cinq tables pour les randonneurs affamés et épris de grand air. Comptez 15-20€ pour une entrée et un plat. Également 5 chambres simples qui se partagent une cuisine et un salon (double 40€, petit déj. 3€). *63, rue du Père-Boiteau* **Cilaos** *Tél. 02 62 31 71 54 ou 06 92 69 65 83 http://restaurant-974.les-sentiers.com Ouvert tlj. 12h-15h et 19h-21h*

Chez Noé (plan 7, A2 n°2) Une institution du village. À midi, touristes et habitués se pressent afin de goûter le plat du jour à 16€ (cabri massalé, agneau à la créole) ou bien pour déguster la succulente spécialité : la saucisse maison aux lentilles de Cilaos (22€). La belle case rose propose également un menu à 26€ avec punch, plat du jour et ananas flambé. La cuisine est d'autant mieux appréciée qu'elle se dévore dans un environnement très sympathique où les banquettes en bois s'accommodent bien du lambrequin et des chaises cannelées. Un cadre intime et plaisant et une terrasse accueillante. Vous pourrez également séjourner dans l'un trois studios et bungalow bien équipés (nuitée à partir de 55€/2 pers.). *40, rue du Père-Boiteau* **Cilaos** *Tél. 02 62 31 79 93 ou 06 92 87 36 10 www.restaurant-cheznoe.fr Ouvert mar.-sam. 10h30-15h et 18h-21h, dim. 10h30-15h*

Le Marla (plan 7, B2 n°3) La table de l'hôtel des Neiges propose un buffet à 24€ avec, par exemple, des achards de légumes ou un gratin de chouchous, suivis d'un cari poulet au bois de songe ou d'un civet de canard, qui précèdent un gâteau à la banane. À apprécier dans la vaste salle aux tons saumon et pistache où les tables s'alignent comme dans une cantine. Heureusement, la grande cheminée apporte un peu de réconfort et une salle de bar jouxte le restaurant. *1, rue de la Mare-à-Joncs* **Cilaos** *Tél. 02 62 31 72 33 http://hoteldesneiges.reunion.fr Ouvert tlj. midi et soir*

Le Vieux Cep (plan 7, A2 n°5) Restaurant de l'hôtel éponyme (p.315), très renommé dans le cirque. L'"assiette-pays" dite aussi "le mal mani de chez nous" (16€), ou le menu touristique (28€) sont incontournables. Du côté des spécialités, on citera le boucané aux lentilles de Cilaos, le pâté créole sucré salé, la côte de porc fumé aux lentilles, le cari de canard au maïs ou encore le filet de bœuf grillé au gingembre et au miel. La salle chaleureuse, organisée autour de la cheminée, et la terrasse près de la piscine sont également une invitation à une halte gourmande. *2, rue des Trois-Mares* **Cilaos** *Tél. 02 62 31 71 89 www.levieuxcep.fr Ouvert tlj. midi et soir*

prix élevés

Les Physalis (plan 7, B2 n°6) Le restaurant de l'Hôtel Les Chenets (p.315). Pour tenir le rang de l'hébergement, la cuisine a mis les petits plats dans les grands. Vous pourrez récupérer de votre randonnée en goûtant, outre les plats créoles classiques, l'excellent cassoulet aux lentilles de Cilaos. Une occasion unique de vous réacclimater à la métropole en profitant de la vue sur les pics du cirque. Comptez au moins 30€ le repas à la carte. *40, chemin des Trois-Mares* **Cilaos** *Tél. 02 62 31 85 85 www.leschenets.fr Ouvert tlj. midi et soir*

Hébergement

prix moyens

☺ **Gîte de la Roche Merveilleuse (plan 7, B1 n°21)** On est tenté de parler de gîte merveilleux ! Dominant le village, l'immense terrasse panoramique de ce superbe bâtiment tout en bois offre un cadre magnifique pour déguster le repas du jour (17€/pers., réduction en demi-pension). En hiver, on se réfugie dans la grande salle chauffée par une cheminée sur laquelle donnent quatre chambres, également tout en bois (42€/pers., 46€ avec sdb privative). Chaque élément du décor provient de la forêt, et c'est tout simplement très réussi. Au bout du bâtiment, deux dortoirs améliorés, avec notamment trois lits doubles en mezzanine et salle de bains commune, permettent de loger une dizaine de personnes (18€/pers.). Petit déjeuner (5€) et dîner. *1, rue des Platanes* **Cilaos** *Tél. 02 62 31 82 42 larochemerveilleuse@wanadoo.fr*

Clair-de-Lune (plan 7, A2 n°11) La bonne humeur et la faconde d'Alex, le propriétaire, ne seront pas étrangères au séjour décontracté que vous passerez ici. Vous serez également séduit par la grande salle commune, avec son mobilier en rotin blanc, sa cheminée et sa coursive qui distribue les chambres. Vous avez le choix entre deux doubles, une triple et un dortoir de dix places, chaque pièce ayant sa propre salle de bains attenante. Nuit à partir de 18€/pers., petit déjeuner inclus. Quant au repas (18€), il nous a été chaudement recommandé par un habitué des lieux. À vous de juger... et de goûter : gratin de pommes de terre au vin blanc de Cilaos, cari ti'jacques aux crevettes, flan de chouchous, le tout accompagné de vin, d'un apéritif et d'un café. *10, rue Winceslas-Rivière* **Cilaos** *Tél. 02 62 31 88 03 ou 06 92 82 47 13 www.giteclairdelune.com*

Chambres d'hôtes Chez Liliane Nassibou (plan 7, B1 n°10) Une adresse recommandée. Plusieurs raisons à cela : l'accueil timide mais charmant de Mme Nassibou, les 4 chambres modestes mais impeccables, dont deux à l'étage jouissent d'un superbe panorama (30€, sdb privative, petit déj. 5€.), et la belle architecture de la demeure. On pourrait encore mentionner la possibilité de s'y régaler de bons produits maison : rôti canard, cari poulet et autres succulentes spé-

GAMME DE PRIX	RESTAURATION	HÉBERGEMENT
Très petits prix	moins de 8€	moins de 15€
Petits prix	de 8 à 15€	de 15 à 30€
Prix moyens	de 15 à 25€	de 30 à 50€
Prix élevés	de 25 à 40€	de 50 à 100€
Prix très élevés	plus de 40€	plus de 100€

cialités créoles, sur réservation (15€). *19, route de Bras-Sec* **Cilaos** *Tél. 02 62 31 71 77*

Le Petit Randonneur (plan 7, A1 n°14) Un petit hôtel sans prétention. Malgré l'accueil un peu frais, on convient que les chambres (40€ la double, petit déj. 6€) sont très bien tenues, avec des lambris pour habiller les murs. Chacune dispose d'une douche et d'une TV. La moquette en guise de tapisserie dans les communs a moins de cachet, mais qu'importe, puisqu'on passe son temps dehors. *61, rue du Père-Boiteau* **Cilaos** *(50m à gauche avant l'église dans le bas du village) Tél. 02 62 31 79 55 le-petit-randonneur@orange.fr*

Chambres d'hôtes Les Cimes (plan 7, A2 n°13) Disons-le d'emblée : nous avons été très déçus par l'accueil, qui frôlait l'indifférence. Pourtant, derrière la grande barrière jaune, la promesse d'un séjour agréable est palpable. Environnement calme, beau jardin créole, confort des 4 chambres plus qu'honnête (45€ la double, avec sdb et WC, petit déj. inclus), dîner à l'avenant (20€) servi seulement s'il y a plus de 3 personnes. On espère donc que la mauvaise humeur était passagère... *9, rue Victorine-Séry* **Cilaos** *Tél. 02 62 31 72 47 dominique.idmont@gmail.com*

☺ **Chez Le Graveur (plan 7, B1 n°12)** Philippe Turpin, peintre, sculpteur et graveur, loue une charmante case à l'arrière de l'hôtel Hôtel Le Bois rouge (p.315). Dans la varangue fermée, les deux chambres et la pièce de séjour, la décoration et le mobilier léger de rotin ou de bois "pay" sont aussi plaisants à l'œil que le jaune éteint de la façade et les motifs anciens des carrelages. Comptez 150€/3j. (durée minimum) pour 2 pers. (10€/j. par pers. supplémentaire) et 295€ /semaine (240€ pour les curistes). L'artiste propose à ses locataires un tarif préférentiel sur les œuvres exposées dans l'atelier jouxtant la maison. Gravure non encadrée à moins de 100€. *2, rue des Sources* **Cilaos** *Tél. 02 62 31 73 64 ou 06 92 28 03 03 http://chez-le-graveur.allonslareunion.com*

prix élevés

Hôtel des Neiges (plan 7, B2 n°16) Un gros "bonbon rose" situé au creux des montagnes... Mais passé le kitsch de la façade, on se sent très vite bien dans cet établissement au confort tout à fait honorable. Trois catégories de chambres (petit déj. inclus) permettent au plus grand nombre de profiter de l'hôtel : les "confort" (double 65€), parfaites pour une nuit ; les "confort +" (75€), moins exigües et disposant d'une terrasse ; les "familiales" (100€) spacieuses, avec loggia, idéales pour un long séjour. Ces dernières donnent sur les deux piscines. En résumant, le slogan de l'hôtel semble appliqué avec une belle volonté : Touzour fer tout content zot tout ("Toujours vous satisfaire"). *1, rue de la Mare-à-Joncs* **Cilaos** *Tél. 02 62 31 72 33 http://hoteldesneiges.reunion.fr*

Hôtel Les Aloès (plan 7, A3 n°17) Une étape sympathique, et l'une des moins chères dans cette gamme de prix. À 100m de la rue principale, cette belle case traditionnelle aux volets bleu ciel abrite 10 chambres agréables (double 74€ petit déj. inclus). Les tons orange et bleu délavés s'associent à un mobilier en rotin clair, quelques pochoirs rappellent les vignes qui font la renommée de Cilaos. On ne saurait trop vous recommander d'être hébergé au 1er étage où la terrasse s'ouvre sur un panorama unique. N'hésitez pas également à demander une chambre avec baignoire, cela ne vous coûtera pas plus cher. Enrichissantes randonnées orchestrées et guidées par Roby Soriano (p.306). *14, rue Saint-Louis* **Cilaos** *Tél. 02 62 31 81 00 www.hotel-aloes.com*

☺ **Hôtel Le Bois rouge (plan 7, B1 n°22)** L'eucalyptus et le benjoin à l'écorce odorante, le bois noir aussi résistant que l'ébène, le ti natte et le majestueux tamarin, ce sont ces bois qui donnent son cachet à chacune des cinq chambres. On admire les parquets superbement marquetés, on apprécie les très belles proportions de la demeure et la véranda privative. On prend plaisir à flâner sur la terrasse, regarder la nuit qui efface doucement les sommets alentour en sirotant un rhum arrangé... On se sent chez soi, et lorsque le temps fraîchit on se replie au salon près de la cheminée. Double à 94€, petit déjeuner inclus (réduction de 20% dès la seconde nuit hors vacances scolaires réunionnaises). Wifi dans tout l'hôtel. *2, route des Sources* **Cilaos** *(à la sortie du village, direction des thermes) Tél. 02 62 47 57 57 ou 06 92 30 57 57 www.hotelboisrouge.com*

☺ **Hôtel Tsilaosa (plan 7, A2 n°19)** Cet établissement haut de gamme est une vraie réussite. Au sein de cette belle case couleur soleil, le randonneur fortuné se délasse dans la baignoire balnéo en observant la décoration de sa vaste chambre de style colonial, avec ses lignes pures et élégantes (96€, petit déj. 10€). Les tons sont suaves, les matières nobles, l'atmosphère sereine et l'accueil absolument charmant. Même impression dans le hall joliment dallé, où l'on attend impatiemment les gâteaux du brunch qui cuisent dans le fourneau. Enfin, la petite terrasse donnant sur la rue principale est l'occasion de prendre son petit déjeuner en assistant au réveil du village. *21, rue du Père-Boiteau* **Cilaos** *Tél. 02 62 37 39 39 www.tsilaosa.com*

Hôtel-restaurant Le Vieux Cep (plan 7, A2 n°18) Ce petit complexe hôtelier à deux pas du centre jouit d'une très bonne réputation. À raison, car les bâtiments aux lambrequins ciselés en feuille de vigne ainsi que la piscine chauffée et la végétation savamment entretenue sont des atouts attractifs. Les 45 chambres également, avec leur terrasse et leur élégant mobilier de bois sombre (double standard à partir de 93€, supérieure 108€, petit déj. inclus). Des tarifs préférentiels sont proposés en demi-pension ou en pension complète à partir de 4 nuits. Avec un petit supplément, vous pourrez même profiter du jacuzzi et du sauna, une aubaine après une journée de marche. *2, rue des Trois-Mares* **Cilaos** *Tél. 02 62 31 71 89 www.levieuxcep.fr*

prix très élevés

Hôtel Les Chenets (plan 7, B2 n°20) Un hôtel de grand confort, situé un peu à l'écart du centre. Une obsession dans cet établissement : la couleur ! Les chambres sont jaunes, bleues, vertes,

GAMME DE PRIX	RESTAURATION	HÉBERGEMENT
Très petits prix	moins de 8€	moins de 15€
Petits prix	de 8 à 15€	de 15 à 30€
Prix moyens	de 15 à 25€	de 30 à 50€
Prix élevés	de 25 à 40€	de 50 à 100€
Prix très élevés	plus de 40€	plus de 100€

parfois dans des nuances pastel. Une autre constante : elles sont toutes vastes, avec une vue sur la montagne, moins agréable toutefois pour celles situées au rez-de-chaussée. Le tarif, lui, varie selon les prestations : de 122€ la double classique à 180€ la suite "prestige" ; de 210 à 275€ en demi-pension au restaurant Les Physalis (p.313). À l'arrière du bâtiment créole bleu et ocre, qui jure légèrement dans ce cadre verdoyant, vous aurez le loisir de profiter de la piscine creusée au pied du massif du piton des Neiges, ainsi que du hammam et du sauna. *40, chemin des Trois-Mares Tél. 02 62 31 85 85 www.leschenets.fr*

Dans les environs

gîtes de montagne

Les Mimosas Un beau souvenir. Au pied du massif du piton des Neiges, ce ravissant gîte aux teintes gaies bleu et blanc dispose de trois chambres doubles (40€) et d'une chambre familiale dortoir pour six personnes (17€/pers.), qui accueillent les randonneurs en quête d'authenticité et de gentillesse. Petit déjeuner inclus et salle de bains privative. On continue à être séduit lors du repas, avec son menu si réconfortant (22€, 11€ pour les enfants entre 6 et 12 ans, gratuit pour les plus petits) : beignets de capucines, gratin de chouchou, cari volaille, dessert avec vin et rhum arrangé. *29, chemin Saül **Bras-Sec** (à 6km de Cilaos) Tél. 02 62 96 72 73 ou 06 92 69 84 93 www.lesmimosas.fr*

Gîte de l'Îlet Avec ses grands yeux bleus rieurs, Solange vous accueille dans sa demeure créole, dominée par la silhouette du Grand Bénare. Dans ce cadre exceptionnel, la case abrite cinq chambres aux lambris clairs pour 2, 3 et 4 pers. (52€, petit déj. inclus), avec coin douche pour un aménagement strictement fonctionnel, et deux dortoirs de 4 et 6 pers. (21€/pers.) avec salle de bains et toilettes, agrémentés d'un balcon pour admirer la vue. Une piscine, chauffée en hiver, offre un petit plus agréable. Le soir venu, on s'attable dans la vaste salle à manger pour partager dans la bonne humeur un repas créole recommandé et réputé (23€). Et le lendemain, au petit déjeuner, lorsqu'on observe la mine réjouie des touristes, on est convaincu d'avoir trouvé une bien belle adresse. *27, chemin Terre-Fine **Îlet-à-Cordes** Tél. 02 62 25 38 57 ou 06 92 64 74 48 http://gite-de-l-ilet.allonslareunion.com*

prix moyens

Au Petit Coin charmant Dans leur case au jardin fleuri de roses et de bougainvilliers, Hélène et son époux vous reçoivent en amis. Après avoir admiré le Grand Bénare, qui fait face à la maison, vous accédez à l'une des 3 chambres (44€/2 pers.), simples et agréables, avec leurs meubles vernis et leur salle de bains privée. C'est le moment d'une pause au calme, avant de déguster le repas (23€, le soir uniquement), copieux et succulent, concocté avec les produits de la ferme. Le dîner se prolonge souvent tard dans la soirée, car les voyageurs aiment discuter avec cette famille conviviale en goûtant l'un des 5 rhums arrangés posés sur la table. *13, chemin Terre-Fine **Îlet-à-Cordes** Tél. 02 62 35 18 13 ou 06 92 68 49 68*

Le Vieux Pressoir Bras-Sec est un village paisible situé en contrebas du chef-lieu. C'est une destination attrayante pour qui veut goûter au calme du cirque. Pourquoi se rendre au Vieux Pressoir ? D'abord pour la vue exceptionnelle sur le piton des Neiges, du 1er étage, et magnifique à l'arrière sur l'ensemble du cirque. Ensuite pour un accueil sympathique, 5 chambres confortables (45€, petit déj. inclus) avec salle de bains privée et un repas créole de bonne tenue (25€). C'est déjà bien, non ? *40, chemin Saül* ***Bras-Sec*** *(à 6km de Cilaos) Tél. 02 62 25 56 64 ou 06 93 03 89 14*

★ ☺ LE PITON DES NEIGES

À la Réunion, il y a le Volcan… et le Piton. Du haut de ses 3 070,5m, nouvelle altitude calculée en juin 2003, le piton des Neiges domine l'ensemble de l'océan Indien (hors volcans indonésiens). Cœur de l'île, autour duquel s'articulent les trois cirques comme les pétales d'une fleur verte, son évolution a déterminé la morphologie du territoire, dès sa formation il y a trois millions d'années. Endormi depuis dix mille ans – et non éteint contrairement à ce que beaucoup pensent –, il reste l'objectif numéro un de tout randonneur en voyage à la Réunion qui se respecte : ils sont en effet près de 80 000 à fouler ses flancs chaque année. Vu d'en bas, le spectacle demeure fascinant. Sa calotte rocheuse aux reflets gris scintille au soleil, tandis que ses premières pentes accueillent une superbe forêt de bois de couleurs. À l'ouest, la crête des Trois-Salazes se découpe en dentelle dans le ciel, rejoignant le col du Taïbit qui domine Mafate. De l'autre côté, Salazie profile son rempart au-dessus de Cilaos.

NEIGE OU PAS ? Telle est la question ! Le premier réflexe du voyageur apercevant le sommet est de le scruter afin de voir si des névés blanchissent le piton. Il n'en est rien. La plupart du temps, lorsque le soleil brille et que les nuages se sont dissipés, la roche basaltique noire réfléchit les rayons, donnant ainsi l'impression d'une réverbération due à des plaques de neige. Il se peut également, en hiver, que de la glace ou du givre contribue à ce phénomène. Pourtant, et même si des anciens et des connaisseurs jurent qu'il ne peut y avoir de neige au sommet du piton, des témoignages apportent de l'eau au moulin de la légende. Ainsi, en août 2001, quatre alpinistes bivouaquant sur ses pentes auraient essuyé une averse de neige. Le même jour, le gardien du gîte de la caverne Dufour affirme avoir observé le phénomène aux jumelles. Une information corroborée par Météo France. Il semble donc que, dans des conditions exceptionnelles impliquant des courants marins froids venus du sud et de forts vents en altitude, les facteurs nécessaires à une chute de neige soient réunis. Comme ce fut déjà le cas, en octobre 1999. Plus exceptionnel encore, le 1er août 2003, une pellicule de neige uniforme, qui a tenu pendant plusieurs jours, a recouvert le piton de la Fournaise jusqu'à la plaine aux Sables et saupoudré la plupart des sommets de l'île. Une extravagance météorologique unique de mémoire de Réunionnais, tout comme les gigantesques embouteillages provoqués par les curieux qui voulaient, une fois dans leur vie, observer les fumerolles du Volcan s'échapper d'un tapis immaculé et glacé.

MODE D'EMPLOI

accès

Seuls les randonneurs auront la joie d'admirer le lever du soleil du sommet. Les autres se contenteront des souvenirs de leurs compagnons... Ou devront attendre que le projet de téléphérique discuté depuis plus de quinze ans voie enfin le jour.

informations touristiques

Le piton des Neiges dépendant du cirque de Cilaos, c'est à l'office de tourisme de ce village que vous trouverez le plus d'informations à son sujet.

fêtes et manifestations

Le piton est le théâtre de deux grandes manifestations. D'abord sportive, avec le **Cross du piton des Neiges**, cf. fêtes et manifestations (p.304), couru tous les ans au mois de mai. Avant de vous inscrire, sachez qu'il faut environ 1h50 au vainqueur pour parcourir l'itinéraire qui fait la liaison entre le village de Cilaos et le sommet. Avis aux amateurs ! La seconde manifestation est religieuse, il s'agit de la messe de l'Ascension, traditionnellement célébrée au sommet. Mais, pour cause de météo défaillante, de problèmes de logistique et de dégradation de l'environnement, la cérémonie, à laquelle assistaient chaque année près de 2 000 fidèles, n'existe plus depuis 2001... malgré une petite réédition en 2009 : 200 personnes ont gravi la montagne cette année-là.

DÉCOUVRIR

Le piton des Neiges

☆ **Les essentiels** Randonnées au piton des Neiges au départ de Cilaos ou de Hell-Bourg

● Randonner au piton des Neiges

☆ **Le piton des Neiges depuis Cilaos** C'est l'itinéraire le plus fréquenté pour gravir le piton. De la forêt du Grand Matarum, vous vous engagez sous les cryptomerias avant de rejoindre la forêt de bois de couleurs, lesquels voisinent bientôt avec les tamarins et les goyaviers. L'ascension se révèle rapidement abrupte, mais le terrain est de bonne qualité pour les appuis et le sentier en sous-bois (GR® R1) s'avère frais lorsque le soleil est de plomb. Peu à peu, à mesure que vous vous rapprochez du refuge, la végétation s'éclaircit, laissant la place à une lande d'altitude. Le sol devient plus rocailleux, avec l'apparition de scories tout au long d'un chemin en lacet. **Après 3h** environ de marche, vous arrivez au **refuge de la caverne Dufour**, également appelé refuge du Piton des Neiges, situé au bout d'une légère descente bienvenue en fin de parcours. Le lendemain, n'hésitez pas à partir avant l'aube afin de contempler l'île au lever du soleil. Laissez vos sacs à dos au refuge. Il vous reste plus de 590m de dénivelé positif à parcourir sur un terrain difficile composé d'anciennes coulées de laves et de scories (balisage blanc) : un paysage lunaire, nuancé de teintes ocre et marron. La pente semble plus raide durant la première heure, les mollets ont durci, mais l'absence de sac à dos facilite la randonnée. Vous arpentez bientôt la ligne de crête avec le sommet sur votre gauche. Votre effort sera récompensé par l'unique et superbe panorama à (presque) 360° qui s'ouvre enfin devant vous. **Mafate** et le **col du Taïbit** se dévoilent au nord-ouest, **Cilaos** s'alanguit à vos pieds. En rejoignant les antennes plantées au sommet, vous aurez peut-être la chance d'observer **Salazie** et le **piton d'Enchaing**. Après une pause bien méritée, rebroussez chemin jusqu'au refuge afin de récupérer vos affaires. Prenez le GR© R1 emprunté à l'aller et bifurquez à gauche en direction du **coteau Kervéguen** : 1h de marche tranquille et en crête vous amène alors à une bifurcation sur la droite (2 206m), où se dévoile un passage délicat. Il faut vous armer de courage pour descendre le GR© R2 aménagé avec des marches en pierre et quelques échelles. Les genoux sont très sollicités, la randonnée éprouvante. Prenez tout de même le temps d'observer les bois de couleurs, typiques de ce genre de rempart. Plus vous perdez de l'altitude, plus la végétation devient dense. Après plus de 1h30 d'efforts, vous arrivez enfin au niveau de la D241 (1 384m), qui se confond avec le GR®. Il vous reste un peu plus de 30min de marche beaucoup plus aisée pour rallier le Bloc. ***Accès*** *Prendre la route de Bras-Sec depuis Cilaos, dépasser les thermes. Vous arrivez à un parking, au lieu-dit Le Bloc, où débute le sentier.* ***Durée*** *3h le 1er jour, 6h le 2e jour* ***Parcours*** *Boucle de 2 jours, 21km au total, balisée en blanc et rouge (en partie GR® R1-R2), blanc entre le refuge et le sommet* ***Dénivelé*** *1 100m positif le 1er jour, 600m positif et 1 700m négatif le 2e jour* ***Difficulté*** *Difficile* ***Conseils*** *Prévoir des vêtements chauds, ainsi que gants et bonnet durant l'hiver austral* ***Hébergement*** Refuge de la caverne Dufour (p.319)

☆ **Le piton des Neiges depuis Hell-Bourg** Non seulement vous pourrez admirer l'île depuis le toit de l'océan Indien, mais vous aurez aussi l'occasion de marcher à l'ombre de la forêt de Bébour-Bélouve. Une belle et éprouvante boucle de deux jours qui passe par le gîte de Bélouve, le sommet du piton et redescend par le sentier du cap des Anglais. Remontez la rue, où se trouve la mairie annexe, en direction du plateau de Bébour-Bélouve. Le **GR® R1** arbore ses couleurs rouge et blanc. Très vite, le plateau vous domine : vous attaquez la montée en lacet. Le

Tutoyer les étoiles

Refuge de la caverne Dufour Le plus célèbre et le plus haut (2 479m) des refuges de la Réunion – mais non le plus confortable –, propose 48 lits en dortoirs de 9 couchages superposés (17€/nuitée, petit déj. 5€). En cas de forte affluence, vous dormirez peut-être sous l'une des vastes tentes à structure rigide, malheureusement plus austères. Côté sanitaires, des problèmes de ravitaillement en eau vous obligeront peut-être à vous passer de douche... Les repas, un cari ou un boucané avec entrée et dessert pour 16€, sont servis par l'un des deux gardiens du gîte (réservation obligatoire 48h à l'avance). Enfin, belle surprise : une agréable terrasse a été aménagée, montée sur pilotis et s'ouvrant sur la forêt de Bébour-Bélouve. *Tél. 02 62 51 15 26 (pour réserver les repas)* ***Réservation hébergement*** *auprès de la centrale de réservation de l'IRT Tél. 0810 160 000 www.reunion.fr*

LES CIRQUES

sol est parfois boueux. Par beau temps, vous profitez de nombreux points de vue sur le cirque de Salazie, où les toits de Hell-Bourg forment de petites taches colorées au milieu de la verdure. La forêt de bois de rempart, auquel se mêlent fleurs jaunes et goyaviers, borde le chemin. Vous atteignez bientôt le plateau et ses arums : après **2h** de marche maximum, tournez à droite pour rallier le **gîte** (1 600m). Continuez le GR® R1 vers le sud-ouest. Après avoir passé un kiosque et une antenne TV au bord d'un **belvédère** (très beau panorama), suivez le sentier le long du rempart qui tombe au bout du plateau. Votre rythme sera peut-être un peu moins soutenu si vous voulez prendre le temps de profiter des nombreux points de vue qui jalonnent la marche légèrement en montée. Au cœur de **la forêt** primaire, sombre et fraîche, vous foulez un sol élastique et agréable, parfois agrémenté de mousse. Peu à peu, l'altitude aidant, la végétation change de physionomie, laissant la place à des brandes et à des fleurs jaunes. Vous marchez environ **3h** avant d'atteindre le **cap des Anglais** (bifurcation pour le retour, 2 157m) et la **caverne Mussard**, sur la droite du chemin peu après. Celle-ci doit son nom à un célèbre chasseur de Noirs marrons du XVIIIe siècle. Il vous reste environ 1h30 de marche avant de vous reposer au **refuge de la caverne Dufour**. Le lendemain, bien avant le lever du soleil, vous rechaussez vos brodequins fatigués pour partir à la conquête du sommet (cf. ci-avant Le piton des Neiges depuis Cilaos). Après un aller-retour qui, sans pause, vous prendra environ **3h**, vous vous engagez sur le **GR® R1** vers l'est pour rejoindre le **cap des Anglais**. La, bifurquez à gauche et entamez la descente qui vous ramènera à Hell-Bourg. Le sentier de pierraille zigzague le long du rempart, offrant une vue d'ensemble magnifique sur le cirque. Vous traversez le bras Sec sur une passerelle avant de vous engager au frais dans la forêt de Terre-Plate et ses cryptomerias. Au bout de 2h de marche, vous voici de nouveau à Hell-Bourg. ***Accès*** *À l'entrée de Hell-Bourg, tourner à gauche dans la rue perpendiculaire à celle du Général-de-Gaulle (rue André-Fontaine)* **Durée** *6h30 le 1er jour, 7h le 2e jour* **Parcours** *Boucle de 2 jours, 33km au total, balisée en blanc et rouge (en partie GR® R1 et sa variante), blanc entre le gîte de la caverne Dufour et le sommet* ***Dénivelé*** *1 600m positif le 1er jour, 500m positif et 2 100m négatif le 2e jour* ***Difficulté*** *Difficile* **Conseils** *Prévoir des vêtements chauds, ainsi que des gants et un bonnet durant l'hiver austral* **Hébergement** *cf. Encadré ci-avant Tutoyer les étoiles*

★ CIRQUE DE MAFATE

97428

C'est le troisième cirque, et certainement le plus sauvage et le plus mystérieux. On est surpris de n'être dérangé que par le vacarme des hélicoptères, on est charmé par la gentillesse des habitants, certes réservés, mais n'hésitant jamais à vous indiquer votre chemin dans un créole chantant. On est bluffé par cet environnement tourmenté et chaotique, avec la crête occidentale reliant le Grand Bénare (2 896m) au Maïdo (2 203m), et avec la Roche-Écrite (2 277m), le Cimendef (2 228m) et le Gros Morne (3 013m) formant la barrière orientale jusqu'au piton des Neiges (3 070,5m). On

est enchanté par ces petits hameaux, joliment appelés îlets, installés sur des plateaux en à-pic où la vie semble s'écouler hors du temps. En tout, 80km² de vallons et de falaises, de ravines et de plateaux, de pics et de cascades protégés du monde automobile ! Car Mafate ne se découvre qu'à pied, le long de 120km de sentiers aménagés par l'ONF, qui gère également l'ensemble des terres du cirque. Il y a bien eu un projet de route reliant Grand-Îlet (cirque de Salazie) à La Nouvelle, mais il a définitivement été abandonné dans les années 1980.

HORS DU TEMPS L'histoire du peuplement de Mafate ressemble à celui des autres cirques : des esclaves en fuite y survivent jusqu'à l'abolition de l'esclavage, avant d'être rejoints par des affranchis et quelques P'tits Blancs en quête de terres vierges. Mais, au cours du XXe siècle, Mafate n'a pas bénéficié du désenclavement qu'ont connu Salazie et Cilaos. Aussi la population s'est repliée sur elle-même, vivant presque exclusivement en autarcie. De nombreux jeunes sont partis vers les villes du littoral. Aujourd'hui, environ 700 Mafatais vivent dans le cirque, en dignes héritiers de leurs ancêtres, contre près de 1 500 il y a vingt ans. Certains sont toujours agriculteurs, beaucoup dépendent du tourisme vert, qui draine jusqu'à 80 000 personnes par an. Une aubaine pour cette cuvette montagneuse et verdoyante où flotte une atmosphère intemporelle.

UN SERVICE PUBLIC ADAPTÉ Pas de route, pas d'hôpital, pas de centre des impôts, pas de bureau de sécurité sociale : les Mafatais sont souvent démunis lorsqu'un problème survient. Mais le temps semble néanmoins loin où aucun docteur ne descendait dans le cirque. La première tournée d'un médecin date des années 1930. Aujourd'hui, deux infirmières résident à La Nouvelle, où se trouve le dispensaire principal de Mafate. Lorsque les malades ne peuvent s'y rendre à pied, l'hélicoptère fait le taxi, amenant à son bord un médecin au moins une fois par mois. En tout, huit infirmeries ont été installées dans le cirque, et les deux fonctionnaires des services de santé s'y rendent régulièrement en consultation. De la même façon, une assistante sociale parcourt les îlets et reçoit la population afin de régler les problèmes administratifs et assurer un suivi social. Quant à l'école, elle s'adapte également à la particularité du cirque. Quatre établissements sont ouverts durant l'année scolaire (La Nouvelle, Grand'Place, Îlet-à-Bourse et Îlet-à-Malheur). Une dizaine de professeurs des écoles enseignent à plus de cent enfants, pour la plupart internes, de la maternelle au CM2. Les horaires scolaires ont même été aménagés afin de faciliter le retour des enfants à leur domicile qui se trouve souvent à plusieurs heures de marche.

MODE D'EMPLOI

accès

À PIED

Depuis que l'hélicoptère est réservé aux urgences et au transport des marchandises, on ne peut rejoindre les villages du cirque qu'à pied, avec un accès direct de Salazie par le col des Boeufs ou de la Fourche (GR® R1). On rejoint Marla toujours par le GR®

R1 ou Roche-Plate par le GR® R2 (cf. Randonner dans le cirque de Mafate).

informations touristiques

En raison de sa particularité administrative – le cirque dépend des communes de La Possession et de Saint-Paul – et de l'absence d'office de tourisme, les informations concernant Mafate sont un peu dispersées. Il en est de même pour les activités de randonnée et les gîtes : la centrale de réservation de l'IRT ainsi que l'OT de La Possession demeurent les sources principales de renseignements. **IRT-Île de la Réunion Tourisme** *Tél. 0810 160 000 www.reunion.fr* **Office de tourisme de La Possession** (p.103) **Office de tourisme de Saint-Paul** *L'OT est installé dans la station balnéaire de Saint-Gilles* (p.132)

adresses utiles

La Nouvelle (plan 8, A3-B3) Attention, vous ne trouverez aucun distributeur automatique de billets à La Nouvelle. Mais vous pourrez acheter du pain frais à la boulangerie de Maurice Gravina, en prenant soin de le réserver la veille. Plusieurs épiceries permettent de se ravitailler en produits de première nécessité, dont la mieux approvisionnée est sans aucun doute celle attenante au relais de Mafate. **Boulangerie Gravina** *Tél. 02 62 43 82 64 Ouvert tlj.* **Épicerie du relais de Mafate** *Tél. 02 62 43 61 77 Ouvert tlj.*

Marla (plan 8, B4) Une épicerie, juste en face de l'ancienne école, tient également lieu de bar. Plutôt bien approvisionnée, elle permet de confectionner un pique-nique honorable. Elle ferme au plus tard à 18h.

Roche-Plate (plan 8, A3) Gérard Bègue tient une épicerie (juste devant son auberge) qui vous permettra de vous ravitailler.

Grand'Place (plan 8, A2) Deux épiceries : une à Grand'Place-les-Hauts et une à Grand'Place-Boutique.

Aurère (plan 8, B2) Une épicerie et un bar pour faire des provisions et pourquoi pas se désaltérer d'une Dodo.

DÉCOUVRIR
Le cirque de Mafate

☆ **Les essentiels** Randonnées dans le cirque de Mafate **Découvrir autrement** En famille, choisissez la randonnée qui mène en 2h vers l'époustouflant panorama sur le cirque de Mafate et passez la nuit dans un bungalow du Relais de Mafate.

La Nouvelle

La Nouvelle (plan 8, A3-B3) est en général le premier village que l'on découvre, en descendant à Mafate depuis Salazie. C'est aussi le plus peuplé : une trentaine de familles vivent en permanence sur ce plateau verdoyant qui culmine à 1 450m. La fumée des caris cuits au feu de bois s'élève des toits en tôle des cases modestes, dispersées le long des chemins envahis par les herbes. Les vaches paissent au bord des jardins. De tradition agricole, La Nouvelle constitue également le centre touristique de Mafate, avec une dizaine de gîtes et une piste d'atterrissage destinée aux hélicoptères. Mais ce va-et-vient quasi

Plan 8 Cirque de Mafate

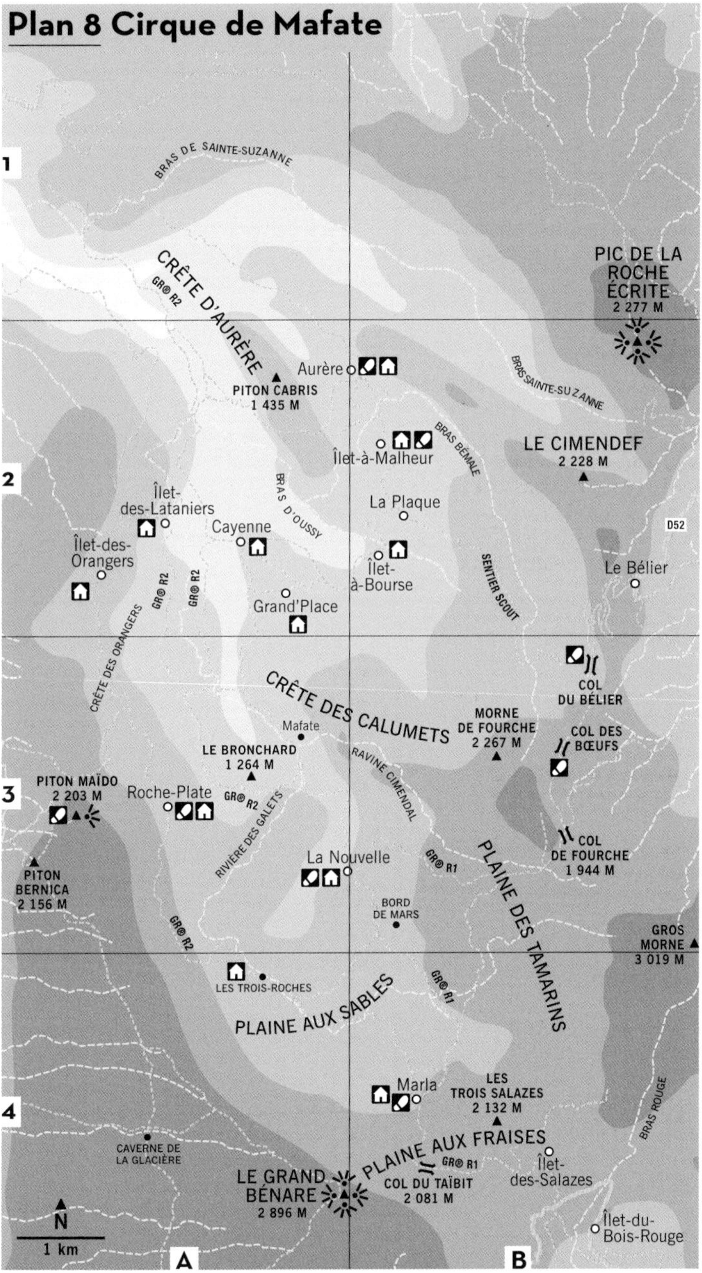

incessant des amoureux de la marche, le bruit des turbines dès le lever du jour ou encore l'installation d'une cabine téléphonique sont mal vus des puristes soucieux de préserver un art de vivre paisible des atteintes d'une certaine civilisation. Cependant n'oublions pas que La Nouvelle doit sa prospérité économique au tourisme… cf. Randonner dans le cirque de Mafate au départ de Marla (p.326) **Accès** *De Salazie par le col des Bœufs ou de la Fourche (GR® R1). On rejoint Marla toujours par le GR® R1 ou Roche-Plate par le GR® R2*

● Rejoindre La Nouvelle par un itinéraire facile

Du col des Bœufs à La Nouvelle (plan 8, B3) La traversée de la plaine des Tamarins constitue le clou de la randonnée qui mène du col des Bœufs à La Nouvelle en **2h**. Celle-ci, idéale pour les enfants, vous offrira en plus un superbe panorama sur le cirque de Mafate. Du parking, la route goudronnée continue en surplomb de la plaine des Merles. Vous croisez le sentier qui descend au col de la Fourche, autre accès possible vers Mafate (comptez au moins 1h30 supplémentaire). Au bout de 15min, vous voici au **col des Bœufs** dominant le cirque (1988m). Par beau temps, on aperçoit La Nouvelle juste en bas et l'îlet de Marla, un peu plus haut sur la gauche, au pied du Grand Bénare (2 896m). Il faut une quarantaine de minutes sur un sentier abrupt pour atteindre une zone aménagée de rondins transversaux, qui évitent de s'enfoncer dans la boue dès qu'il a plu. Vous êtes dans la **plaine des Tamarins des Hauts**, dans une ambiance fantasmagorique, notamment par temps de brouillard à travers lequel percent des troncs d'un blanc lumineux et des arbres au feuillage clair. Remarquez les mousses jaunes, appelées "barbes de saint Antoine", qui s'accrochent aux branches telles des toiles d'araignée géantes, signe dit-on de l'absence de pollution. Vous avez déja marché **1h** lorsque vous arrivez à la **bifurcation La Nouvelle-Marla**. Continuez tout droit. Sur la droite, le bras de Cimendal coule paisiblement au pied de la crête des Calumets, qui relie le piton des Calumets (1 616m) au nord-ouest au morne de Fourche (2 267m) au sud-est. Vous abordez bientôt les **escaliers aménagés** en rondins alors que La Nouvelle se déploie en contrebas. Au fond, le Maïdo (2 203m) avance en saillie à près de 1 000m au-dessus du vide. Au mois de juin, des bosquets de mimosas, tout jaunes, rehaussent encore le paysage verdoyant. Après **1h30** de marche, les tamarins se font beaucoup plus rares, le sentier se minéralise et l'on bute parfois sur des blocs de pierre. La plaine est vallonnée, le paysage est fait de pâturages où il est courant de croiser quelques bovins en train de brouter paisiblement.

Mafate, aux sources du nom

Le cirque a gardé le nom d'un esclave marron appelé Mafate, dont le patronyme malgache peut signifier "Celui qui tue" ou "Celui qui pue". On devine sans peine l'origine de la première traduction, tant les fugitifs devaient se montrer implacables envers les chasseurs blancs pour sauver leur vie. Quant à la seconde hypothèse, elle viendrait de la présence de sources, chaudes et très odorantes qui jaillissaient autrefois à travers le territoire, notamment à Grand'Place. On peut parier que les premiers habitants s'y baignaient, s'imprégnant par là même d'un parfum nauséabond…

Sur la gauche, vous apercevez le Chien et le col du Taïbit, juste en dessous du Grand Bénare. La Nouvelle se détache bien à vos pieds, avec le toit rouge de la maison de l'ONF et celui, beige, de l'école, au centre du hameau. Il reste **30min** de marche **en pente douce** pour atteindre le but de la randonnée. ***Accès*** *À Grand-Îlet, descendre au Bélier et emprunter la route forestière qui monte au col des Bœufs (30min de voiture). Le parking gardé (10€/nuit ou 2€/jour) permettra d'éviter toute dégradation à votre véhicule* ***Durée*** *2h* ***Parcours*** *AS balisé en blanc et rouge (GR® R1 sur les 3/4 du parcours)* ***Dénivelé*** *520m négatif* ***Difficulté*** *Facile (un peu plus dur si vous faites l'aller-retour, la remontée étant parfois éprouvante)*

● Rallier Marla par Les Trois-Roches

De La Nouvelle à Marla par Les Trois-Roches (plan 8, A3-A4-B4) Au cours de cette randonnée qui vous conduira de La Nouvelle à Marla, vous pourrez pique-niquer sur le site incontournable des Trois-Roches, juste au-dessus de la cascade. Du centre de La Nouvelle, remontez vers le haut du village, puis empruntez un escalier en béton qui vous mène au chemin. Vous venez de passer devant la maison de *granmoun* Gravina, vieil homme reconnaissable à son chapeau vissé sur le crâne et mémoire vivante de La Nouvelle. Vous dépassez bientôt l'aire de camping qui s'étale en bas du chemin. Le sentier, très bien entretenu, s'élève régulièrement au milieu des filaos. Après **30min** de marche facile et le passage de trois ravines, le **GR® R1** devient plus sévère et monte en lacet pendant **10min** jusqu'au **Bord de Mars**, indiqué par une croix. À gauche, une variante mène à Marla. Quant à vous, descendez sur la droite vers la plaine aux Sables. Très vite, sur la gauche, un panneau vous indique le gîte de Martial Gravina, distant de 45min de La Nouvelle. Le sentier est un peu caillouteux jusqu'à la première ravine. Sous les filaos, les fraises d'eau, dénuées de goût, et les framboises attirent le regard. Au bout de **15min**, la **plaine aux Sables** (1 410m) déroule son tapis d'herbes. Autrefois peuplée, il n'y vit aujourd'hui plus qu'une famille, un peu plus haut. Remarquez les touffes de vétiver qui délimitaient anciennement les terrains et servaient à la confection des toits de chaume. Les murets qui affleurent au sommet des herbes folles indiquent les anciennes parcelles cultivées en terrasses. Au milieu de la plaine, sur la droite, un petit enclos grillagé et fleuri abrite un modeste cimetière, vestige du temps où le lieu était peuplé. Traversez la plaine en **10min**, en direction du Maïdo, et retrouvez rapidement la forêt plantée de filaos afin de rattraper le sentier. Après une seconde plaine, celui-ci remonte un peu pour déboucher sur **un oratoire**. C'est le moment de descendre sur Les Trois-Roches par un **chemin sinueux** qui s'avère très délicat, notamment par temps de pluie. La conjugaison des pierres et de la boue rend les appuis difficiles. Les genoux dégustent ! Au bout de **30min** environ, vous atteignez la rive droite de la **rivière des Galets** que vous longez vers la droite. Il reste à peine **15min** de marche pour atteindre Les **Trois-Roches** (1 226m). Une grande dalle de lave forme un plateau gris au bout duquel trois gros rochers ronds trônent tels des menhirs érodés. À leur pied, la **cascade** tombe en à-pic. Le site est superbe, surplombé par le Maïdo et le Grand Bénare. C'est l'endroit idéal et idyllique pour faire une pause casse-croûte, avec le remous du courant en berceuse. Après le pique-nique sous les filaos, rebroussez chemin vers votre point d'arrivée depuis la plaine aux Sables. Dépassez-le et continuez en longeant la rivière. La balade au sein de ce grand **canyon** qui s'élève au-dessus du lit du cours d'eau se révèle très agréable. Vous marchez à présent parmi la pierraille noire, le sentier monte vers une sorte de col en haut duquel on retrouve la rivière. L'univers est désormais totalement minéral, la roche sombre et saillante. Après **30min**, on traverse la rivière des Galets à gué, opération qui ne présente pas de difficulté lorsque le torrent n'est pas gonflé par les pluies. Le sentier monte alors plus sévèrement au milieu des scories et des cailloux. La végétation se fait rare, régulièrement emportée par les éboulis. On grimpe donc à travers ce paysage lunaire durant **30min** environ avant de retrouver d'un seul coup une végétation touffue, où les aloès déploient leurs longues feuilles rigides. Vous êtes sur le **plateau de Marla**, que sa verdure, tranchant avec la première partie de la montée, rend très émouvant. Un vrai jardin créole à l'état brut, qui apporte enfin de l'ombre. Il reste environ **40min** de marche au sein des filaos pour arriver au bout de l'effort. ***Accès*** *À La Nouvelle, depuis le centre, remonter vers la maison de l'ONF et l'école en direction de Marla* ***Durée*** *4h maximum* ***Parcours*** *AS avec balisage blanc et rouge (GR® R1-R2)* ***Dénivelé*** *460m en positif, 280m en négatif* ***Difficulté*** *Moyenne* ***Hébergement*** *Gîte Chez Martial Gravina (p.332)*

LES CIRQUES

Marla

Village le plus haut de tout le cirque (1 620m), Marla (plan 8, B4) compte une dizaine de maisons éparpillées sur un vaste plateau verdoyant. Les vaches dodelinent en traversant les jardins alors que quelques cabris s'égaillent en taches discrètes sur l'impressionnant rempart. Une atmosphère douce et apaisante règne ; en milieu d'après-midi les premiers randonneurs arrivent pour passer la nuit en surplomb de la rivière des Galets. Dominé par le **Grand Bénare**, le village a vu sa population décroître au fil des ans – il était plus peuplé que La Nouvelle il y a cinquante ans –, mais a conservé toutefois son nom qui, en malgache, signifie “beaucoup de gens”. Sûrement en raison des nombreux marcheurs qui font étape dans ce charmant hameau perdu au milieu de nulle part. ***Accès*** *À pied cf. ci-avant Rallier Marla par Les Trois-Roches*

● Randonner dans le cirque de Mafate au départ de Marla

Le village est situé à la croisée des deux GR® de la Réunion : le R1 et le R2 se rejoignent en provenance de Cilaos par le col du Taïbit : au niveau du village, le GR® R1 permet de rejoindre La Nouvelle en contournant la plaine aux Sables, le R2 descend vers Les Trois-Roches pour rejoindre Roche-Plate. ***Ravitaillement*** *Vous pouvez compter sur l'épicerie-bar qui se tient juste en face de l'ancienne école. Plutôt bien approvisionnée, elle permet de confectionner un pique-nique honorable. Elle ferme au plus tard à 18h.*

☆ **De Marla à Cilaos par le col du Taïbit (plan 8, B4)** Entre l'incroyable point de vue sur Cilaos et Mafate, et la découverte de la rafraîchissante **plaine des Fraises**, ce parcours s'avère riche en émotions. Depuis l'épicerie, montez vers la maison Giroday et bifurquez un peu vers la droite en direction de la réserve d'eau. Vous retrouvez rapidement le GR® au balisage caractéristique blanc et rouge. Au-delà du réservoir, le sentier de terre et semé de cailloux serpente dans les sous-bois, et des filaos plantés par l'ONF bordent le chemin. À l'arrière-plan, les cases de Marla se détachent dans la verdure, au centre du plateau. Le chemin est agréable, un peu abrupt, mais bien aménagé avec des marches en rondins qui pallient le ravinage dû à la pluie. Herbes et brandes remplacent bientôt la maigre forêt, le sentier est à découvert. Au bout de 30min, vos chaussures accrochent directement la roche très abrasive qui surplombe légèrement le vide. Un passage un peu difficile pour les personnes sujettes au vertige. On retrouve un terrain plus traditionnel à un quart d'heure de là, toujours au milieu des brandes et des bosquets. Les aubépines encadrent le chemin, parsemant la voie de fleurs blanches en saison. Cette troisième partie monte régulièrement et vous amène au **col du Taïbit** (2 081m) en 1h30 en tout. Le panorama est naturellement impressionnant, avec le cirque de Mafate dans votre dos et celui de Cilaos qui s'ouvre devant vous. Au loin, on aperçoit la crête du **Dimitile** (1 837m) qui borde Cilaos au sud-est. Le **Grand Bénare** vous domine à l'ouest, juste au-dessus. Il est temps de descendre vers Cilaos. À 5min, un oratoire marque la partie cilaosienne du col. Les barbes de saint Antoine s'accrochent aux brandes, bordant un sentier pierreux mais facile à fouler. En 30min, vous atteignez un agréable sous-bois frais qui permet de reprendre son souffle. Le sentier remonte en pente douce jusqu'à la **plaine des Fraises** (1 920m), belle forêt de bois de couleurs où l'on distingue le change-écorce, le mahot ou encore le bois de fleurs jaunes. Des tamarins des Hauts entortillent leur tronc et quelques orchidées épiphytes parasitent les branches. Au sortir de l'agréable plaine des Fraises, alors que le sentier se fait plus raide, avec des marches, on aperçoit sur la gauche la **crête des Trois-Salazes** qui découpe l'horizon jusqu'au piton des Neiges. Après 45min de marche, vous arrivez à la **source P'tit Louis**, seule occasion de remplir votre gourde sur le parcours. Le sentier continue sa descente pour rejoindre en 15min environ une forêt de pins maritimes, pour le moins étonnants en ces lieux. Les aiguilles assouplissent le terrain, l'air y est frais. Tandis qu'on aborde **Îlet-des-Salazes** (1 566m), la marche est rythmée par le chant des cascades. Le lieu est agréablement aménagé, idéal pour le pique-nique ou une pause. Il reste 20min de marche sous les filaos et les eucalyptus pour rejoindre la route entre Cilaos et Îlet-à-Cordes (1 260m) où l'on peut attendre une navette (la dernière est à 15h environ !), ce qui évite encore 1h de randonnée. **Accès** *Le plus court est de remonter vers la réserve d'eau depuis l'épicerie* **Durée** *3h30 (4h30 si vous rejoignez Cilaos à pied)* **Parcours** *AS avec balisage en blanc et rouge (GR® R1-R2)* **Dénivelé** *820m en positif, 1 200m en négatif* **Difficulté** *Difficile (le parcours dans le sens Cilaos/Marla se révèle moins ardu)*

☆ **De Marla à Roche-Plate par Les Trois-Roches (plan 8, B4-A4-A3)** Si vous venez de Cilaos, prévoyez de pique-niquer aux Trois-Roches : en effet, le site au bord de la rivière des Galets est enchanteur. Entamez le **GR® R2** sur le **plateau de Marla**, beau sous-bois frais, très légèrement en pente. Vous atteignez bientôt la partie abrupte, composée de scories et de pierre noire. Le passage de la ravine de la **rivière des Galets** marque la fin de cette descente délicate. Il faut que vous continuiez au-delà du lit du cours d'eau que vous longez jusqu'aux **Trois-Roches** (1h30 environ). Franchissez la rivière juste au-dessus de la **cascade**. Prenez garde, la dalle près du gouffre peut être très glissante et par conséquent dangereuse. Normalement, quelques rochers rapprochés facilitent le passage sans trop se mouiller les pieds. Le GR® continue sur la droite, prenant rapidement de la hauteur. Le **Maïdo** domine le sentier de manière impressionnante de près de 1 000m. Le chemin caillouteux suit un temps la rivière, puis s'en éloigne, continuant en dents de scie. Vous traversez ainsi plusieurs ravines souvent à sec où de beaux plants de songe évoquent de minuscules parasols. Pas de difficulté particulière, sauf qu'il faut assurer ses appuis sur ce terrain de pierre assez instable. Le rempart à gauche et la rivière en contrebas à droite offrent un superbe environnement, alors que la descente raide vers Roche-Plate se profile. Il vous reste environ 30min avant d'atteindre l'îlet. **Accès** *De l'épicerie de Marla, remonter sur la droite pour atteindre l'entrée du village* **Durée** *3h30* **Parcours** *AS avec balisage blanc (GR® R2)* **Dénivelé** *350m en positif, 900m en négatif* **Difficulté** *Moyenne*

Roche-Plate

Situé sur un plateau incliné à 1 110m, l'îlet de Roche-Plate (plan 8, A3) impressionne, avec l'immense rempart occidental qui s'élève en toile de fond et le **Maïdo** (2 203m) en guise de belvédère. Le hameau, peuplé d'une quinzaine de familles, regarde le cirque dans toute sa largeur, avec le **Bronchard** (1 264m) en point de mire. Gérard Bègue tient une épicerie (juste devant son auberge) qui vous permettra de vous ravitailler pour un pique-nique bien mérité. Vous serez surpris par l'aridité du paysage, bien plus sec que la partie orientale du cirque car les vents d'est, à cet endroit, soufflent avec beaucoup moins de force. **Accès** *Au départ de La Nouvelle, le GR® R2 mène à Roche-Plate par le Bronchard (4h30), îlet que l'on quitte par le même sentier pour rejoindre Marla (4h) puis Cilaos (7h30), ou par sa variante qui remonte vers le nord, la canalisation des Orangers et le Bas-Mafate. Ce dernier itinéraire – et peut-être le plus beau – est un des accès au cirque de Mafate les plus empruntés.*

● Randonner dans le cirque de Mafate, rallier Grand'Place de Roche-Plate

☆ **Roche-Plate-Grand'Place (plan 8, A3-A2)** En plus d'offrir un superbe panorama sur le cirque, l'itinéraire requiert un équipement particulier : un maillot de bain, pour une agréable baignade au captage des Orangers ! Une montée tranquille vous mène à flanc de rempart au **Ti Col** (1 293m). Un chemin part sur la gauche, qui rejoint les abords du Maïdo en 3h : une des excursions pédestres les plus difficiles de la Réunion (près de 1 000m de dénivelé). Avant de repartir, il faut absolument profiter du spectacle sur Mafate : le point de vue sur les compressions géologiques et les effondrements est superbe. Continuez droit devant vous pour rejoindre, dans un univers quasiment vierge de toute végétation, la **ravine Grand'Mère** par la crête des Orangers. Le lit de la rivière, fait de grosses pierres, rend la marche pénible. Mais il faut bien avancer, d'autant que le sentier s'éloigne bientôt de la ravine pour monter vers le **plateau des Orangers**. Encore un effort sur un chemin sinueux en pierre... L'îlet (977m) apparaît enfin avec son école, son épicerie et ses gîtes. Vous traversez le hameau pour retrouver la ravine Grand'Mère en contrebas, puis 15min de descente et vous arrivez au captage des Orangers, idéal pour vous rafraîchir dans l'un des petits plans d'eau accueillants. Suivez le GR® R2 sur la droite, qui vous mènera par une montée très raide à **Îlet-des-Lataniers**. Vous pouvez vous y rendre en bifurquant à droite. De l'autre côté du hameau, rejoignez le GR® R2 descendant en lacet vers la **rivière des Galets**, qu'il vous faudra traverser à gué. Sur la rive droite, poursuivez le sentier sur la droite pour rattraper la variante du GR® R2 qui vous conduira à **Cayenne** (Grand'Place-les-Bas) en 45min maximum. **Accès** *Sentier de Roche-Plate à la sortie nord du village* **Durée** *4h* **Parcours** *AS avec balisage en blanc (en partie GR® R2)* **Dénivelé** *500m en positif, 1 000m en négatif* **Difficulté** *Moyenne*

Grand'Place

Grand'Place rassemble trois îlets distincts : Cayenne ou Grand'Place-les-Bas, modeste hameau au pied du plateau (541m), Grand'Place, également appelé Grand'Place-Boutique, situé au centre (770m), et Grand'Place-les-Hauts, qui domine l'ensemble (839m). Le cadre frais et vert de l'îlet, empreint de sérénité et de douceur, constitue une belle récompense, surtout lorsqu'on arrive par le sud et ses chemins caillouteux, si éprouvants pour les chevilles. Une curiosité : la cloche de l'église, la plus ancienne de l'île (1745). **Accès** *cf. ci-avant Randonner dans le cirque de Mafate, rallier Grand'Place de Roche-Plate*

● Randonner au départ de Grand'Place, rejoindre Aurère

Situé sur le GR® R2, Grand'Place est un carrefour de randonnées. Vers le nord, on accède à l'îlet d'Aurère (5h), vers le sud, on se rend à Roche-Plate (5h) en contournant le Bronchard. La variante du GR® R2 permet de sortir du cirque par la rivière des Galets ou par la canalisation des Orangers. ***Ravitaillement*** *Vous trouverez deux épiceries une à Grand'Place-les-Hauts et une à Grand'Place-Boutique*

☆ **De Grand'Place à Aurère (plan 8, A2)** Cette randonnée, qui mène à l'extrémité du Bas-Mafate, conjugue beaux points de vue et possibilité de baignade. Descendez à Cayenne afin de rattraper sur la droite le GR® R2 qui rejoint Îlet-à-Bourse. Le sentier en montagnes russes s'élève à mesure pour atteindre le **plateau de Gousse**. Une descente mène à un oratoire situé juste après la bifurcation qui remonte vers Grand'Place-les-Hauts. La pente caillouteuse se fait plus abrupte jusqu'au **bras d'Oussy**. Lieu de baignade grâce au bassin creusé dans la roche, il se traverse facilement avant d'entamer la montée tranquille vers **Îlet-à-Bourse**. Le joli hameau coule des jours paisibles au milieu des filaos. Une très légère pente rejoint ensuite un plateau qui s'étend au-dessus de la Grande Ravine. Vous arrivez à la difficulté majeure de la randonnée. À même la paroi, le sentier dévale la pente très raide. Un filin permet de stabiliser votre marche et d'alléger les a-coups aux genoux. Le spectacle est grandiose, avec l'ombre du piton Cabris (1435m) sur la gauche. Vous atteignez enfin la **Grande Ravine**. Pour la traverser, une seule solution : une passerelle en rondins qu'il est obligatoire d'emprunter en passant un par un. Une dernière grosse montée, et vous atteindrez le lieu-dit La Plaque, en contrebas **d'Îlet-à-Malheur**. Traversez l'îlet pour entamer une descente et rattraper rapidement le **bras Bémale**. Pour la seconde fois de la journée, vous franchissez une passerelle. Plus solide que la précédente, elle enjambe un canyon profond de 55m : sensations garanties ! Plus qu'un quart d'heure de montée facile et vous accédez à l'îlet d'Aurère. ***Accès*** *Pour profiter de la totalité du parcours, emprunter le GR® R2 dès Cayenne* ***Durée*** *5h* ***Parcours*** *AS avec balisage en blanc (GR® R2)* ***Dénivelé*** *600m en positif, 400m en négatif* ***Difficulté*** *Moyenne*

Îlet-à-Malheur

À 859m d'altitude, cet îlet (plan 8, B2) a été, au début du XIXe siècle, le théâtre d'un massacre de Noirs marrons par des chasseurs de fugitifs : il a gardé ce nom peu engageant en mémoire de cette tuerie. Le hameau, constitué de cases modestes, est agrémenté par une jolie chapelle en bardeaux, où une messe dominicale est célébrée pour les habitants des îlets environnants. **Accès** *L'îlet se trouve sur la route du GR® R2, qui rejoint Aurère (1h). Au sud, le sentier relie Grand'Place (4h). Le sentier Scout permet, en bifurquant à gauche, de rejoindre la route du Bélier dans le cirque de Salazie (3h)*

Aurère

Une aire de camping naturelle, un bassin qui fait office de piscine en été, un (très) modeste héliport, des gîtes : Aurère (930m) (plan 8, A2) allie attraits touristiques et authenticité mafataise. À l'ombre du piton Cabris (1 435m), cette "bonne terre", en malgache, a été cédée en 1785 à Lenormand, chasseur de cabris (et sûrement de Noirs marrons) : c'est le plus ancien îlet de Mafate. Grâce à son accès aisé depuis le littoral, il a surtout été peuplé de P'tits Blancs en quête des terres riches. Leurs descendants, une soixantaine en tout, vivent au rythme de la nature… et des randonneurs. **Accès** *De Salazie par le Bélier, puis par le sentier Scout qui rejoint le GR® R2 avant Îlet-à-Malheur (4h). On s'y rend également de l'ouest en passant par Deux-Bras (intersection de la rivière des Galets et du bras de Sainte-Suzanne) puis par le bras des Merles (6h) Ravitaillement Une épicerie et un bar pour préparer un pique-nique et pourquoi pas se désaltérer d'une Dodo*

● Randonner d'Aurère au col du Bélier ou au col des Bœufs

Par le sentier Scout (plan 8, B2) Ce parcours assez difficile est une des sorties possibles vers Salazie, cf. randonnée Du col du Bélier à Aurère par le sentier Scout (p.300). **Accès** *À la sortie sud de l'îlet, vers Îlet-à-Malheur* **Durée** *5h* **Parcours** *AS balisé en blanc (en partie GR® R2)* **Dénivelé** *1 000m en positif, 200m en négatif* **Difficulté** *Difficile*

Par le sentier de la canalisation Augustave Cette voie entre Aurère et le col des Bœufs est indiquée uniquement pour les très bons randonneurs et lorsque le temps le permet évidemment, ce qui n'était pas le cas lors de notre séjour. Nous ne pouvons donc vous en faire une relation vécue et vous conseillons d'entreprendre l'expédition avec un guide ou d'en obtenir le tracé exact auprès de la centrale de réservation de l'IRT. Ce parcours, au dire des connaisseurs, spectaculaire, a nécessité d'importants travaux pour aménager les passages en corniche au-dessus du vide. **Volcano Run-Randonnée Roby Soriano** *Tél. 02 62 31 81 00 ou 06 92 16 20 90* **Yannis Samou-Aran-Guide accompagnateur** *Tél. 06 92 33 74 59*

CARNET D'ADRESSES

Restauration, hébergement

Sachez que La Nouvelle concentre la plupart des lits du cirque (environ 200), et essentiellement des gîtes. Tous ces hébergements de montagne se valent et offrent un confort exemplaire et un accueil absolument charmant. Attention, soyez prévoyant ! En période de vacances scolaires, ceux-ci sont souvent pris d'assaut par des familles réunionnaises. Pensez à réserver longtemps à l'avance. **IRT-Île de la Réunion Tourisme** *Tél. 0810 160 000 www.reunion.fr*

camping

Aire de bivouac de La Nouvelle (plan 8, A3) Une étendue d'herbe grossièrement aménagée pour accueillir les campeurs. Vous y rencontrerez un sérieux problème : il n'y a pas de point d'eau ni de WC. De plus, il faut compter près de 15min de marche pour rejoindre le village. Aussi, vous pouvez demander à la maison de l'ONF l'autorisation de planter votre tente directement dans le hameau, à la condition de ne pas rester plus d'une nuit. ***La Nouvelle*** *(sur les hauteurs du village en direction de Marla et des Trois-Roches)*

gîtes de montagne

Chez Joseph Cuvelier (plan 8, A3) Huit chambres de 4 personnes (16€/nuitée, sdb commune) composent ce gîte au toit rouge, très bien entretenu, entouré d'un jardin potager. L'accueil se révèle des plus souriants, tant au petit déjeuner (6€) que lors du repas (18€) évidemment concocté au feu de bois. Dans la grande salle à manger, quelques spots et une chaîne stéréo constitueront les souvenirs de soirées épuisantes et animées certains week-ends. ***La Nouvelle*** *(à droite à l'entrée de La Nouvelle en arrivant de Salazie) Tél. 02 62 43 49 63 Réservation obligatoire (nuit et repas)*

Gîte Oréo (plan 8, A3) Un gîte reconnaissable à son toit vert qui pointe au-dessus du terrain de football. Comme les autres, cet établissement est fort bien tenu, et la literie dans les dortoirs (12 lits en tout) ou dans la chambre double est en bon état. La nuitée vous coûtera 17€, somme à laquelle vous ajouterez 6€ pour le petit déjeuner. Le soir venu, un repas avec son cari au feu de bois est servi aux hôtes (16€). ***La Nouvelle*** *Tél. 02 62 43 58 57 (pour les repas) ou 06 92 04 32 28 Réservation obligatoire de la nuité auprès de la centrale de réservation de l'IRT Tél. 0810 160 000 www.reunion.fr*

Le Relais de Mafate (plan 8, A3) La Rolls des gîtes de La Nouvelle ! Vous serez surpris de trouver un tel "luxe" dans Mafate : une architecture de case créole avec lambrequin, une façade sculptée aux tons jaunes et verts, des communs propres comme un sou neuf, cinq chambres doubles avec un lavabo (40€/2 pers.), un bungalow de 10 chambres (60€, 80€ et 100€ pour 2, 3 et 4 pers.) et 2 dortoirs de 6 lits très confortables (17€ la nuitée). Vous apprécierez également le bon dîner à 25€ que vous dégusterez dans une case adjacente (également possibilité de déjeuner). Petit déj. 7€. ***La Nouvelle*** *(au centre du village) Tél. 02 62 43 61 77 (pour les repas) ou 06 92 26 08 53 Réservation obligatoire auprès de la centrale de réservation de l'IRT Tél. 0810 160 000 www.reunion.fr*

☺ **Le Tamaréo (plan 8, A3)** Nous vous conseillons ce gîte, le dernier né de la Nouvelle et en même temps le plus ancien (il était à l'abandon depuis plusieurs années), pour... ses repas. En effet, si les quatre chambres

GAMME DE PRIX	RESTAURATION	HÉBERGEMENT
Très petits prix	moins de 8€	moins de 15€
Petits prix	de 8 à 15€	de 15 à 30€
Prix moyens	de 15 à 25€	de 30 à 50€
Prix élevés	de 25 à 40€	de 50 à 100€
Prix très élevés	plus de 40€	plus de 100€

doubles (48€/nuit) et les deux dortoirs pour 4 personnes (20€/nuit) assurent un séjour reposant, c'est surtout le dîner concocté par Jean-Yves qui vaut le détour. Ce Mafatais de naissance a fait ses gammes de cuisinier en Normandie, avant de revenir à la Nouvelle, accompagné de Marion, pour reprendre le gîte familial. Mixant saveurs réunionaises et métropolitaines, sa cuisine raffinée est une aubaine dans les cirques qui ne brillent pas par la gastronomie. Dîner 25€ (apéritif, entrée, plat, dessert et surprise du chef), petit déj. 7€. ***La Nouvelle*** *Tél. 02 62 26 50 74 ou 06 92 32 08 28 (8h-18h)*

☺ **Chez Martial Gravina (plan 8, B3)** À environ 45min de marche de La Nouvelle, Martial et sa petite famille ont aménagé six chambres dans trois cases : quatre de quatre lits à 16€/pers. et deux doubles à 35€. Elles sont d'un confort tout à fait honnête et chacune possède sa propre salle de bains. Les repas (18€), servis dans la cour, à proximité des cabris, des volailles et des vaches, sont un vrai moment de plaisir grâce au service chaleureux et à une cuisine au feu de bois goûteuse. Le lendemain, au petit déjeuner (4€), vous regretterez de devoir déjà quitter ce havre de paix situé au pied du Grand Bénare – cf. De La Nouvelle à Marla par Les Trois-Roches (p.325) –, surtout si Martial a pris sa guitare ou sa batterie la veille pour entonner quelques chansons avec des amis de passage. ***La Plaine-aux-Sables*** *(par le GR® R1, direction la plaine aux Sables et Les Trois-Roches) Tél. 02 62 43 01 73 ou 06 92 61 72 22 Réservation indispensable*

Chez Giroday (plan 8, B4) Choisissez votre couchage dans les minuscules cases en tôle grise sans ouverture, un rien spartiates. Ce n'est pas le grand confort, juste le minimum requis (12€/nuitée, 27€/demi-pension). Les sanitaires, très propres, se trouvent à 10m sur la gauche. Les jours de grande affluence, l'eau chaude peut manquer. Les repas se prennent chez Mme Giroday dont la maison est en hauteur, à 5min de marche du gîte, une belle balade digestive. Au menu, cuisine créole au feu de bois : tradition et goût sont au rendez-vous (15€). Petit déj. 5€. ***Marla*** *(près de l'épicerie) Tél. 02 62 43 83 13 ou 06 92 09 16 80*

Chez Expédit Hoareau (plan 8, B4) Reconnaissable à son toit bleu, ce gîte propose un couchage sommaire dans des chambrées de huit lits superposés dépourvues de lumière (14€/nuitée). La chambre double est à 36€/pers. Les sanitaires sont séparés, plutôt bien tenus. Pour déguster un repas créole au feu de bois, dont on nous a dit le plus grand bien (16€) ainsi que le petit déjeuner (6€), il faut descendre à la maison d'Expédit (la dernière avant l'épicerie) distante de 50m. ***Marla*** *(deuxième case en arrivant par le GR® R2 en venant des Trois-Roches) Tél. 02 62 43 78 31 ou 06 92 35 44 00*

Gîte des Trois-Roches (plan 8, B4) Alain Bègue a transporté ses pénates et son gîte de La Nouvelle à Marla. Fidèle et sans déception, on le suit dans ce nouveau gîte, et on se glisse sous la couette dans le dortoir de 12 places (18€) ou dans l'une des 4 chambres dont deux "de luxe", décorées de meubles de teck et équipées de sanitaires privés (38€ et 40€). Petit déjeuner 6€ et dîner 18-23€. ***Marla*** *Tél. 02 62 32 50 90 ou 06 92 23 38 37*

Chez Mme Thiburce (plan 8, A3) Le gîte offre un confort tout à fait honnête et un beau panorama. En tout, 24 lits pour 16€/nuitée (sdb commune) et 5€ le petit déjeuner. Pour déguster le repas au feu de bois (16€), il faudra vous rendre chez elle… à 500m du gîte. Promenade apéritive garantie, à moins que vous ne décidiez de préparer seul votre dîner grâce à la cuisine mise à disposition. ***Roche-Plate*** *(en contrebas de l'épicerie, derrière l'école) Tél. 02 62 71 24 01 (pour les repas) Réservation obligatoire auprès de la centrale de réservation de l'IRT Tél. 0810 160 000*

Auberge du Bronchard (plan 8, A3) L'adresse la plus confortable et la plus chère de l'îlet. Un peu en hauteur, Gérard Bègue a aménagé quatre chambres (double 50€, sdb privée) et vingt places en dortoir (17€/pers.). Il propose également un repas complet à 18€. Pour reprendre des forces le matin, vous apprécierez le petit déjeuner à 7€. ***Roche-Plate*** *(près de l'épicerie) Tél. 02 62 43 83 66*

Gîte de Roche-Plate (plan 8, A3) Un des premiers gîtes, sur la gauche du sentier, en descendant de la Brèche et du rempart du Maïdo. Arrêtez-vous chez Thomas Judex et sa petite famille. Ils vous réserveront un accueil sympathique et souriant dans une case pimpante dotée de trois dortoirs, sobres et confortables, de quatre places chacun. Mais surtout, vous aurez la chance de prendre votre petit déjeuner sur la grande terrasse, en profitant d'une vue époustouflante – et le mot est faible ! – sur Mafate. On peut passer des heures à contempler ce panorama qui laisse sans voix… Comptez 35€/nuit incluant repas et petit déjeuner, possibilité de camper (5€ l'emplacement). ***Roche-Plate*** *Tél. 02 62 43 61 19*

Chez Yoland Louise (plan 8, A2) Sur le sentier qui relie Roche-Plate à Grand'Place (p.328), Îlet-des-Orangers offre une étape charmante et tranquille. Vous y trouverez une épicerie-bar. Situé derrière l'école, ce gîte tout simple est l'occasion de se sentir seul au monde, d'autant qu'il n'est pas trop fréquenté. Vous logerez dans l'un des 2 dortoirs de 8 et 10 pers. (16€/pers. ; 38€ pour le repas créole au feu de bois, la nuit et le petit déjeuner). ***Îlet-des-Orangers*** *(sur le sentier de Roche-Plate) Tél. 02 62 43 50 90 ou 06 92 25 31 78*

Cœur de Mafate (plan 8, A2) Tout en haut, cet ensemble de bungalows de six et quatre places (15€ la nuitée, 5€ le petit déj., sdb commune) peut accueillir 19 personnes au total. La belle vue, le repas copieux (15€) et l'accueil en font une étape plaisante. ***Grand'Place-les-Hauts*** *Tél. 02 62 55 01 68*

Le Pavillon (plan 8, A2) Nous avons recueilli de très bons échos de ce gîte qui abrite une vingtaine de lits (16€ la nuit, 6€ le petit déj., sdb commune) et possède un beau panorama. Pour parfaire cette belle étape, un dîner créole de qualité (16€). ***Grand'Place-les-Hauts*** *Tél. 02 62 43 66 76 (pour les repas) ou 06 92 66 60 83*

Gîte Le Bougainvillier (plan 8, A2) Le propriétaire des lieux est une célébrité : il a été facteur à Mafate pendant plus de quarante ans. Désormais, il accueille les marcheurs dans son modeste gîte (15€ le repas, 15€ la nuit et 5€ le petit déjeuner ; sdb commune). ***Grand'Place-Boutique*** *Tél. 02 62 43 40 08 ou 06 92 27 25 02*

Gîte de Grand'Place Cayenne (plan 8, A2) Seize lits (16€), 2 doubles (36€) et une belle terrasse. Le gîte est propre et le repas de belle tenue (15€). Petit déjeuner à 5€. ***Cayenne*** *Tél. 02 62 43 85 42 (pour les repas) Réservation obligatoire auprès de* *la centrale de réservation de l'IRT Tél. 0810 160 000 www.reunion.fr*

Chez Jean-Paul Cernot (plan 8, A2) Au débouché du sentier de la rivière des Galets, et non loin de celui de la canalisation des Orangers, Îlet-des-Lataniers est un petit paradis de douceur, noyé de verdure dans un univers minéral (p.328). Une étape sympathique et pas trop fréquentée. La simplicité même : une case en bois posée sur la falaise, un toit de tôle et 32 lits (15€, petit déj. à 5€, sdb commune). On peut dîner sous l'abri en bord de jardin (16€). ***Îlet-des-Lataniers*** *Tél. 02 62 43 82 41 ou 06 92 29 41 24*

Chez Guy Libelle (plan 8, B2) Juste derrière l'épicerie (également tenue par le propriétaire), ce gîte de 24 places (16€ la nuitée, petit déj. à 6€, sdb commune) se révèle une étape chaleureuse. À défaut d'y dîner (16€), la terrasse permet de se délasser après une journée de marche. ***Îlet-à-Malheur*** *Tél. 02 62 43 56 96 (pour les repas) ou 06 92 23 23 44*

L'Arbre du voyageur (plan 8, B2) Une très belle adresse, au milieu de la verdure, avec douze places de bon confort (45€/pers. en demi-pension, 40€/enfant, sdb privée) et un accueil charmant. En outre, le repas vaut, paraît-il, le détour. Une belle occasion de profiter du splendide panorama sur la crête d'Aurère et sur le piton Cabris. *Lieu-dit La Plaque* ***Îlet-à-Malheur*** *(à l'intersection du sentier Scout et du GR® R2) Tél. 02 62 43 50 60 (pour les repas) ou 06 92 09 10 10 arbreduvoyageur.mafate@gmail.com*

Chez M. Thomas (plan 8, B2) Sur le sentier entre Grand'Place et Îlet-à-Malheur (p.329), vous pouvez faire une pause à Îlet-à-Bourse (plan 8, B2), charmant hameau planté sur un plateau à 850m d'altitude. Pas d'épicerie, mais une petite école qui anime la vie de ce village d'une autre époque. Pour profiter d'un beau panorama, voici une bonne et simple adresse : seize lits en dortoirs (16€ la nuitée, 5€ le petit déj., sdb commune), deux chambres doubles et trois bungalows d'un confort honnête. Repas au feu de bois (16€). ***Îlet-à-Bourse*** *Tél. 02 62 43 43 93 ou 06 92 19 76 05 (pour les repas) Réservation obligatoire auprès de la centrale de réservation de l'IRT Tél. 0810 160 000 www.reunion.fr*

Chez François Libelle (plan 8, A2) Le grand avantage de ce gîte ? En plus des dortoirs de 6 et 4 places (16€ la nuit, 6€ le petit déj., sdb commune), vous pouvez planter votre tente dans le jardin. À la seule condition de goûter le repas (16€). ***Aurère*** *Tél. 02 62 42 31 36 ou 06 92 21 12 14*

Auberge de piton Cabris (plan 8, A2) Difficile de trouver un randonneur déçu par cette adresse qui se tient un peu à l'écart de l'îlet. Le gîte abrite 4 chambres de 4 lits en parfait état (16€ la nuit, 6€ le petit déjeuner, sdb commune). L'accueil charmant de M. Libelle ajoute une touche chaleureuse au bon repas au feu de bois (16€). ***Aurère*** *Tél. 02 62 43 36 83 (repas) Réservation possible auprès de la centrale de réservation de l'IRT Tél. 0810 160 000 www.reunion.fr*

Gîte Le Poinsétia (plan 8, A2) Trois chambres doubles pour les couples (36€/pers. demi-pension) et 14 lits en dortoir (32€/demi-pension, sdb commune) sont aménagés dans 2 cases séparées, juste derrière la maison forestière. ***Aurère*** *Tél. 02 62 55 02 33 (pour les repas) ou 06 92 08 92 20*

GEODOCS

EN SAVOIR PLUS

V

BIBLIOGRAPHIE

histoire et société

Causeries historiques sur l'île de la Réunion Gilles-François Crestien, Hachette/BNF, Paris, 2012

Famiy maron ou la famille esclave à Bourbon Gilles Gérard et Sudel Fuma, L'Harmattan, 2012

Histoire de l'esclavage à l'île Bourbon Jean-Valentin Payet, Éd. de L'Harmattan, Paris, 1991

La Réunion Bernard Grollier, Glénat, 2011

Le grand livre de l'esclavage : des résistances et de l'abolition Gérard Thélier 2010, Éd. Orphie

Le Grand Livre de l'histoire de La Réunion (Volume 1 : Des origines à 1848 ; Volume 2 : De 1848 à 2012) Daniel Vaxelaire, Éd. Orphie, Saint-Denis, 2013

littérature

Agenor, Monique *L'Aïeule de l'île Bourbon* Éd. de L'Harmattan, Paris, 1994

Aïssaoui, Mohammed *L'affaire de l'esclave Furcy* Éd. Gallimard, 2010

Brunel, Michel *Adieu mon île*, Éd. Talleyrand, 2007

Collectif *Nouvelles de la Réunion*, Magellan et Cie, 2013

Gauvin, Axel *Train fou*, Éd. du Seuil, Paris, 2000 ; L'Aimé, Éd. du Seuil, Paris, 1990

Gerbeau, Hubert *La négresse de paradis*, Éd. Les Indes savantes, 2011

Hoarau, Isabelle et Dardel Kler, *Contes de la Réunion*, Éd. Reflets d'ailleurs, 2012

Houat, Louis-Timagène *Les marrons*, Éd. de l'Arbre vengeur, 2011

Samlong, Jean-François *Une guillotine dans un train de nuit*, Gallimard, Paris 2012 ; *Le Nègre blanc*, Éd. Le Serpent à Plumes, Paris 2002 ; *L'Arbre de la violence*, Éd. Grasset, Paris, 1994

Vaxelaire, Daniel *Les Mutins de la liberté*, Lieu Commun, Saint-Denis, 1986 ; *L'Affranchi*, Phébus, 1996

documentaires et littérature jeunesse

Amiot, Stephane *Le silence des ravines*, Éd. Orphie, 2011

Billon-Le Guennec, Amélie et Saudo Coralie *Iris Sans Souci*, Xio éditions/Epsillon, 2013

Hercé, Laurent *Le Père Noël s'est perdu... à La Réunion*, Éd. Sans prétention, 2013

Jonca, Fabienne et Moreau Hélène *La Réunion des religions*, Éd. Océan (Saint-André), 2010

Nicodème, Béatrice *Couleur vanille*, Éd. Oskar jeunesse, 2011

Payet, Huguette *Le violon de Tonton Pierre*, Éd. Orphie, 2010

Samlong, Jean-François *Madame Desbassayns*, Éd. Jacaranda, 1988

Samlong, Jean-François et Céline Ménard *Noélie et le train tuit-tuit*, Éd. Orphie, 2010

Samlong, Jean-François et Lennoz, Raphaëlle *Zabeth et le monstre de feu*, Éd. Desnel Jeunesse, 2008

Vaxelaire, Daniel et Briens Pierre *Histoire de la Réunion par la bande dessinée (tomes 1, 2, 3, 4)*, 2012

Vaxelaire, Daniel *En haut, la liberté*, Flammarion Jeunesse, 2012 ; *Les portes du mystère : à la découverte de la Réunion*, Éd. Orphie, 2010

beaux livres

Au cœur du parc national de la Réunion, Hervé Douris et Bernard Grollier, Xio éd., 2012

EN SAVOIR PLUS

Kermaron, île de la Réunion Stéphane Ducandas, Éd. Orphie, Saint-Denis, 2002

La Réunion, du battant des lames au sommet des montagnes Catherine Lavaux, Éd. Cormorans, 1998

La Réunion, une île vue du ciel Bernard Grollier, Xio éditions, 2013

Panoramas de la Réunion Jean-Luc Allègre, 2010, Éd. J.-L. Allègre (Saint-Paul)

Plus beaux paysages de la Réunion (Les) Luc Reynaud, Éd. Orphie, Saint-Denis, 2006

Une île en cartes (La Réunion lontan) Eric Boulogne et al., Ed. Orphie, 2012

gastronomie

Le grand livre des fruits et légumes lontan : fruits et légumes d'antan Didier Vincenot & Michel Roux-Cuvelier, Éd. Orphie, 2011

La Réunion gourmande collectif, Éd. Orphie, Saint-Denis, 2006

La Cuisine de la Réunion en 118 recettes Jan Gransen, Éd. Orphie, Saint-Denis, 2004

Toute la cuisine au rhum P. Albert, Éd. Orphie, Saint-Denis, 2005

nature et environnement

Île de la Réunion : 80 animaux endémiques Dominique Martiré, Éd. Orphie, 2013

Île de la Réunion par ses plantes H. Douris et al., Solar, Paris, 1995

La Réunion et le développement durable Ulrich Maillot, Ed. universitaires européennes, 2012

Oiseaux de la Réunion (Les) A. Barau, C. Jouanin et al., Éd. Orphie, Saint-Denis, 2005

Volcans actifs français et risques volcaniques : Martinique, Guadeloupe, Réunion, Pacifique Dubois Jacques, Éd. Dunod, 2007

Volcans rouges au cœur des montagnes de feu Brad G. Lewis & Paul-Edouard Bernard de Lajartre, Éd. Thames & Hudson, 2007

topo-guides

Île de la Réunion (L') Éd. FFRP, 2012

La Réunion : 76 randonnées : cascades et bassins Stéphane & Roland Benard, Éd. Orphie, 2011

Les sentiers forestiers de l'île de la Réunion Éd. FFRP, 2011

Sentiers botaniques à l'île de la Réunion Yves Buscail, Éd. Orphie, 2010

52 balades et randonnées faciles à la Réunion Luc Reynaud, Éd. Orphie, Saint-Denis, 2009

Plus beaux paysages de la Réunion en 80 randonnées (Les) Luc Reynaud, Éd. Orphie, Saint-Denis, 2006

Randonnées réunionnaises, 62 itinéraires en fiches individuelles Luc Reynaud, Éd. Orphie, Saint-Denis, 2009

DISCOGRAPHIE

maloya traditionnel

Lélé, Granmoun *Zelvoula*, Label Bleu (Indigo), 2003 ; *Dan ker lélé*, Label Bleu (Indigo), 1998

Lo Rwa Kaf *Maloya traditionnel*, Discorama, 1999

Viry, Firmin *Maloya*, Radio-France, 1999 ; *Ti mardé*, Indigo, 1998

Waro, Danyel *Foutan fonnkér*, Cobalt, 1999 ; *Bwarouz*, Cobalt, 2002 ; *Gafourn*, Picos, 2004 ; *Grin n syel*, Harmonia Mundi 2006 ; *Aou Amwin*, Cobalt, 2010

maloya et séga

Ambiance Sega *Vol. 1*, Debs Musique, 2003

Baster *Wiyo*, Baster Prod., 2008 ; Kaf gong reggae, Baster Prod., 2002 ; Live 99 - *Black out Tour*, Baster Prod., 1999

Farreyrol, Jacqueline *Couleur créole*, Discorama, 2001

Kaf Malbar *Subliminal*, Dada House Prod., 2013 ; *Tombé Du Camion*, Dada House Prod., 2011

Lacaille, René *Poksina*, Daqui, *2011 ; Digdig*, Network, 2002 ; *Patanpo*, Daqui, 1999

Legros, Fabrice *Nenin* 2008

Peters, Alain, *Vavanguèr*, Takamba, 2008

Ziskakan *Bato fou* Sonodisc 1991 *Banjara* 2006, *Madagascar* 2009

hommages et compilations

Baster 1983-2003 CD Run, 2005

Les plus belles chansons de Jacqueline Farreyrol Discorama, 2011

Rest'la Maloya, hommage à Alain Péters Cobalt, 2003

Rougail séga Krokodil Prod., 2003

Séga, maloya GFR-Antenne Réunion, 2000

Lexique

Expressions et mots utiles

Comment ça va ? Comment i lé ?
Ça va bien Lé la
Ça ne va pas Lé mol
Où ? Ousa ?
Quand ? Kansa ?
Qui ? Kisa ?
Pourquoi ? Pokoué ?
Parce que Akoz
Il y a quelqu'un ? Na kelkun ? Na person ?
Jusqu'à quand ? Ziskakan ?
Il fait froid I fé fré
Rien du tout Zéro calebasse
S'il vous plaît Siouplé
Je t'aime Mi aime a ou
Femme Fanm, fémèl
Homme Boug
Enfant Zenfan, marmaille
Chaussure Soulyé
Plage Plaz, bordmer
Bicyclette/vélo Békane, bisiklèt
Station de bus Larédkar
Voiture Loto
Touriste Touris
Argent Kayas

Temporalité

Aujourd'hui Zordi
Demain Domin
Hier Yièr
Autrefois Lontan
Parfois/souvent Souvent des fois

Orientation

Au-dessus Anlèr
Dessous Dosou
Derrière Déryèr
Loin/au loin Anlèr laba

Pronoms personnels

Je Mi, moin
Tu Vi, ti, ou
Il/elle Li, lu
Nous Nou, ni
Vous Vou, zot
Ils Zot

Pronoms possessifs

Le mien/la mienne Sak'moin, satamoin
Le tien/la tienne La tienne
Le sien/la sienne Sadlu, satalu
Le vôtre/la vôtre La vot, satu
Le leur/la leur Sak'zot

Verbes usuels

Boire Bwar
Bronzer Sof solèy
Chanter Santé
Conduire Kondwi
Crier Cryé, larg la vwa
Embrasser Békoté
Faire rire Fé ri la bous
Manger Manzé, anvalé
Marcher Tap apyé
Mourir Kas son kiyèr, pèrd la vi
Parler Kozé
Pêcher Pyé-pès
Se baigner Binyé

Expressions populaires

Allocations familiales Larzan bragèt
Commérages La di la fè
Compagne/compagnon Kouvert péi
Copain Dalon
Enfant adultérin Zenfan la rivièr
Femme enceinte Fanm anvwadfamiy

➤ **Homme de grande taille** Kas papay sans gaulette
Personne de bonne famille Zenfandmoun
Sourire généreusement Sourir an trans papay
Tong Savate Dwadpyé

Glossaire

Généralités

Bertel Sac à dos traditionnel en vacoa tressé
Canot Petite embarcation. Prononcez "canotte"
Gaulette Canne à pêche, souvent confectionnée en bambou
Kayamb Instrument de musique utilisé pour le maloya qui évoque le ressac de l'océan
Maloya Musique traditionnelle des esclaves qui connaît actuellement un formidable essor
Moringue Combat rituel des esclaves qui s'apparente à la capoeira brésilienne
Roulèr Gros tambour au son sourd rythmant le maloya
Séga Musique insulaire intégrant les rythmes originels du maloya et ceux de danses populaires européennes (quadrille, polka, mazurka)
Ti'bon Dieu Oratoire populaire situé au bord des routes, en général peint en rouge en hommage à saint Expédit
Zamal Chanvre indien. Cannabis, cultivé parfois dans les cirques et autrefois utilisé pour soigner les animaux

Population

Cafre Personne de couleur noire dont les ancêtres ont été déportés d'Afrique orientale
Créole À l'origine, fils ou fille de colons nés dans l'île. Désigne aujourd'hui toute personne native de la Réunion, quelles que soient ses ascendances
Granmoun Personne âgée, sage. Dans la société réunionnaise, très familiale, le granmoun est un personnage respecté
Malabar (ou malbar) Réunionnais d'origine indienne
Marron Esclave en fuite qui se réfugiait dans les Hauts pour fuir les chasseurs de primes. Vient de l'espagnol cimarron, puis marron (fourré). Également appelé "Nègre marron"
Tisaneur Personne experte dans le traitement des maladies par les plantes
Yab Habitant des Hauts, en général à la peau blanche. Autrefois méprisant, le terme n'a plus aujourd'hui de connotation péjorative
Z'arabe Personne d'origine indienne et de confession musulmane
Z'oreille Terme gentiment moqueur désignant un métropolitain habitant momentanément à la Réunion (fonctionnaire en général)
Z'oréoles Nom donné aux personnes qui décident de s'installer définitivement sur le territoire

Nature et toponymie

Alizés Vent du sud-est apportant un climat doux et humide
Bois de couleurs Appellation générique des arbres endémiques et indigènes de la Réunion qui composent les forêts primaires et

arborent des troncs aux couleurs variées
Brande (ou branle) Arbuste de haute altitude apparenté à la bruyère
Cryptomeria Arbre de la famille des connifères, utilisé pour le reboisement des forêts
Écart Modeste bourg situé non loin d'un village principal
Filao Arbre tropical aux rameaux filiformes, planté à la Réunion pour stabiliser les sols et pour l'ébénisterie
Graton Terrain issu d'une lave tiède et très riche en gaz, qui forme des amas de blocs noirs
Hauts Synonyme de cirques. Désigne aussi, par extension, les zones montagneuses littorales
Îlet Plateau difficile d'accès et, par extension, petit village isolé des Hauts. Prononcez "ilette"
Lagon Zone littorale située à l'abri du récit corallien et des courants violents, formant un espace propice à la baignade
Rempart Nom usuel donné aux falaises d'effondrements qui délimitent notamment les cirques
Tamarin Arbre endémique et emblématique de la Réunion, reconnaissable à son tronc noueux aux reflets argentés
Vacoa Arbuste tropical aux longues feuilles en pointe (pandanus), poussant principalement sur le littoral sud et utilisé pour la confection de sacs. On le reconnaît à ses racines, souvent aériennes. Son fruit est le pinpin

Habitat

Bardeaux Tuiles de bois qui recouvrent les murs des maisons traditionnelles
Boucan Cabane de pêcheur, abri
Case Maison
Farfar Sorte de grenier ouvert, situé au-dessus de l'âtre, qui servait jadis à conserver le grain, les épices et la viande
Guétali Kiosque posté au coin des jardins des maisons coloniales qui permet de regarder la rue sans être vu
Kour Jardin et, plus généralement, aire de vie à l'extérieur de la maison
Lambrequin Frise ciselée qui borde le dessous des toitures
Varangue Terrasse couverte, fermée ou non selon l'altitude

Gastronomie

Achards (ou zachards) Salade épicée de légumes coupés en julienne
Baba-figue Fleur du bananier, cuisinée dans le Sud sauvage
Bichiques Alevins qui croissent en nombre à l'embouchure des rivières, excellents en cari
Boucané Se dit d'une viande fumée. Par extension, le plat préparé avec cette viande (du porc en général)
Bouchon Bouchée d'origine chinoise cuite à la vapeur et servie en sandwich gratiné (avec du fromage fondu)
Brèdes Feuilles ou fanes de plantes potagères que l'on consomme souvent en fricassée et en quiche
Bringelle Aubergine
Café grègue Café léger servi dans une cafetière en tôle soudée
Camaron Grosse crevette de rivière.
Cari Plat national. Sorte de ragoût indifféremment préparé à base de viande, de poisson ou de légumes et cuisiné avec du curcuma
Chouchou Légume connu sous le nom de chayotte en Provence ou de christophine aux Antilles. Se prépare en gratin, en salade et en gâteau
Combava Agrume au goût amer s'apparentant au citron, qui ➤

➤ agrémente souvent une préparation à base d'espadon
Curcuma Poudre issue d'une racine originaire d'Inde, utilisée pour épicer les caris. Communément appelé safran des Indes
Dodo Marque de bière locale, servie en pression
Goyavier Petit fruit rouge, au goût de fraise des bois cueilli de mai à septembre. On dit qu'un seul goyavier contient autant de vitamines C qu'un kilo d'oranges
Grains Haricots rouges, lentilles ou grains de maïs, accompagnant le cari
Mandoze Rhum
Massalé Assortiment d'épices venant d'Inde. Par extension, ragoût préparé avec ce mélange
Mélasse Résidu de canne provenant de la fabrication du sucre, utilisé pour élaborer le rhum industriel
Patate Patate douce, et non pomme de terre
Pinpin Fruit du vacoa, cuisiné dans le Sud sauvage
Rhum arrangé Préparation originellement composée de rhum dans laquelle macèrent deux orchidées (vanille et fahan). Aujourd'hui, il est souvent préparé avec des fruits et diverses épices
Rhum Charrette Appellation commune du rhum industriel
Rougail Second plat national, sorte de cari sans curcuma. Désigne aussi la sauce pimentée servie avec un cari (rougail pilon)
Samoussa ou Samossa Spécialité d'origine indienne composée d'une pâte renfermant une farce à base de légumes, d'herbes et d'épices, ou encore de poisson, ou de la viande (porc, poulet), le tout cuit dans un bain d'huile
Songe Sorte d'arum aquatique qui se consomme bouilli (sucré ou salé) ou sert à faire des gâteaux. Les cœurs servent de brèdes
Zourite Petite pieuvre excellente en car

AIDEZ-NOUS À CONSTRUIRE DES GEOGUIDE QUI RÉPONDENT ENCORE MIEUX À VOS ENVIES !

Merci de nous retourner ce questionnaire à l'adresse suivante :

Questionnaire **GEOGUIDE** - BP 67 - 59053 Roubaix Cedex 1

VOS VOYAGES

● **Combien de séjours à but touristique effectuez-vous chaque année ?**

En France ❑ 1 ❑ 2 ❑ 3 et +
À l'étranger ❑ 1 ❑ 2 ❑ 3 et +

● **Vous partez pour** (plusieurs réponses possibles, hors visite parents et amis) :

La France ❑ 1 semaine ❑ 2 semaines ❑ 3 semaines et +
L'étranger ❑ 1 semaine ❑ 2 semaines ❑ 3 semaines et +

● **Combien de week-ends à but touristique effectuez-vous chaque année ?**
(hors visite parents et amis)

En France ❑ 1 ❑ 2 ❑ 3 et +
À l'étranger ❑ 1 ❑ 2 ❑ 3 et +

● **Vous partez** (plusieurs réponses possibles) :

	Voyage en France	Voyage à l'étranger	Week-end
Seul	❑	❑	❑
En couple	❑	❑	❑
En famille	❑	❑	❑
Avec des amis	❑	❑	❑
En voyage organisé	❑	❑	❑

VOS GUIDES DE VOYAGE

● **Quand vous partez, combien et quel type de guides achetez-vous ?**

	Voyage en France	Voyage à l'étranger	Week-end
Guides pratiques *	......	......	......
Guides culturels **	......	......	......

*axés sur les informations pratiques et les adresses, contenant plus de texte et de cartes que de photographies
**axés sur l'histoire et la culture, contenant beaucoup de photographies et d'illustrations

● **Combien de temps avant votre départ achetez-vous votre (vos) guide(s) ?**

	Voyage en France	Voyage à l'étranger	Week-end
Entre 3 et 6 mois avant	❑	❑	❑
Dans le mois qui précède	❑	❑	❑
Sur place	❑	❑	❑

● **Avec les guides de quelles collections partez-vous le plus souvent ?** (plusieurs réponses possibles) ....

....

● **Cherchez-vous de l'information sur votre destination ailleurs que dans les guides de voyage ?**
❑ Oui ❑ Non

Si oui, où :
❑ presse magazine
❑ forums de voyageurs
❑ voyagistes en ligne
❑ sites internet des offices de tourisme
❑ offices de tourisme (sur place)
❑ autre : ....

VOTRE GEOGUIDE

● **Si vous avez acheté ce guide vous-même, pourquoi avez-vous choisi GEOGUIDE ?**
(plusieurs réponses possibles) :

- ❑ conseil de votre entourage
- ❑ conseil de votre libraire
- ❑ publicité
- ❑ vous l'avez découvert sur votre lieu d'achat
- ❑ article de presse
- ❑ confiance dans les guides Gallimard
- ❑ confiance dans le magazine GEO

Dans ce dernier cas, qu'est-ce qui a motivé l'achat de ce GEOGUIDE ?

- ❑ format
- ❑ couverture
- ❑ rabat proposant des cartes dépliantes
- ❑ photographies couleur
- ❑ présentation intérieure en couleurs
- ❑ contenu pratique
- ❑ contenu culturel
- ❑ volume d'information
- ❑ prix
- ❑ autre : ....

● **Que pensez-vous de votre GEOGUIDE et de ses différentes rubriques ?**
Concernant les informations culturelles, vous avez trouvé GEOGUIDE :
❑ Très fiable ❑ Fiable ❑ Assez fiable ❑ Pas du tout fiable

Concernant les informations pratiques (horaires, coordonnées...), vous avez trouvé GEOGUIDE :
❑ Très fiable ❑ Fiable ❑ Assez fiable ❑ Pas du tout fiable

Votre opinion sur la sélection d'adresses :

	Qualité des adresses		**Nombre d'adresses**	
	Suffisante	Insuffisante	Suffisant	Insuffisant
Hébergement	❑	❑	❑	❑
Restauration	❑	❑	❑	❑
Monuments, sites	❑	❑	❑	❑
Balades et randonnées	❑	❑	❑	❑
Activités de loisirs	❑	❑	❑	❑
Shopping	❑	❑	❑	❑

● **Avez-vous des remarques et suggestions ?** ....
....
....

● **Repartirez-vous avec un GEOGUIDE ?** ❑ Oui ❑ Non

VOUS

● **Vous êtes :** ❑ un homme ❑ une femme

● **Votre âge :** ❑ - de 25 ans ❑ 25-34 ans ❑ 35-44 ans ❑ 45-64 ans ❑ 65 ans et +

● **Votre profession :**
❑ agriculteur ❑ profession libérale ❑ cadre supérieur ❑ encadrement et technicien
❑ employé ❑ ouvrier ❑ retraité ❑ sans activité professionnelle ❑ étudiant

● **Êtes-vous lecteur du magazine GEO ?** ❑ Oui ❑ Non

Quel est votre magazine préféré ? ....

Merci de nous indiquer votre adresse

Nom : ....

Adresse : ....

Code postal : .... Ville : .... Pays : ....

Acceptez-vous d'être contacté(e) par mail sur les nouveautés GEOGUIDE ? ❑ Oui ❑ Non

Adresse mail : ....

INDEX

A-B

C

D

E

F

G

R

INDEX

LÉGENDES DES CARTES ET DES PLANS

Cartes

- Aaa Ville ou site étape
- Autoroute et 2x2 voies
- Route principale
- Route secondaire
- Autre route
- Sentier de randonnée
- Zone urbaine
- Récif corallien
- Parc naturel, réserve
- Site remarquable
- Panorama
- Sommet
- Col

Profondeur (en mètres)
- Plus de 1 000
- De 200 à 1 000
- Moins de 200

Altitude (en mètres)
- De 0 à 100
- De 100 à 500
- De 500 à 1 000
- De 1 000 à 1 500
- De 1 500 à 2 000
- Plus de 2 000

Plans

- Axe urbain
- Zone urbaine
- Espace vert
- Cimetière chrétien
- Cimetière musulman
- Voie ferrée
- Office de tourisme
- Aéroport
- Gare routière
- Départ de randonnée
- Gîte de montagne
- Plage
- Site de plongée

TITRES DÉJÀ PARUS

GEOGUIDE France

- Alsace
- Ardèche Drôme
- Auvergne
- Balades à Paris
- Bordelais Landes
- Bourgogne
- Bretagne Nord
- Bretagne Sud
- Charente-Maritime Vendée
- Châteaux de la Loire
- Corse
- Corse des villages
- Côte d'Azur
- Guadeloupe
- Languedoc
- Marseille
- Martinique
- Basse-Normandie
- Haute-Normandie et Côte fleurie
- Paris
- Pays basque
- Périgord Quercy Agenais
- Provence
- Provence des villages
- Pyrénées
- Réunion
- Roussillon Pays cathare
- Sortir à Paris
- Tahiti Polynésie française
- Volcans d'Auvergne
- Week-ends bio en France

GEOGUIDE Étranger

- Andalousie
- Argentine
- Barcelone
- Belgique
- Crète
- Croatie
- Cuba
- Égypte
- Espagne, côte est
- Fès, Meknès
- Florence Sienne
- Grèce continentale
- Îles grecques et Athènes
- Irlande
- Istanbul
- Italie du Nord
- Italie du Sud
- Lacs italiens
- Lisbonne
- Londres
- Maroc
- Marrakech et le sud marocain
- Maurice
- Mexique
- New York
- Pays basque
- Portugal
- Québec
- Rome
- Sénégal
- Seychelles
- Shopping à Londres
- Shopping à New York
- Sicile
- Toscane Ombrie
- Tunisie
- Turquie
- Vallée du Nil
- Venise

● **AUTEURS Manuel Jardinaud, Sabine Albertini, Arnaud Thomelin** l'ensemble de l'ouvrage sauf les rubriques mentionnées ci-après.
GEOPlus Une île friable Bernard Grollier **Un laboratoire de biodiversité** Stéphane Baret et Alain Brondeau.
● **CRÉDITS PHOTOGRAPHIQUES Couverture et 3** © Christian Vaisse/Gamma-Rapho. **6** © Franck Guiziou/hemis.fr. **8** © Antoine Lorgnier/Diaporama. **46 haut** © Christian Vaisse/Gamma-Rapho. **bas** © Thierry Perrin. **80 haut** © Jean du Boisberranger/hemis.fr. **bas** © Antoine Lorgnier/Diaporama. **110 haut** et **bas** © Christian Vaisse/Gamma-Rapho. **150-151** © Antoine Lorgnier/Diaporama. **152-153** © Jean du Boisberranger/hemis.fr. **154-155** © René Mattes/Diaporama. **156-157** © Véronique Paul/Éditing. **158-159** © Bruno Barbier/hemis.fr. **160-161** © Bertrand Rierger/hemis.fr. **162-163** © Gill/ACSI. **164-165** © CRI Lorraine/Krafft/Gamma-Rapho. **166** © Pierre Hausherr. **167** © Laurent Caro/Andia.fr. **168-169** © Yann Guichachoua/Gamma-Rapho. **170- 171** © René Mattes. **172-173** © Emmanuel Valentin/Gamma-Rapho. **174-175** © Christian Vaisse/Gamma-Rapho. **176-177** © Juan Carlos Munoz/Agefotostock/Hoa-Qui. **262** © Greg van Doerster/Aurora/Gettyimages.
● **CARTOGRAPHIE INFOGRAPHIQUE** Édigraphie.
● **REMERCIEMENTS** Marie-Josée Thiel (conseiller scientifique), Frédéric Denhez (plongée) ainsi que Delphine, Laurent Georgiou, Guy et Marlène Lemarié, Hélène, Laurent et Alexandra, Laure Batiat.
● **PUBLICITÉ Régie publicitaire** LM la Pub 112 bis, rue Cardinet 75017 Paris.
Responsable de clientèle Laurence Ountzian Tél. 01 44 29 04 66.
● **GALLIMARD LOISIRS** 5, rue Gaston-Gallimard 75328 Paris Cedex 07.
Tél. 01 49 54 42 00 contact@geo-guide.fr www.geo-guide.fr

 Premier dépôt légal octobre 2003.
Dépôt légal septembre 2013. **Numéro d'édition** 250225. **ISBN** 978-2-74-243399-5.
Photogravure ARG (Gentilly). **Impression** Grafica Veneta (Italie).

La Réunion

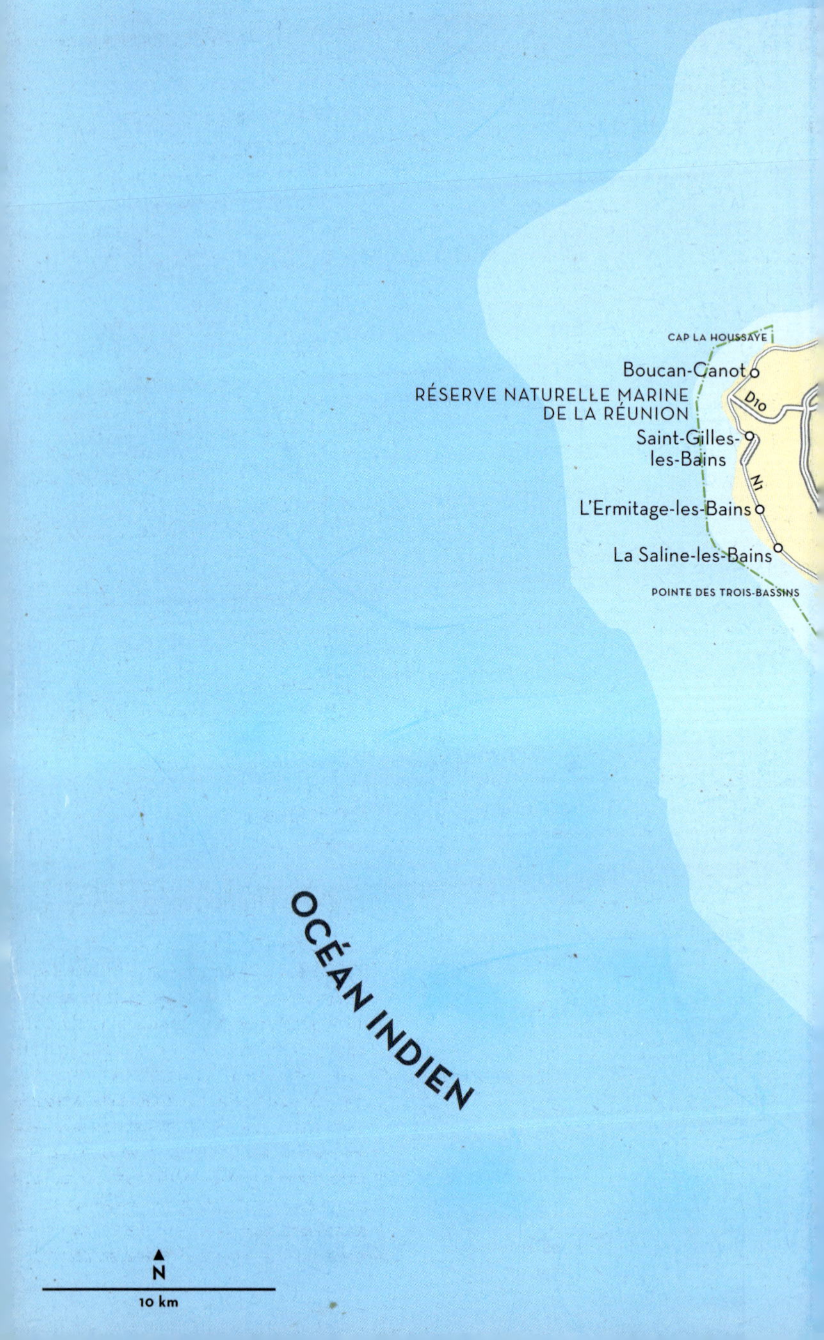
CAP LA HOUSSAYE
Boucan-Canot
RÉSERVE NATURELLE MARINE
DE LA RÉUNION
D10
Saint-Gilles-
les-Bains
N1
L'Ermitage-les-Bains
La Saline-les-Bains
POINTE DES TROIS-BASSINS
OCÉAN INDIEN
N
10 km